公路工程施工技术与隧道建设

于健 涂明 李芳平 著

吉林科学技术出版社

图书在版编目（CIP）数据

公路工程施工技术与隧道建设 / 于健 , 涂明 , 李芳
平著 . —— 长春 : 吉林科学技术出版社 , 2023.10
ISBN 978-7-5744-0914-9

Ⅰ . ①公… Ⅱ . ①于… ②涂… ③李… Ⅲ . ①道路工
程—工程施工—研究②隧道施工—研究 Ⅳ . ① U4

中国国家版本馆 CIP 数据核字 (2023) 第 197966 号

公路工程施工技术与隧道建设

著　　者　于　健　涂　明　李芳平
出 版 人　宛　霞
责任编辑　王凌宇
封面设计　古　利
制　　版　古　利
幅面尺寸　185mm × 260mm　　1/16
字　　数　280 千字
页　　数　330
印　　张　20.75
印　　数　1—1500 册
版　　次　2023 年 10 月第 1 版
印　　次　2024 年　2 月第 1 次印刷

出　　版　吉林科学技术出版社
发　　行　吉林科学技术出版社
地　　址　长春市净月区福祉大路 5788 号
邮　　编　130118
发行部电话 / 传真　0431-81629529　81629530　81629531
　　　　　　　　　　　81629532　81629533　81629534
储运部电话　0431-86059116
编辑部电话　0431-81629518
印　　刷　三河市嵩川印刷有限公司

书　　号　ISBN 978-7-5744-0914-9
定　　价　78.00 元

前　言

近些年，国家经济水平取得了进一步的提升，在这背后是科学技术的飞速发展。在这样的科技背景下，国家基础设施建设技术和能力也在不断提升。作为最重要工程项目之一的公路建设，有效把控施工技术的关键要素，不但可以确保路面自身的品质，而且决定了路面的使用寿命。因此，想要充分保证我国公路的建设品质，真正满足出行安全的需求，以推动国家经济发展及社会进步，就需要在公路建设过程中做好关键性的施工技术的把控。公路是城市的重要基础设施之一，承载着交通、运输的功能，因此国家十分重视道路工程发展，社会想要实现良好的经济发展，也离不了公路工程建设，工程建设整体的质量与整个社会的发展息息相关。伴随着科技进步和各种各样专业设备的引入，施工技术越来越高，但确保基础建设的高水平和质量是保障增长速度和公共出行安全性的关键因素。依据施工现场的施工质量管理条例，建筑企业一定要重视重点部位的关键所在，保证重点部位工程的施工圆满完成。只有重要环节质量达标，才能更好地确保总体施工质量能够满足使用的需求。隧道工程是地下工程领域的一个重要分支，它是铁路、公路、市政地铁、水利工程、煤炭矿山、国防人防等各类地下通道遇到岩土、水体等障碍物时开凿的穿越岩土介质或江湖河海的地下建筑物，归属于各个级别的"生命线"建设工程。

本书由于健（德州市公路事业发展中心平原分中心）；涂明（中交一公局集团有限公司）；李芳平（中铁北京工程局集团有限公司）；肖立平（安徽省交通规划设计研究总院股份有限公司）；李曙光（中电建路桥集团有限公司）共同撰写。

本书属于公路工程施工技术与隧道建设方面的书籍，由路基工程施工技术、路面基层施工、公路养护维修、公路桥梁的认知与桥梁工程基础施工、桥梁下部结构施工技术、桥梁上部结构施工技术、沥青路面施工、水泥混凝土路面施工、隧道工程综述、隧道施工方法、隧道施工组织管理与运营养护管理等部分构成，全书关注公路工程施工技术与隧道建设，分析了公路桥梁施工的技术方法，阐述了隧道施工的方法与管理方法，对从事路桥工程及隧道工程的研究学者与工作者有学习和参考的价值。

目　　录

第一章　路基工程施工技术

第一节　路基工程基本知识与一般路基施工

一、路基工程基本知识

(一)路基的概念与分类

公路路基是路面的基础，是线形承重主体，它承受着自身土体的自重和路面结构的重量，以及由路面传递下来的行车荷载。没有稳定坚固的路基，就不会有一个好的路面，松软的路基会产生不均匀下沉现象，造成路面开裂和不平整，进而影响行车的速度、安全、舒适和道路的畅通。

根据填挖情况的不同，路基可分为路堤、路堑和填挖结合路基三种类型。路堤是指全部用岩、土(或其他填料)填筑而成的路基；路堑是指全部开挖形成的路基；当天然地面横坡比较大，一侧开挖，另一侧填筑时，称为填挖结合路基，也称为半堤半堑路基。

对于一级公路和高速公路来说，路基又可分为整体式断面路基和分离式断面路基两类。对于路堤来讲，按路基的填土高度不同，又可划分为矮路基(小于1.5 m)、高路基(大于18 m)和一般路基(1.5 ~ 18 m)。按填料不同，又可分为土质路基、石质路基和土石混合路基。路基在结构上又可分为路床和下路堤、上路堤。路床是指路面底面以下0 ~ 0.8 m的路基部分，又可分为上路床和下路床。上路堤是指路面底面以下0.8 ~ 1.5 m的填方部分，下路堤是指上路堤以下的填方部分。

路堑按其开挖方式的不同，又可分为全挖式路堑、台口式路堑和半山洞式路堑。按其材质不同，路堑又可分为土质路堑和石质路堑。

(二)路基施工的特点和基本要求

1.路基施工的主要特点

① 土石方数量大，不同路段工程数量差别大：一般平原微丘区的二级公路每千米土石方数量在10000 ~ 20000 m³，山岭重丘区更是数量巨大，不同路段的挖填方

数量差别大。

② 材质差别大：无论是填方路段还是挖方路段，路基工程都是宜土则土、宜石则石。土路基本身也有不同土质类型，如粉性土、砂性土、黏性土、黄土，还有须加固处理的软土等。石质路基材质有可能是石灰岩、沉积岩、变质岩或火山岩，无论其风化程度如何，只要其强度满足要求，都可以用作路基填料。在同一道路的同一路段上，出现多种材质混合的可能性比较大。

③ 施工方法因地制宜：由于地形地貌、地质水文、气象、现有交通条件等诸多条件的制约，施工方法宜挖则挖、宜爆则爆，多种多样，因地制宜。

④ 路基工程和桥梁、涵洞、防护工程、路面工程等在施工中相互干扰、相互影响，因此应认真组织，妥善安排。

⑤ 应注意环境和生态保护，防止取土、弃土和排水沟、边沟等影响农田水利和排灌系统。

2. 车辆荷载对路基工程的基本要求

① 具有足够的整体稳定性。

② 具有足够的强度，也就是抵抗变形的能力。

③ 具有足够的水温稳定性，即在最不利的水温条件下，保持路基的强度仍能满足设计和行车荷载对路基的要求。

3. 路基工程施工的基本要求

① 路基工程施工应满足设计和使用要求，并把试验检测作为主要的监控手段来指导路基工程施工。

② 路基施工宜移挖作填，即使用路堑段的挖方用作路堤填筑段的填方，减少占用土地并有利于环境保护，减少对自然景观的破坏，保持与地形地貌的协调。

③ 路基施工应严格按照规范要求来组织，特殊地区的路基施工采取相应的技术措施。

④ 石方挖方路基的施工，不宜采取大爆破的方法进行。必须使用时，需请有相应设计施工资质的单位，作出专门的设计，反复论证后，按大爆破的有关规定组织和实施。

(三) 路基填料

路基填筑工程量巨大，路基填料的选择一般采取因地制宜的原则，宜土则土、宜石则石。凡是具有规定强度且能被压实到规定密实度和能形成稳定路基的材料均为适用的填料。也就是说，无论是细粒土、粗粒土或是爆破之后的岩石或工业废渣，只要符合一定的技术要求，都可以用作路基填料。但在路基填料的选择上还要注意以下几点：

① 路基填方应优先考虑使用级配较好的砾类土、砂类土等粗集料做填料，填料的最大粒径应小于 150 mm 。

② 当采用细粒土做填料时，最符合规定。

③ 泥炭、淤泥、冻土、强膨胀土、有机土及易溶盐超过允许含量的土，不得直接用于填筑路基。液限大于 50 % 、塑性指数大于 26 的土以及含水量超过规定的土，也不得直接用于路基填料。确需使用上述土或黄土填筑路基时，必须采取一定的改善措施，使其满足要求，并取得监理工程师批准。

④ 钢渣、粉煤灰等可用做路基填料，其他工业废渣使用前应进行有害物质的检测，以免对土地和水源造成污染。

⑤ 浸水路基应选用渗水性良好的材料填筑，如中等颗粒的砂砾、级配碎石等，不应直接采用粉质土填筑。如必须采用细砂、粉砂等易液化的材料做填料时，应考虑防止震动液化的技术措施。

⑥ 桥涵台背应优先选用渗水性好的填料，在渗水材料缺乏的地区，可以使用石灰、水泥、粉煤灰等单独或综合处置的细粒土。

⑦ 填石路基的石块最大粒径应小于厚度的 2/3，路床顶面以下 50 cm 厚度内不得使用石块填筑。

(四) 路基施工期间的防水与排水

① 在路基工程施工期间，为防止工程或附近农田、建筑物及其他设施受冲刷淤积，应修建临时排水设施，以保持施工场地处于良好的排水状态。

② 临时性排水设施应与永久性排水设施相结合。施工场地流水不得排入农田、耕地或污染自然水源，也不应引起淤积、阻塞和冲刷。

③ 施工时，无论挖方或填方，都应做到各施工层表面不积水。因此，各施工层应随时保持一定的泄水横坡或纵向排水通道。挖方路基顶面或填方基底含水率过大时，应采取措施降低其含水率。

④ 临时排水设施及排水方案应报请监理检查验收。

(五) 路基基本施工方法

路基施工方法人致可分为以下几种：

1. 人工施工

采用手工工具，如小推车、扁担挑、铁锹挖、人工填筑、人工夯实的施工方法。人工施工工效低、进度慢，古代和近代的道路基本使用这种方法施工。在道路施工中，特别小的项目和施工机械无法进入的区域，如庭院人行小路、块石路面，也主要采取人工施工方法。

2. 简易机械化施工

以人工为主、简易机械为辅的施工方式，采取人工战术，大兵团作战，仅在碾压、整形等环节使用机械作业。

3. 机械法施工

使用配套机械（个别工序辅以人工）相互协调，共同形成主要工序的综合机械化施工方法，高等级公路的施工都采用这种方法。

4. 爆破法施工

主要适用于石质路堑和隧道施工。

5. 水力机械法施工

使用水泵、水枪等水力机械喷射强力水流，冲散土层并流至指定地点沉积。由于这种方法对电力和水源要求高，且沉积时间长，难以控制工程质量，在公路施工中很少使用。

二、一般路基施工

（一）土质路堤施工

1. 施工取土

第一，路基填方取土，应根据设计要求，结合路基排水和当地土地规划、环境保护要求进行，不得任意挖取。

第二，施工取土应不占或少占良田，尽量利用荒坡、荒地，取土深度应结合地下水等因素考虑，利于复耕。原地面耕植土应先集中存放，以利再用。

第三，自行选定取土方案时，应符合下列技术要求。①地面横向坡度陡于1：10时，取土坑应设在路堤上侧。②桥头两侧不宜设置取土坑。③取土坑与路基之间的距离，应满足路基边坡稳定的要求。取土坑与路基坡脚之间的护坡道应平整密实，表面设 1% ~ 2% 向外倾斜的横坡。④取土坑兼作排水沟时，其底面宜高出附近水域的常水位或与永久排水系统及桥涵出水口的标高相适应，纵坡不宜小于0.2%，平坦地段不宜小于0.1%。⑤线外取土坑等与排水沟、鱼塘、水库等蓄水（排洪）设施连接时，应采取防冲刷、防污染的措施。

第四，对取土造成的裸露面，应采取整治或防护措施。

2. 施工方法

路堤填筑是把填料用一定方式运送上堤进行铺平、碾压密实的过程。路堤填筑分为分层填筑法、竖向填筑法和混合填筑法三种方法。

（1）分层填筑法

路堤填筑根据不同的土质，从原地面逐层填起并分层压实，每层填土的厚度可按压实机具的有效压实深度和压实度确定。分层填筑法又可分为水平分层填筑和纵向分层填筑两种。

① 水平分层填筑：填筑时按照横断面全宽分成水平层次，逐层向上填筑，如原地面不平，应由最低处分层填起，每填一层，经过压实符合规定要求之后，再填上一层，依此循环进行直至达到设计高程。

② 纵向分层填筑：此方法适用于用推土机从路堑取土填筑距离较短的路堤，依纵坡方向分层，逐层向上填筑，原地面纵坡大于12％的地段常采用此法。

（2）竖向填筑法

竖向填筑法是指从路基一端或两端同时按横断面的全部高度，逐步推进填筑。此方法适用于无法自下而上填筑的深谷、陡坡、断岩、泥沼等运土和机械无法进场的路堤。

竖向填筑因填土过厚不易压实，施工时要选用沉陷量较小、透水性较好及颗粒粒径均匀的砂石材料或附近开挖路堑的废石方，并一次填足路堤全宽度；选用振动式或夯击式压实机械；暂时不修建较高级的路面，容许短期内自然沉落。

（3）混合填筑法

在路堤下层竖向填筑，上层水平分层填筑，使上部填土经分层压实获得需要的压实度。此方法适应于因地形限制或填筑堤身较高，不宜采用水平分层法和竖向填筑法自始至终进行填筑的情况。在深谷陡坡地段填筑路堤，应尽量采用混合填筑法。施工时可以单机作业，也可多机作业，一般沿线路分段进行，每段距离以20～40 m为宜，多在地势平坦或两侧有可利用的山地土场的场合采用。

3. 施工要点

（1）地基表层处理应符合的规定

① 二级及二级以上公路路堤基底的压实度应不小于90％；三级、四级公路应不小于85％。路基填土高度小于路面和路床总厚度时，基底应按设计要求处理。

② 原地面坑、洞、穴等，应在清除沉积物后，用合格填料分层回填、分层压实。

③ 泉眼或露头地下水，应按设计要求，采取有效导排措施后方可填筑路堤。

④ 地基为耕地、松散土、水稻田、湖塘、软土、高液限土等时，应按设计要求进行处理，局部软弹的部分也应采取有效的处理措施。

⑤ 地下水位较高时，应按设计要求进行处理。

⑥ 陡坡地段、土石混合地基、填挖界面、高填方地基等都应按设计要求进行

处理。

（2）路堤填筑应符合的规定

①性质不同的填料，应水平分层、分段填筑，分层压实。同一水平层路基的全宽应采用同一种填料，不得混合填筑。每种填料的填筑层压实后的连续厚度不宜小于500 mm。填筑路床顶最后一层时，压实后的厚度应不小于100 mm。

②潮湿或冻融敏感性小的填料应填筑在路基上层，强度较小的填料应填筑在下层。在有地下水的路段或临水路基范围内，宜填筑透水性好的填料。

③在透水性不好的压实层上填筑透水性较好的填料前，应在其表面设2%～4%的双向横坡，并采取相应的防水措施。不得在由透水性较好的填料所填筑的路堤边坡上覆盖透水性不好的填料。

④每种填料的松铺厚度应通过试验确定。每一填筑层压实后的宽度不得小于设计宽度。

⑤路堤填筑时，应从最低处起分层填筑，逐层压实；当原地面纵坡大于12%或横坡陡于1∶5时，应按设计要求挖台阶，或设置坡度向内并大于4%、宽度大于2 m的台阶。

⑥填方分几个作业段施工时，接头部位如不能交替填筑，则先填路段，按1∶1坡度分层留台阶。如能交替填筑，则应分层相互交替搭接，搭接长度不小于2 m。

（3）选择施工机械

应考虑工程特点、土石种类及数量、地形、填挖高度、运距、气候条件、工期等因素，经济合理地确定。填方压实应配备专用碾压机具。

（4）压实度检测应符合的规定

①用灌砂法、灌水（水袋）法检测压实度时，取土样的底面位置为每一压实层底部；用环刀法试验时，环刀中部处于压实层厚的1/2深度；用核子仪试验时，应根据其类型，按说明书要求办理。

②施工过程中，每一压实层均应检验压实度，检测频率为每1000 m²至少检验两点，不足1000 m²时也检验两点，必要时可根据需要增加检验点。

（二）填石路堤施工

1. 填料要求

路堤填料粒径应不大于500 mm，并不宜超过层厚的2/3，不均匀系数宜为15～20。路床底面以下400 mm范围内，填料粒径应小于150 mm；路床填料粒径应小于100 mm。膨胀岩石、易溶性岩石不宜直接用于路堤填筑，强风化石料、崩解性岩石和盐化岩石不得直接用于路堤填筑。

2. 填筑方法

填石路堤的填筑施工方式有倾填（含抛填）和逐层填筑、分层压实两种。倾填又可分为石块从岩面爆破后直接散落在准备填筑的路堤内和用推土机将爆破后堆置在半路堑上的石块，以及用自卸汽车从远处运来的爆破石块推入路堤的两种情况。高速公路、一级公路和铺设高级路面的其他等级公路的填石路堤不宜采用倾填式施工，而应采用分层填筑、分层压实的方法。二级及二级以下且铺设低级路面的公路在陡峻山坡段施工特别困难或大量爆破以挖作填时，可采用倾填方式将石料填筑于路堤下部，但倾填路堤在路床底面不小于 1.0 m 范围内仍应分层填筑压实。

采用分层填筑方式施工，又可分为机械作业和人工作业两种方法。机械施工分层填筑时，高速公路及一级公路分层松铺厚度一般为 50 cm，其他公路为 100 cm。施工中应安排好石料运行路线，专人指挥，按水平分层填筑，先低后高、先两侧后中央卸料。由于每层填筑厚度较大，故摊铺平整工作必须采用大型推土机进行，个别不平处应配合人工用细石块、石屑找平。如果石块级配较差、粒径较大、填层较厚，石块间的空隙较大时，可于每层表面的空隙里扫入石渣、石屑、中砂、粗砂，再以压力水将砂冲入下部，反复数次，使空隙填满。对于人工摊铺、填筑填石路堤，当铺填粒径 25 cm 以上石料时，应先铺填大块石料，大面向下，小面向上，摆平放稳，再用小石块找平，石屑塞填，最后压实；铺填粒径 25 cm 以下石料时，可直接分层摊铺，分层碾压。

3. 施工要点

① 基层处理时：其承载力应满足设计要求；在非岩石地基上填筑填石路堤前，应按设计要求设过渡层。

② 路堤施工前：应先修筑试验路段，确定满足孔隙率标准的松铺厚度、压实机械型号及组合、压实速度及压实遍数、沉降差等参数。

③ 路床施工前：应先修筑试验路段，确定能达到最大压实干密度的松铺厚度、压实机械型号及组合、压实速度及压实遍数、沉降差等参数。

④ 岩性相差较大的填料应分层或分段填筑：严禁将软质石料与硬质石料混合使用。

⑤ 中硬、硬质石料填筑路堤时：应进行边坡码砌。码砌边坡的石料强度、尺寸及码砌厚度均应符合设计要求。边坡码砌与路基填筑宜基本同步进行。

⑥ 压实机械宜选用自重不小于 18 t 的振动压路机。

⑦ 在填石路堤顶面与细粒土填土层之间应按设计要求设过渡层。

4. 质量检验

① 上路堤、下路堤的压实质量标准。

② 填石路堤施工过程中的每一压实层，可用试验路段确定的工艺流程和工艺参数，控制压实过程；用试验路段确定的沉降差指标检测压实质量。

③ 填石路堤填筑至设计标高并整修完成后，其施工质量应符合规定。

④ 填石路堤成形后的外观质量标准：路堤表面无明显孔洞；大粒径石料不松动，铁锹挖动困难；边坡码砌紧贴、密实，无明显孔洞、松动，砌块间承接面向内倾斜，坡面平顺。

(三) 土石路堤施工

土石路堤是指石料含量占总质量 30 % ～ 70 % 的土石混合材料填筑的路堤。

1. 填料要求

① 膨胀岩石、易溶性岩石等：不宜直接用于路堤填筑，崩解性岩石和盐化岩石等不得直接用于路堤填筑。

② 天然土石混合填料中：中硬、硬质石料的最大粒径不得大于压实层厚的 2/3；石料最大粒径不得大于压实层厚。

2. 填筑方法

土石路堤不得采用倾填方法，只能采用分层填筑，分层压实。

当土石混合料中石料含量超过 70 % 时，宜采用人工铺填，即先铺填大块石料，且大面向下，放置平衡，再铺小块石料、石渣或石屑嵌缝找平，然后碾压。当土石混合料中石料含量小于 70 % 时，可用推土机将土石混合料铺填，每层铺填厚度应根据压实机械类型和规格确定，不宜超过 40 cm 。用机械铺填时应注意避免硬质石块，特别是集中在一起的尺寸大的硬质石块。

3. 施工要点

① 在陡坡、斜坡地段，土石路堤靠山一侧应按设计要求做好排水和防渗处理。

② 压实机械宜选用自重不小于 18 t 的振动压路机。

③ 施工前应根据土石混合材料的类别分别进行试验路段施工，确定能达到最大压实干密度的松铺厚度、压实机械型号及组合、压实速度及压实遍数、沉降差等参数。

④ 碾压前应使大粒径石料均匀分散在填料中，石料间孔隙应填充小粒径石料、土和石渣。

⑤ 压实后透水性差异大的土石混合材料，应分层或分段填筑，不宜纵向分幅填筑。如确需纵向分幅填筑，应将压实后渗水良好的土石混合材料填筑于路堤两侧。

⑥ 土石混合材料来自不同料场，其岩性或土石比例相差较大时，宜分层或分段填筑。

⑦ 填料由土石混合材料变化为其他填料时，土石混合材料最后一层的压实厚度应小于 300 mm，该层填料最大粒径宜小于 150 mm，压实后，该层表面应无孔洞。

⑧ 中硬、硬质石料的土石路堤，应进行边坡码砌。码砌边坡的石料强度、尺寸及码砌厚度应符合设计要求。边坡码砌与路堤填筑宜基本同步进行。软质石料土石路堤的边坡按土质路堤边坡处理。

4. 质量检验

① 中硬、硬质石料土石路堤在施工过程中的每一次压实层，可用试验路段确定的工艺流程和工艺参数，控制压实过程；用试验路段确定的沉降差指标，检测压实质量。路基成形后质量应符合规定。

② 软质石料填筑的土石路堤应符合地基表层处理的规定。

③ 土石路堤的外观质量标准包括：路基表面无明显孔洞；大粒径填石无松动，铁锹挖动困难；中硬、硬质石料土石路基边坡码砌紧贴、密实，无明显孔洞、松动；砌块间承接面应向内倾斜，坡面平顺。

(四) 挖方路基施工

1. 土质路开挖

第一，土方开挖方法路堑开挖施工，除需考虑当地的地形条件、采用的机具等因素外，还需考虑土层的分布及利用。在路堑开挖前，应做好现场伐树除根等清理工作和排水工作。如果移挖作填时，还应将表层土单独摒弃，或按不同的土层分层挖掘，以满足路堤填筑的要求。路堑的开挖方法根据路堑深度、纵向长短及现场施工条件，可采用横向挖掘法、纵向挖掘法和混合式挖掘法。

(1) 纵向全宽掘进开挖 (横挖法)

是在路线一端或两端，沿路线纵向向前开挖。单层掘进开挖，其高度即等于路堑设计深度，掘进时逐段成型向前推进，由相反方向运土送出。单层掘进的高度受到人工操作安全及机械操作有效因素的限制，如果施工紧迫，对于较深路堑，可采用双层纵向掘进开挖，上层在前，下层随后，下层施工面上留有上层操作的出土和排水通道。双层或多层开挖，增加了施工工作面，加快了施工进度，层高应视施工方便且能保证安全面定，一般为 1.5 ~ 2.0 m。

(2) 横向通道掘进开挖 (纵挖法)

是先在路堑纵向挖出通道，然后分段同时由横向掘进。此法工作面多，既可人工施工，亦可机械施工，也可分层纵向开挖，即将路堑分为宽度和深度都合适的纵向层次向前掘进开挖，可采用各式铲运机施工。在短距离及大坡度时，可用推土机施工，如较长、较宽的路堑，可用铲运机并配以运土机具进行施工。

（3）混合式掘进开挖

是横挖法和纵挖法的混合使用，即先顺路堑开挖通道，然后沿横向坡面挖掘，以增加开挖坡面，每一开挖坡面应能容纳一个施工组或一台开挖机械作业。在较大的挖土地段，还可沿横向再挖沟，配以传动设备或布置运土车辆。路线纵向长度和深度都很大时，宜采用混合式开挖法。

第二，土方开挖施工要点。

① 土方开挖应自上而下进行，不得乱挖超挖，严禁掏底开挖，土方应分类开挖分类使用，非适用材料应按设计要求或作为弃方按规定处理。开挖过程中，应采取措施保证边坡稳定。开挖至边坡线前，应预留一定宽度，预留的宽度应保证刷坡过程中设计边坡线外的土层不受到扰动。

② 路基开挖中，基于实际情况，如需修改设计边坡坡度、截水沟和边沟的位置及尺寸等时，应及时按规定报批。边坡上稳定的孤石应保留。开挖至零填、路堑路床部分后，应尽快进行路床施工；如不能及时进行，宜在设计路床顶标高以上预留至少300 mm厚的保护层。采取临时排水措施，确保施工作业面不积水。挖方路基路床顶面终止标高，应考虑因压实而产生的下沉量，其值通过试验确定。

③ 边沟与截水沟应从下游向上游开挖，截水沟通过地面坑凹处时，应将凹处填平夯实。边沟及截水沟开挖后，应及时进行防渗处理，不得渗漏、积水和冲刷边坡及路基。

④ 挖方路基施工遇到地下水时，应采取排导措施，将水引入路基排水系统，不得随意堵塞泉眼。路床土含水量高或为含水层时，应采取设置渗沟、换填、改良土质、土工织物等处理措施，路床填料应具有良好的透水性能。

2. 石质路施工

（1）石质路堑施工注意事项

采用松土法或破碎法施工应注意的事项与土质路堑开挖基本相同。当采用爆破施工时，应注意以下事项：

① 爆破影响区内既有建筑物、管线的调查：一旦确定采用爆破法开挖岩石后，应查明爆破区内有无电力、电讯、供排水管道等地面、地下管线，既有建筑物的类型权属、年限等。若有，还应明确其具体的平面位置、埋置深度、迁移可行性。此外，对开挖边线范围外的既有建筑物、各类管线距离权属也应充分调查，以便制定爆破方案，确保线外建筑物、管线的安全。

② 报请当地公安等部门审批爆破方案：对大型、中型爆破，确定方案后，应分别报送当地公安局建筑物和管线的直接单位及主管部门、监理工程师审批。

③ 持证上岗：持证上岗是杜绝爆破伤亡事故的根本保证。凡从事爆破作业的施

工人员均必须经过专业培训，取得爆破证书后才能上岗。必须一人一证，严禁一证多人使用。

④清渣工作：清渣应自上而下，将松动的、破碎的岩石撬落。不准掏"神仙渣"（在下面往里掏成悬岩状，石渣在自重的作用下坍落），以免坍塌伤人。多用大功率推土机集石，装载机装车；或直接用斗容量 1.5 ~ 2.0 m³ 的正铲挖掘机装车。对特大的孤石，可采用钢钎炮二次爆破解小。

⑤安全：爆破施工安全包括爆破器材安全管理、施工操作安全及警戒线之内的其他人员、物资安全。爆破施工是一项危险作业，要求杜绝各种事故的发生，做到安全生产。对爆破作业的每一道工序，都必须认真执行各有关爆破安全规程，有组织、有计划、有步骤地进行施工。

爆破器材安全管理。所有爆破器材、雷管、炸药应在指定地点分开存放，相距不得小于 1 km，距离施工现场不得小于 3 km。存放仓库应保持良好的通风，设置避雷设施。库房周围设围墙，无关人员不得入内，严禁烟火。仓库应配备 24 小时全天候看守的警卫值勤人员，配备良好的、足够的防火设备。临时性爆破器材仓库禁止安装电灯照明，可用自然采光或安全手电筒。临时性爆破器材仓库的最大库存量：炸药 10 L，雷管 20000 发，导火索 10000 m。库房内设单独的发放间，雷管和炸药分开存放，间距在 8 m 以上。爆破器材应有专人负责入库、发出，健全各种手续。在雷雨黑夜天气不得办理爆炸物品的收发工作。

施工操作安全。爆破施工环节，包括钻孔、导洞开挖，装药、堵塞、起爆，瞎炮处理等，这些环节都具有危险性。

钻孔和导洞开挖时，所有作业人员必须戴安全帽和使用必要的劳保用品。洞口和险道应设置栏杆，并有足够的照明。洞内采用 12 ~ 36 V 的低压安全灯，严禁高压或明火照明。洞口开挖前应处理危石，以确保安全，否则采取支撑。导洞深度越过 6 m 时，应采取通风措施。经常检查洞内风量、气压和有害气体含量。装药、堵塞、起爆阶段，应注意以下几点：a. 炮孔、洞室完成后及时报验，合格后方可装药；b. 起爆药包只准在爆破附近的安全地点进行；c. 在炸药、雷管送达洞口前，将洞内所有电线取出，改用绝缘手电筒或蓄电池灯照明，严禁烟火；d. 装药、堵塞严格按设计要求操作，不准用块石压盖药包，并注意保护起爆线；e. 装药、堵塞后，由经过专职培训合格的爆破工连线；f. 爆破区边界和通道设岗哨和标志，爆破信号和解除信号要及时、显著；g. 爆破后应对爆破现场进行认真检查，发现瞎炮及时、安全处理。

⑥排水：节理发育的岩石，例如，石灰岩地区，地表水会沿裂缝缝隙往下渗入，一般不用设截水天沟。但在开挖区内应在纵向、横向形成坡面，确保工作面不积水。其他石质路堑视现场而定。

（2）炮型的选择

公路工程爆破炮型种类繁多，分类方法也不尽相同。影响炮型选择的因素很多，包括石方的集中程度，路堑开挖深度，地质、地形条件，公路路基横断面形状及施工机械。其中，施工机械往往是决定炮型选择的决定性因素。

按工作动力不同，凿岩机可分为风动凿岩机、液压凿岩机、电动凿岩机和内燃凿岩机四种。风动凿岩机采用压缩空气为动力，结构简单，质量轻，工作安全可靠，操作维修方便，适用于任何硬度的岩石。液压凿岩机是近年发展起来的一种新型凿岩机，具有单一动力、低消耗、实现了一人多机操作、现场调整参数等优点。爆破大多采用这类凿岩机械。电动凿岩机、内燃凿岩机或因可靠性差，或因笨重，没有前两种使用普遍。

（3）公路工程特殊爆破技术

公路工程施工中比较常用的有光面爆破、预裂爆破、定向爆破、微差爆破、松动爆破等。下面就以上特殊爆破技术作简要介绍。

① 光面爆破：是指在开挖界面的周边，适当排列一定间隔的炮孔，在有侧向临空面的情况下，用控制抵抗线和落量的方法使爆破后的坡面保持光滑、顺直、平整而不受明显破坏的爆破方法。光面爆破具有以下特点：第一，爆破后成型规整，路基断面符合设计轮廓，特别在松软岩层中更能显示出光面爆破的作用；第二，爆破后不产生或很少产生爆震裂隙，新岩面保持原有稳定性，岩体承载能力不致下降，因而可有效地保证施工安全，为快速施工创造有利条件；第三，新岩壁平整，通风阻力小，岩面上应力集中现象减少，在深部岩壁表面可以减少岩爆危害。

光面爆破属于控制爆破，其机理是沿开挖轮廓线布置间距减少的平行炮眼，在这些岩面炮眼中进行药量减少的不耦合装药（采用间隔药包、间隔钻孔装药，通常是使炮孔直径大于药卷直径的 $1 \sim 2$ 倍），然后同时起爆，爆破时沿这些炮眼的中心联线破裂成平整的光面。光面爆破时，由于采用不耦合装药，药包爆炸后，炮眼壁上的压力显著降低，此时药包的爆破作用为准静压作用，当炮孔压力值低于岩石抗压强度时，在炮眼壁上不至于造成"压碎"破坏，因此，爆炸引起的应力和凿岩时在炮眼壁上造成的应力状态相似，只能引起少量的径向细微裂隙。裂隙数目及其长度随不耦合系数（一般为 $1.1 \sim 3.0$，其中 $1.5 \sim 2.5$ 用得较多）和装药量不同而不同，一般在药包直径一定时，不耦合系数值越大，药量越小，则细微裂隙数越少而长度也越短。光面炮眼同时起爆时，由于起爆器材的起爆时间误差，不可能在同一时刻爆炸，先起爆的药包的爆炸应力作用在炮眼周围产生细微径向裂隙，由于相邻炮眼的导向作用，结果沿相邻两炮眼中心联线的那条径向裂隙得到优先发育，在爆炸气体作用下，这条裂隙继续延伸和扩展，在相邻两炮眼的炮眼联线与眼壁相交处产生应力集中，此处拉应力值最大，该相邻两炮眼中爆炸气体的气楔作用将这些径向裂隙加以扩展，成为贯通裂隙，最后造成光面。

光面爆破施工的主要技术要点有四点。第一，选择要求工作空间较小的优良钻机，精确凿岩，控制炮眼底部的偏离，严格保持炮孔在同一平面内。第二，光面爆破应在主炮起爆之后，间隔时间在 25 ~ 50 m/s 范围内；同一排炮孔必须同时爆破，以免影响起爆质量，最好用传爆线起爆。第三，采用恰当的药包结构，并控制装药量。一般情况下，光面爆破装药量比正常减少 1/3 ~ 1/2，炮孔直径不大于 50 mm，且大于药卷直径的 1 ~ 2 倍，或采用间隔药包、间隔钻孔装药。第四，边孔间距可通过计算确定，也可由工地试验决定，曲线边孔应加密到 0.2 m，采用小孔径，可间隔 1 ~ 2 孔装药。

② 预裂爆破：是沿岩体设计开挖面与主孔之间布置一排预裂主炮孔，并使预裂炮孔超前主炮孔起爆（一般超前 50 ~ 150 m/s 起爆），从而沿设计开挖面将岩石拉断，形成贯通预裂，使爆破主体与山体分离形成隔震减震带，为全部爆破完成后岩石开挖面形成要求的轮廓的一种爆破方法。

预裂爆破是在没有侧向空面和最小抵抗线的情况下，按一定间距钻一排小孔距平行炮孔，孔内装入少量炸药。在开挖区主爆起爆之前，这些炮孔首先爆破，预裂出一条裂缝，预裂缝在一定范围减小主炮炮孔的爆破震动效应，使开挖界限以外的山体或建筑物免遭爆破震动的破坏，并且防止额外超爆，有效保护开挖边坡，减小破坏。预裂爆破是在光面爆破基础上发展起来的一项特殊爆破技术。

施工时，为了获得良好的预裂爆破效果，除选择合理的爆破参数、起爆顺序和布孔方式外，更应精确掌握施工方法、操作要点，掌握好"孔深、方向、倾斜角度"三大要素，一般孔底的钻孔偏差不应大于 15 cm。对钻孔的质量应十分重视，使其符合设计要求。

③ 定向爆破：就是利用爆破的作用，将大量的岩石和土按照指定的方向搬移到一定的地点，并堆积成一定形状的填方。定向爆破的基本原理，就是炸药在岩石或土内部爆炸时，岩石和土是沿着最小抵抗线，即沿着从药包到临空面最短距离的方向而抛出去。因此，合理选择临空面并布置炮孔是定向爆破的一个重要问题。临空面可以利用自然的地形，也可以在爆破地点，用人工方法造成需要的孔穴或空向槽作为临空面，以便按照需要的方向，将爆破的岩石抛向指定的位置。

④ 深孔多排微差爆破：指前后或相邻炮孔内的药包以毫秒的时间间隔（一般为 15 ~ 75 m/s）依次起爆。微差爆破的特点是在装药量相等的条件下，可减震 1/3 ~ 2/3；前发药包为后发药包开创了临空面，从而可以扩大自由面，有利于应力的增加，增大岩块间的碰撞挤压作用，加强岩石的破碎效果；降低各排孔一次爆破的堆积高度，

有利于挖掘机作业；由于逐发或逐排依次爆破，减少了岩石挟制力，可节省近20％的炸药量，并可增大孔距，提高每钻孔炸落方量。

3.挖方路基边坡坡度

土质挖方边坡坡度主要与边坡高度、土的湿度、密实程度、地下水、地表水情况、土的成因、类型及生成时代等因素有关。岩石挖方边坡坡度主要与岩性、地质构造、岩石的风化破碎程度、边坡高度、地下水及地表水等因素有关。挖方路基的边坡坡度要求与施工要点主要有以下几点：

① 土的挖方边坡坡度应根据调查路线附近已建工程的人工边坡及自然山坡稳定状况确定。

② 砾石类土的挖方边坡坡度主要与砾石土成因、岩块成分和大小、密实程度及休止角有关，并应结合当地水文条件和边坡高度进行对比分析、论证确定边坡坡度大小。

③ 在边坡施工中，由于设计的边坡坡度可能与现场的实际土质等情况不相符合，因此，施工技术人员应注意随着填、挖的进行，对影响边坡坡度稳定的因素进行认真的观察分析，如发现设计的边坡坡度不能满足边坡稳定时，应按相关规定考虑变更设计，以确保边坡稳定。

4.机械化施工要点

① 采用机械按横挖法开挖路堑且弃土（或以挖作填）运距较远时，宜用挖掘机配合自卸汽车作业，每层台阶高度可增加3～4 m，亦可用推土机开挖。若弃土或以挖作填运距超过推土机的经济运距时，可用推土机推土堆积，再用装载机配合自卸汽车运土。

② 机械开挖路堑时，配以平地机或人工分层修刮平整边坡。

③ 采用机械按纵挖法开挖路堑。第一，当采用分层纵挖法挖掘的路堑长度较短（小于100 m），开挖深度不大于3 m，地面坡度较陡时，宜采用推土机作业。第二，推土机作业时，每一铲挖地段的长度应能满足一次铲切达到满载的要求，一般为5～10 m。铲挖宜在下坡时进行，对普通土下坡坡度宜为10％～18％，不得大于30％；对于松土下坡坡度不宜小于10％，不得大于15％；傍山卸土的运行道应设有向内稍低的横坡，但应同时留有向外排水的通道。第三，当采用分层纵挖法挖掘的路堑长度较长（超过100 m）时，宜采用铲运机作业。第四，对于拖式铲运机和铲运推土机，其铲斗容积为4～8 m³的适宜运距为100～400 m；容积为9～12m³的适宜运距为100～700 m。自行式铲运机适宜运距可照上述运距加倍。铲运机在路基上的作业距离不宜小于100 m。有条件时宜配备一台推土机（或使用铲运推土机）配合铲运机作业。第五，铲运机运土道，单道宽度不应小于4 m，双道宽度不应小于

8 m；重载上坡纵坡不宜大于 8 %，空驶上坡纵坡不得大于 50 %；弯道应尽可能平缓，避免急弯；路基表层应在回驶时刮平，重载弯道处表面应保持平整。第六，铲运机作业面的长度和宽度应使铲斗易于达到满载。在地形起伏的工地，应充分利用下坡铲装，取土应沿其工作面有计划地均匀进行，不得局部过度取土而造成坑洼积水。第七，铲运机卸土场的大小应满足分层铺卸的需要，并留有回转余地。填方卸土应边走边卸，防止成堆，行走路线外侧边缘至填方边缘的距离不宜小于 20 cm。

④ 当路线纵向长度和挖深都很大时，宜采用混合式开挖法，即将横挖法与通道纵挖法混合使用。先沿路堑纵向挖通道，然后沿横向坡面挖掘，以增加开挖坡面。每一坡面应设一个施工小组或一台机械作业。

⑤ 开挖边沟、修筑路拱、刷刮边坡、整平路基表面时，宜采用平地机配合其他土方机械作业。

⑥ 弃方。第一，施工前，应对设计提供的弃土方案进行现场核对，若有疑问，应及时处理。第二，弃土不得占用耕地，沿河弃土不得影响排洪、通航，不得加剧河岸冲刷。不得向水库、湖泊、岩溶漏斗及暗河口处弃土。禁止在贴近桥墩台、涵洞口处弃土。第三，沿线弃土堆设置应符合设计要求；设计无要求时应符合下列规定：弃土应相对集中堆放，并与周边环境相协调，严禁随意处理；弃土堆的几何尺寸、压实程度、位置，应保证路基边坡和弃土堆自身的稳定。弃土堆的边坡不陡于 1.0∶1.5，顶面向外设不小于 2 % 的横坡，其内侧高度不宜大于 3 m；在地面横坡陡于 1∶5 的路段，不得在高于路堑边坡顶的山坡上方设弃土堆；在山坡上侧的弃土堆，应连续而不间断，并在弃土堆上侧设置截水沟。山坡下侧的弃土堆，应每隔50～100 m 设宽度不小于 1 m 的缺口排水，排水主流方向不得对地面结构物及农田等造成不利影响，必要时可设人工沟渠导引排水。弃土堆坡脚应进行防护和加固。第四，弃土应按设计要求进行压实并及时完成弃土场的防护、排水工程。

第二节　特殊路基施工

一、软土路基施工

（一）软土路基处理方法

1.换填法
是将原路基一定深度和范围内的淤泥挖除，换填符合规定要求的材料，使之达到规定压实度的方法。换填时，应选用水稳性或透水性好的材料，分层铺筑，逐层压实。

2. 抛石挤淤法

是在路基底从中部向两侧抛投一定数量的碎石，将淤泥挤出路基范围，以提高路基强度。所用碎石宜采用不易风化的大石块，尺寸一般不小于 0.15 m。抛石挤淤法施工简单、迅速、方便。适用于常年积水的洼地，排水困难，泥炭呈流动状态，厚度较薄，表层无硬壳，片石能沉达底部的泥沼或厚度为 3~4m 的软土；适用于在特别软的地面上施工（由于机械无法进入，或是表面存在大量积水无法排出时）；适用于石料丰富、运距较短的情况。

3. 排水固结法

堆载预压法、真空预压法、降水预压法、电渗排水法，适用于处理厚度较大的饱和软土和冲填土路基，但对于较厚的泥炭层要慎重选择。

4. 胶结法

（1）水泥搅拌桩

水泥搅拌桩的适用范围为淤泥、淤泥质土、含水量较高的地层、地基承载力不大于 120 kPa 的黏性土、粉土等软土路基。在有较厚泥炭土层的软土路基上，宜通过试验确定其适用性，并可适量添加磷石膏以提高搅拌桩桩身强度。当地下水中含有大量硫酸盐时，应选用抗硫酸盐水泥。冬期施工时，应注意负温。注意十字板剪切强度（Sn）为 35 kPa 所对应的静力触探总贯入阻力（P_0）约为 750 kPa 对处理效果的影响。

（2）高压喷射注浆法

高压喷射注浆法的适用范围为淤泥、淤泥质土、黏性土、黄土、砂土、人工填土和碎石土等路基。尤其适用于软弱路基的加固。湿陷性黄土以及土中含有较多的大粒径块石、坚硬性黏性土、大量植物根茎或过多有机质时，应根据现场试验结果确定其适用程度。对地下水流速较大或涌水工程以及对水泥有严重侵蚀的路基应慎用。

（3）灌浆法

灌浆法适用于处理淤泥、淤泥质土、粉土和含水量较高，且路基承载力标准值不大于 120 kPa 的黏性土等地基。当用于处理泥炭土或地下水具有侵蚀性时，宜通过试验以确定其适用性。

（4）水泥土夯实桩法

水泥土夯实桩法适用于地下水位以上的素填土、淤泥质土和粉土等。

5. 加筋土法

适用范围为人工填土砂土的路堤、挡墙、桥台等；土工织物适用于砂土、黏性土和软土的加固，或用于反滤、排水和隔离的材料；树根桩适用于各类土，主要用于既有建筑物的加固及稳定土坡、支挡结构物；锚固法能可靠地锚固土层和岩层。对软弱黏土宜通过重复高压灌浆或采用多段扩体或端头扩体以提高锚固段锚固力。对液限大于 50 % 的黏性土，相对密度小于 0.3 的松散砂土以及有机质含量较高的土层，均不得作为永久性锚固地层。

6. 振冲置换法

适用于不排水剪切强度 $20kPa \leq CU \leq 50kPa$ 的饱和软黏土、饱和黄土及冲填土。对不排水剪切强度小于 20 kPa 的地基应慎重选择。此法能使天然路基承载力提高 20 % ~ 60 %。

7. 水泥粉煤灰碎石桩（简称 CFG 桩）法

CFG 桩法适用于淤泥、淤泥质土、杂填土、饱和及非饱和的黏性土、粉土，能使天然路基承载力提高 70 % 以上。

8. 钢渣桩法

适用于淤泥、淤泥质土、饱和及非饱和的黏性土、粉土。

9. 石灰桩法

适用于渗透系数适中的软黏土、杂填土、膨胀土、红黏土、湿陷性黄土。不适合地下水位以下的渗透系数较大的土层。当渗透系数较小时，软土脱水加固效果不好的土层慎用。

10. 强夯置换法

适用于饱和软黏土，一般适合于 3 ~ 6 m 的浅层处理。

11. 砂桩法

适用于软弱黏性土，但应慎用，且需要较长的时间。对不排水剪切强度小于 15 kPa 的软土，应采用袋装砂井桩。

12. 夯坑基础法

适用于软黏土、非饱和的黏性土、夯填土湿陷性黄土。

13. 强夯法

适用于碎石、砂土、杂填土、素填土、湿陷性黄土及低饱和度的粉土和黏性土。对于高饱和度的粉土和黏性土，需经试验论证后方可使用，且应设置竖向排水通道。该法处理深度可达 10 多米，但强夯的震动可能会对周围环境造成不良影响，使用时要求考虑周围环境因素。

14. 振冲法

是一种不添加砂石材料的振冲挤密法，一般宜用于 0.75 mm 以上、颗粒占土体 20 % 以上的砂土，而添加砂石材料的振冲挤密法宜用于粒径小于 0.005 mm 的黏粒含量不超过 10 % 的粉土和砂土。

15. 挤密碎石桩法

适用于松散的非饱和黏性土、杂填土、湿陷性黄土、疏松的砂性土。对饱和软黏土应慎重使用。

(二) 软土路基施工方法

1. 抛石挤淤施工

① 抛石挤淤应按设计要求或监理工程师的要求进行。

② 应选用不易风化的片石，片石厚度或直径不宜小于 300 mm 。

③ 当软土地层平坦，软土成流动状时，填土应沿路基中线向前成三角形方式投放片石，再渐次向两侧全宽范围扩展，使泥沼或软土向两侧挤出。当软土地层横坡陡于 1：10 时应自高侧向低侧抛投，并在低侧边部多抛填，使低侧边部约有 2m 的平台。

④ 片石抛出软土面或抛出水面后，应用较小石块填塞垫平，用重型压路机压实。

2. 垫层施工

垫层处置施工通常用于松软过湿的表面，采用排水、铺设填料或以掺加剂加固使地表层强度增加。防止地基局部剪切变形，从而保证重型机械通行，又使填土荷载均匀分布在地基上。

垫层材料宜采用无杂物的中、粗砂，含泥量应不小于 5 % ；也可采用天然级配型砾料，其最大粒径应小于 50 mm ，砾石强度应不低于四级。垫层应分层摊铺压实，碾压到规定的压实度。垫层宽度应宽出路基边脚 500～1000 mm ，两侧宜用片石护砌或采用其他方式防护。垫层采用砂砾料时，应避免粒料离析。在软路基、湿路基上铺以 0.3～0.5 m 厚度的排水层，有利于软湿表层的固结，并形成填土的底层排水，在一定程度上能提高地基强度，使施工机械可以通行。碎石、岩渣垫层的一般厚度为 0.4 m 左右，并铺设单层或双层土工织物或土工网格，有利于均匀支承填土荷载，提高地基承载力，减少地基的沉降量。掺合料垫层是利用掺合料 (石灰、水泥、土、加固剂) 以一定剂量混合在填料土中，可改变地基的压缩性和强度特性，从而保证施工机械的通行，对于垫层大部分松散，应进行大部或全部防护。

3. 袋装砂井施工

(1) 袋装砂井施工工艺流程

施工设备的准备—沉入套管—袋装砂沉入—基底填砂或井—预制砂袋沉放。

(2) 袋装砂浆的成孔方法可根据机械设备条件进行比较选择

专用的施工设备一般为导管式的振动打设机械，只是在进行方式上有差异。成孔的施工方法有五种，即锤击沉入法、射水法、压入法、钻孔法及振动贯入法。

(3) 施工要点

① 中砂、粗砂中大于 0.6 mm 颗粒的含量宜占总质量的 50 % 以上，含泥量小于 3 %，渗透系数大于 5×10^{-2} mm/s。砂袋的渗透系数应不小于砂的渗透系数。② 袋装砂井施工应符合以下规定：砂袋露天堆放时，应有遮盖，不得长时间暴晒；砂袋应垂直下井，不得扭结、缩颈、断裂、磨损；拔钢套管时，如将砂袋带出或损坏，应在原孔位边缘重打；连续两次将砂袋带出时，应停止施工，查明原因并处理后方可施工；砂袋在孔口外的长度，应能顺直伸入砂垫层至少 300 mm。③ 袋装砂井施工质量应符合规定。

二、黄土地区路基施工

(一) 黄土路基的特点

湿陷性黄土一般呈黄色或黄褐色，粉土含量常占 60 % 以上，含有大量的碳酸盐、硫酸盐等可溶性盐类，天然孔隙比在 1 左右，肉眼可见大孔隙。在自重压力或自重压力与附加压力共同作用下，受水浸湿后土的结构迅速破坏而发生显著附加下沉。

(二) 施工准备工作

黄土地区路基施工，应做好施工期排水，将水迅速引离路基。在填挖交界处引出边沟时，应做好出水口的加固，排水设施接缝处应坚固不渗漏。

(三) 湿陷性黄土地基的处理方法

湿陷性黄土地基应采取拦截排除地表水的措施，防止地表水下渗，减少地基地层湿陷下沉。其地下排水构造物与地面排水沟渠必须采取防渗措施。

若地基土层有强湿陷性或较高的压缩性，且容许承载力低于路堤自重压力时，应考虑地基在路堤自重作用下所产生的压缩下沉。除采用防止地表水下渗的措施外，可根据湿陷性黄土工程特性和工程要求，因地制宜采取换填土、重锤夯实、强夯法、预浸法、挤密法、化学加固法等措施对地基进行处理。

(四) 黄土填筑路堤要求

① 路床填料不得使用老黄土，路堤填料不得含有粒径大于 100 mm 的块料。
② 在填筑横跨沟堑的路基土方时，应做好纵横向界面的处理。

③ 黄土路堤边坡应拍实，并应及时予以防护，防止路表水冲刷。

④ 浸水路堤不得用黄土填筑。

（五）黄土路堑施工要求

① 路堑路床土质应符合设计要求，密实度不足时，应采取措施碾压至要求的压实度。

② 路堑施工前，应做好堑顶地表排水导流工程；路堑施工期间，开挖作业面应保持干燥。

③ 路堑施工中，如边坡地质与设计不符，可提出修改边坡坡度。

（六）地基陷穴处理方法

陷穴表面的防渗处理层厚度不宜小于 300 mm，并将流向陷穴的附近地表水引离。对现有的陷穴、暗穴，可以采用灌砂、灌浆、开挖回填等措施，开挖的方法可以采用导洞、竖井和明挖等。

挖方边坡坡顶以外 50 m 范围内、路堤坡脚以外 20 m 范围内的黄土陷穴应进行处理。挖方边坡坡顶以外的陷穴，若倾向路基，应作适当处理。对串珠状陷穴应彻底进行处置。

三、膨胀土路基施工

（一）路基特性

① 膨胀土黏性含量很高，其中 0.002 mm 的胶体颗粒一般超过 20 %，黏粒成分主要由亲水矿物组成。土的液限 $WL > 40$ %，塑性指数 $Ip > 17$，多数在 $22 \sim 35$。自由膨胀率一般超过 40 %。

② 膨胀土有显著的吸水膨胀、失水收缩两种变形特性，一般强度较高，压缩性低，易被误认为是较好的地基土。

（二）路堤填筑技术

强膨胀土由于稳定性差，不应作为路堤填料；中等膨胀土宜经过加工后作为填料，用于二级及二级以上公路路堤填料时，改性处理后胀缩总率应不大于 0.7 %；弱膨胀土可根据当地气候、水文情况及道路等级加以应用，对于直接使用中、弱膨胀土填筑路堤时，应及时对边坡及顶部进行防护。

高度不足 1 m 的路堤，应按设计要求采取换填或改性处理等措施处置。表层为过湿土，应按设计要求采取换填或进行固化处理等措施处置。填土高度小于路面和路床的总厚度，基底为膨胀土时，宜挖除地表 0.30 ~ 0.60 m 的膨胀土，并将路床换填为非膨胀土或掺灰处理。若为强膨胀土，挖除深度应达到大气影响深度。

(三) 路基碾压施工

根据膨胀土自由膨胀率的大小，选用工作质量适宜的碾压机具，碾压时应保持最佳含水量；压实土层松铺厚度不得大于 30 cm；土块应击碎至粒径 5 cm 以下。

在路堤与路堑交界地段，应采用台阶方式搭接，其长度不应小于 2 m。

(四) 路堑开挖

挖方边坡不要一次挖到设计线，沿边坡预留厚度 30 ~ 50 cm 一层，待路堑挖完时，再削去边坡预留部分，并立即浆砌护坡封闭。膨胀土地区的路堑，高速公路、一级公路的路床应超挖 30 ~ 50 cm，并立即用粒料或非膨胀土分层回填或用改性土回填，按规定压实，其他各级公路可用膨胀土掺石灰处置。

(五) 路基填筑

膨胀土路基填筑松铺厚度不得大于 300 mm，土块粒径应小于 37.5 mm。路基完成后，不能铺筑路面时，应按设计要求做封层，其厚度应不小于 200 mm，横坡坡度不小于 2 %。

四、滑坡地段路基施工

① 对于滑坡的处置，应分析滑坡的外表地形滑动面，滑坡体的构造、滑动体的土质及饱水情况，以了解滑坡体的形式和形成的原因，根据公路路基通过滑坡体的位置、水文、地质等条件，充分考虑路基稳定的施工措施。

② 路基滑坡直接影响到公路路基稳定时，无论采用何种方法处理，都必须做好地表水及地下水的处理。

③ 对于滑坡顶面的地表水，应采取截水沟等措施处理，不让地表水流入滑动面内。必须在滑动面以外修筑 1 ~ 2 条环截水沟，对于滑坡体下部的地下水源应截断或排出。

④ 在滑坡体未处置之前，禁止在滑坡体上增加荷载 (如停放机械、堆放材料、弃土等)。

⑤ 对于挖方路基上边坡发生的滑坡，应修筑一条或数条环形水沟，但最近一条必须离滑动裂缝面最小 5 m 以外，以截断流向滑动面的水流。截水沟可采用砂浆

封面浆或砌片（块）石修筑，滑坡上面出现裂缝须填土进行夯实，避免地表水继续渗入，或结合地形，修建树枝形及相互平行的渗水沟与支撑渗沟，将地表水及渗水迅速排走。

⑥ 当挖方路基上边坡发生的滑坡不大时，可采用刷方（台阶）减重、打桩或修建挡土墙进行处理，以达到路基边坡稳定的目的。采用打桩时，桩身必须深入滑动面以下设计要求的深度；采用修建挡土墙时，挡土墙基础必须置于滑动面以下的硬岩层上。同时，宜修统排水沟暗沟（或渗沟）排出地下水。滑坡较大时，可采用修建挡土墙、钢筋混凝土锚固桩或预应力锚索等方法处理。无论采用何种方法处理，其基础都必须置于滑动面以下的硬岩层上或达到设计要求的深度。同时，宜修筑深渗沟、排水涵洞（管）或集水井。

⑦ 填方路堤发生的滑坡，可采用反压土方或修建挡土墙等方法处理。

⑧ 沿河路基发生的滑坡，可修建河流调治构造物（堤坝、丁坝、稳定河床等）及挡土墙等处理。

⑨ 滑坡表面处置可采用整平夯实山坡，填筑积水坑，堵塞裂隙或进行山坡绿化固定表土。

第三节　路基防护与支挡设施

一、路基防护与支挡

（一）路基防护与支挡工程类型

在路基防护与支挡工程中，一般把防止风化和冲刷，主要起隔离、封闭作用的措施称为防护工程。防护工程不能承受外力作用，所以要求路基本身必须是稳定的。把防止路基或山体因重力作用而滑移，地基承载力不足而沉陷，主要起支承和加固作用的结构物称为支挡工程。它们当中有些措施往往兼有防护与加固的作用。路基防护与支挡工程设施，按其作用不同，可分为边坡坡面防护、冲刷防护及支挡建筑物三大类。

1.坡面防护

主要是保护路基边坡表面免受雨水冲刷，减缓温差及温度变化的影响，防止和延缓软弱岩土表面的风化、碎裂、剥蚀演变进程，从而保护路基边坡的整体稳定性，在一定程度上还可美化路容，协调自然环境。常用类型有植物防护、浆（干）砌片石及混凝土预制块、坡面处置及综合防护等。

2. 冲刷防护

用于防护水流对路基的冲刷与淘刷，可分为直接防护和间接防护等。直接防护类型有植物防护、砌石防护与加固等。间接防护主要指设置导流结构物，如丁坝、顺坝、防洪堤、拦水坝等，必要时进行疏浚河床改变河道，以改变水流方向，避免或减缓水流对路基的直接破坏作用。

3. 支挡建筑物

用以防止路基变形或支挡路基本身或山体的位移，以保证其稳定性，常用的类型有挡土墙、土垛、石垛及浸水挡土墙等。

(二) 植物防护施工

1. 植物防护的技术要求

① 公路边坡植物防护应与主体工程相互协调。第一，路堤或路堑边坡，考虑高度和坡度，利用护坡道、平台、碎落台，在满足土壤和灌木条件的前提下，进行植物防护。第二，一般坡度缓于 1 : 1.5 的路基边坡可种植乔木，大乔木种植坡度缓于 1 : 4，中乔木种植坡度缓于 1 : 3。第三，坡度较陡、土质不佳时，可设计支架或砌筑植树坑，混凝土、砌石或喷射砂浆的边坡，可在边坡脚挖筑种植坑、槽填客土或坡面预留坑、槽填客土种植。

② 土质或以土质为主的边坡，宜用灌木或混播抗逆性强的草种，并可多选用豆科植物进行植物防护，通过管护逐步稳定。种植香根草防护的路堤边坡。

③ 边坡平台宜选择灌木或小乔木植物防护。

④ 混凝土、砌石或喷射砂浆的边坡，可选择攀缘或悬垂的植物以及抗逆性强的灌木或小乔木植物防护。

⑤ 土夹石边坡，应结合防护工程，改善水肥条件后，用灌木或草本植物防护。

2. 植物防护施工时间的选择

① 边坡植物防护需在土建工程完成后进行：在土建施工完成并清除场地废物和其他有碍植物生长的杂物，边坡平整后开始边坡植物防护施工，上边坡植物防护应在边坡工程治理稳定后进行。

② 施工季节宜在春季、雨季、秋季：春季在 3—4 月；雨季在 5—9 月；秋季在 10—11 月。

③ 植物防护施工应根据植物特性适时种植。第一，耐寒树种秋季落叶后种植为宜，耐寒性较差或珍贵的边缘树种宜在春季种植。第二，常绿树种、针叶树类宜在春季或雨季种植，常绿阔叶树类在春季、雨季种植效果好。第三，草地建植。采用

营养体繁殖的，适宜时间是春末、夏初和深秋，以雨季为好。播种的时间，一般冷季型草以秋季为好，暖季型草宜在春末夏初。

3.植物防护的施工流程和施工方法

(1) 公路边坡播种植物防护的施工流程及施工方法

公路边坡喷播播种防护的工艺流程为：① 坡面整理。进行喷播的场地废物和其他有碍植物生长的杂物清除和边坡平整，填平低洼。草地种植前，宜打碎土块至 30 mm 以下，不得超过 60 mm 。施用底肥以有机肥为主，均匀撒布或条施、穴施，并与土壤充分拌和。对土壤较硬、节理发育差、种子着床困难的边坡，采用挖沟、挖槽、打孔等技术进行处理，以保证种子的附着及生长。对较贫瘠的坡面施以底肥，增加植物对贫瘠土壤的适应能力。对拱形 (或人字形) 护坡工程的坡面，需做成行距 15 ~ 20 cm 、深 5 ~ 8 cm 的横沟，六角空心砖坡面只松土不做槽。对不适应植物生长的边坡土壤，进行换土处理，所换土壤必须符合植物防护技术规范中对土壤的要求。对于可能产生径流冲刷的坡面，应采取截排水措施，避免径流对种植坡面的冲刷，影响种植效果。② 种子处理。种子的处理是影响植物生长最直接的因素。根据各种种子生长特性，采取不同的处理方法。如白三叶，提前 24 小时进行根瘤接种，使根瘤的复活及附着繁殖较为充分。对部分苗木种子，如车桑子、刺槐等要提前用温水 (一般为 50 ℃左右的温水) 或 5 % 的氢氧化钠溶液浸泡 12 小时，做催芽处理。如苗木种子壳较硬难以出苗，应进行种子的破壳处理，以保证灌木的正常出苗。③ 施工。由于在初期，树苗出芽、生长一般较草的出芽、生长速度慢，如果树、草同时播种，出苗初期的阳光、养分等被草吸收，树苗生长速度慢，甚至死亡。为此，对于树草混播的植物防护应采用两步施工，即先点播，后喷播。采用点播法种植树种，采用喷播法种植草种。当土质松散，急需快速植物防护的边坡，可采取先喷播、后补播的工艺流程。无论采用哪一种施工方法，都需施足底肥。

点播：种子种植一般每平方米 4 ~ 6 穴，穴深 3 ~ 5 cm，穴宽 10 ~ 15 cm。肥料与种子以 2∶1 的体积充分混合后，一次点播到穴位内，每穴点播种子 5 ~ 10 粒后立即覆土，等小苗长到 2 ~ 3 cm 高后，即可实施喷播。

喷播：公路边坡坡面一般采用液压喷播法进行植物防护施工，喷播的配比按设计和试验结果 (发芽率试验、喷播试验的植物生长情况) 进行，种子配备应按两天施工用量提前一天配备好，并挂好标签，以免混用。

喷播程序如下：配料—注水—搅拌—喷播—覆盖。

配料是在喷播车料箱注水的同时，首先加入复合肥和纤维材料 (如锯木面等)，在注水到约 3/5 时加种子、黏结剂 (如胶粉)、保水剂 (如纸浆等) 以及土壤防蚀剂，注满水后搅拌 15 min 即可用高压水把混合好的液体均匀喷播在坡面上。喷播施工后及时覆盖无纺布，用U形铁丝、铁钉、木（竹）钉间隔60～100 cm把无纺布固定在坡面上。如果是一次施工法，即树种和草种同时一次喷播，由于灌木种子的种皮较厚，应在喷播前用50 ℃温水浸泡12小时（或进行破壳处理，或在5 %的氢氧化钠溶液中浸泡12小时）后再与其他种子拌和，以提高发芽率。但应注意出芽不宜过长，否则在喷播时幼芽易损伤，反而影响成苗率。

（2）公路边坡直播播种防护的施工流程及施工方法

① 应采用新鲜的种子，其纯度、重量、含水量、净度和发芽率等应合格。

② 发芽困难需处理后播种的草种，应进行催芽处理。常用的处理方法有冷水浸种、机械处理、药物催芽、高温催芽等。

③ 播种以撒播为主，还可以采用开沟条播、穴播等方法。播种均匀，播种后应及时覆土滚压，或用齿耙拉松表土，埋没种子1～2 cm。

④ 设计的播种量应根据现场情况适当调整。种子发芽率高，填土湿润、疏松、建坪时间充足的，播种量可适当减少；相反，则相应增加。

⑤ 播种后，为保持土壤水分、调节土温和抑制其他杂草，宜覆盖无纺布，待苗高6～8cm后可适时揭布。

⑥ 出苗前后应重点进行水肥管理，出苗一周内，尤其要保持土壤水分，并可采用复合肥追肥增加苗势。

（3）三维植被网垫植草施工流程及施工方法

采用三维植被网垫植草法，种子均匀且用量省，降雨或浇水时不易被冲刷、流失，防止水土流失效果明显。三维植被网垫植草可按以下步骤施工：清理边坡—整平坡面—润湿坡面—铺网垫—用竹（木）钉固定网垫—撒细土—播种—撒土覆盖—浇水养护—后期管理。

4. 植物防护的施工质量控制

（1）确定施工质量控制点

① 喷播的施工气候，配比、称量的准确，搅拌的均匀性，灌木种子的催芽率，喷播的均匀性、覆盖固定的牢固性。

② 栽植的树苗质量（树根的完整性、分级情况）；运输对树苗的损伤保护；坑距、坑的尺寸；风大地段的树苗固定情况；底肥施作情况。

③ 葡萄茎繁殖法的根茎长度、种植时的出露情况。

④ 两步施工法的施工间隔。

⑤ 揭布时机。

⑥ 施肥量施肥时的气候。

⑦ 浇水的时机。

（2）公路边坡植物护坡质量检测要求

① 成活率的指标。

② 边坡喷播植物、灌木成活率指标。

③ 覆盖率的指标。

（三）坛工防护施工

1. 喷浆、喷射混凝土防护

喷浆、喷射混凝土防护适用于易风化和坡面不平的岩石挖方边坡。喷浆、喷射混凝土的水泥用量较大，可用于重点工程或重点防护地段。根据实践经验，比较经济的砂浆是用水泥、石灰、河沙及水四种原材料，厚度一般为 1~3 cm（喷浆）或 7~15 cm（喷射混凝土）。对较陡或易风化的坡面，可以在喷射混凝土防护之前先铺设加筋材料，加筋材料可以用铁丝网或土工格栅。喷浆、喷射混凝土坡面应设置泄水孔，一般按 2~3 m 间距和排距设置。

（1）喷浆、喷射混凝土防护的施工流程

喷浆、喷射混凝土防护一般按下列工序和步骤进行：施工前准备—测量放样—清理坡面—准备水泥浆或喷射混凝土—预留泄水孔—（打锚孔—清孔—插锚杆—压力灌浆—检查锚杆抗拔力—挂网）预留伸缩缝—喷浆或喷射混凝土—（切缝机切缝—封缝）。

（2）喷浆、喷射混凝土防护的施工方法

① 施工前，要清除坡面的活岩、虚渣、浮土、草根等杂物，坡面如有较大的裂缝、凹坑时，应先嵌补牢实，使坡面平顺整齐；岩体表面要冲洗干净，土体表面要平整、密实、湿润；对坡面渗水应进行处理。

② 材料要符合设计规定，不得使用"三无"产品；钢筋不得有污锈。

③ 泄水孔通常采用预留的方法形成，即在喷浆、喷射混凝土之前将硬塑料管或 PVC 管或钢管或其他地方性材料做成的管子（如竹筒等）放置在泄水孔设计位置，泄水管应外倾、固定，用纸团或木桩堵孔，然后进行喷浆施工，施工完毕后，除掉堵塞排水管的纸团或木桩就可以形成泄水孔。此外也可以用坡面喷浆、喷射混凝土之后采用风钻钻凿泄水孔。

④ 每 10~15 m 设置一条伸缩缝，用浸沥青木板或塑料泡沫放置在伸缩缝位置，并加以固定，然后进行喷射施工形成伸缩缝；也可以在喷射施工完成后用切割机切割形成伸缩缝。等混凝土凝固后，用熔化沥青浇筑封闭伸缩缝。

⑤ 在伸缩缝的下三角位置，可用边长为 30~50 cm 的木板形成木模，在这个三角形木模内，不喷浆、喷射混凝土，用做排水，填土后即可进行绿化。

⑥喷射应自下而上进行，喷嘴要垂直坡面，并经常保持1 m左右的距离。当混凝土厚度大于7 cm时，宜分两层喷射。

⑦混凝土C15或C20，配合比（水泥：沙：碎石）为1：2：2～1：2：3，水灰比1：0.45～1：0.550。速凝剂用量视品牌，经试验确定。

⑧喷射厚度应均匀，喷射次数及厚度，应根据岩体风化、表面破碎情况而定；一般喷2～3次即可，厚度为1～3 cm（喷浆）或7～15 cm（喷射混凝土）。

⑨喷射告一段落后，要进行全面检查，如发现空白点或薄层处，应进行补喷。

⑩应采取多种方法保证喷层厚度，如用预嵌标钉、刻槽和激光断面仪等方法检查，每50 m长度的边坡，至少应抽检一个断面的上、中、下三处厚度，看其是否符合设计，误差不得大于10%。

（3）喷浆、喷射混凝土防护施工的质量控制与检查

①喷浆、喷射混凝土施工前，坡面应稳定、平整，并及时清理干净和处理好坡面渗水，否则不得进行施工；

②使用规定的原材料和按规定的方法准备材料；

③喷浆或喷射混凝土前，应按2～3 m间距和排距放置排水管形成排水孔，或喷射施工完毕后钻凿排水孔；

④检查伸缩缝模板的位置准确到位后，才能进行喷射施工；

⑤材料配比应符合设计要求，并随时检查配比称量和留足试件进行强度试验；

⑥喷射施工中，用预嵌标钉、喷层凿取试件等方法标示检查、控制喷层的厚度并不得有漏喷；

⑦喷浆、喷射混凝土防护施工的质量检查内容及方法。

2. 勾缝与灌浆防护

勾缝适用于比较坚硬，且裂缝多而细的岩石边坡，防止水分浸入岩层内造成病害。灌浆防护适用于坚硬，但裂缝较宽和较深的岩石边坡，借砂浆的胶结力，使坡面表层成为一个整体的防水层。

（1）勾缝与灌浆防护的施工流程

勾缝或灌浆施工可以按以下步骤进行：清理坡面—拌制砂浆或混凝土—冲洗裂缝—勾缝或灌浆—打磨、抹平—养生。

（2）勾缝与灌浆防护的施工方法有三种

①施工前应清除坡面的活岩、虚渣、浮土、草根等杂物，将缝内冲洗干净，并依缝宽和缝深分别按下列要求施工：岩体较坚硬，不容易风化，节理多而细者，宜用勾缝，砂浆应嵌入缝中与岩体牢固结合；节理、裂缝宽度较大者，宜用砂浆灌缝，可用1：4或1：5（质量比）的水泥砂浆捣插密实，必要时可用压浆机灌注，灌浆应

灌满至缝口抹平；缝宽大而深时，宜用水泥混凝土灌注，可按体积比为1∶3∶6或1∶4∶6配合比配料灌注振捣密实，灌满至缝口抹平。

②在坡面有渗水、泉水的位置应留排水口，在每台坡脚每2~3m处也应留一个排水口。排水口的施工是先留一条或几条节理面，长5 cm左右，不进行灌浆或勾缝。

③补缝后3~5 min进行打磨、抹平，使表面光滑，并用麻袋或青草将缝覆盖，洒水养生。

(3)勾缝与灌浆防护施工的质量控制与检查

①施工前，坡面应稳定、平整，并清理干净和处理好地下水，否则不得进行勾缝或灌浆施工；

②使用规定的原材料和按规定的方法准备材料；

③灌浆施工过程中，应检查控制灌浆孔的间距、深度和浆液配比、灌浆压容及方法。

3.护面墙

在各种软质岩层和较破碎岩石的挖方边坡，为免受大气、降雨因素影响而修建的护墙，称为护面墙。施工方法有干砌和浆砌两种，多用于易风化的片岩、绿泥片岩、泥质页岩、千枚岩及其他风化严重的软岩挖方边坡防护。

(1)护面墙的构造与布置

护面墙除自重外，不能承担墙后土体压力，一般要求挖方边坡能自身稳定。护面墙每10 m长设置一道伸缩缝(或沉降缝)，缝宽2 cm，嵌以沥青麻絮(如果不是浸水护面墙，可不进行封缝处理)，并每隔2~3 m设置5 cm×5 cm或10 cm×10 cm或5 cm×10 cm的泄水孔。公路用地紧张时，护面墙通常与边沟直接相连。

当采用梯形断面边沟时，护面墙的面墙可作为边沟的外侧沟帮；当采用带盖板的矩形断面边沟时，边沟外侧沟帮仅17 cm宽，且与护面墙相连，这种护面墙有时又叫带边沟的护面墙。护面墙基础应置于稳定的地基上，埋深应根据地质条件确定，在冰冻地区应埋置在冰冻线以下不小于0.25 m。护面墙的前趾低于边沟底面。墙背顶应用浆砌石或砂浆或黏土填密实，以防止雨水渗入墙后引起墙体破坏。护面墙多采用浆砌片石结构，在缺乏石料的地区，也可采用现浇混凝土或预制混凝土块砌筑。混凝土不应低于C15，砌筑用砂浆不应低于M5，寒冷地区不应低于M7.5。在石质较好的路段，护面墙墙身中间可以不铺砌，可以留出拱形、圆形、方格形等空隙，以节省浆砌土亏工，并可以作为排水、绿化等用途。

(2)护面墙的施工流程

护面墙可按下面的工序和步骤进行施工：施工前准备—刷坡—测量放样—基

坑开挖—基坑检查—基础砌筑—基础检查—墙身砌筑（预留泄水孔）—墙顶抹面—墙身勾缝—墙背回填（泄水孔处设置反滤层）—交工验收。

（3）护面墙的施工方法有六种

① 浸水路基处的墙体应选择在枯水季节施工。

② 护面墙施工前，应清除表面松动岩石、浮渣，使边坡能够自稳。

③ 护面墙应挂线砌筑施工，墙背要紧贴坡面，不得干填或乱填碎石块。

④ 护面墙每 10 m 长或基础土质有变化时应设置伸缩缝（或沉降缝），缝宽 2 cm，施工时可在伸缩缝（或沉降缝）处放置厚 2 cm 塑料泡沫。有过水要求的护面墙，应用沥青麻丝填缝，以防挡墙外面的水进入坡体内。

⑤ 护面墙每隔 2～3 m 设 5 cm × 5 cm 或 10 cm × 10 cm 或 5 cm × 10 cm 的方形泄水孔，或直径为 5 cm 的圆形泄水孔，泄水孔必须高于原地面线 20 cm（或在洪水位以上 30 cm），泄水孔必须向外倾斜、直顺、无堵塞、无孔洞漏水现象，泄水孔进水口要设置反滤结构。

⑥ 泄水孔的反滤结构可以采用如下三种形式：粒料反滤层；反滤土工布包裹砂反滤层；无砂混凝土反滤层。砂做反滤层施工时，以进水口为中心，形成边长为 30 cm 的进水口集料反滤层；反滤土工布包裹砂施工，是用土工布做成外形比泄水孔稍大的口袋，用 2～5 mm 的砂填装后，塞进泄水孔就可以形成反滤结构。

对于严重潮湿或严重冻害的土质边坡，在未进行排水前，不宜直接砌筑护面墙，而应该先排水。排水方法可采用塑料管、PVC 管、竹筒等将坡体水导出，然后再砌筑护面墙。在护面墙达到坡体出水处时，应该设置泄水孔，等该泄水孔的砌筑砂浆和抹面砂浆凝固后才可用泄水孔导水，或直接把排水管砌筑在墙体中，排水管就作为泄水孔。

泄水孔的施工方法是：砌筑护面墙时，在泄水孔位置处的墙体上先留 5 cm 宽或 10 cm 宽的沟槽，并进行抹面或勾缝，在槽上方盖上较平整的片石，然后将编织袋或水泥包装袋（可防止砂浆漏入预留沟槽内）铺在片石上，再抹砂浆，接着砌筑上面的墙体，这种方法能保证排水孔不堵塞。在护面墙上设置泄水孔，也可在砌筑时直接将塑料管、PVC 管、竹筒埋置在泄水孔位置处作为泄水孔。

4. 干砌片石护坡

适用于土质、软岩及易风化、破坏较严重的填挖方路基边坡，以防止雨、雪水冲刷。在砌面防护中，宜首选干砌片石结构。这不仅节省投资，而且可以适应较大的边坡变形。如在冻胀严重的路段，干砌片石就显得特别优越。对土质填方路段也能适应路基边坡沉陷变形。但干砌片石护坡受水流冲击时，细小土颗粒易被流水冲刷带走，引起较大的沉陷。

（1）干砌片石护坡的构造与布置

常用的干砌片石结构分单层铺砌和双层铺砌两种，双层铺砌下层厚 0.15～0.25 m，上层厚 0.25～0.35 m。为防止坡面土层被水流冲出和减轻漂浮物的撞击力，应在干砌防护下面设置碎石或砂砾构成的垫层（反滤层）。垫层一般厚度为 0.1～0.2 m，在一定条件下，也可以用反滤土工布代替。干砌片石护坡坡脚应视土质情况，设置不同埋深的基础。基础的砌筑有两种：壤石铺砌基础和抛石、堆石基础。被防护的边坡自身应符合稳定性的要求，一般坡率应大于 1∶1～1.0∶1.5。

（2）干砌片石护坡的施工流程

干砌片石护坡可按下列工序及步骤进行施工：施工前准备—刷坡—测量放样—基坑开挖—基坑验收—基础砌筑—基础检查—墙身砌筑—墙顶封面—交工验收。

（3）干砌片石护坡的施工方法

① 尽量安排在枯水季节施工。

② 石料应为新鲜或微风化、坚硬、有棱角和不会冻结而破裂的岩石，其重力密度不应小于 24 kN/m³，在经常浸水的部位，用不易风化的岩石。

③ 在防护的边坡上铺石应设垫层，垫层材料最好为碎石或砾石。当边坡材料符合垫层要求时，可不设垫层。

④ 铺砌应设置基础，在冲刷情况比较严重时，应设浆砌片石脚墙基础。

⑤ 铺砌应自下而上进行，不损坏垫层；石块应栽砌，大面与坡面垂直，厚度与坡面平行，各石块应彼此镶紧，各砌层间应错缝砌筑。

⑥ 铺石护坡最好在新筑路堤夯实或经可靠的夯实以后再施工。

⑦ 在受水后易发生湿陷而引起较大变形的黄土、石膏地区不宜采用干砌片石防护。

（4）干砌片石护坡施工的质量控制与检查

① 施工前，坡面应稳定、平整，并清理干净和处理好地下水，否则不得进行施工；

② 使用规定的原材料，规格尺寸和强度不符合要求的石料不得用作砌筑；

③ 基础开挖必须到位，验收合格后方可进行墙体砌筑，否则不得进行墙体的砌筑，严禁超挖回填虚土；

④ 石块应栽砌，大面与坡面垂直，厚度与坡面平行，各石块应彼此镶紧，错缝砌筑；

⑤ 随时监督检测砌筑厚度，保证护坡厚度；

⑥ 干砌片石的质量检测项目和方法。

5. 浆砌片石护坡

浆砌片石护坡是公路建设，特别是高速公路建设中常用的工程防护方法。浆砌片石护坡是用水泥砂浆将片石空隙填满，使砌石成为一个整体，以保护坡面不受外界因素（水、大气等）的侵蚀，所以比干砌片石有更高的强度和稳定性。

（1）浆砌片石护坡的构造与布置

浆砌片石护坡采用的水泥砂浆一般为 M5，受水流冲刷或寒冷地区应采用 M7.5 或 M10；浆砌片石护坡所使用的石料应是不易风化的坚硬岩石或大块卵石，厚度为 0.25 ~ 0.5 m；护坡底面铺设厚 0.1 ~ 0.15 m 的碎石或砂砾组成的垫层，在一定条件下，也可以采用与垫层等效的反滤土工布代替；浆砌片石护坡应视土质情况设置砌石基础，其埋深应为护坡厚度的 1.5 倍以上（在冰冻地区设置在冰冻线以下 0.25 m）；浆砌片石护坡应每隔 10 ~ 15 m 或地质条件发生变化处设置宽 2 cm 的伸缩缝（或沉降缝），并按 2 ~ 3 m 间距预留泄水孔。

（2）浆砌片石护坡的施工流程

浆砌片石护坡可按下列工序及步骤进行施工：施工前准备—刷坡—测量放样—基坑开挖—基坑验收—基础砌筑—基础检查—护坡铺砌—护坡勾缝—墙顶封面—交工验收。

（3）浆砌片石护坡的施工方法有四种

① 采用人工或机械开挖基础，基础应埋入冲刷线以下 0.5 ~ 1.0 m，否则须有防止冲刷基础措施；在寒冷地区应埋入冰冻线以下 0.25 m。

② 墙身部分每隔 2 ~ 3 m，设 5 cm × 5 cm 或 10 cm × 10 cm 或 5 cm × 10 cm 的方形泄水孔或孔径为 5 cm、10 cm 的圆形泄水孔一个，上下两排错位布置，最好呈梅花形分布。泄水孔施工可以采用如下方法：在泄水孔位置处先砌成 5 cm × 5 cm、10 cm × 10 cm 或 5 cm × 10 cm，向外倾斜 3 % 的沟槽，并用砂浆抹平，然后干砌沟槽顶面，用水泥袋、塑料布等工地废旧薄层材料盖住沟槽顶的干砌片石后，接着砌筑上面的墙体；在泄水孔位置处放置直径为 5 ~ 10 cm 的 PVC 管、竹筒等材料，并向外倾斜 3 % 的泄水管，然后继续砌筑上面的护坡。如果需要节省材料，重复利用 PVC 管、竹筒，应该在砂浆初凝后慢慢抽出 PVC 管、竹筒等材料，并用清水冲洗干净，以备后面的泄水孔施工之用。

③ 泄水孔的进水口需设置反滤结构，其施工方法同护面墙反滤层。

④ 沿护坡及墙身长度每隔 10 ~ 15 m 设沉降缝一道；基底土质有变化处，亦需设置沉降缝，缝宽 2 cm。在施工过程中可在沉降缝设计位置处先放置 2 cm 厚的泡沫板，以保证沉降缝的直顺度。当边坡为浸水坡面时，缝内应填塞沥青麻絮，防止河水倒灌入路基内，使路基湿软而降低强度和产生淘刷。

6. 拱形骨架植草护坡

多用于稳定的土质挖方路基边坡的防护。土质边坡一般采用液压喷播植草进行绿化施工；对风化严重的石质边坡，可在骨架中间透空部分填土后再进行种草、种树等植物防护工作。根据拱形骨架所采用的材料不同，又可分为浆砌片石拱形骨架植草护坡、现浇混凝土拱形骨架植草护坡、预制混凝土块拱形骨架植草护坡等类型。

(1) 拱形骨架植草护坡的构造与布置

护坡坡度与路基边坡坡度一致，一般在 1∶1 左右，每一台护坡垂直高度为 8～10 m，沿坡长每隔 10～15 m 设置一条伸缩缝 (沉降缝)，缝宽 2 cm 左右，一般设置在拱肋的拱顶处，伸缩缝 (沉降缝) 上下对齐。拱形护坡的拱肋通常设计成 L 形断面，通过肋条上的拦水岭拦截汇集坡面径流，以减少雨水对坡面的冲刷。在路堤坡面的防护中，为了克服拦水带设置在路面容易形成积水的问题，取消拦水带，采用在最高一道护坡肋上的空格用砂浆或浆砌封面。

(2) 拱形骨架植草护坡的施工工艺

① 浆砌片石拱形骨架植草护坡的施工流程。浆砌片石拱形护坡可按下列工序及步骤进行施工：施工前准备—刷坡—全站仪定位放样，拱形模放样—人工开挖竖肋和拱肋沟槽—验槽—铺砌竖肋沟底—铺砌竖肋沟帮—支拱形铁皮模—砌筑拱肋—竖肋和拱肋抹面—骨架中间回填客土—植草绿化。

② 预制混凝土块拱形骨架植草护坡的施工流程：预制混凝土块拱形骨架植草护坡的施工流程及步骤同浆砌片石拱形骨架植草护坡。

二、路基排水设施施工

(一) 路基排水的一般要求

路基内的水源来自地表水和地下水。地表水主要是由降水形成的地面径流，地下水是从地面渗入并滞留于上层的滞留水和地下含水层内的潜水。路基排水的目的是采取有效措施，使路基内含水量保持在允许范围内，保证路基经常处于稳定状态，满足使用要求。

① 流向路基的地表水和地下水，需在路基范围以外的地点设置截水沟与排水沟或渗沟进行拦截，并引离至指定地点，路基范围内的水源，分别采用边沟、渗沟、渗井和排水沟予以排除。路基排水一般向低洼一侧排除，必须横跨路基时，尽量利用拟设的桥涵，必要时设置涵洞、倒虹吸或渡槽；水流落差较大时，应在较短段落上设置跌水或急流槽。

② 对于明显的天然沟槽，一般宜依沟设涵，不必勉强改沟与合并。对于沟槽不

明显的漫流，应在上游设置束流设施，加以调节，尽量汇集成沟导流排除。对于较大水流，注意因势利导，不可轻易改变流向，必要时配以防护加固工程，进行分流或束流。为了提高截流效果，减少工程量，地面沟渠宜大体沿等高线布置，尽可能使沟渠垂直于流水方向，且应力求短捷、水流通畅。沟渠转弯处要求以圆曲线相接，以减小水流的阻力。排水沟的出水口应设置急流槽将水流引出路基或引入排水系统。

③各种排水设备必须地基稳固，不得渗漏或滞留，以保持适当的流速。沟槽的基底与沟底沟壁，必要时予以加固，避免引起水土流失。

④施工前，应校核全线排水设计是否完善、合理，全线的沟渠、管道、桥涵组合成完整的排水系统，形成临时排水设施。临时排水设施应尽量与永久排水设施相结合，排水方案应因地制宜、经济实用。施工期间，应经常维护临时排水设施，保证水流畅通。

⑤路堤施工中，各施工作业层面应设2%～4%的排水横坡，层面上不得有积水，并采取措施防止水流冲刷边坡。

⑥路堑施工中，应及时将地表水排走。

(二) 常见排水设施

1. 边沟

挖方路基以及填土高度低于路基设计要求的临界高度的路堤，在路肩外缘均应设置纵向人工沟渠，称为边沟。其主要功能在于排除路基用地范围内的地表水，包括路面、路肩和边坡的流水。边沟断面形式主要有梯形、矩形、三角形、流线形等，按公路等级、所需排水设计流量、位置和土质或岩质选定。

2. 截水沟

截水沟是设置在挖方路基边坡坡顶以外或山坡路堤上方的适当位置，用以拦截路基上方流向路基的地表水，减轻边沟的水流负担，保护挖方边坡和填土坡脚不受流水冲刷和损害的人工沟渠。它是多雨地区、山岭和丘陵地区路基排水的重要设施之一。截水沟设在路堑坡顶或路堤坡脚外侧，要结合地形和地质条件沿等高线布置，将拦截的水顺畅地排向自然沟谷或水道。降水量较少或坡面坚硬和边坡较低以致冲刷影响不大的地段，可以不设截水沟；反之，若降雨量较多，且暴雨频率高，山坡覆盖层松软，坡面较高，水土流失较严重的地段，必要时可设置两道或多道截水沟。截水沟的横断面形式一般为梯形，沟壁边坡坡度因土质条件而异，一般采用1:1～1:1.5。沟底宽度和深度不小于0.5 m，地质或土质条件差，有可能产生渗流或变形时，应采取相应的防护措施。截水沟下游应有急流槽，把路堑或路堤坡面截水沟汇集的雨水导入天然水沟或排水沟。

3. 排水沟

主要用于排除来自边沟、截水沟或其他水源的水流，并将其引至路基范围以外的指定地点。当路线受到多段沟渠或水道影响时，为保证路基不受水害，可以设置排水沟或改移渠道，以调节水流、整治水道。排水沟的横断面形式一般采用梯形，尺寸大小应经过水力水文计算而定。排水沟的布置，必须结合地形等条件，离路基尽可能远些，转向时，尽可能采用较大半径（10~20 m 以上），缓慢改变方向，距路基坡脚的距离一般不宜小于 3~4 m；排水沟长度一般不超过 500 m；纵坡大于 7 %时，应设置跌水或急流槽。

4. 跌水与急流槽

均用于陡坡地段，沟底纵坡可达 100 %。由于纵坡大、水流湍急、冲刷作用严重，所以跌水与急流槽必须用浆砌石块或水泥混凝土砌筑，且应埋设牢固。在陡坡地段设置跌水结构物，可在短距离内降低水流流速、消减水流能量，避免出水口下游的桥涵结构物、自然水道或农田受到冲刷。跌水成台阶式，有单级跌水和多级跌水之分。跌水两端的土质沟渠，应注意加固，保持水流畅通，不致产生水流冲刷和淤积，以充分发挥跌水的排水效能。急流槽的纵坡，比跌水的平均纵坡更陡，结构的坚固稳定性要求更高，是山区公路回头曲线沟通上下线路基排水及沟渠出水口的一种常见排水设施。急流槽主体部分的纵坡依地形而定，一般可达 67 %，如果地质条件良好，需要时还可以更陡，但结构要求更严，造价亦相应提高，设计时应通过比较确定。按水力计算特点，由进水口、槽身和出水口三部分组成。

若沟槽横断面不同，为了能平顺衔接，可在急流槽的进、出水口与槽身连接处设过渡段，出水口部分设消力池。各部分的尺寸，根据水力计算确定。急流槽的基础必须稳固，端部及槽身每隔 2~5 m 在槽底设耳墙埋入地面以下，以防止滑动。当槽身较长时，宜分段砌筑每段 5~10 m 的预留伸缩缝，并用防水材料填塞。在开挖坡面的急流槽与边沟交汇处，应在边沟设置沉淤池或消能池，一方面可以沉积泥砂；另一方面可以起到消能作用，避免泥砂堵塞边沟和水流冲刷边沟，导致边沟遭到破坏。

5. 盲沟与渗沟

设在路基边沟下面的暗沟称为盲沟，其目的是拦截或降低地下水。盲沟造价通常高于明沟，发生淤塞时，疏通困难，甚至需要开挖重建。设置在路基两侧边沟下的盲沟，主要作用是降低地下水位，防止毛细水上升至路基工作范围内，形成水分积聚而造成冻胀和翻浆，或土基过湿而降低强度等。路基在挖方与填方交界处的横向盲沟，用以拦截和排除路堑下面的层间水或小股泉水，保持路堤填土不受水害。盲沟设置在地面以下起引排、集中水流的作用，无排渗水和汇水的作用。简易的盲沟结构主要由粗粒碎石、细粒碎石及不透水层组成。采用渗透方式将路基工作区或以下较浅的大面积地下水汇集于沟内，并沿沟把水排到指定地点，此种地下排水设施统称为渗沟。渗沟有填石渗沟、管式渗沟、洞式渗沟三种形式。三种渗沟均应设置排水层 (或管、洞)、反滤层、封闭层。由于渗沟具有汇集水流的功能，渗沟沿程必须是"开放的"。

6. 渗井

当路基附近的地表水或浅层地下水无法排除，影响路基稳定时，可设置渗井，将地表水或地下水经渗井通过下透水层中的钻孔流入下层透水层中排除。渗井直径 50 ~ 60 cm，井内填充料含泥量应小于 5 %，按单一粒径分层填筑，不得将粗细材料混杂填塞。在下层透水层范围内填碎石或卵石，上层不透水层范围内填砂或砾石，填充料应采用筛洗过的不同粒径的材料，井壁和填充料之间应设反滤层。渗井离路堤坡脚不应小于 10 m，渗井顶部四周用黏土填筑围护，井顶应加筑混凝土盖，严防渗井淤塞。渗井开挖应根据土质选用合理的支撑形式，并应随挖随支撑，及时回填。

7. 检查井

为检查维修渗沟，每隔 30 ~ 50 m 或在平面转折和坡度由陡变缓处设置检查井。检查井一般采用圆形，内径不小于 1.0 m，在井壁处的渗沟底应高出井底 0.3 ~ 0.4 m，井底铺一层厚 0.1 ~ 0.2 m 的混凝土，混凝土强度必须达到 5 MPa，井基如遇不良土质，应采取换填、夯实等措施。兼起渗井作用的检查井的井壁，应在含水层范围设置渗水孔和反滤层。深度大于 20 m 的检查井，蹬出梯要牢固。井口顶部应高出附近地面 0.3 ~ 0.5 m，并设井盖、井框，井盖应平稳，进口周围无积水。

(三) 边沟、截水沟与排水沟的施工

1. 土质水沟的施工方法

根据设计图纸尺寸，利用经纬仪及钢尺或皮尺从中桩引测，或利用全站仪从测量控制点引测，放样点间距直线段一般为 10 m 一点，曲线段根据转弯半径大小为 2 ~ 5 m 一点。放样时，应核查水沟设计位置的合理性，是否与公路设施及建筑物位置发生冲突；坡降是否过大或过小，过大是否需要采取加固措施，过小是否会产生积水或漫流现象；与其他防排水措施交接处是否会发生错位或冲刷，是否需要进行防冲加固；出水口水流是否顺畅，是否会发生冲刷危害，是否应采取消能或提高抗冲刷的加固措施；边沟转弯半径是否符合有关要求，是否应在外侧加高和加固。设计存在不合理或存在需要完善的地方，需及时向有关单位进行汇报，并对设计进行修改和完善。放样之后，应进行现场清理，清除杂草、灌木、有机质土及覆土等杂物，平整场地及进行施工临时排水。低等级道路或降水量较少的地区，水沟设计尺寸亦较小，通常采用人工开挖沟槽；反之，高等级道路或降水量较大的地区，水沟设计尺寸亦较大，为了保证施工质量和工期，大多采用人工配合挖掘机开挖。在纵向，一般应从下游向上游开挖。当采用人工开挖作业时，测量放样后，挂线施工。施工时一般采用分段开挖的方法，每一段可以分层开挖，从上至下，逐渐成形；也可以全断面开挖，先开辟出一个工作面，修整成设计断面，然后往前推进，每一个断面都一次成型。当采用机械开挖作业时，应该先放样，然后撒石灰线，挖土机开始工作。开挖过程中，最好欠挖，人工修整到位，不能超挖。如果出现超挖，超挖部分用浆砌片石或其他加固材料找补。开挖时尽量不扰动原状土，当采用机械开挖时，可适当欠挖，边挖边测量控制，沟底高程用水准仪实测控制，最后用人工修整。修整时以一定长度（直线段一般为 10 m，曲线段按半径大小为 2~5 m），按设计尺寸定标准断面，在两标准断面间拉线，按线施工时基坑开挖必须采取防止坑外雨水流入基坑的措施，坑内雨水应及时排出。

2. 石质水沟的施工方法

石质水沟的开挖，无论采用人工还是机械施工，均需爆破，使石方松动后再开挖成型，这样很容易超挖，应控制炮孔位置和爆破药量，超挖部分用浆砌片石、混凝土或砂浆找补。

石质水沟其他工序的施工方法与土质水沟相同。

3. 水沟加固的施工方法

为防止水流对水沟的冲刷与渗漏，对边沟、截水沟和排水沟等地面排水设施的沟底和沟壁应进行加固。

第二章　路面基层施工

第一节　水泥稳定碎石施工

在粉碎的或原状松散的土(包括各种粗、中、细粒土)中,掺入适量的水泥和水,按照技术要求经拌和摊铺,在最佳含水率时压实及养护成型,其抗压强度符合规定要求,以此修建的路面基层称为水泥稳定类基层。采用符合要求的碎石修建的基层称为水泥稳定碎石基层。

水泥是水硬性结合料,绝大多数土类都可以用水泥来稳定,改善其物理力学性质,从而适应各种不同的气候条件与水文地质条件。

水泥稳定碎石具有良好的整体性,也具有足够的力学强度、抗水性和耐冻性。水泥稳定碎石的初期强度高,并且强度随龄期增长,它的力学强度还可以根据需要进行调整。因此,水泥稳定碎石可以在各种等级的公路上用作基层或底基层。暴露的水泥稳定碎石易于干缩和冷缩而产生裂缝。

一、影响强度的主要因素

(一) 碎石

试验结果和生产实践经验证明,用水泥稳定级配良好的碎(砾)石效果最好,不但强度比较高,而且水泥用量少。

(二) 水泥成分和剂量

通常认为,各类水泥都可以用于稳定碎石。但试验研究结果证明,水泥的矿物成分和分散度对稳定效果有明显影响。对于同一种碎石,一般情况下硅酸盐水泥的稳定效果较好,而铝酸盐水泥的稳定效果较差。

在水泥硬化条件相似、矿物成分相同时,随着水泥分散度的增加,其活性程度和硬化能力也有所增大,从而使水泥碎石的强度提高。

水泥稳定碎石的强度随着水泥剂量的增加而增长。但过多的水泥用量虽能获得强度的增加，但在经济上却不一定合理，效果上也不一定显著，且容易产生开裂。

（三）含水率

含水率对水泥稳定碎石的强度影响很大。当含水率不足时，水泥不能在混合料中完全水化和水解，不能充分发挥水泥对碎石的固结和稳定作用，严重影响水泥碎石的强度形成。同时，如果含水率过小，不仅不能使水泥完全反应，而且达不到混合料的最佳含水率，甚至将严重影响水泥稳定碎石的压实。因此，在达到最佳含水率的同时，也要满足水泥完全水化和水解作用的需要。

（四）集料级配

集料级配对水泥稳定碎石基层材料强度的影响很大，强度形成是靠集料间的摩擦力和胶结料的黏结力，经碾压密实联结构成。要保证这种结构具有足够的强度，一定要使组成集料具有最佳级配和良好的颗粒形状，经过充分拌和，使各级集料分布均匀，并碾压密实，否则将影响结构层的强度。

（五）施工工艺及养生

工程实践充分证明，水泥、碎石和水拌和得均匀，且在最佳含水率下充分压实，使之干密度最大，其强度和稳定性就高。水泥稳定碎石从开始加水拌和到完全压实的延续时间要尽可能短，一般不应超过 3 ~ 4 h 。如果时间过长，则水泥产生凝结，在碾压过程中，不但达不到规定的压实度，而且会破坏已硬化水泥的胶凝作用，反而使水泥稳定碎石的强度下降。

试验结果证明：水泥稳定碎石需要湿法养生，以满足水泥水化形成强度的需要。养生的温度越高，水泥土的强度增长越快。因此，要保证水泥稳定碎石的养生温度和湿度条件。

二、混合料组成设计

（一）一般规定

①混合料组成设计应按设计要求，选择技术经济合理的混合料类型和配合比。

②根据公路等级、交通荷载等级、结构形式、材料类型等因素确定材料的技术要求。

③无机结合料稳定材料组成设计应包括原材料检验、混合料的目标配合比设计、混合料的生产配合比设计和施工参数确定四部分。

④ 原材料检验应包括结合料、被稳定材料及其他相关材料的试验。所有检测指标均应满足相关设计标准或技术文件的要求。

⑤ 确定无机结合料稳定材料最大干密度指标时宜采用重型击实方法，也可采用振动压实方法。

⑥ 施工过程中，材料品质或规格发生变化、结合料品种发生变化时，应重新进行材料组成设计。

(二) 强度要求

水泥稳定碎石 7d 龄期无侧限抗压强度应符合表 2-1 中的规定。强度要求较高时，宜采取控制原材料技术指标和优化级配设计等措施，不宜单纯通过增加水泥剂量来提高材料强度。

表 2-1 水泥稳定材料的 7d 龄期无侧限抗压强度标准 R_d

结构层	公路等级	极重、特重交通	重交通	中、轻交通
基层	高速公路和一级公路	5.0 ~ 7.0	4.0 ~ 6.0	3.0 ~ 5.0
	二级和二级以下公路	4.0 ~ 6.0	3.0 ~ 5.0	2.0 ~ 4.0
底基层	高速公路和一级公路	3.0 ~ 5.0	2.5 ~ 4.5	2.0 ~ 4.0
	二级和二级以下公路	2.5 ~ 4.5	2.0 ~ 4.0	1.0 ~ 3.0

进行强度试验时，作为平行试验的最少试件数量应不小于表 2-2 中的规定。如果试验结果的偏差系数大于表中规定的值，应当重做试验，并找出原因，加以解决。如果不能降低偏差系数，则应增加试件的数量。

表 2-2 平行实验的最少试件数量

材料类型	变异系数要求		
	< 10 %	10 % ~ 15 %	15 % ~ 20 %
细粒材料	6	9	—
中粒材料	6	9	13
粗粒材料	—	9	13

根据表 2-1 中的强度标准，选定合适的水泥剂量，此剂量试件室内试验结果的平均抗压强度应符合公式的要求。

$$R \geq R_d / (1 - Z_a C_v)$$

式中，R——试件试验的平均抗压强度，MPa。

R_d——设计抗压强度，MPa。

Z_a——标准正态分布表中随着保证率（或置信度 α）而变的系数，高速公路和一级公路应取保证率95%，即1.645；其他公路应取保证率90%，即1.282。

C_v——试验结果的偏差系数（以小数计）。

（三）生产配合比设计

① 根据目标配合比确定的各档材料比例，应对拌和设备进行调试和标定，确定合理的生产参数。

② 拌和设备的调试和标定应包括料斗称量精度的标定、结合料剂量的标定和拌和设备加水量的控制等内容，并应符合下列规定：

• 绘制不少于五个点的结合料剂量标定曲线。

• 按照各档材料的比例关系，设定相应的称量装置，调整拌和设备各个料仓的进料速度。

• 按照设定好的施工参数进行第一阶段试生产，验证生产级配。不满足要求时，应进一步调整施工参数。

③ 进行不同成型时间条件下的混合料强度试验，绘制相应的延迟时间曲线，并根据设计要求确定容许延迟的时间。

④ 应在第一阶段试生产试验的基础上进行第二阶段试验。分别按照不同水泥剂量和含水率进行混合料试拌，并取样、试验。试验应符合下列规定：

• 通过混合料中实际含水率的测定，确定施工过程中水流量计的设定范围；

• 通过混合料中实际水泥剂量的测定，确定施工过程中水泥掺加的相关技术参数；

• 通过击实试验，确定水泥剂量变化、含水率变化对混合料最大干密度的影响；

• 通过抗压强度试验，确定材料的实际强度水平和拌和工艺的变异水平。

⑤ 混合料生产参数的确定应包括水泥剂量、含水率和最大干密度等指标，并应符合下列规定：

• 工地实际采用的水泥剂量宜比室内试验确定的剂量多0.5%~1.0%。采用集中厂拌法施工时宜增加0.5%，采用路拌法施工时宜增加1%。

• 以配合比设计的结果为依据，综合考虑施工过程的气候条件，含水率可增加0.5%~1.5%。

• 最大干密度应以最终合成级配击实试验的结果为标准。

三、混合料施工

(一) 一般规定

① 水泥稳定碎石混合料应采用集中厂拌，用摊铺机进行摊铺。

② 水泥稳定碎石层宽为 11 ~ 12 m 时，每一流水作业段长度以 500 m 为宜；水泥稳定碎石层宽大于 12 m 时，作业段宜相应缩短。宜综合考虑下列因素，合理确定每日施工作业段长度：

- 施工机械和运输车辆的生产效率和数量；
- 施工人员数量及操作熟练程度；
- 施工季节和气候条件；
- 水泥的初凝时间和延迟时间；
- 减少施工接缝的数量。

③ 宜在 2 h 之内完成碾压成型，应取混合料的初凝时间与容许延迟时间较短的时间作为施工控制时间。

④ 在过分潮湿路段上施工时应采取措施，降低潮湿程度，消除积水。

⑤ 水泥稳定碎石结构层施工应选择适宜的气候环境，针对当地气候变化制订相应的处置预案，并应符合下列规定：

- 宜在气温较高的季节组织施工，施工期的日最低气温应在 5 ℃ 以上，在有冰冻的地区，应在第一次重冰冻到来的 15 ~ 30 d 之前完成施工；
- 避免在雨季施工，且不应在雨天施工。

⑥ 将室内重型击实试验法确定的干密度作为压实度评价的标准密度，压实度应满足国家和行业规范要求。

(二) 混合料集中厂拌与运输

① 混合料的拌和能力与摊铺能力应相匹配。

② 拌和厂应安置在地势相对较高的位置，并做好排水设施。

③ 拌和厂场地应平整并具有足够的承载能力。高速公路和一级公路的拌和厂 (场) 地应采用混凝土硬化，混凝土强度等级应不低于 C15，厚度应不小于 200 mm。

④ 工程所需的原材料严禁混杂，应分档隔仓堆放，并有明显的标志。

⑤ 细集料、水泥等原材料应有覆盖。对于高速公路和一级公路，上述材料严禁露天堆放，应放置在专门搭建的防雨棚内或库房内。

⑥ 水泥稳定碎石的拌和生产设备应满足下列要求：

• 对高速公路和一级公路，混合料拌和设备的产量宜大于 500 t/h；

• 拌和设备的料仓数目应与规定的备料档数相匹配，宜较规定的备料档数增加 1 个；

• 各个料仓之间的挡板高度应不小于 1 m；

• 高速公路的基层施工时，每个料斗与料仓下面应安装称量精度达到 ±0.5 % 的电子秤。

⑦ 装水泥的料仓应密闭、干燥，同时内部应装有破拱装置。对高速公路，水泥料仓应配备计重装置，不宜通过电机转速计量水泥的添加量。

⑧ 气温高于 30℃时，水泥进入拌缸的温度宜不高于 50 ℃；高于 50 ℃时应采取降温措施；气温低于 15 ℃时，水泥进入拌缸温度应不低于 10 ℃。

⑨ 加水量的计量应采用流量计的方式。对于高速公路和一级公路，水的流量数值应在中央控制室的控制面板上显示。

⑩ 正式拌制混合料之前，应先调试所用的设备，使混合料的级配组成和含水率都达到配合比设计的规定要求。原材料的颗粒组成发生变化时，应重新调试设备。

⑪ 高速公路基层的混合料拌和时，宜采用两次拌和的生产工艺，也可采用间歇式拌和生产工艺，拌和时间应不少于 15 s。

⑫ 拌和过程中，应实时监测各个料仓的生产计量，对于高速公路和一级公路，应每 10 min 打印各档料仓的使用量。某档材料的实际掺加量与设计要求值相差超过 10 % 时，应立即停机检查原因，正常后方可继续生产。天气炎热或运距较远时，宜适当增加含水率。

⑬ 对于高速公路和一级公路，应从拌和厂取料，每隔 2 h 测定一次含水率，每隔 4h 测定一次水泥的剂量，并做好记录。

⑭ 根据工程量的大小和运距的长短，配备足够数量的混合料运输车。

⑮ 混合料运输车装料前应清理干净车厢，不得存有杂物。

⑯ 混合料运输车装好料后，应用篷布将厢体覆盖严密，直到摊铺机前准备卸料时方可打开。

⑰ 对于高速公路和一级公路，水泥稳定碎石从装车到运输至现场，时间宜不超过 l h，超过 2 h 时应作为废料处置。

(三) 混合料摊铺与碾压

① 混合料摊铺应保证足够的厚度，碾压成型后每层的摊铺厚度宜不小于 160 mm，最大厚度宜不大于 200 mm。

② 具有足够的摊铺能力和压实功率时，可增加碾压厚度，具体的摊铺厚度应根

据试验结果确定。大厚度的摊铺施工时，应增加相应的拌和能力。

③ 在下承层施工质量检测合格后，开始摊铺上面结构层。采用两层连续摊铺时，下层质量出现问题，上层应同时处理。

④ 下承层稳定细粒材料时，宜先将下承层顶面拉毛或采用凸块式压路机碾压，再摊铺上层混合料；下承层稳定中、粗粒材料时，应先将下承层清理干净，并洒铺水泥净浆，再摊铺上层混合料。

⑤ 应采用摊铺功率不低于 120 kW 的沥青混凝土摊铺机或稳定材料摊铺机摊铺混合料。

⑥ 采用两台摊铺机并排摊铺时，两台摊铺机的型号及磨损程度宜相同。施工期间，两台摊铺机的前后间距宜不大于 10 m，且两个施工段面纵向应有 300～400 mm 的重叠。

⑦ 对于无法使用机械摊铺的超宽路段，应采用人工同步摊铺、修整，并同时碾压成型。

⑧ 摊铺机前宜增设橡胶挡板，橡胶挡板底部距下承层距离宜不大于 100 mm。

⑨ 摊铺机后面应设专人消除粗细集料离析现象，及时铲除局部粗集料堆积或离析的部位，并用新拌混合料填补。

⑩ 对于高速公路和一级公路，摊铺过程中宜设立纵向模板，二级以下公路没有摊铺机时，可采用摊铺箱摊铺混合料。

⑪ 在混合料处于或略大于最佳含水率的状态下碾压。气候炎热干燥时，碾压时的含水率可比最佳含水率增加 0.5 %～1.5 %。

⑫ 根据施工情况配备足够的碾压设备，并应符合下列规定：

· 双向四车道高速公路或一级公路的半幅摊铺时，应配备不少于 4 台重型压路机；

· 双向六车道的半幅摊铺时，应配备不少于 5 台重型压路机。

⑬ 安排专人负责指挥碾压，严禁漏压和产生轮迹。

⑭ 采用钢轮压路机初压时，宜采用双钢轮压路机稳压 2～3 遍，再用激振力大于 35 t 的重型振动压路机、18～21 t 三轮压路机或 25 t 以上的轮胎压路机继续碾压密实，最后采用双钢轮压路机碾压，消除轮迹。

⑮ 采用胶轮压路机初压时，应先采用 25 t 以上的重胶轮压路机稳压 1～2 遍，错轮不超过 1/3 的轮迹带宽度，再采用重型振动压路机碾压密实，最后采用双钢轮压路机碾压，消除轮迹。碾压成型后的表面应平整、无轮迹。

⑯ 碾压过程中，压路机严禁随意停放，应停放在已碾压完成的路段。

⑰ 混合料摊铺时，应保持连续，因故中断时间大于 2 h 时，应设置横向接缝，

并应符合下列规定：

· 人工将末端含水率合适的混合料整齐，紧靠混合料末端放两根方木，方木的高度应与混合料的压实厚度相同，整平紧靠方木的混合料；

· 方木的另一侧用砾石或碎石回填约 3 m 长，其高度应高出方木 2~3 cm，并碾压密实；

· 重新开始摊铺混合料之前，应将砾石或碎石和方木除去，并将下承层顶面清扫干净；

· 摊铺机应返回到已压实层的末端，重新开始摊铺混合料；

· 摊铺中断大于 2 h 且未按照上述方法处理横向接缝时，应将摊铺机附近及其下面未经压实的混合料铲除，并将已碾压密实且高程和平整度符合要求的末端挖成与路中心线垂直并垂直向下的断面，再摊铺新的混合料。

⑱ 摊铺时宜避免纵向接缝，分两幅摊铺时，纵向接缝处应加强碾压。存在纵向接缝时，纵缝应垂直相接，严禁斜接，并应符合下列规定：

· 前一幅摊铺时，宜在靠中央的一侧用方木或钢模板做支撑，方木或钢模板的高度应与稳定材料层的压实厚度相同；

· 应在摊铺另一幅之前拆除支撑。

四、养生和交通管制

(一) 一般规定

养生期宜不少于 7 d，宜延长至上层结构开始施工的前 2d，过冬时应采取必要的保护措施。

养生可采取洒水养生、薄膜覆盖养生、土工布覆盖养生、铺设湿砂养生、草帘覆盖养生、洒铺乳化沥青养生等方式，宜结合工程实际情况选择适宜的方式。

养生期间应封闭交通，除洒水车和小型通勤车辆外严禁其他车辆通行。

(二) 养生方式

1. 洒水养生

洒水养生宜作为水泥稳定碎石的基本养生方式，并应符合下列规定：

① 每天洒水次数应视气候而定。高温期施工，宜上、下午各洒水 2 次。

② 养生期间，稳定材料层表面应始终保持湿润。

2. 薄膜覆盖养生

薄膜覆盖养生应符合下列规定：

① 混合料摊铺碾压成型后，可覆盖薄膜，薄膜厚度宜不小于 1 mm。

② 薄膜之间应搭接完整，避免漏缝，薄膜覆盖后应用砂土等材料呈网格状堆填，局部薄膜破损时，应及时更换。

③ 养生至上层结构层施工前 1~2 d，方可将薄膜掀开。

④ 对蒸发量较大的地区或养生时间大于 15 d 的工程，养生过程中应适当补水。

3. 土工布养生

土工布养生应符合下列规定：

① 宜采用透水式土工布全断面覆盖，也可铺设防水土工布。

② 铺设过程中应注意缝之间的搭接，不应留有间隙。

③ 铺设土工布后，应注意洒水，每天洒水次数应视气候而定。高温期施工，上、下午宜各洒水 1 次。

④ 养生至上层结构层施工前 1~2 d，方可将土工布掀开。

⑤ 养生过程中应采取有效措施防止土工布破损。

4. 铺设湿砂养生

铺设湿砂养生应符合下列规定：

① 砂层厚宜为 70~100 mm。

② 砂铺匀后，宜立即洒水，并在整个养生期间保持砂的潮湿状态，不得用湿黏性土覆盖。

③ 养生结束后，应将覆盖物清除干净。

5. 草帘覆盖养生

草帘覆盖养生应符合下列规定：

① 全断面铺设草帘。

② 草帘铺设后应注意洒水，每天洒水的次数应视气候而定。高温期施工，上、下午宜各洒水 1 次，每次洒水应将草帘浸湿。

③ 必要时可采用土工布与草帘双层覆盖养生。

(三) 交通管制

① 正式施工前宜建好施工便道。对于高速公路和一级公路，若无施工便道，不应施工。

② 养生期间，小型车辆和洒水车的行驶速度应小于 40 km/h。

③ 养生 7 d 后，施工需要通行重型货车时，应有专人指挥，按规定的车道行驶，且车速应不大于 30 km/h。

④ 无法安排施工便道而需要车辆通行时，应符合下列规定：

- 合理安排施工工序，保障 7 ~ 15 d 的养生期；
- 宜在硬路肩或临时停车带的位置划出专门车道，专人指挥车辆通行；
- 适当提高早期强度；
- 限定载重车辆的轴载，应不大于 13 t。

第二节　级配碎石基层施工

由粗、细碎石集料和石屑各占一定比例组成的混合料，当其颗粒组成符合密实级配要求时，称为级配碎石。级配碎石基层适用于各级公路的基层和底基层，也可用作较薄沥青面层与无机结合料稳定基层之间的中间层，从而减轻和消除半刚性基层开裂对沥青面层的影响，避免出现反射裂缝。

一、概述

(一) 级配型集料的组成与适用场合

由各种大小不同粒级集料组成的混合料，当颗粒组成符合技术规范的密实级配要求时称为级配型集料。级配型集料中没有水泥、石灰等胶结料，也没有沥青，所以在国外常称为无胶结料粒料或无胶结料材料。级配型集料中常含有一定数量的细土 (指小于 0.5 mm 颗粒)，细土中有一定数量的粉粒 (指小于 0.05 mm 颗粒) 和黏粒 (指小于 0.02 mm 的颗粒)，并有或大或小的塑性指数。

级配碎石宜用几种不同粒径的碎石组配而成。用作中间层的级配碎石应用几种不同粒径的碎石组配而成。它能更好地保证碎石的颗粒组成符合规定的要求，并达到较高的强度和稳定性。级配集料包括级配碎石、级配砾石 (碎石和砂砾的混合料，也常将砾石中的超尺寸颗粒粉碎后与砂砾一起组成碎砾石) 和级配砾石 (或称为级配砂砾)。

级配型集料可以用作沥青路面和水泥混凝土路面的基层和底基层，也可以用作路基的改善层。排水良好的前提下，级配型集料可在不同的气候区用于不同交通等级的道路上。在潮湿多雨地区使用级配型集料特别有利。

(二) 级配型集料强度的影响因素

级配型基层结构的强度和稳定性与集料的类型、集料的粒径有着密切的关系。

级配碎石最好，级配砾石次之，级配砂砾最差。集料最大粒径含量、5 mm 以下颗粒含量和小于 0.075 mm 颗粒含量对混合料的密实度和强度有较大的影响。

粒径 0.5 mm 以下的颗粒含量是决定其液限和塑性指数的主要成分，对混合料结构层的水稳定性和冰冻稳定性有很大影响。液限和塑性指数越高，则级配集料的水稳定性越差。因此，选用这类材料做沥青路面的基层时，必须重视路基的含水率，偏离时应严格控制此种细料的含量。

（三）对级配集料的要求

相对力学性质和稳定性而言，级配碎石是级配集料中最好的材料，也是无机结合料中最好的材料。决定级配集料层力学性质的主要参数是弹性模量（或回弹模量）、抗剪强度和抗永久形变能力。级配集料层的理想性质包括：它应有高的劲度（相当于弹性模量），以提供良好的荷载分布性质；应有较高的抗剪强度，以减轻车辆（包括施工机械）作用下的辙槽；应具有较高的透水性，以使进入的自由水能快速排出；其中细土应没有塑性，以保证良好的水稳定性并应当具有无冰冻敏感性。

二、材料要求

①用于二级和二级以上公路基层和底基层的级配碎石，应用预先筛分成几组不同粒径的碎石及 4.75 mm 以下的石屑组配而成。

②用于二级和二级以上公路基层和底基层的级配碎石，可用未筛分碎石和石屑组配而成。

③当缺乏石屑时，也可以添加细砂砾或粗砂，也可以用颗粒组成合适的含细集料较多的砂砾与未筛分碎石配合成级配碎砾石。

④级配碎石可适用于各等级公路的基层和底基层。

⑤级配碎石也可用作较薄沥青面层与半刚性基层之间的中间层。

⑥级配碎石用作二级和二级以下公路基层时，其最大粒径应控制在 37.5 mm 以内；当级配碎石用作高速公路和一级公路的基层以及半刚性路面的中间层时，其最大粒径宜控制在 31.5 mm 以下。

⑦级配碎石用作半刚性路面的中间层以及用二级以上公路的基层时，应采用集中厂拌法控制混合料，并用摊铺机摊铺混合料。

⑧轧制碎石的材料可以是各种类型的坚硬岩石（软质岩石除外）、圆石或矿渣。圆石的粒径应是碎石最大粒径的 3 倍以上。

⑨级配碎石中所用的碎石针片状颗粒的总含量不得超过 20 %。碎石中不应有黏土块、植物等有害物质。

⑩ 石屑或其他细集料可以使用一般碎石场的细筛余料，也可以利用轧制沥青表面处置和贯入式用石料时的细筛余料，或专门轧制的细碎石集料。也可以用天然砂砾或粗砂代替石屑。天然砂砾的颗粒尺寸应合适，必要时应筛除其中的超尺寸颗粒。天然砂砾或粗砂应有较好的级配。

三、施工要点

级配碎石层施工和使用过程中，影响级配集料结构层力学性质的其他重要因素还有：集料含水率、加工和摊铺集料的均匀性和碾压密实度以及下承层的承载能力。要做好级配碎石这种结构的路面，设计和施工两个方面都要做好，特别是施工十分重要。

(一) 一般规定

级配碎石层进行施工时，应遵守下列规定：

① 级配碎石层颗粒的组成应当是一根顺滑的曲线。

② 级配碎石层是由不同粒径的粗细碎石、石屑等按照一定比例配制而成的，为确保其密实度，配料必须准确，符合设计的要求。

③ 级配碎石的塑性指数，应当符合设计的规定。

④ 混合料必须拌和均匀，没有粗、细颗粒离析现象。

⑤ 在最佳含水率时进行碾压，直到达到下列按照重型击实试验法确定的要求压实度：中间层达到 100 %；基层达到 98 %；底基层达到 96 %。

(二) 中心站集中厂拌法施工

中心站集中厂拌法施工的基本方法如下：

① 级配碎石混合料可在中心站用多种机械进行集中拌和，如用强制式拌和机、卧式双转轴桨叶式拌和机、普通水泥混凝土拌和机等。

② 对于高速公路和一级公路级配碎石基层和中间层，宜采用不同粒级的单一尺寸碎石和石屑，按照预定配合比在拌和机内拌制级配碎石混合料。

③ 不同粒级的碎石和石屑等细集料应隔离，分别进行堆放。

④ 级配碎石混合料中的细集料应加以覆盖，防止因雨淋增大其含水率而影响质量。

⑤ 正式拌制级配碎石混合料之前，必须先调试所用的厂拌设备，使设备在操作中运转正常，使混合料的颗粒组成和含水率达到规定的要求。

⑥ 采用未筛分碎石和石屑时，如未筛分碎石和石屑的颗粒组成发生明显变化，

应重新调试设备。

⑦ 将级配碎石用于高速公路和一级公路时，应采用沥青混合料摊铺机或其他碎石摊铺机摊铺混合料。

⑧ 为确保混合料的摊铺质量，摊铺机后面应设专人消除粗细集料离析现象。

⑨ 为保证混合料的碾压质量，应用振动压路机、三轮压路机进行碾压。

⑩ 级配碎石用于二级和二级以下公路时，当没有摊铺机时，也可以用自动平地机（或摊铺箱）摊铺混合料。级配碎石在摊铺中应注意以下几个方面：

• 根据摊铺层的厚度和要求达到的压实干密度，计算每车混合料的摊铺面积。

• 将混合料均匀地卸在路幅中央，路幅较宽时，也可将混合料卸成两行。

• 用平地机将混合料按松铺厚度摊铺均匀。

• 设一个三人小组跟在平地机的后面，及时消除粗细集料出现的离析现象，对于粗集料"窝"和粗集料"带"应添加细集料，并拌和均匀；对于细集料"窝"应添加粗集料，并拌和均匀。

• 用拖拉机、平地机或轮胎压路机在初步整平的路段上快速碾压一遍，以暴露潜在的不平整之处。在进行快速碾压后，再用平地机进行整平和整形，整形的过程中，必须禁止任何车辆通行。

• 整形后，当混合料的含水率等于或略大于最佳含水率时，立即用 12 t 以上的三轮压路机进行碾压，每层压实厚度不应超过 15 ~ 18 cm；用重型振动压路机或轮胎压路机进行碾压，每层压实厚度不应超过 20 cm。

• 直线和不设超高的平曲线段，由两侧路肩开始向中心碾压；在设超高的平曲线段，由内侧路肩向外侧路肩进行碾压。碾压时，后轮应重叠 1/2 轮宽；后轮必须超过两段的接缝处。后轮压完路面的全宽时，即为一遍。碾压一直进行到要求的密实度为止。一般需碾压 6 ~ 8 遍，应使表面无明显的轮迹。

• 压路机的碾压速度，前两遍以 1.5 ~ 1.7 km/h 为宜，以后用 2.0 ~ 2.5 km/h 的速度，对于不易碾压的两侧，可多压 2 ~ 3 遍。

• 凡含土的级配碎石层都应进行滚浆碾压，一直压到碎石层无多余细土泛到表面为止。滚到表面的浆（或事后变干的薄层土）应清除干净。

⑪ 集中厂拌法施工时的横向接缝按下述方法处理：

• 用摊铺机摊铺混合料时，靠近摊铺机当天未压实的混合料可与第二天摊铺的混合料一起碾压，但应注意此部分混合料的含水率是否符合要求。必要时，应进行人工补洒水，使其含水率达到规定要求。

• 用平地机摊铺混合料时，每天的工作缝可按照路拌法中的方法进行处理。

⑫ 进行摊铺施工时，应当尽量避免出现纵向接缝。当摊铺机的摊铺宽度不够，

必须分两幅摊铺时，宜采用两台摊铺机一前一后隔 5~8 m 同步向前摊铺混合料。在仅有一台摊铺机的情况下，可先在一条摊铺带上摊铺一定长度后，再开到另一条摊铺带上进行摊铺，然后一起进行碾压。

⑬ 在不能避免纵向接缝的情况下，纵缝必须垂直相接，不应采取斜接，并按照下述方法进行处理：

• 前一幅摊铺时，在靠后一幅的一侧用方木或钢模板做支撑，方木或钢模板的高度与级配碎石层的压实厚度相同；

• 在摊铺后一幅之前，将方木或钢模板除去；

• 如在摊铺前一幅时未用方木或钢模板支撑，靠边缘的 30 cm 左右难以压实，而且形成一个斜坡，在摊铺后一幅时，应先将未完全压实部分和不符合路拱要求部分挖松并补充洒水，待后一幅混合料摊铺后一起进行整平压实。

⑭ 级配碎石用作半刚性路面的中间层以及用作二级以上公路的基层时，应采用集中厂拌法拌制混合料，并用摊铺机摊铺混合料。

⑮ 级配碎石基层在未洒透层沥青或未铺封层时，应当禁止一切车辆通行，以保护表层不受破坏。

⑯ 级配碎石基层在冬季施工时，应注意以下事项：

• 应严格控制作业面的大小，保证当日摊铺段当日能碾压完毕，不能当日摊铺次日碾压；

• 混合料中的冰块应将其破碎分散，严格避免大冰块集中；

• 摊铺平整后立即洒适量盐水，并随洒随压。

冬季进行级配碎石基层的碾压时，应当注意以下几点：

• 冬季碾压必须将其表面找平，避免因过多的找补延长作业时间；

• 碾压时，应当先用轻碾压稳再用重碾压实，压路机的滚轮宜重轮在前、轻轮在后，以避免产生推移；

• 碾压成型合格后，要保持其干燥，避免冷冻使表面疏松。

第三节 填隙碎石基层施工

用单一尺寸的粗碎石组成主骨料，形成嵌锁作用，用石屑填满碎石间的空隙，以增加密实度和稳定性，这种结构称为填隙碎石。填隙碎石是一种典型的嵌锁型基层，它们颗粒之间的黏结力是非常小且次要的，其强度主要依靠碎石颗粒之间的嵌锁和摩阻作用形成的内摩阻力。填隙碎石结构通过一定功能的碾压，使粗碎石产生位移并靠紧，相互嵌挤锁结（咬扣）而形成结构层，并具有足够的强度。

要保证填隙碎石基层的强度，应选择石料强度高、有棱角、近正方体、颗粒尺寸均匀、表面粗糙的碎石，充分压实，形成良好的嵌锁作用；粗碎石间的空隙一定要切实填满，以达到足够的密实度。同时，要注意填隙料不要在表面单独成层，主骨料棱角应露出表面，以有利于层间的结合。

填隙碎石可用于各级公路的底基层和二级以下公路的基层，但不得用于高速公路和一级公路的基层。

一、材料要求

(一) 填隙碎石的要求

① 填隙碎石用作基层时，碎石的最大粒径不应超过 53.0 mm；填隙碎石用作底基层时，碎石的最大粒径不应超过 63.0 mm。

② 粗碎石可以用具有一定强度的各种岩石或漂石轧制（石灰岩碎石的石屑），但漂石的粒径应为粗碎石公称最大粒径的 3 倍以上，以增加碎石的破裂面，提高内摩阻角；也可以用稳定的矿渣轧制，矿渣的干密度和质量比较均匀，且密度不小于 960 kg/m³。材料中的扁平状、长条状和软弱颗粒不应超过 15 %。

③ 粗碎石的集料压碎值应符合下列要求：当用作基层时不大于 26 %；当用作底基层时不大于 30 %。

(二) 填隙料的要求

① 当缺乏石屑时，可以添加细砾砂或粗砂等细集料，但其技术性能不如石屑。
② 用填隙碎石的细集料应当干燥，含水率应符合规范要求。

二、施工要点

(一) 施工关键

填隙料应填满粗碎石层内部的全部孔隙；进行碾压后，表面粗碎石间的孔隙应切实填满，但不得使填隙料覆盖粗集料而自成一层，表面应看得见粗碎石，这对铺筑薄沥青面层非常重要，它可保证薄沥青面层与基层有良好的黏结，避免薄沥青面层在基层顶面发生推移性破坏。

(二) 工艺流程

1. 准备下承层

下承层表面应平整、坚实，具有规定的路拱，没有任何松散的材料和软弱的地点。通常应对下承层进行检查验收，主要项目有高程、宽度、横坡、平整度、压实度及弯沉值。

2. 施工放样工序

底基层或老路面或路基上恢复中线，直线段每隔 15～20 m 设一个桩，平曲线段每隔 10～15 m 设一个桩，并在两侧路肩边缘外设指示桩，两侧指示桩上用明显标记标出水泥稳定土层边缘的设计高程，以便于掌握施工标准。

3. 备料工序

根据各路段基层或底基层的宽度、厚度和松铺系数 (碎石最大粒径与压实厚度之比为 0.50 左右时，松铺系数为 1.30；当比值比较大时，松铺系数接近 1.20)。填隙碎石的一层压实厚度可取碎石最大粒径的 1.5～2.0 倍，计算各段需要的粗碎石数量；根据运料车辆的车厢体积，计算每车料的堆放距离。

填隙料的用量为粗碎石质量的 30 %～40 %。

4. 运输和摊铺粗碎石

① 集料在装车运输时，应控制每车料的数量基本相等。

② 在同一料场供料的路段内，宜按照由远及近的顺序将粗碎石按照计算的距离卸置于下承层上。卸料距离应严格掌握，避免有的路段料不足或过多。

③ 料堆每隔一定的距离应留一个缺口。

④ 用平地机或其他合适的机具将混合料均匀地摊铺在预定的宽度上，应力求平整，并具有规定的路拱，同时摊铺路肩用料。

⑤ 检验松铺材料的厚度是否符合预计的要求，如果不符合要求，应进行减料或补料工作。

5. 撒铺填隙料和碾压

第一，干法施工。

① 初压。应采用振动轮每米宽的重量至少 1.8 t 的振动压路机进行碾压。用 8 t 两轮压路机碾压 3～4 遍，使粗碎石稳定就位。直线和不设超高的平曲线段上，碾压从两侧路肩开始，逐渐错轮向路中心进行；有超高的平曲线段上，碾压从内侧路肩开始，逐渐错轮向外侧路肩进行。错轮时，每次要重叠 1/3 轮宽。第一遍碾压后，应再次进行找平。初压终了时，表面应比较平整，并具有要求的路拱和纵坡。

② 撒铺填隙料。用石屑撒布机或类似的设备将干填隙料均匀撒铺在已压稳的粗

碎石层上，松铺厚度为 2.5 ~ 3.0 cm 。必要时，用人工或机械扫帚(滚动式钢丝扫帚)扫匀。

③ 碾压。用振动压路机进行慢速碾压，将全部填隙料振入粗碎石间的孔隙中。如果没有振动压路机，可用重型振动板。碾压方法同第 ① 项，但路面两侧应多压 2 ~ 3 遍。

④ 再次撒布填隙料。用石屑撒布机或类似的设备将干填隙料再次撒铺在粗碎石层上，松铺厚度为 2.0 ~ 2.5 cm 。用人工或机械扫匀。

⑤ 再次碾压。用振动压路机按照第 ③ 项进行碾压。碾压过程中，对局部填隙料不足之处，人工进行找补。对局部多余的填隙料应将其扫除。

⑥ 经过再次碾压后，见表面仍有未填满的孔隙，则应补撒填隙料，并用振动压路机继续碾压，直到全部孔隙被填满为止。同时，应将局部多余的填隙料铲除或扫除。填隙料不应在粗碎石表面自成一层，表面必须能看见粗碎石。

如果填隙碎石层上为薄沥青面层，应使粗碎石的棱角外露 3 ~ 5 mm 。

⑦ 当需要分层铺筑时，应将已压成的填隙碎石层表面粗碎石外露 5 ~ 10 mm ，然后在上摊铺第二层粗碎石，并按照第 ① ~ ⑥ 项要求施工。

⑧ 填隙碎石表面孔隙全部填满后，立即用 12 ~ 15 t 三轮压路机再碾压 1 ~ 2 遍。碾压过程中，不应有任何蠕动现象。碾压之前，宜在表面先洒少量的水，洒水量一般为 3 kg/m² 以上。

第二，湿法施工。

① 湿法施工开始的工序，与"干法施工"中的第 ① ~ ⑥ 项的要求相同，可参考"干法施工"的工序。

② 粗碎石层表面孔隙全部填满后，立即用洒水车进行洒水，直到饱和，但应注意避免多余水浸泡下承层。

③ 用 12 ~ 15 t 三轮压路机跟在洒水车后进行碾压。碾压过程中，将湿填隙料继续扫入所出现的孔隙中。需要时，再添加新的填隙料。洒水和碾压应一直进行到填隙料和水形成粉砂浆为止。粉砂浆应填塞全部孔隙，并在压路机前形成微波纹状。

④ 干燥。碾压完成的路段应让水分蒸发一段时间。结构层变干后，表面多余的细料以及细料覆盖层都应扫除干净。

⑤ 当需分层铺筑时，应待结构层变干后，将已压成的填隙碎石表面的填隙料扫除一些，使表面粗碎石外露 5 ~ 10 mm ，然后在上摊铺第二层粗碎石，并按照第 ① ~ ④ 项要求施工。

6. 交通管制

填隙碎石基层在未洒透层沥青或未铺封层时，禁止开放交通。

第三章　公路养护维修

第一节　沥青路面养护维修

一、沥青路面病害维修

(一) 沥青路面变形维修

沥青路面变形有车辙、壅包、沉陷、波浪与搓板等多种形式。我国沥青路面变形类病害中车辙问题尤为突出。车辙是路面上沿行车轮迹产生的纵向带状凹槽。它除了影响行车舒适性外，还对交通安全有直接影响。车辙在行车荷载重复作用下，有扩展和积累的趋势。

1. 车辙类型与维修

沥青路面车辙一般包括结构性车辙、流动性车辙、磨损性车辙、压实不足引起的车辙。

根据车辙类型的不同，常用的车辙维修措施有稀浆封层、微表处、石屑封层、罩面或改建等。高速公路一般采取局部铣刨、局部填补或整体改造措施。沥青路面车辙的具体维修方法的选择如下：

① 因表面磨损过度出现的车辙，可先行铣刨，喷洒黏层沥青后，铺筑沥青混合料。

② 属于路面横向推挤形成的横向波形车辙且已稳定者，可按上述方法修补；如因不稳定夹层引起，则应清除该夹层，重铺局部下沉造成的车辙，可按路面沉陷的处理方法进行修补。

③ 车道表面因车辆行驶推移而产生的车辙，应将出现车辙的面层切削或铣刨清除，然后重铺沥青面层。在高速公路及一级公路上可采用 SMA 混合料或改性沥青混合料修补车辙。

④ 路面受横向推挤形成的横向波形车辙，如果已经稳定，可将凸出的部分铣刨，在波谷部分喷洒或涂刷黏结沥青填补沥青混合料并找平、压实。

⑤ 因面层与基层间有不稳定的夹层而形成的车辙，应将面层挖除，清除夹层后，重做面层。

⑥ 由于基层强度不足、水稳性不好，使基层局部下沉而造成的车辙，应先处置基层。

2. 纵向变形及维修

(1) 纵向变形

路面的纵向变形是由路基的纵向变形造成的。软土地基和非软土地基都可以产生纵向变形，纵向变形造成路面大波浪形的不平整，包括路面沉陷、桥头跳车、波浪、搓板、壅包等。

沉陷是路基路面产生竖向变形而导致路面下沉的现象，通常有均匀沉陷、不均匀沉陷、局部较大面积沉陷等。桥头跳车是由桥台背填土压实不够而引起路基不均匀沉降，从而使路面产生沉陷，形成跳车。沉陷、桥头跳车都是因为施工质量没有被严格控制所造成的，可采用新技术、新材料、新工艺来加强填方的压实度，使其达到要求。

波浪是指路面有规律地纵向起伏，波峰与波谷交替出现，间隔很近，一般在60 cm 之内。造成波浪的主要原因是材料组成设计差、施工质量差，使面层材料不足以抵抗车轮水平力的作用。此外，产生波浪也可能是由于旧面层已有搓板，而加铺沥青面层时未予妥善处理(铲除搓板)所致。

(2) 壅包维修

① 属于施工时操作不慎将沥青漏油在路面上形成的壅包，将壅包除去即可。

② 已趋于稳定的轻微壅包，应将壅包用机械刨削或人工挖除。如果除去壅包后，路表不够平整，应予以处置。

③ 因基层沥青用量过多或细料集中而产生较严重壅包，或路面连续多次出现壅包且面积较大，但路面基层仍属稳定，则应用机械或人工将壅包全部除去，并低于路表面约 10 mm 。扫尽碎屑、杂物及粉尘后，用热沥青混合料重做面层。

④ 因基层局部含水率过大，使面层与基层间结合不良而被推移变形造成的壅包，应把壅包连同面层一起挖除，将水分晾晒干，或用水稳定性较好的材料更换已变形的基层，再重做面层。

⑤ 由于基层局部强度不足或水稳定性不好，使基层松软而导致的壅包，应将面层和基层完全挖除。如土基中含有淤泥，还应将淤泥彻底挖除，换填新料并夯实。在地下水位较高的潮湿路段，应采取措施引出地下水并在基层下面加铺一层水稳定性较好的材料，最后重做面层。

(3) 沉降维修

① 因路基不均匀沉降而引起的局部路面沉陷，若土基和基层已经密实稳定，不再继续下沉，可只修补面层，并根据路面的破损状况分别采取下列处置措施：

第一，路面略有下沉，无破损或仅有少量轻微裂缝，可在沉陷处喷洒或涂刷黏层沥青，再用沥青混合料将沉陷部分填补，并压实平整。

第二，因路基沉陷导致路面破损严重，矿料已松动、脱落形成坑槽的，应按照坑槽的维修方法予以处置。

② 因土基或基层结构遭到破坏而引起路面沉陷，应处置好基层后再重做面层。

③ 桥涵台背因填土不实出现不均匀沉降的，可视情况选择以下处理方法：

第一，挖除沥青面层，在沉陷的部分加铺基层后重做面层。

第二，对于台背填土密实度不够的，应重新做压实处理，台背死角处的压实宜采用机械夯实。

第三，对含水率和孔隙比较大的软基或含有有机物质的黏性土层，宜采取换土处理，换土深度应视软层厚度而定。换填材料首先应选择强度高、透水性好的材料，如碎石土、卵砾土、中粗砂及强度较高的工业废渣，且要求级配合理。

(4) 波浪与搓板维修

① 属于面层原因形成的波浪或搓板可按下述方法进行维修：

第一，路面仅为轻微波浪或搓板，可在波背部分喷洒沥青，并匀撒适当粒径的矿料，找平后压实。

第二，波浪 (搓板) 波峰与波谷高差起伏较大时，应顺着行车方向将凸出部分铣刨削平，并低于路表面约 10 mm 。削除部分喷洒热沥青，再匀撒一层粒径不大于 10 mm 的矿料、扫匀、找平，并压实。

第三，严重的、大面积波浪或搓板，需将面层全都挖除，然后重铺面层。

② 若面层与基层之间存在不稳定的夹层，面层在行车荷载的作用下推移变形而形成波浪 (搓板)，应挖除面层，清除不稳定的夹层后，喷洒黏结沥青，重铺面层。

③ 因基层局部强度不足或稳定性差等原因造成的波浪 (搓板)，应先对基层进行处置，再重做面层。

(二) 表面损坏维修

沥青路面表面损坏形式有泛油、磨光、油包、啃边和脱皮等。

1.泛油维修

泛油是指沥青从沥青混凝土层的内部从下向上移动，使表面出现过多沥青。泛油主要是由于沥青用量过大、稠度太低或热稳定性差等原因所引起的。此外，也可能由于低温季节施工，层铺法沥青路面的嵌缝料失散过多，在气温转暖后，在行车荷载作用下多余沥青溢出表面而形成的。

在轻微泛油的路段，可撒上 3 ~ 5 mm 粒径的石屑或粗砂，并用压路机或控制行车碾压在泛油较重的路段，先撒上 5 ~ 10 mm 粒径的碎石，用压路机碾压，待稳定后，再撒 3 ~ 5 mm 粒径的石屑或粗砂，并用压路机或控制行车碾压。

面层混合料中沥青含量过高，且已形成软层的严重泛油路段，可视情况采用下述方法：① 先撒一层 10 ~ 15 mm 粒径（或更大的）碎石，用压路机将其强行压入路面，待基本稳定后，再分次撒上 5 ~ 10 mm 粒径的碎石，并碾压成型；② 将沥青含量过高的软层铣刨清除后，重做面层。

维修要点：① 泛油处置时间应选择在泛油路段已出现全面泛油的高温季节，并在当日气温最高时进行。② 撒料应顺行车方向撒，先粗后细，做到少撒、薄撒、匀撒、无堆积、无空白；③ 禁止使用含有粉粒的细料；④ 采用压路机或引导行车碾压，使所做料均匀压入路面，如采用行车碾压，应及时将飞散的粒料扫回。

2. 磨光维修

高速公路、一级公路路表抗滑能力降低且已磨光的沥青面层，可用路面铣刨机直接恢复其表面的粗糙度。

路面石料棱角被磨掉，路面光滑，抗滑性能低于要求值时，应加铺抗滑层。加铺前，应先处置好原路面上的各种病害，若原路表有沥青量过多的薄层，应将其刮除后洒黏层油。罩面形式可以采用拌和法或层铺法施工的单层表面处置和各类表面封层措施，高速公路一般采用超薄磨耗层、薄层罩面等措施。

3. 油包维修

对于较小的油包、油垄或轻微的搓板，在气温较高时（或用加热器烘烤）铲除，也可用机械铣刨铲除后找平补顺，再用热烙铁烙平。

4. 啃边维修

啃边的处置。因路面边缘沥青面层破损而形成的啃边，应将破损的沥青面层挖除，在接茬处涂刷适量的黏结沥青，用沥青混合料进行填补，再整平压实。修补啃边后的路面边缘应与原路面边缘齐顺。因基层松软、沉陷而形成的啃边，应先对路面边缘基层局部补强后再恢复面层。应加强路肩的养护工作，保持路肩稳定。随时注意填补路肩上的车辙、坑洼或沟槽，保持路肩与路面衔接平顺，并保持路肩应有的横坡，以利排水。

5. 脱皮维修

① 因沥青面层与封层没有黏结好以及初期养护不良引起的脱皮，应先清除已脱落和已松动的部分，再重新做上封层，所做封层的沥青用量及矿料粒径规格应视封层的厚度而定。

② 如沥青面层层间产生脱皮，应将脱落及松动的部分清除，在下层沥青面上涂刷黏结沥青，并重做沥青层。

③面层与基层之间因黏结不良而产生的脱皮,应先清除掉脱落、松动的面层,并分析黏结不良的原因。若面层与基层间所含水分较多,应晾晒或烘干;若面层与基层之间夹有泥层,则应将泥砂清除干净,喷洒透层沥青后,再重做面层。

(三)裂缝维修

1. 路面裂缝

沥青路面在使用期内开裂,是普遍存在的问题。如果不及时对路面裂缝进行合理处置,必然会加剧路面的进一步损坏。路面裂缝的危害在于,从裂缝中不断进入的水使基层甚至路基软化,导致路面承载力下降,产生唧浆、错台、网裂,加速路面破坏。

沥青路面裂缝按形成原因可分为温度裂缝(由沥青面层温差导致的温缩裂缝)、干缩裂缝(主要由半刚性基层干燥开裂引起,反射到沥青面层形成的反射裂缝)、荷载裂缝(行车荷载作用导致的结构性破坏裂缝)、沉降裂缝(由填土固结沉降或路基不均匀沉降引起)等几种主要形式。

沥青路面开裂的原因和裂缝的形式是多种多样的。影响裂缝轻重程度的主要因素有沥青和沥青混合料的性质、基层材料的性质、气候条件(特别是冬季气温及其变化量)、交通量和车辆类型以及施工因素等。往往由于路面设计或施工原因造成结构层本身强度不足,不适应日益增长的交通量及轴载作用而产生开裂,最初一般表现为纵向开裂,然后发展成为网裂。由荷载产生的这一类裂缝,在我国中低级道路及一些超载严重的高等级公路车行道中是常见现象。然而,对我国大多数高等级公路来说,由于普遍采用半刚性基层,有足够的强度,这一类荷载性裂缝并不是主要的;相反,另一类裂缝即非荷载性裂缝的普遍存在,却引起了极大的关注,尤其是横向裂缝,是与半刚性基层材料与沥青及沥青混合料的性质密切相关的。

2. 路面裂缝修补技术

(1)灌缝修补法

①灌缝与填缝的目的,尽管裂缝宽度是选择灌缝或填缝的关键因素,但特定类型裂缝的年横向位移量是最主要的决策依据。通常,在工作裂缝边缘损坏之前应采取填缝措施,而非工作裂缝中等边缘损坏到无边缘损坏范围内应采用灌缝措施。

裂缝属于工作裂缝还是非工作裂缝,可根据其类型判定。工作裂缝在方向上常为横向,但某些纵向和斜向裂缝也可能满足 3 mm 位移量的指标。填充工作裂缝的材料必须能黏结裂缝的两侧壁并能随裂缝的开与合而伸缩。在低温、低应力下具有一定延伸能力的橡胶改性类材料一般适用于处置工作裂缝。

非工作裂缝包含斜向裂缝、大多数纵向裂缝和某些网状裂缝。由于裂缝间距小,裂缝宽度变化较小，允许使用价低和特殊要求较少的灌缝材料。有经验的技术人员一般可根据经验确定工作裂缝和非工作裂缝。

②灌缝与填缝的时间，填缝是一种预防性养护。当工作裂缝发展到一定程度后就应进行填缝处理，填缝的时间最好安排在天气偏凉的季节（温度在7℃~18℃），如安排在春季和秋季。

选择在有点凉的季节填缝出于两方面的考虑：第一，此时裂缝已开始张开（或尚未闭合），可以填充足够的材料；第二，裂缝张开正好在年平均宽度左右，便于选择填缝材料，因为填缝材料能承受的胀缩总是有限的。

灌缝可以是预防性的也可是日常养护，这取决于道路管理机构处置裂缝的方法。像填缝一样，非工作裂缝发展到中等程度就应该进行预防性灌缝处置。灌缝应使用耐久性好的灌缝材料，以减少灌缝次数。裂缝完全形成之后应马上灌缝，可以延缓其进一步增长。

③灌缝方案。

第一，主要考虑因素。选择灌缝和填缝处置措施应考虑下列因素：气候条件，包括处置时的气候和一般的气候条件；道路类型与等级；交通量与货车比例；裂缝特征与密度材料填缝、灌缝方式养护工艺和机具；安全因素。

方案设计时应重点考虑道路现状及发展趋势，选择适当的材料和填缝、灌缝方式，确定养护工艺和机具。特定路段位置和养护时的气候条件对选择材料和工艺有较大的影响，例如，如果养护时湿度大、温度低，使用加热喷枪能缩短灌缝时间。

在选择材料和养护工艺时，也应考虑公路所在地区整年的气候条件：气温偏高的地区，所选择的材料不应在温度高时出现显著软化和流动；相反，非常冷的地区要求材料在低温下有一定韧性。裂缝特征，如宽度、张开位移、边缘损坏情况等都对选择材料和工艺有影响。

第二，选择填缝与灌缝材料，市场上有多种牌号的灌缝与填缝材料，每一种都有其明显的技术特点。根据灌缝与填缝材料的组成与生产工艺，可分成两大类和不同的小类。

第一类是冷操作的热塑性沥青材料，又可分为液体沥青（乳化）和聚合物改性液体沥青。

第二类是热操作的热塑性沥青材料，又可分为沥青、纤维沥青、橡胶沥青、改性沥青、低模量橡胶改性沥青和化学处理的热融性材料。

除以上两大类以外，其他材料还有裂化沥青、沥青胶浆和砂粒式沥青混合料。

热塑性沥青材料中，沥青和液体沥青韧性较小，温度敏感性高，因此，用于非工作裂缝的灌缝受到限制；类似地，因为纤维不能增加沥青的弹性，不能显著改进其温度敏感性，所以纤维沥青多数适宜于作灌缝材料。在液体沥青或加热沥青中添加胶类聚合物，一般能增加沥青的韧性，改善沥青的野外性能。韧性改善的程度取决于沥青的类型和性质、硫化橡胶的掺量以及橡胶与沥青的混合工艺。其他类的聚合物也常与沥青混合使用，或单独与橡胶一起使用。

化学处理热融性材料是把一种或两种材料通过化学反应使其从液态变为固态。这类材料近几年在沥青路面中得到了应用。

材料选择的第一步就是确定材料应该具备的性能，以适应特定的要求。用于填缝与灌缝的材料，应考虑以下几方面的性能是否合适：准备工作时间、工作和易性、养生时间、黏附性、黏结性、抗软化与流动能力、韧性、弹性、抗老化与气候作用、抗磨损。

第三，选择填缝或灌缝构造、填缝与灌缝材料。填灌入缝的构造形式较多，裂缝填、灌处置的典型构造可分为四组。

a. 齐平。在齐平构造中，材料仅简单地注入既有的不经处理的裂缝中，裂缝外面的材料应铲除。

b. 刻槽构造。将裂缝切齐，称裂缝刻槽，材料仅放入切齐的裂缝内、材料或者与缝顶面齐平，或者略低于路面表面。

c. 顶式。材料置入未经切齐的裂缝内。如材料超出裂缝口，应用橡胶滚轴将超出材料滚压成条带，简单的条带构造如超出材料不使其形成条带形，则形成帽形。

d. 刻槽梯形封顶。材料置入切齐的裂缝，然后用橡胶滚轴使超出裂缝的材料滚压成条带，形成的条带应对称于裂缝。几乎所有的填、灌缝工艺都是直接把材料放入裂缝缝道内，但有时在填缝之前，将嵌缝条材料（如聚乙烯泡沫条）放在工作裂缝的刻槽底部。泡沫条的作用是防止填、灌缝材料进入切割的刻槽下的裂缝，并且不会与刻槽的侧面黏结在一起，这样可以加强填、灌缝材料的潜在性能。

填缝料的形状，特别是对于刻槽模式，也影响其性能。在最初的设计时就应考虑其形状，通常用形状参数表示，形状参数定义为宽和深度的比。一般情况下，形状参数仅受切割槽的尺寸控制，当采用嵌缝条时，形状参数受嵌缝条和切割槽尺寸的影响，只有在下列两种情况下，才考虑使用嵌缝条：一种是使用嵌缝条具有技术经济效益；另一种是工作裂缝比较直（如反射裂缝）并且边缘损坏非常轻，热施工的橡胶改性填缝料多数建议直接填入缝内，但使用嵌缝条也不会增加太多的费用。硅树脂作填缝料时，应使用嵌缝条。

④灌缝常规方法，在深秋冬末季节，将纵横裂缝处清扫干净，直接用油壶灌入加热的沥青，是一种常规的方法。但常出现浇灌的沥青晾干后进不到缝纹深处，在与冷的旧沥青路面黏结前就轻易被车轮带走。因此，人们开发出用乳化沥青进行灌

缝处理的技术，效果较理想，还有的在灌沥青前，用液化气将缝壁加热至黏性状态后，再把沥青或沥青砂浆喷抹到缝中，最后在缝口表面撒布热砂或石屑加以保护。细小的裂缝，则要用盘式饨刀进行扩宽，再做处理。

⑤ 裂缝封闭处置技术

裂缝封闭处置方法通常由以下五个步骤组成：

第一，裂缝的整修。

采用裂缝刻槽机或金刚锯对裂缝刻槽，刻槽应均匀且断面垂直边缘。刻槽机上一般装有调节刻槽深度的装置。有些裂缝形状不规则，很难准确地在裂缝上进行刻槽，未刻到的部分与刻槽形成相邻的两道缝(槽)，此时还应对余缝进行刻槽。

第二，缝槽的清洁和干燥。

需要采用吹风器、空气压缩机、钢毛刷等对已刻缝槽进行清洁，并采用热气枪进行干燥。

第三，封面材料的准备和填充。

主要仪具有沥青锅、沥青分配器、垫条安放工具、输料器等。当路面潮湿或气温低于 5 ℃时，不得进行封面。封面料不应在输料管中停留，灌入时材料的温度应由供货商提供。

一般裂缝修补时，是直接将修补材料填入缝槽中，但有时也将隔离黏附作用的材料如聚乙烯泡沫垫条放在刻槽底部，再填入封面料。放垫条的缝槽应刻得深一点，垫条的宽度比缝(槽)宽25%，使垫条能固定在刻槽中。

第四，整料。

根据需要，采用橡皮棍将填缝材料修整为凹形、齐平、帽形和梯形封顶等形式。梯形封顶尺寸一般为宽度76～127 mm，厚度3.2～4.8 mm。简易梯形封顶可以省去刻槽工序，快捷方便。刻槽梯形封顶的作用相当于磨耗层。帽形封顶施工时可较梯形封顶少用工人，但处置效果就降低了，帽形封顶材料容易发生扩散性流动而变平，材料温度降低较快，与刻槽的黏附不够充分。

第五，吸油。

用砂或卫生纸罩在刚修整的材料上，防止刚施工完的封面材料在车轮作用下受磨损而脱落。

⑥ 灌缝施工要求。

第一，纵横向裂缝：由于路面基层温缩、干缩等引起的纵向、横向裂缝，缝宽在 5 mm 以内的，宜将缝隙刷干净，并用压缩空气吹去尘土后，采用热沥青或乳化沥青(潮湿时)灌缝撒料法封堵，灌入2/3的缝深，填入干净石屑或粗砂并捣实，将溢出缝外的沥青及石屑、砂清除；缝宽在 5 mm 以上的，应剔除缝内杂物和松动的缝隙边缘，或沿裂缝开槽后用压缩空气吹净，采用砂粒式、粒式热拌沥青混合料填充、捣实，并用烙铁封口，随即撒砂、扫匀，潮湿时也可采用乳化沥青混合料填缝。

第二，轻微裂缝：在高温季节全部或大部分可愈合的轻微裂缝，可不加处理。对高温季节不能愈合的裂缝，可将有裂缝的路段清扫干净并匀洒少量沥青（在低温、潮湿季节宜采用乳化沥青），再匀撒一层 2~5 mm 的干燥洁净石屑或粗砂，最后用轻型压路机将矿料碾压。

第三，土基、路面基层的病害或强度不足引起的裂缝类破损，首先应处理土基或基层，然后修复路面。

第四，因路面沥青性能不好或路龄较长、沥青路面层老化产生较大面积的裂缝（包括网裂），若强度尚好时，通过技术经济比较，可选用下列修理方法：乳化沥青稀浆封层、封层厚度宜为 3~6 mm；加铺沥青混合料上封层，或先铺设土工布后，再在其上加铺沥青混合料上封层；改性沥青薄层罩面或超薄磨耗层；单层沥青表处。

（2）乳化沥青微表处和稀浆封层修补法

使沥青、水和化学物质（乳化剂分为阴、阳离子两大类）的混合物，在强力机械剪应力作用下形成悬浮液，即用胶体磨使其变成黑色流体，形成乳化沥青，其中沥青的含量为 50%~70%（乳化沥青可直接用来灌缝、刷边等），用 50% 石屑、30% 粗砂、20% 细砂混合成符合级配要求的骨料，按油石比 8%~12% 掺入乳化沥青，加入 2% 普通水泥作填充料，形成稀浆，由专用的封层机铺在旧油路面上，厚度为 0.5~0.6 cm。在铺筑过程中，乳化沥青将渗入裂缝中，待与其破乳水分蒸发，达到修补裂缝的目的，还可使路面平整。使用沥青混合料进行封层时，一般厚度在 1.5 cm 以内，可采用层铺法或拌和法施工。

（3）沥青混合料罩面法（超薄磨耗层、薄层罩面）

这是一种根据路面裂缝严重情况，结合路段使用间隔年限、交通量大小所选用的一种方法。常用标准的中粒式、细粒式沥青混凝土作罩面材料，一般厚度为 1.5~4.0 cm，施铺前原路喷洒黏层沥青。目前已开始应用土工布、土工格栅和喷洒橡胶沥青作为应力吸收层，以提高防裂效果。

用于表面处置层的沥青材料，还有一种是冷拌掺纤维的断级配沥青混合料。这种混合料添加纤维的比例可降至 0.1%~0.2%，具有良好的流动性和均匀性且施工费用少，因掺入了纤维，防裂效果明显。

沥青路面相隔大约 10 m 就出现横向裂缝，英国的维修工艺是首先标出裂缝和大面积损坏处，使用破碎机将大面积损坏处挖出，用切削机将裂缝处切制成 V 形截面槽，上宽最小 60 cm，深 30 cm（包括沥青层和部分基层），洁净后均用密级配沥青混凝土填平、压实；完成裂缝的处置后，在表面铺一层黏结层，然后摊铺 30 mm 厚的密级配沥青碎石作为平整层；再铺一层45～50 mm厚的热压沥青碎石，再撒铺厚度为20 mm的热拌沥青石屑，并将石屑压入热沥青层中。两年后人们观察该方法修补的沥青路面效果很好，预计修补后的沥青路面可多使用几年。

（4）现场再生维修法

① 裂缝处的再生，沥青路面再生利用技术已普遍应用。就现场再生利用来讲，首先采用再生系列设备，将旧沥青路面加热至融化松散，然后加入再生剂和一定数量的沥青和骨料，就地拌和成新的沥青混合料，经摊铺碾压成性能较好的路面。裂缝的再生维修是先用已研制成的轻便型路面加热器，在裂缝处宽5～10 cm范围内加热数分钟后，约1 m长的裂缝处旧路面便可变软。如果缝深，则延长加热时间。此时，用油壶倒入适量热沥青，掺入少量砂或石屑，人工就地热拌，使裂缝处自上到下、左右两边形成含油量较大的新混合料，再找平、撒砂养护。这样处理过后的裂缝含油量大而且柔软，可吸收各种因素引起的应力。

② 大面积裂缝路面的再生，对于裂缝多的路段，用加热车对旧路面实施两次加热，使表面裂缝深处全部融化变软，喷洒一定数量的再生剂和稀沥青后，与掺入适量的骨料就地拌和（拌和方式可采用再生机或铣刨机或人工拌和），然后再进行碾压成型。有的是将有松散裂缝的旧沥青路面趁夏季高温刨出，堆成小堆，采取加热融化或人工破碎或利用融化剂粉碎，重新添加沥青、骨料拌和后，就近摊铺碾压，通过改变裂缝处的沥青混凝土性能，从而达到消除裂缝的目的。

（四）水损坏路面维修技术

1. 沥青路面水损坏的破坏类型及破坏原因

（1）自上而下的表面层水损害

许多初期的路面水损害是自上而下发生的，它往往局限于在表面层发生松散和坑槽，如果及时修补，路面性能可以很快恢复。在降雨过程中，雨水首先渗入并滞留在表面沥青混凝土的空隙中。当下层的沥青混合料密水性好，且沥青层层厚较大、向下渗透相对比较困难时，在大量高速行车的作用下，反复产生的动水压力逐渐使沥青从集料表面剥离，局部沥青混凝土变得松散，碎石被车轮甩出，导致路面产生坑槽。实际上，无论表面层沥青混凝土是密实式的还是半开式的，只是采用了改性沥青或加了抗剥落剂的SMA结构，许多工程都有类似的表面层坑洞，只是坑洞的个数和面积的比例有显著差别。

国际上通称的典型的水损害是雨水使沥青膜从集料表面脱落，失去附着力的过程。水损害的先决条件是水的存在，同时存在外力作用的环境。汽车荷载的压应力和高速行驶产生的真空吸力形成剪应力的反复泵吸作用，使沥青膜从剥离发展到松散、掉粒、坑槽，损害的进程与荷载的大小、频度有关。在初始阶段，集料与集料之间发生剪切滑移，伴有沥青膜移动和脱离，当剪切应力超过沥青与集料的黏附力时导致附着力丧失，这个过程很短暂。一条公路在长时间干燥少水的情况下可以稳定地使用，一旦有充足的水大量地从裂缝和大的孔隙中迅速渗入达到饱和，经行车反复泵吸，很快就造成沥青膜剥离，成为水损害的典型模式。这和疲劳破坏有根本不同之处。

另外还有一种理论认为，沥青混合料中涂敷沥青的集料颗粒遭遇水的浸泡后，由于水具有很强的表面张力和浸润性，可以通过沥青自发的乳化作用进入并穿透沥青膜侵入沥青集料界面上，并最终将沥青膜取代。如果界面上包含乳化剂时，集料表面的沥青膜有可能比一般情况下更容易乳化。因此，抗剥落剂一方面增强了沥青与酸性石料的黏附性，另一方面也增加了沥青被乳化流失的可能性。

（2）自下而上的水损坏

当半刚性基层沥青路面的沥青层较薄时，沥青路面的水损坏经常是自下而上发展的。

水是水损坏的主要原因，水进入沥青路面几乎是不可避免的。但是，由于半刚性基层本身的强度较高，细料含量又多，本身非常致密，它基本上是一种不透水或渗水性很差的材料。

基层不能排水，不等于水就不进入沥青层，沥青混合料即使是空隙率很小的密级配，也不是完全不进水。水从各种途径进入路面并到达基层后，不能迅速排走，只能沿沥青层和基层的界面扩散、积聚。

水通过多种途径进入路面，例如以下几种。

① 降雨。有的地方梅雨季节能持续数月之长，时间越长，进入路面的水越多，相比较之下，暴雨形成的积水反而能很快从表面排走。

② 雪水。冬季下雪后融化需要很长的时间，路面一直处于水泡的状态下。有时为了融雪还需要向路面洒盐水或融雪剂。

③ 夏季为使路面降温也经常洒水。为了防止车辙，在高温季节的中午和下午洒几次水，不失为降低路面温度的好办法。但如果沥青层的孔隙较大，洒水的同时也会有水不断渗入路面，路面混合料在有水的情况下，车辙变形可能会更严重。

④ 汽车为了降温向轮毂不断喷水，以保持汽车的制动性能，这种情况在超载车众多的山区和丘陵区路段特别常见。

⑤ 中央分隔带的绿化浇水，以及从中央分隔带渗入路面的水（尽管大部分是渗入路基）。

⑥ 挖方路段的裂隙水。现在普遍是挖方路段的水损害破坏比填方路段严重，其中很重要的一个原因是挖方破坏了山体的水文地质平衡，使路基下方出现水压力，

而向上涌水，有泉水的地方更加严重。挖方路段的边沟几乎全部都是浆砌片石的，这种边沟将路堤内的水彻底地封闭住，使路基冒上来的水没有出路。如果山区挖方路段没有排水层，涌水无处可走，水损坏将不可避免。

⑦ 冬季由于冰冻引起的水分积聚。我国北方地区是典型的季节性冰冻地区，入冬以后，温度降低，地层由上而下封冻，并开始结冰，下方的水分逐渐向上积聚，至超过饱和含水量。如果在冬季挖开路面，可以清楚地发现路面沥青层下方基层上面有一层厚薄不均的冰层。待到春天升温冰雪融化时，情况恰好相反，基层还没有化开，上方的冰层先融化。这种情况是最典型的由界面连续变为滑动的状态。

⑧ 有些道路在沥青层铺筑过程中采用水冲洗方法处理层间污染，污水大量储存在下卧层的缝隙中 (同时进入的泥土危害更大)。反复的冲洗必然使污物和水同时下渗进路面，从而造成隐患。

因此，在沥青路面内部，水的存在几乎是不可避免的，只不过程度不同而已。而沥青层的水是易进不易出，在不能及时排走的情况下，危害性就更大。

这种类型的水损坏的基本过程是：

① 表面雨水从裂缝和较大孔隙的裂隙中进入路面，当沥青路面存在薄弱环节，如由于离析造成上下有连通的孔隙，水在这些地方比其他地方更容易进入路面内部，并很快进入基层表面。

② 由于半刚性基层过分致密，不能迅速将水排除，导致水滞留在沥青层和基层的界面上。

③ 在汽车荷载的作用下，下面层沥青混合料的粗集料对基层造成损伤，并形成灰浆。如果基层表面存在薄弱环节，如铺筑沥青层前就有浮灰、修补的薄层等，遇水很快就成为灰浆。

④ 灰浆从上下连通的孔隙中被荷载挤出，成为唧浆。通过观察唧浆部位发现，开始发生唧浆的孔一般都很小，肉眼看只有 1~2 mm ，被挤出的灰浆可能喷射到数米以外，尤其是有重载车辆高速通过时，这种集中的冲击力很大。

⑤ 与此同时，沥青层和基层的界面条件恶化，可能很快转变为滑动的界面条件，沥青层底部承受很大的拉应力，反复荷载的疲劳作用同时发生，导致拉应力超过极限而开裂。

⑥ 下面层的公称最大粒径较大，离析也比较严重，并存在一些孔隙较大的部位，水在孔隙中承受很大的高速汽车荷载的抽吸作用，孔隙率较大的下面层将很快出现沥青从集料表面剥离，沥青膜逐渐被水乳化而丧失，导致集料松散。这种情况逐渐向上发展，最后顶破及面，成为坑槽。

总结以上的各种情况，第二类水损坏有以下特点：

① 水损坏发生在雨季或梅雨季节、季节性冰冻地区的春融季节，有时一场持续几天的大雨就会导致严重破坏。

② 行车道破坏严重，超车道一般没有破坏，显然与重车、超载有关。

③ 水损坏之初一般都先有小块的网裂、冒白浆（唧浆），然后松散成坑槽。

④ 发生水损坏的地方一般是透水较严重且排水又不畅的部位，如挖开可见下面有积水或浮浆。

（3）沥青路面水损坏的破坏形式与维修措施

① 麻面与集料外露。对于轻微的麻面和集料外露，且数量较小的路段，可薄刷一层沥青，撒石屑或粗砂扫平压实。当沥青面层不贫油时，可在高温季节撒适当的细料，并用扫帚扫匀，使集料填充到路面的空隙中。大面积麻面应喷洒稠度较高的沥青，并撒适当粒径的石屑或粗砂，应使麻面部分中部的集料稍厚，周围与原路面接口要稍薄，定型要整齐，并碾压成型。

对于麻面和集料外露严重，或有松散且数量较大的路段，可在气温 10 ℃ 以上时，清扫干净，重做沥青封层，也可铺筑 10～15 mm 厚的沥青砂罩面。如在低温季节，也可用稀浆封层。高速公路宜采用超薄磨耗层或改性沥青薄层罩面。

② 松散。因沥青用量偏少或因施工气温较低造成的沥青面层松散，其处置方法是：先将路面上已松动了的矿料收集起来，待气温升至 15 ℃ 以上时，喷洒沥青，再均匀撒上 3～6 mm 的石屑或粗砂，用轻型压路机压实。

对于因油温过高、沥青老化失去黏结性而造成的松散，应将松散部分全部挖除后，重做面层。

因沥青与酸性石料间的黏附性不良而造成的路面松散，应将松散部分全部挖除后，重做面层。重做面层的矿料不应使用酸性石料。在缺乏碱性石料的地区，应在沥青中掺入抗剥落剂、增黏剂或使用干燥的生石灰、消石灰、水泥等表面活性物质作为填料的一部分，或采取用石灰浆处理粗集料等抗剥落措施，以提高沥青与矿料的黏附力，并增加混合料的水稳性。

由于基层或土基软化变形而造成的路面松散，应先处理好基层后，再重做面层。

③ 坑槽。坑槽修补可分为永久性修补、半永久性修补和临时性修补。永久性修补用于条件尚好、设计寿命较长的道路，包括挖除破损处材料、置换新的沥青混合料等；半永久性修补用于防止较小的坑槽向更大损坏变化，修补方法与永久性修补相同，但不必将坑槽切割成矩形；临时性修补用于需立即修补的已经影响车辆行驶的坑槽，也可用于严重影响行车的道路或已计划进行罩面或重建的道路。

二、沥青路面加铺维修技术

(一) 沥青路面加铺方案

1. 路面状况判定

对现有路面的使用情况进行调查和判定的目的是了解现有路面的物理或结构状况，评定它对当前和今后使用要求 (结构和功能) 的适应程度，以便确定需采取修复措施的路段和方案，选择合适的修复对策，并为加铺层设计提供依据和参数。

2. 加铺层结构方案

对沥青路面进行加铺层设计可以分为两种类型，旧沥青路面上的沥青加铺层和旧沥青路面上的水泥混凝土加铺层。

在原沥青路面开裂不太严重的情况下，可以在对原路面的病害进行修补后，直接在原沥青路面上铺设沥青加铺层，其中包括最下面的整平层。

在原沥青路面开裂较严重的情况下，可以在对原路面的病害进行修补后，在原沥青面层与加铺层之间增加一个粒料层，以减少原沥青层或半刚性基层的裂缝对加铺层的反射作用。抑或，对损坏严重、无法修补 (经济上不合算) 的原沥青层予以铲除或就地进行再生利用。

(二) 旧沥青路面处置技术

1. 加铺前预处理

在对现有沥青路面的损坏状况进行调查、检测和评定的基础上，对原路面存在的病害提出相应的处置措施：

① 面层出现中等或严重程度的龟裂时，进行全深度修补。

② 面层出现纵向裂缝时，按裂缝深度进行部分深度 (疲劳裂缝) 或全深度 (施工接缝) 修补。

③ 面层出现横向裂缝时，进行全深度修补或采取其他控制反射裂缝的措施。

④ 面层出现沥青老化和由此引起的裂缝时，采用冷磨措施铣刨表层。

⑤ 面层出现轻度或中度车辙或者纵向不平衡时，采用冷磨措施铣刨表层；出现严重车辙或纵向不平衡时，进行整层更换。

⑥ 沥青层出现严重沥青剥落时，采用冷磨措施铣刨该层。

⑦ 半刚性基层出现严重碎裂、粒料层被细粒土渗入和污染或者路基湿软沉降变形过大时，不应在旧面层上直接采用加铺层措施，而应对整个路面结构进行重建设计。

对路面的维修措施进行选择的过程如下。

① 如果路面整段存在结构上的不足，则需采取单层或双层补强措施。

② 如果路面整段存在功能上的不足，可采取如下措施中的一种或几种措施的组合恢复路面的表面功能：铣刨、罩面、微表处、热就地再生。

③ 根据路面的病害情况，分别针对不同类型的病害和严重程度选择可行的处置措施。

④ 如果存在排水不良问题，选择采取铺设盲沟或重设排水边沟等措施。

2. 反射裂缝防治

反射裂缝产生是由于应力集中造成的，在荷载和温度收缩的作用下，产生弯曲或剪切应力。荷载产生的应力集中与加铺层厚度、材料劲度以及路面结构整体强度有关，温度收缩产生的应力集中与温度的日（季）变化、材料温度胀缩系数有关。加铺前的预处理，如裂缝修补或灌缝有助于延缓反射裂缝的产生，同时采取一些反射裂缝防止措施则更有利。

（三）沥青路面加铺薄层水泥路面

1. 白色罩面技术

在旧沥青路面上加铺水泥混凝土面层，也称白色罩面，由于所加水泥混凝土层薄（5～10 cm），也称超薄水泥混凝土路面。

通过路的修筑与观测表明，UTW 路面是一种经济、快速、有效、简便、修复后可维持较长时间的旧沥青路面修复技术。这种做法开始是一种尝试，也是一种突破。按照传统的刚性路面设计方法，这样的面层很快就会被破坏，而实际情况并非如此。

2. UTW 的结构和性能特点

① 与通常的水泥混凝土面层相比，UTW 主要有三个结构特点：一是其厚度很薄，一般在 5～10 cm 之间；二是 UTW 与作为基层的旧沥青面层之间有良好的黏结，可以形成复合路面结构；三是 UTW 接缝间距较短，缝较窄。这些结构上的特点，使 UTW 表现出独特的性能。

② 在成本上，由于 UTW 充分利用了旧沥青面层，在其上加铺很薄的水泥混凝土面层，因而降低了建设成本。

③UTW 虽然降低了成本，但仍能满足使用要求。UTW 能承受较大的荷载，原因有以下三方面：第一，由于与沥青层形成复合结构，使面层中和轴的位置降低，混凝土板中的应力大为减小；第二，UTW 板的尺寸小，也降低了板中应力，使板中弯矩不会太高；第三，采用了纤维混凝土，这种路面材料的抗弯强度要比素混凝土高，抗弯韧性也因掺加纤维而成倍乃至数十倍地增加。在 UTW 中，尽管接缝数量

较多，但缝的宽度较小，为 0.32 cm，因此无须填缝。同样，由于接缝很小，不易产生跳车，而且使混凝土板的翘曲和弯曲减小，路面更加平整。

由于 UTW 的结构特点和材料特点，还可使路面抗裂性能大为提高。此外，UTW 也可快速开放交通。总的来说，UTW 通过使用掺有纤维网加筋的混凝土，减小厚度（5～10 cm），有效利用有限资源，降低建设投资；缩小接缝间距（6～18 cm），减小板内荷载应力，满足路面强度要求，且便于后期维修；混凝土配合比设计中，采用合理外加剂，形成高强混凝土，缩短施工时间，及时开放交通，提高使用效益；可根据当地材料分布情况，利用粉煤灰替代部分水泥，使废物资源化；利用混凝土材料的特点，解决了车辆频繁制动或启动路段沥青路面易剪切破坏的问题等。

3. UTW 的施工要求

（1）基础准备

UTW 是在旧的沥青路面上铺筑的，因此要求旧沥青路面有一定的厚度，通常在表面凿毛处理后，厚度应大于 8 cm，若小于该厚度，则不宜使用 UTW。在施工前，一般要钻芯取样以测定沥青层的厚度并了解底基层的情况。旧沥青路面一般要凿毛，并用气喷或水喷法保持凿毛面清洁，以提高与罩面层的黏结力。施工前，沥青层表面应干燥。天气较热时，可以喷洒水雾以降低沥青表面温度，以防水泥混凝土中水分的蒸发，但表面不得带有自由水分，以确保面层和沥青层黏结在一起，形成复合路面结构。

（2）接缝切割与处理

切缝必须在路面内具有一定张度但产生开裂之前进行，一般当路面可以上人时即可开始切缝。

（3）养护

由于 UTW 厚度很薄，其表面与体积比较大，养护时要使用养护剂。

第二节　水泥路面养护维修

一、水泥路面病害维修

（一）裂缝与断板维修

1. 裂缝的类型及产生的原因

水泥路面裂缝可分为表面裂缝和贯穿板全厚裂缝（以下简称贯穿裂缝）。混凝土板表面裂缝主要是混凝土浇筑后表面未及时养生，在炎热或大风天气表面游离水分蒸发过快，混凝土体积急剧收缩和碳化收缩引起的。贯穿裂缝又有横向裂缝、纵向裂缝、交叉裂缝和板角断裂等。横向裂缝主要由干缩、温缩和切缝不及时造成；纵向裂缝主要由路基或基础不均匀沉降以及板底脱空造成；交叉裂缝和板角断裂主要由荷载、温度和基础不均匀沉降等综合因素造成。

2. 断板产生的原因

由纵向、横向、斜向交叉裂缝发展而产生的贯穿板厚折断成两块以上的水泥混凝土路面板称为断板。混凝土面板浇筑完成后，未完全硬化和开放交通就出现的断板为早期断板或施工断板；混凝土面板开放交通后出现的断板称为使用期断板或后期断板。

3. 裂缝与断板的维修

裂缝与断板的维修，应根据其损坏程度，采取不同的维修方法和使用不同的维修材料。

（1）维修材料

裂缝与断板的维修材料，根据其功能可分为密封材料和补强材料。当水泥混凝土路面出现裂缝或贯穿裂缝而板面强度仍能满足使用要求时，应选用密封维修材料；当路面由于裂缝断裂造成强度不足时，应选用补强材料。

① 密封材料宜选用聚氨酯、聚硫环氧树脂（聚硫橡胶＋环氧树脂）等高分子工程材料。

② 高模量补强材料宜选用经过改性的环氧树脂类材料或经乳化反应过的环氧树脂乳液。

（2）裂缝维修

① 扩缝灌浆法，该法适用于裂缝宽度小于 3 mm 的表面裂缝。其修补工艺如下：

a. 扩缝。顺着裂缝用冲击电钻将缝口扩宽成 1.5 ~ 2 cm 沟槽，槽深根据裂缝深度确定，最大深度不得超过板厚的 2/3。

b. 清缝填料。清除混凝土碎屑，用压缩空气吹净灰尘，并填入粒径 0.3 ~ 0.6 cm 的清洁石屑。

c. 配料灌缝。采用聚硫橡胶：环氧树脂 =16：（2 ~ 16），配成聚硫环氧树脂灌缝料，拌和均匀并倒入灌浆器中，灌入扩缝内。

d. 加热增强。宜用红外线灯或装有 60 ~ 100 W 灯泡的长条形灯罩，在已灌缝上加温，温度控制在 50℃ ~ 60 ℃，加热 1 ~ 2 h 即可通车。

② 直接灌浆法，该法适用于裂缝宽度大于 3 mm ，且无碎裂的裂缝。其修补工艺如下：

a. 清缝。将缝内泥土、杂物清除干净，并确保缝内无水、干燥。

b. 涂刷底胶。在缝两边约 30 cm 的路面上及缝内涂刷一层聚氨酯底胶层，其厚度为 0.3 ± 0.1 mm 。

c. 配料灌缝。由环氧树脂 (胶结剂)、二甲苯 (稀释剂)、邻苯二甲酸二丁酯 (增稠剂)、乙二胺 (固化剂)、水泥或滑石粉 (填料) 组成。采用配合比为胶结剂：稀释剂增稠剂：固化剂：填料 =100：40：10：8：填料（200~400）。视缝隙宽度掺加，按比例配制好，并搅拌均匀后将配料直接灌入缝内，养护 2~4 h 即可开放交通。

③ 条带罩面补缝法，该法适用于贯穿全厚大于 3 mm 、小于 15 mm 的中等裂缝。其罩面补缝工艺如下：

a. 切缝。顺裂缝两侧各约 15 cm ，且平行于缩缝切 7 cm 深的两条横缝。

b. 凿除混凝土。在两条横缝内侧用风镐或液压镐凿除混凝土，深度以 7cm 为宜。

c. 打钯钉孔。沿裂缝两侧 15 cm ，每隔 50 cm 钻一对钯钉孔，其直径各大于钯钉直径 2~4 mm ，并在两钯钉孔之间打一与钯钉直径相一致的钯钉槽。

d. 安装钯钉。用压缩空气吹除孔内混凝土碎屑，将孔内填灌快凝砂浆，把除过锈的钯钉 (宜采用 ϕ 16 mm 螺纹钢筋) 弯钩长 7 cm ，插入钯钉孔内。

e. 凿毛缝壁。将切割的缝内壁凿毛，并清除松动的混凝土碎块及表面松动裸石。

f. 刷黏结砂浆。将修补混凝土毛面上刷一层黏结砂浆。

g. 浇筑混凝土。应浇筑快凝混凝土，并及时振捣密实，磨光和喷洒养护剂，其喷洒面应延伸到相邻老混凝土面板 20 cm 以上。

(二) 接缝、板边与板角修补

1. 接缝病害产生的原因
① 灌缝材料的老化、脱落，软化和溢出。
② 垫料的老化、变形、脱落。
③ 接缝结构、机能不完善。
④ 接缝内嵌入硬物会造成接缝处剥落或胀裂。
⑤ 填缝材料和接缝板质量欠佳。

2. 接缝的修补

(1) 接缝填缝料损坏修补

① 清缝。用清缝机清除接缝内杂物，并将接缝内灰尘吹净。

② 接缝作胀缝修补时，先将建筑热沥青涂刷缝壁，再将接缝板压入缝内。对接缝板接头及接缝板与传力杆之间的间隙，必须用填缝料灌实抹平，上部用嵌缝条的应及时嵌入嵌缝条。

③用加热式填缝料修补时，必须将填缝料加热至灌入温度，滤去杂物，倒入填缝机内即可填缝。在填缝的同时，宜用铁钩来回拌动，以增加与缝壁的黏结和填缝的饱满，在气温较低季节施工时，应先用喷灯将接缝预热。

④用常温式填缝料修补时，除无须加热外，其施工方法与加热式填缝料相同。

⑤填缝料的技术要求应符合规定。

⑥施工质量验收标准应符合现行规范的规定。

（2）纵向接缝张开维修

①当相邻车道面板横向位移、纵向接缝张开宽度在 10 mm 以下时，宜采取聚氯乙烯胶泥、焦油类填缝料和橡胶沥青等加热施工填缝料。

②当相邻车道面板横向位移，纵向接缝张口宽度在 10 ~ 15 mm 时，宜采取聚氯酯类常温施工式填缝料进行维修。

a. 维修前应清除缝内杂物和灰尘。

b. 按材料配比配制填缝料。

c. 宜采用挤压枪注入填缝料。

d. 填缝料固化后，方可开放交通。

③当纵向接缝张口宽度为 15 ~ 30 mm 时，采用沥青砂进行维修。

④当纵缝宽度达 30 mm 以上时，可在纵缝两侧横向锯槽并凿开，槽间距 60 cm，宽 5 cm，深 7 cm。要设置 ϕ 12 mm 螺纹钢筋钯钉，钯钉在老混凝土路面内的弯钩长度为 7 cm。纵缝内部的凿开部位用同强度等级的水泥混凝土填补，纵缝一侧涂刷沥青。

（3）接缝板边出现碎裂时接缝的修补

①在破碎部位边缘，用切割机切割成规则图形，其周围切割面应垂直板面，底面宜为平面。

②清除混凝土碎块，吹净灰尘杂物，并保持干燥状态。

③用高模量补强材料进行填充，其材料技术性能应符合规定。

④修补混凝土达到通车强度后，方可开放交通。

3. 板边、板角修补

（1）板边剥落和板角断裂产生的原因

①接缝或纵横缝交叉处，水的浸入易产生唧泥、脱空，导致板边或角隅应力增大，产生破损或断裂。

②接缝处缺乏传荷能力或面板块边缘附近的传力杆失效。

③路基基层在荷载和水的作用下，逐渐产生塑性变形，使板边、板角应力增大，产生剥落和断裂。

④ 面板边缘的接缝中嵌入硬物等。

(2) 板边剥落、板角断裂修补

① 板边修补。

a. 当水泥混凝土板边轻度剥落时，应将混凝土剥落的碎块清理干净，可用灌缝材料填充密实，修补平整。

b. 当水泥混凝土板边严重剥落时，在剥落混凝土外侧，平行于板边画线，用切缝机切割混凝土，切割深度略大于混凝土剥落深度，用风镐凿除损坏混凝土，用压缩空气清除混凝土碎屑立模，浇筑混凝土修补材料，用养护剂养生，达到设计强度后，即可开放交通。

c. 当水泥混凝土板边全深度破碎，可按全深度补块的方法进行修复。

② 板角修补。

a. 板角断裂应按破裂面的大小确定切割范围并放样。

b. 用切割机切边缝，用风镐凿除破损部分，凿成规则的垂直面，对原有钢筋不应切断，如果钢筋难以全部保留，至少也要保留长 20 ~ 30 cm 的钢筋头，且应长短交错。

c. 检查原有的滑动传力杆，如果有缺陷应予更换，并在新老混凝土之间加设传力杆。

d. 如基层不良时，应用 C15 混凝土浇筑基层，并在面板板厚中央用冲击钻打水平孔，深 20 cm、直径 3 cm 、水平间距 30 ~ 40 cm 。每个洞应先将其周围湿润，用快凝砂浆填塞捣实，然后插一根直径为 2 cm 的钢筋，待砂浆硬化后，浇筑快凝混凝土。

e. 与原有路面板的接缝如为缩缝，应涂上沥青，防止新旧混凝土黏结在一起；如为胀缝，应设置接缝板。

f. 浇筑的混凝土硬化后，用切割机切出宽 3 mm 、深 4 cm 接缝槽，并用压缩空气清缝，灌入填缝材料。

g. 待混凝土达到强度后，方可开放交通。

(三) 错台处置

水泥混凝土路面错台，轻者影响行车的舒适性，重者危及行车安全，应根据错台轻重程度采取不同措施及时维修处置。

1. 错台产生的主要原因

① 路基基层碾压不密实，强度不足。

② 局部地基不均匀下沉或矿区地基大面积沉陷。

③ 水浸入基层，行车荷载使路面板产生泵吸现象。

④ 传力杆、拉杆功能不完善或失效。

2. 错台处置的方法

对于轻微错台，其高差小于 5 mm 时，可不作处理。

对于高差为 5 ~ 10 mm 的错台，其处置方法有如下 3 种：

(1) 人工处置法

① 划定错台处置范围。

② 用钢尺测定错台高度。

③ 用平头钢凿由浅到深从一边凿向另一边，凿后的面板应达到基本平整。

④ 清除接缝杂物，吹净灰尘，及时灌入填缝料。

(2) 机械处置法。

① 用磨平机从错台最高点开始向四周扩展，边磨边用 3 m 直尺找平，直至相邻两块板齐平为止。

② 磨平后，应将接缝内杂物清除干净，并吹净灰尘，及时将嵌缝料填入。

(3) 人工配合机械处置法

即人工先将高出的错台板基本凿平，然后用磨平机磨平，并清缝灌入填缝料。

对于高差大于 10 mm 的严重错台，可采取沥青砂或水泥混凝土进行处置。

(四) 沉陷、拱起处理

1. 沉陷的主要原因

① 路基基层稳定性不够，强度不均匀，造成混凝土板块不均匀下沉。

② 排水设施不完善，地面水渗入基层导致基层强度减弱，唧泥、面板严重破碎造成面板沉陷。

2. 沉陷处理

(1) 板块灌砂顶升法

① 板在顶升前，应用水准仪测量下沉板的下沉量，测站与下沉处距离应大于 50 m，并绘出纵断面，求出升起值。

② 在每块板上，钻出两行与纵轴平行的直径为 3 cm 的透孔，孔的距离约为 1.7 m，当板需要从一侧升起时，只需在升起部分钻孔。

③ 在升起前将所有孔用木塞堵好，一孔一孔地灌砂浆，充气管与板接头处，用麻絮密封，用排气量为 6 ~ 10 m³/min 的空气压缩机向孔中灌砂浆，直至砂冒出缝外时为止。

④ 板升起后，接连往另一个孔中灌砂，直至下沉板全部顶升就位。

（2）整板翻修法

当水泥混凝土整板沉陷并产生破碎时，应进行整板翻修。

①宜用液压镐将旧板凿除，尽可能保留原有拉杆，并清运混凝土碎块。

②将基层损坏部分清除，并整平压实。

③整块翻修的面板在路面排水不良地带，路面板边缘及路肩应设置路基纵横向排水系统。

④板块修复，混凝土施工时，配合比及所有材料宜采用快速修补材料。

3. 拱起处理

水泥混凝土路面拱起主要是因胀缝失效，混凝土板块热胀而突然使横缝两侧的板体明显提高，其处理措施应根据具体情况，采取不同的方法。

（1）路面拱起的主要原因

①非高温季节施工时，胀缝设置间距过长或失效。

②接缝内嵌入硬物。

③夏季连续高温，使板体热胀。

（2）拱起处理方法

①对轻微拱起处理。

a.用切缝机或其他机具将拱起板间横缝中的硬物切碎。

b.用压缩空气将缝中石屑等杂物和灰尘吹净，使板块恢复原位，并灌入填缝料。

②对严重拱起处理。

a.板端拱起但路面完好时，应根据拱起高低程度，计算多余板的长度，将拱起板块两侧附近1~2条横缝切宽，待应力充分释放后切除拱起端，逐渐使板块恢复原位。

b.将横缝和其他接缝内的杂物、灰尘用空气压缩机清除干净，并灌入填缝料。

③拱起板端发生断裂或破损时，按整块路面板翻修进行。

④胀缝间因传力杆部分或全部在施工时设置不当，使板受热时不能自由伸长而发生拱起，应重新设置胀缝，按胀缝施工进行。

（五）坑洞修补

1. 对个别坑洞的修补

①用手工或机械将坑洞凿成矩形的直壁槽。

②用压缩空气把槽内的混凝土碎块及尘土吹净。

③用海绵块沾水后湿润坑洞，不得使坑洞内积水。

④用高强度等级水泥砂浆等材料填补，并达到平整密实。

2. 对较多坑洞的修补

对较多坑洞且连成一片，面积在 20 m² 以内的坑洞，应采取罩面方法修补：

① 画出与路中心线平行或垂直的修补区域图形。

② 用切割机沿修补图形边线切割 5 ~ 7 cm 深的槽，槽内用风镐清除混凝土，使槽底平面达到基本平整，并将切割的光面凿毛。

③ 用压缩空气吹净槽内混凝土碎屑和灰尘。

④ 按混凝土配合比设计配制修补混凝土。

⑤ 将拌和好的混凝土填入槽内，人工摊铺、振捣密实，并保持与原路面齐平。

⑥ 喷洒养护剂养生。

⑦ 待混凝土达到通车强度后，方可开放交通。

3. 对大面积坑洞的修补

(1) 浅层结合式表面修复

① 将连成片的坑洞周围标画出与路中心线平行或垂直的区域，并用风镐凿除深度 2 ~ 3 cm 。

② 将修复区内凿掉的混凝土碎块运出，并清除其碎屑和灰尘。

③ 在修复区表面用水喷洒湿润，并适时涂刷黏结剂。

④ 将拌和好的混凝土摊铺于修复区内振捣、整平。

⑤ 用压纹器压纹，压纹深度宜控制在 3 mm 左右。

⑥ 养生，使修复板块经常处于潮湿状态。

⑦ 待混凝土达到通车强度后，开放交通。

(2) 沥青混凝土罩面修补

① 画出与路中心线平行或垂直的处置区，并用切割机在其周围切割 2 ~ 3 cm 深度。

② 用风镐凿除处置区内的混凝土，并清除混凝土块、碎屑和灰尘。

③ 将切割的槽壁面和凿除的槽底面喷洒黏层沥青，其用量为 0.4 ~ 0.6 kg/m² 。

④ 铺筑沥青混凝土，并碾压密实。

⑤ 待沥青混凝土冷却后，即可开放交通。

二、水泥路面加铺改造

(一) 水泥路面加铺方案

1. 水泥混凝土路面加铺方案

旧水泥混凝土路面加铺改造方案有：水泥混凝土加铺层、沥青混凝土加铺层 (俗称白加白、白加黑）两种。水泥混凝土加铺层有结合式和分离式两种，混凝土加铺层材料可采用普通混凝土、钢筋混凝土、纤维混凝土和连续配筋混凝土；沥青混凝土加铺层有单层式、双层式和多层式；加铺层包括防水层、防裂层、表面功能层等。

加铺方式应根据原有水泥路面的结构与材料情况、损坏状况、排水状况、接缝类型和布置、气候条件、交通状况、功能要求等条件来选择。加铺层结构应经过专业、正规的设计，经技术经济比较后确定。旧水泥路面加铺的前提条件为原有路面板状况基本完好，现有面板断板率不宜大于 20 %。加铺前要求处理的面板数量较少，旧混凝土板具有不小于 4.0 ～ 4.5 MPa 的残余弯拉强度，原板底设有适宜的具有稳固和足够厚度的基层，路基稳定无浸水软化、大面积沉陷现象。旧混凝土路面加铺前均应进行路况调查与评价，并对旧混凝土板进行处理。

旧混凝土路面的损坏状况和接缝传荷能力评定等级为中或次，或新旧混凝土板的平面尺寸不同，接缝形式或位置不对应或路拱横坡不一致时，应采用分离式混凝土加铺层；旧混凝土路面的损坏状况和接缝传荷能力评定等级为优良，面层板的平面尺寸及接缝布置合理，路拱横坡符合要求时，可采用结合式混凝土加铺层。

2. 水泥混凝土路面加铺方式

（1）结合式加铺层

结合式加铺层指对旧水泥混凝土板采取一定技术处理后，使加铺层与旧水泥混凝土板完全黏结在一起，此时认为两者之间的相对水平位移为零，即连续接触。结合式加铺层水泥混凝土厚度一般不小于 10 cm 。

当旧路面的状况评级为"优"时，混凝土面板基本完好，新旧路拱坡度基本一致，接缝基本对齐，板的平面尺寸及接缝布置合理，为提高水泥路面的承载能力，可采用结合式加铺层，加铺层铺筑前，应对路面的结构性损坏进行修复，并对旧混凝土表面凿毛，仔细清洗，清除旧混凝土表面的油污，剥落板块及接缝中的杂物，重新封缝，并在洁净的旧混凝土路面上，涂刷水泥浆或水泥砂浆或环氧树脂等黏结材料，铺筑水泥混凝土加铺层。

（2）分离式加铺层

分离式加铺是指加铺层与旧水泥混凝土板之间设置了一层隔离层。沥青混合料隔离层厚度为 1.5 ～ 2.5 cm，分离式加铺层水泥混凝土层厚度一般不小于 18 cm 。

当旧路面的状况评级为"中""次"，或新旧混凝土板的平面尺寸不同，接缝位置不完全一致，或新、旧路面的路拱坡度不一致时，均应采用分离式加铺层。加铺层铺筑前应对旧路面中严重破碎、脱空、裂缝继续发展的板击碎并清除，用混凝土补平。隔离层材料采用油毡、土工布、沥青砂、细粒式沥青混凝土等稳定性较好的材料。

3. 沥青路面加铺方式

沥青路面加铺层厚度确定：能进行旧路加铺的前提是旧水泥路面仍具有一定的承载能力和传荷能力，可以作为加铺路面的一部分。此外，旧路的断板应在加铺之前进行换板处理。旧水泥路面和新加铺的沥青层构成了一个新型的路面结构与复合式路面结构。加铺层的设计方法从设计理论上分为三种：有效厚度法、弯沉法和力学经验法。

(二) 旧水泥路面处置技术

1. 旧水泥混凝土路面的处置方案

水泥混凝土路面加铺改造技术比较复杂。其中如何处置和利用旧水泥路面，在合适的时间针对不同的路况选择合适的技术方案应用在合适位置上，使原路面发挥最大的价值，是旧水泥路面加铺改造的关键技术。

旧水泥路面进行加铺改造的基础是原有水泥混凝土板状况基本完好，可继续作为路面结构的承重结构层，加铺改造前要求处理的面板数量较少，采用换板、压浆、修补和接缝维修等措施，基本恢复水泥混凝土的承重能力。而当旧混凝土面层损坏状况等级为差时，宜将混凝土板破碎，用做新建路面的底基层或垫层，并应按新建水泥混凝土路面或沥青路面类型进行设计。

2. 旧水泥混凝土路面技术调查

在对旧水泥混凝土路面进行加铺前，应对原有水泥混凝土路面做下列技术调查。

① 修建与养护的技术资料：包括路面结构与材料组成、接缝构造和养护历史等。

② 原有路面损坏状况：损坏类型、轻重程度、范围及修补情况。

③ 路面结构强度：路面板边弯沉、接缝传荷能力、板脱空状况、面板厚度。

④ 旧混凝土弯拉强度与弯拉弹性模量、基层顶面的当量回弹模量。

⑤ 交通荷载与交通需求情况：累计标准轴载交通量、年平均交通量、轴载组成及增长率等。

⑥ 环境条件：沿线气候条件、路基的填土高度、地下水位、多年平均最大冻深、排水与积水状况等。

3. 旧水泥混凝土路面板病害处理

(1) 绘制旧水泥路面病害平面图

对旧水泥混凝土路面板块进行调查，按 1 km 绘制板块平面布置图，分板块逐一编号，调查路面板块损坏状况，绘制水泥路面病害平面图。

（2）按设计要求对旧混凝土板逐块进行处理

① 对脱空板块，可采用板下封堵的方法进行压浆处理。

② 对破碎板块、角隅断裂、沉陷、掉边、缺角等病害，可用液压镐或风镐挖除，清除混凝土碎屑，整平基层，将基层夯压密实，然后铺筑与旧混凝土板块等强度的水泥混凝土，其高程控制与旧混凝土板面高程齐平。

③ 对接缝进行清缝、灌缝处理。

（三）水泥混凝土加铺技术

1. 结合式加铺层

① 加铺之前采用专用打毛机、抛丸机、喷砂机或铣刨机将旧路面板表面打毛或铣刨，打毛深度一般宜控制在 2～3 mm，铣刨厚度一般宜为 5～15 mm。

② 经打毛、铣刨过的表面，已裸露粗集料或脱层的旧路面板表面，应使用高压水及空气冲洗，清除所有表面玷污的轮胎屑、尘土和污染物及有可能松动的脱落物、碎屑等物体。

③ 立模时，在边模下预焊一个圆环，固定钢钎由圆环打入路肩基层中，中模底部每隔 1 m 用射钉工具枪喷射钢钉，并在旧混凝土的接缝处打入钢钎加以固定。在中、边模顶部每隔一定距离用活动卡规辅助固定，活动卡规可根据浇筑进度和实际需要随时推移装卸。

④ 在经清洁湿润无游离水的混凝土表面涂刷水灰比不大于加铺层混凝土水灰比的水泥浆或环氧树脂等作为黏结层。暂停摊铺时，应在已洒布水泥浆黏结层上覆盖湿麻袋，灌浆后立即浇筑加铺层。

⑤ 加铺层混凝土的摊铺、浇筑、振捣、整平、养生与一般混凝土路面施工工序基本相同。但为了使新旧混凝土路面间结合良好，振捣工序要认真仔细。平板振捣器每板振捣时间不少于 30～40 s，振捣重叠 5～10 cm。拉杆采用 ϕ 14 mm 螺纹钢筋，最大间距 90 cm，长度 60 cm。

⑥ 加铺层新旧面板所有纵横缩缝和胀缝均应缝对缝，切缝深度宜为加铺层厚度的 1/3；其胀缝宽度不应小于旧路面，并应插入胀缝板彻底隔离。模板拆除时，应在新旧对缝的锯缝位置作标记。

⑦ 加铺层接合面检测应采用钻芯检测结合状态及层间抗剪强度，抗剪强度不应小于 0.15 MPa。

2. 分离式加铺技术

（1）旧混凝土顶面隔离层铺筑

隔离层铺筑前应先彻底清除旧面板表面杂物，冲刷尘污，使板面洁净无异物。

用清缝机清除水泥混凝土面板接缝杂物，用灌缝机灌入接缝材料。

在旧混凝土表面撒布黏层沥青或透层沥青。施工路段长度在封闭交通施工的路段宜为1000~1500 m，一般不宜大于1500 m；在半幅通车半幅施工路段，宜为500~800 m，一般不宜大于800 m。黏层沥青采用热沥青或乳化沥青。沥青用量为0.5~0.8 kg/m²（乳化沥青）或1.0~1.5 kg/m²（热沥青）；使用乳化沥青宜使用快裂洒布型乳化沥青PC-3、PA-3，乳液中沥青含量不小于50%；洒布过量处应予以刮除。透层沥青采用液体沥青；沥青用量为0.3~0.5 kg/m²（沥青混合料隔离层）或0.5~0.8 kg/m²（油毡或土工布隔离层）；使用液体沥青宜使用快、中凝液体石油沥青AL(R)-1、2或AL(M)-3。严禁车辆和行人在已洒布或涂刷黏层沥青的面板上通行，并防止土石杂物等散落在沥青上面。

① 沥青混凝土隔离层。砂粒式或细粒式沥青混凝土厚度宜1.5~3 cm。摊铺宽度应超过加铺板边缘25 cm，严禁出现空白区。碾压机械宜采用轮胎压路机，自路边向路中心碾压，边压边找平，至沥青混凝土隔离层平整无轮迹为止。

② 沥青防水卷材隔离层。防水卷材的质量和技术标准应符合现行国家产品技术标准的要求。防水卷材隔离层有一毡一油或二毡二油，毡与毡之间黏层沥青用量以0.5~0.8 kg/m²为宜。旧混凝土面板比较完好、平整的可采用一毡一油；面板微裂缝较多，欠平整，宜采用二毡二油。沉陷深度不大于10 mm、错台高度不大于5 mm的，应先采用沥青砂找平后，再在水泥混凝土路面上满铺沥青防水卷材。防水卷材宜纵向摊铺，每幅纵横向搭接宽度不应小于20 cm，每层防水卷材的搭接位置上下应错开，搭接部分应涂刷热沥青。当地面或搭接部分沥青温度较低时，可用烘喷灯局部加热，再粘贴。摊铺时，边铺边用滚筒碾平压实，务必使毡、油贴紧。铺贴好的防水卷材隔离层，严禁车辆和行人通行，并保持洁净。铺筑混凝土加铺层时，应避免施工车辆、机械和人员损坏油毡隔离层，发现损坏应及时修补。

③ 土工布隔离层。土工布的质量和技术指标应符合相关要求。粘贴方法和技术要求与粘贴油毡的相同。

(2) 水混凝土加铺层施工

① 水泥混凝土加铺层厚度，应通过计算确定，但水泥混凝土加铺层的最小厚度不得小于18 cm。

② 水泥混凝土加铺层半幅施工时，边模板可采用槽钢，中模采用角钢，必须支立稳固，其平面位置与高度应符合设计要求。模板高度与面板厚度一致，允许误差为±2 mm。

③ 模板安装宜采取由边模固定中模的方法，边模由钢纤固定，中模每间隔1 m用膨胀螺丝将模板外侧底部预先定位固定。中、边模之间采用横跨两模板的活动卡

梁固定。活动卡梁间距为 2 m，并随铺筑进度相应推移。

④ 混凝土配合比设计，混合料搅拌、运输、摊铺、振捣、整平、接缝设置、表面修整、养护、锯缝、填缝等工艺应符合规定。

⑤ 特重、重交通的高速公路、一级公路上的分离式加铺层中，在全部横向缩缝中应增设传力杆，在纵缝中还应设拉杆。

（四）沥青面层加铺技术

1. 沥青加铺层结构设计

① 当旧混凝土路面的损坏状况和接缝传荷能力评定等级为优良或中时，可采用沥青加铺层。加铺层铺筑前应更换破碎板，修补和填封裂缝，磨平错台，压浆填封板底脱空，清除旧混凝土面层表面的松散碎屑、油迹或轮胎擦痕，剔除接缝中失效的填缝料和杂物，并重新封缝。

② 当接缝传荷能力评定等级为中时，应根据气温、荷载、旧混凝土路面承载能力、接缝处弯沉差等情况选用下述减缓反射裂缝的措施：

a. 增加沥青加铺层的厚度。

b. 在加铺层内设置橡胶沥青应力吸收夹层、玻璃纤维格栅或者土工织物夹层。

c. 沥青加铺层的下层采用由开级配沥青碎石组成的裂缝缓解层。

d. 在沥青加铺层上，对应旧混凝土面层的横缝位置锯切横缝。

③ 沥青加铺层的厚度按减缓反射裂缝的要求确定。

④ 沥青加铺层下旧混凝土板的应力分析按规范进行。旧混凝土板的厚度、混凝土的弯拉强度和弹性模量标准值以及基层顶面当量回弹模量标准值，采用旧混凝土路面的实测值。旧混凝土板的应力应满足要求。

⑤ 沥青加铺层混凝土合料的组成设计参照规范进行。沥青加铺层的下层采用开级配沥青碎石混合料时，必须在路面边缘设置内部排水系统。

⑥ 当旧混凝土面层损坏状况等级为差时，宜将混凝土板破碎成小于 400 mm 的小块，用作新建路面的底基层或垫层，并按新建混凝土路面或沥青路面类型进行设计。

2. 旧混凝土路面板病害处理

沥青面层加铺层要求旧混凝土面板稳定、清洁，在加铺沥青路面之前，首先必须对旧混凝土板病害进行调查和损坏部分维修。根据水泥混凝土路面调查结果，确定水泥混凝土路面的维修方法。

a. 对破碎的混凝土板块进行翻修。

b. 对局部损坏的混凝土板块进行挖补。

c. 对板下脱空的板块，采取板下封堵的方法进行压浆。

d. 对水泥混凝土路面接缝进行清缝、灌缝。

e. 用压缩空气清洗混凝土面板，必须清除水及杂物。

f. 在错台位置，在下沉混凝土板块上按 0.6 kg/m² 喷洒黏层沥青，摊铺细粒式沥青混凝土调平层。

3. 旧混凝土路面上沥青面层反射裂缝的防治措施

沥青混凝土加铺层的关键作用是减少或延缓反射裂缝的发生。处置反射裂缝通常采取土工布、土工格栅、改性沥青油毡，对应切缝填封橡胶沥青，改性沥青或橡胶沥青应力吸收层（SAMI），铺筑柔性基层、半刚性基层等方法。

4. 沥青面层加铺层

旧水泥路面上沥青面层加铺层的厚度，以连续配筋混凝土和横缝设传力杆的普通混凝土为基础的沥青面层的厚度一般为 2.5 ~ 8 cm；刚性基层沥青路面、高速公路的沥青面层最小厚度不宜小于 10 cm。

第四章　公路桥梁的认知与桥梁工程基础施工

第一节　公路桥梁的认知与价值

一、公路桥梁的重要性简析

(一) 公路的分类及其工程组成

1. 公路的分类

公路作为一个总称，它可分为城市公路、公路、农村公路、专用公路。

(1) 城市公路

城市公路是在城市范围内，联接各组成部分，并供车辆及行人通行的、具备一定技术条件和设施的公路。按在公路系统中的地位、交通功能与对沿线建筑物的服务功能等来划分，城市公路可分为快速路、主干路、次干路与支路。

① 快速路是为较高车速的长距离交通而设置的重要公路。快速路与对向车道之间应设中间带以分隔对向交通，当有自行车通行时，应加设两侧带；快速路与高速公路、快速路、主干路相交时，必须采用立体交叉；与交通量较小的次干路相交时，可采用平面交叉；与支路不能直接相交，在过路行人集中地点应设置过街人行天桥或地下通道。

② 主干路是城市公路网的骨架，为连接城市各主要分区的交通干路，以交通功能为主。行车较多时，宜采用机动车与非机动车分流形式，如三幅路或四幅路。

③ 次干路是城市的交通干路，兼有服务功能。次干路配合主干路组成公路网，起广泛连接城市各部分与集散交通的作用。

④ 支路是次干路与街巷路的连接线，解决局部地区交通，以服务功能为主。街巷内部公路，作为街巷建筑的公共设施组成部分，不列入等级公路以内。

(2) 公路

公路是指在城市以外，连接相邻市县、乡村、港口、厂矿和林区等，主要供汽车行驶，且具备一定技术条件和交通设施的公路。根据其功能、使用任务和远景交通量等综合因素可分为5个等级：高速公路、一级公路、二级公路、三级公路和四级公路。

（3）农村公路

农村公路一般是指在农村中联接乡、村、居民点的主要公路，其交通性质、特点、技术标准要求等均与公路不同。

（4）专用公路

专用公路包括厂矿公路和林区公路。厂矿公路是指修建在工厂、矿区内部以及厂矿到公路、城市公路、车站、港口衔接处的对外连接段，主要为工厂、矿山运输车辆通行的公路；林区公路是指修建在林区，主要供各种林业运输工具通行的公路。

2.公路工程的组成

公路工程的基本组成部分包括路床、路基、路面、桥梁、涵洞、隧道、防护与加固工程、排水设施、山区特殊构造物，城市公路还包括各种管线等，以及为保证汽车行驶的安全、畅通和舒适的各种附属工程，如公路交通安全设施、路用房屋、综合服务区（加油站、维修站、餐饮、宾馆等）及绿化栽植等。此外，还包括为防止路基填土或山坡土体坍塌而修筑的承受土体侧压力的挡土墙，以及为保持路基稳定和强度而修建的地表和地下路基排水设施，包括边沟、截水沟、排水沟、急流槽、渗沟、渗水井等。

（二）公路工程施工的一般特点

新建、改造或扩建的公路工程，其施工都不同程度地呈现出以下特点：

① 公路工程是固定在土地上的构筑物，而施工生产是流动的，所以公路工程施工组织是复杂的，这是区别于工业生产的最根本的特点。由于公路工程的流动性，就需要把众多的劳力、施工机具、材料，在时间和空间上加以合理地组织，从而使它们在线性的施工现场按照科学的施工顺序流动，不致互相妨碍而影响施工，这是施工组织的重要内容。

② 公路工程施工规模大、周期长，施工组织工作十分艰巨。由于公路工程往往工程量较大，需要消耗大量的人力和物力，施工组织工作不仅要做好统筹部署，还要考虑各种不同工种之间的开、竣工的衔接。只有这样，才能保证公路工程施工生产连续且有序地进行。

③ 公路工程施工是在室外进行的，受气候和自然条件的影响与制约，决定了公路施工组织工作的特殊性和不能全年连续均衡地进行施工生产。因此，在施工组织中，要对雨季、冬季和高温季节采取特殊的技术措施和施工方法，在高空和地下作业则要采取必要的防护措施，并尽可能连续而均衡地进行施工，注意避免气候、自然条件对施工生产所产生的不利影响，以确保工程质量和施工安全以及工期要求。

公路工程施工的特点集中表现在施工条件复杂多变，给施工生产活动带来了很大的困难，故要求针对公路工程的不同对象、不同的施工条件，从实际出发，充分做好准备工作，包括施工管理和组织计划工作。施工中实行流水作业，严格施工管理，健全岗位责任制，加强质量保证体系工作，每道工序都要严格把关，前一道工序未经验收不得进行下一道工序，要稳妥而科学地做好施工组织工作。

(三) 公路工程施工的基本程序

公路工程施工的基本程序是指施工单位从接受施工任务到工程竣工阶段必须遵守的工作程序。

1. 施工准备工作

施工准备工作是为拟建工程的施工建立必要的技术和物质条件，统筹安排施工力量和现场。施工准备工作也是施工企业搞好目标管理、推行技术经济承包的依据。

为了保证施工的顺利进行，在施工准备阶段，建设主管部门应根据计划要求的建设进度指定一个企业或事业单位组织基建管理机构，办理登记及拆迁，做好施工沿线有关单位和部门的协调工作，抓紧配套工程项目的落实，组织施工范围内的技术资料、材料、设备的供应；勘测设计单位应按照技术资料供应协议，按时提供各种图纸资料，做好施工图纸的会审及发放工作；施工单位应组织机具、人员进场，进行施工测量，修筑便道及生产、生活等临时设施，组织材料、物资采购、加工、运输、供应、储备，做好施工图纸的接收工作，并熟悉图纸的要求。

2. 组织施工

施工准备就绪后，施工单位向上一级单位提交开工申请，主管技术部门报监理工程师，由总监下达开工命令。施工单位要遵照施工程序和施工组织计划中所拟定的施工方法合理组织施工。施工过程中应严格按照设计要求和施工规范施工，确保工程质量，安全施工。推广应用新工艺、新技术，努力缩短工期，降低造价，同时应注意做好施工记录，建立技术档案。

组织施工应具备的文件有：① 设计文件；② 施工规范和技术操作规程；③ 各种定额；④ 施工图预算；⑤ 施工组织设计；⑥ 公路工程质量检验评定标准和施工验收规范。

3. 竣 (交) 工验收、交付使用

竣 (交) 工验收阶段的主要工作是检查施工合同的执行情况，评价工程质量，对各参建单位工作进行初步评价。各合同段的设计、施工、监理等单位参加竣 (交) 工验收工作，由项目法人负责组织。公路工程竣 (交) 工验收工作一般按合同段进行，并应具备以下条件：合同约定的各项内容已全部完成；施工单位按《公路工程质量检验评定标准》及相关规定对工程质量自检合格；监理单位对工程质量评定合格；质量监督机构按"公路工程质量鉴定办法"对工程质量进行检测；竣工文件按要求完成，施工单位、监理单位完成本合同段的工作总结报告。

竣（交）工验收阶段的主要工作是对工程质量、参建单位和建设项目进行综合评价，并对工程建设项目做出整体性的综合评价，竣（交）工验收时成立竣工验收委员会，由交通运输主管部门、公路管理机构、质量监督机构、造价管理机构等单位代表组成。公路工程竣（交）工验收应具备以下条件：通车试运营2年以上；竣（交）工验收提出的工程质量缺陷等遗留问题已全部处理完毕，并经项目法人验收合格；工程决算编制完成，并经交通运输主管部门或其授权单位认定；档案、环保等单项验收合格；各参建单位完成工作总结报告；质量监督机构对工程质量检测鉴定合格，并形成工程质量鉴定报告。

（四）公路工程施工准备工作

1.组织准备工作

组织准备工作主要是建立和健全施工组织管理机构，制定施工管理制度，明确施工任务，确立施工应达到的目标。施工组织管理机构是为完成公路工程施工而设置的负责现场指挥、管理工作的组织机构，一般由项目经理部及下设各职能部门组成。建立严格的责任制，按计划将责任预先落实到有关部门甚至个人，同时明确各级技术负责人在施工准备工作中所负的责任，从而充分调动各部门和技术人员的积极性，使他们的责任、权利相统一，建立完善的施工管理制度是公路施工管理的核心。施工管理制度包括施工计划管理制度、工程技术管理制度、工程成本管理制度、施工质量安全管理制度等。

2.技术准备工作

技术准备工作，即通常所说的"内业"工作，它是工程顺利实施的基础和保证。技术准备工作的好坏，直接影响着工程的进度、本质和经济效益，必须高度重视。技术准备工作的内容主要包括熟悉设计文件、现场调查核对、设计交桩和技术交底及建立工地试验室。

（1）熟悉和审核图纸，深化施工组织设计

项目负责人组织有关人员对施工图纸和资料进行学习和自审，如有疑问，应做好统计，在业主召开的设计交底和图纸会审中提出，请上级部门给予解答。

施工组织设计是全面安排施工生产的技术经济文件，是指导施工的主要依据。施工组织设计是以一个建设施工项目为编制对象，用以规划整个拟建工程施工活动的技术经济文件。它是整个项目施工任务总的战略性部署安排，主要内容包括工程概况、施工布置与施工方案、施工总进度计划、施工准备工作及各项资源需要量计划、施工总平面图、主要技术组织措施及主要技术指标。

（2）设计交桩和技术交底

建设单位负责人召集设计、施工、监理、科研人员参加图纸会审会议。设计人员向施工方做图纸交底，讲清设计意图和对施工的主要要求，并对设计桩点进行复测交接；施工人员应对图纸和有关问题提出质询。最终由设计单位对图纸会审中提出的合理化建议，按程序进行变更设计或做补充设计。

（3）建立工地实验室

工地实验室是为施工现场提供直接服务的试验室，主要任务是配合路基、路面、桥涵等工程施工，对工地使用的各种原材料、加工材料及结构性材料的物理力学性能，以及施工结构体的几何尺寸等进行检测。工地实验室的作用是通过各种材料试验，选用合适的材料及其性能参数，以保证工程结构物的强度和耐久性，并有利于掌握各种材料的施工质量指标，保证结构物的施工质量。工地试验室的试验检测人员必须是具有试验检测资质的检测机构的正式持证注册人员。

施工前的准备工作带有全局性，它是组织施工的第一步，没有这项工作，工程就不能顺利开工，更不能连续施工。没有准备的施工或准备不充分的施工，均会使以后的施工难以顺利进行。

3. 物资准备工作

物资准备工作是指施工中必需的劳动手段和施工对象的准备。它是根据各种物资需要量计划，分别落实货源、组织运输和安排储备，以保证连续施工的需要。物资准备是各种材料与机具设备购置、采集、调配、运输和储存，临时便道及工程房屋的修建，供水、供电、必需生活设施等的安装及建设等工作。

在公路施工前，各种生产、生活需用的临时设施，如各种仓库、搅拌站、预制构件厂（站、场）、各种生产作业棚、办公用房、宿舍、食堂、文化设施等均应按施工组织需要的数量、标准、面积、位置等在施工前修建完毕。修建完毕各种生产、生活需用的临时设施后，应及时根据施工组织设计确定的材料、半成品、预制构件的数量、品种、规格以及施工机具设备，编制好物资供应计划，按计划订货和组织进货，按照施工平面图要求在指定地点堆存或入库；对砂子、碎石、钢材等材料应提前做各种试验，确定其是否满足设计要求；对各种标号的混凝土提前做好其配比；对施工将用的施工机械和机具需用量进行计划，按计划进场安装、检修和试运转。

施工队应提早调整，健全和充实施工组织机构，进行特殊工种、稀缺工种的技术培训和持证上岗，提前预招临时工和合同工，落实具有相应资质的专业施工队伍和外包施工队伍。同时，根据地理位置、气候条件，夏、冬、雨期施工也应做些适当准备。

4.施工现场准备工作

(1)恢复定线测量

恢复定线测量的主要程序为：①检查工程原测设的所有永久性标桩；②复测；③将施工中所有的标桩进行加固保护，并对水准点、三角网点等设立易于识别的标志；④向监理工程师提供全部的测量标记资料；⑤完成全部恢复定线、施工测量设计和施工放样；⑥各合同段衔接处的测量应在监理工程师的统一协调下由相邻两合同段的承包人共同进行，将测量结果协调统一在允许的误差范围内。

(2)建造临时设施

①工地临时房屋设施包括行政办公用房、宿舍、文化福利用房及作业棚等。其需要量根据职工与家属的总人数和房屋指标来确定。

②仓库用来存放施工所需要的各种物资器材，按物资的性质和存放量要求，其形式可以是露天、敞棚、房屋或库房。仓库物资贮存量应根据施工条件通过计算确定。

(3)临时交通便道

在工地布设临时交通便道时应遵循下列原则：

①临时交通公路以最短距离通往主体工程施工场所，并连接主干公路，使内外交通便利；

②充分利用原有公路，对不满足使用要求的原有公路，应在充分利用的基础上对其进行改建，以节约投资和施工准备时间；

③在本工程的施工与现有的公路、桥涵发生冲突和干扰之处，承包人都要在本工程施工之前完成改道施工或修建临时公路；

④利用现有的乡村公路作为临时公路，应将该乡村公路进行修整、加宽、加固及设置必要的交通标志，并经监理工程师验收合格后方可通行；

⑤工程施工期间，应配备人员对临时公路进行养护，以保证临时公路的正常通行；

⑥尽量避开洼地和河流，不建或少建临时桥梁。

(五)公路工程施工常用机械

1.土石方机械

(1)推土机

推土机是一种多用途的自行式土方工程建设机械，它能铲挖并移运土壤。例如，在公路建设施工中，推土机可完成：路基基底的处理；路侧取土横向填筑高度不大于 2 m 的路堤；沿公路中心线铲挖移运土壤的路基挖填工程；傍山取土修筑半堤半堑的路基。推土机还可用于平整场地、局部碾压、给铲运机助铲和预松土、堆集松散材料、清除作业地段内障碍物，以及牵引各种拖式土方机械等作业。

推土机按行走装置的不同分为履带式和轮胎式，按工作装置的不同分为固定式铲刀（直铲）和回转式铲刀（斜铲），按操纵方式的不同分为钢丝绳机械操纵和液压操纵等类型。对工程量较为集中的土石方工程一般采用液压操纵的履带式推土机。推土机适用的经济运距为 50 ~ 100 m，不宜超过 100 m。

(2) 铲运机

铲运机是一种利用铲头在随机械一起行进中依次完成铲削、装载、运输和铺筑的铲土运输机械。它广泛用于公路、铁路、水利、港口及大规模的建筑等施工中的土方作业。铲运机按行走方式的不同分为牵引式（拖式）和自行式，按操纵方式的不同分为机械传动、液压传动、电力传动和静压传动等类型。在施工作业时，铲运机作业的卸土有强制式、半强制式、自行式卸土三种。铲运机的特点是能独立完成铲土、运土、卸土、填筑、压实等工作。铲运机对行驶公路要求较低，常用于坡角在 20° 以内的大面积场地平整，开挖大型基坑、沟槽，以及填筑路基等土方工程。

一般来说，铲运机可在Ⅰ ~ Ⅲ类土中直接挖土、运土，适宜运距为 600 ~ 1500 m，当运距为 200 ~ 350 m 时效率最高。铲运机的经济运距和行驶公路坡度是铲运机选型的重要依据。如果运距短、坡度大、路面松软，以选择拖式铲运机为宜；如果运距较长、坡度大，宜采用双发动机驱动的自行式铲运机比较经济；如果路面较平坦，则选用单发动机驱动的自行式铲运机较为经济。铲运机适用于中等运距（100 ~ 200 m）和公路坡度不大条件下的大量土方转移工程。如果运距太短（100 m 以内），采用铲运机是不经济的，这时采用推土机或轮胎式自装自运较为适宜；运距特长（200 m 及以上）则采用自卸汽车较为经济。

(3) 单斗挖掘机

单斗挖掘机是一个刚性或挠性连续铲斗，以间歇重复式循环进行工作，是一种周期作业自行式土方机械。当场地起伏高差较大、土方运输距离超过 1000 m，且工程量大而集中时，可采用单斗挖掘机挖土，配合自卸汽车运土，并在卸土区配备推土机平整土堆。

单斗挖掘机有内燃驱动、电力驱动、复合驱动的装置，挖斗有正铲挖掘机、反铲挖掘机、拉铲挖掘机、抓铲挖掘机等形式。正铲挖掘机的特点是"前进向上，强制切土"，能开挖停机面以上的Ⅰ ~ Ⅳ级土，适用在地质较好、无地下水的地区工作；反铲挖掘机的特点是"后退向下，强制切土"，能开挖停机面以下的Ⅰ ~ Ⅲ级土，适宜开挖深度 4m 以内的基坑，对地下水位较高处也适用；拉铲挖掘机的特点是"后退向下，自重切土"，能开挖停机面以下的Ⅰ~Ⅱ级土，适宜大型基坑及水下挖土；抓铲挖掘机的特点是"直上直下，自重切土"，特别适于水下挖土。

（4）装载机

装载机具有轮胎式及履带式的全回转式、半回转式和正回转式三种形式。它的优点是兼有推土机和挖掘机两者的工作能力，适应性强、作业效率高、操纵简便。

装载机常用于公路建设中的土石方铲运，以及推土、起重等多种作业，在运距不大或运距和公路坡度经常变化的情况下，如采用装载机与自卸车配合使用装运作业，会使工效下降，费用增高。在这种情况下，可单独采用装载机作为自铲运设备使用。

（5）平地机

平地机是用装在机械中央的铲土刮刀进行土壤的切削、刮送和整平连续作业，并配有其他多种辅助作业装置的轮式土方施工机械。当配置推土铲、土耙、松土器、除雪犁、压路箱等附属装置、作业机具时，平地机可进一步扩大使用范围，提高工作能力或完成有特殊要求的作业。

平地机主要用于修筑路基路面横断面、路基边坡整理工程的刷坡作业，开挖边沟及路槽，平整场地等；还可用来在路基上拌和路面材料、摊铺材料，修整和养护土路基面；推土，疏松土壤，清除杂物、石块和积雪等。

2. 压实机械

压路机一般分为光轮压路机、轮胎压路机和振动压路机三种。光轮压路机的自重可以在一定范围内调整以改变单位线压力，一般用于整理性压实工作，对于容重要求较低的黏性土、砂砾料、风化料、冲击砾质土较为适合。轮胎压路机具有弹性，在碾压时与土体同时变形，其碾压作用力主要取决于轮胎的内压力。接触面积与压实深度有着密切关系，为了既得到较大的接触面积，又增加压实深度，在轮胎允许范围内尽可能增加轮胎碾的负荷。一般来说，刚性碾轮由于受土壤极限强度的限制，机重不能太大，而轮胎碾则没有这个缺点，所以轮胎碾适合于压实黏性土及非黏性土，如壤土、砂壤土、砂土、砂砾料等土质，同时对于路面施工也常常采用。振动压路机俗称振动碾，其主要优点有：一是单位面积压力大，可适当增加压实厚度，碾压遍数也可适当减少；二是结构重力小，外形尺寸小。其最大缺点就是振动及噪声大，易使机械手过度疲劳。

（六）公路工程现场施工安排

1. 现场施工管理的基本任务

现场施工管理的基本任务是根据生产管理的普遍规律和施工的特殊规律，以每一个具体工程和相应的施工现场为对象，正确地处理好施工过程中的劳动力、劳动对象和劳动手段的相互关系及其在空间布置上和时间安排上的各种矛盾，做到人尽其才、物尽其用，安全地完成施工任务。

2. 现场施工管理的基本内容

现场施工管理包括以下基本内容：

① 编制施工作业计划并组织实施，全面完成计划指标；② 做好施工现场的平面布置，合理利用空间，创造良好的施工条件；③ 做好施工中的调度工作，及时协调施工工种和专业工种之间，以及总包与分包之间的关系，组织交叉施工；④ 做好施工过程中的作业准备，为连续施工创造条件；⑤ 保护施工环境，节约社会资源，建设优良工程；⑥ 科学合理地设置管理机构，保证现场管理全面协调运作；⑦ 认真填写施工日志、施工记录及施工影像资料，为交工验收和技术档案积累资料。

3. 公路施工组织管理内容

公路工程施工要多、快、好、省地完成施工生产任务，必须有科学的施工组织，并合理地解决好一系列问题，其具体任务如下：

① 确定开工前必须完成的各项准备工作；

② 计算工程数量，合理部署施工力量，确定劳动力、机械台班、各种材料、构件等的需要量和供应方案；

③ 确定施工方案，选择施工器具；

④ 安排施工顺序，编制施工进度计划；

⑤ 确定工地上的设备停放场、料场、仓库、办公室、预制场地等的平面布置。此外，公路工程的施工总方案可以是多种多样的，应该依据公路工程的具体特点、工期需求、劳动力数量及技术水平、机械设备能力、材料供应以及构件生产、运输能力、地质、气候等自然条件及技术经济条件进行综合分析，进行方案比选，选择最理想的施工方案。

把上述各项问题加以综合考虑，并作出合理的决定，形成指导施工生产的技术经济文件——施工组织设计。施工组织设计本身是施工技术准备工作，是指导施工的准备工作，是全面布置施工生产活动、控制施工进度、进行劳动力和机械调配的基本依据，对是否能多、快、好、省地完成公路工程的施工生产任务起着决定性作用。

（七）公路工程安全文明施工和环境保护

1. 安全施工措施

在建筑安装施工生产中，有近 80％ 的生产安全事故都是由于职工自身的不安全行为造成的。从构成事故的三因素，即人、机械、环境的关系分析，"机械设备""环境"相对比较稳定，唯有"人"是最活跃的因素，而"人"又是操作机械设备、改变环境的主体，因而，紧紧抓住"人"这个活跃因素，通过科学的管理、有效的培训和教育、正确的引导和宣传，以及合理、及时的班组安全活动，不断提高员工的安全素质，是做好安全生产管理工作的关键。

具体的安全保证措施有以下几点：

① 建立健全项目安全生产保证体系，实施安全生产责任制，确保各专业项目负责人及技术负责人对劳动保护和安全生产的工作负责。工程项目经理部必须建立安全生产领导小组，各班组设安全员，各作业点应有安全监督岗，并将安全生产责任制层层落实。

② 组织工程项目施工的安全教育和技术培训考核，对管理人员和施工操作人员，按其各自的安全职责范围进行教育，并建立安全生产奖惩制度，认真落实。

③ 确保必需的安全投入。购置必备的劳动保护用品、安全设备及设施，确保完全满足安全生产的需要。另外，积极做好安全生产检查，发现事故隐患要及时整改。

④ 所有工程在开工前必须编制含有安全技术的施工组织设计（包括施工用电组织设计）及技术复杂的专项方案，必须严格审核批准手续、程序；必须逐级进行安全技术交底，技术交底应有书面资料或作业指导书（或操作细则）。技术交底的针对性要强，并履行签字手续，保存资料。项目经理部安全员负责监督检查，严格按照安全技术交底的规定要求进行作业。

⑤ 施工现场应实施机械安全管理及安装验收制度。使用的施工机械、机具和电气设备，在安装前，应当按照规定的安全技术标准进行检测，经检测合格后方可安装，机械安装要按平面布置图进行。在投入使用前，应按规定进行验收，并办好验收登记手续。经验收，确认机械状况良好，能安全运行的，才准投入使用。所有机械操作人员都必须培训合格，持证上岗。机械操作人员对机械要进行登记存档，按期复验。使用期间，应当指定专人负责维护、保养，保证机械设备的完好率和使用率以及安全运作。

⑥ 安全检查由项目经理或主管施工生产负责人主持，项目经理部有关人员参加。对查出的隐患，要建立登记、整改、验证、消项制度，要定人、定措施、定经费、定完成日期。在隐患没有消除前，必须采取可靠的防护措施。如有危及人身安全的紧急险情，应立即停止作业。

2. 文明施工措施

文明施工能够展示施工单位的形象，体现施工队伍的素质。施工的文明性主要包括场容场貌、料具管理及综合治理。

（1）场容场貌

施工现场进出口大门外应悬挂"六牌二图"，即工程概况牌、管理人员名单及监督电话牌、现场出入制度牌、安全生产牌、消防保卫牌、文明施工牌和现场平面布置图、建筑物效果图。工地设有施工总平面图及安全生产、消防保卫、环境保护、文明施工等制度牌，施工危险区域或夜间施工均有醒目的安全警示标志，各类标牌整齐、规范。施工现场应将工程项目名称，建设、监理及施工单位名称，工程开、竣工时间等内容标注在醒目位置。

（2）料具管理

施工现场外临时存放的施工材料，须经有关部门批准，并应按规定办理临时占地手续，材料要码放整齐，符合要求，不得妨碍交通和影响市容，堆放散料时应进行围挡。料具和构配件应按施工平面布置图指定位置分类码放整齐。预制圆管、预制板等大型构件和大模板存放时，场地应平整夯实，有排水措施，码放应符合规定。施工现场的材料保管，应依据材料性能采取必要的防雨、防潮、防晒、防冻、防火、防爆、防损坏等措施。贵重物品、易燃、易爆和有毒物品应及时入库，专库专管，加设明显标志，并建立严格的领退料手续。

（3）综合治理

首先，要加强职工教育，应经常对参与施工过程的职工（包括新入场的工人）进行文明施工的教育。除对全体职工进行文明施工教育外，还应分工种进行文明施工教育以及根据施工进度部位对职工进行有针对性的文明施工教育。其次，要加强对职工宿舍卫生的管理，生活污水要及时处理，做到卫生区内无污水、无污物，不得出现废水乱流等现象。

3. 环境保护措施

依照国家、地方环境及相关法规，确定施工过程中要做的环境保护工作及具体的工作安排，使施工期的环境保护工作有序、有效进行，减少施工过程中对周围环境造成的不利影响。环境保护的目标是：在工程施工期间，对废水、废气和固体废弃物进行全面控制，尽量减少这些污染排放所造成的影响，文明施工，保护农田和农作物。

施工中的环境污染问题，主要包括水污染、大气污染、噪声污染及固体废弃物污染等。

二、桥梁的基本组成和分类

(一) 基本组成

桥梁由五个大部件和五个小部件组成，五个大部件是桥跨结构、支座系统、桥廊、桥台和基础。

1. 桥跨结构 (或称为桥孔结构)

其是线路遇到障碍 (如江河、山谷或其他路线等) 时，跨越这类障碍的主要承载结构。

2. 支座系统

其支承上部结构并传递荷载于桥梁墩台上，应满足上部结构在荷载、温度或其他因素作用下所预计的位移功能。

3. 桥墩

其为在河中或岸上支承两侧桥跨上部结构的建筑物。

4. 桥台

其位于河道两岸，一端与路堤相接，防止路堤滑塌；另一端支承桥跨上部结构。

5. 基础

其为保证墩台安全并将荷载传至地基的结构部分。基础工程在整个桥梁工程施工中是比较困难的部分，而且常常需要在水下施工，因此遇到的问题很复杂。

桥跨结构和支座系统是桥梁上部结构，桥墩、桥台和基础为桥梁下部结构。在路堤与桥台衔接处，一般在桥台的两侧设置锥形护坡，以保证迎水部分路堤边坡的稳定。

五个小部件是桥面铺装 (或称为行车道铺装)、排水防水系统、栏杆 (或称为防撞护栏)、伸缩缝和灯光照明。这五个小部件均为与桥梁服务功能有关的部件，总称为桥面构造，在桥梁设计中往往没有受到足够重视，因而使桥梁服务质量降低，外观粗糙。随着经济建设的发展，人类的文明水平得到了极大的提高，人们对桥梁行车的舒适性和结构物的观赏性要求越来越高，因而国外很多桥梁的设计工程师很重视这五个小部件。国内桥梁设计工程师也越来越感受到这五个小部件的重要性。

(二) 名词术语

1. 水位

河流中的水位是变动的。枯水期的最低水位称为低水位，洪水期的最高水位称为高水位。在桥梁设计中，按规定的设计洪水频率计算所得的高水位称为设计洪水位。在各级航道中，能保证船舶正常航行的水位称为通航水位。

2. 净跨径

对于梁桥，净跨径是指设计洪水位上相邻两个桥墩或桥墩与桥台之间的净距离，用 l_0 表示；对于拱桥，净跨径是指两拱脚截面最低点之间的水平距离。

3. 总跨径

其为多孔桥梁中各孔净跨径的总和，也称为桥梁孔径，它反映了桥下泄洪的能力。

4. 计算跨径

对于有支座的桥梁，计算跨径是指桥跨结构相邻两个支座中心间的距离，用 I 表示；对于拱桥，计算跨径是指相邻两拱脚截面形心点之间的水平距离。桥跨结构的力学计算是以计算跨径为依据的。

5. 标准跨径

对于梁桥，标准跨径是指两相邻桥墩中心线之间的距离，或桥墩中心线至桥台台背前缘之间的距离；对于拱桥，其是指净跨径。

6. 桥梁全长（简称桥长）

其是指桥梁两端两个桥台的侧墙或八字墙后端点之间的距离，以 L 表示。对于无桥台的桥梁，其为桥面系行车道的全长。在一条线路中，桥梁和涵洞总长的比重反映了它们在整段线路建设中的重要程度。

7. 桥梁高度（简称桥高）

其是指桥面与低水位之间的高差，或为桥面与桥下线路路面之间的高差，桥高在某种程度上反映了桥梁施工的难易程度。

8. 桥下净空高度

其是指设计洪水位或通航水位至桥跨结构最下缘之间的距离，以 H 表示。它应能保证桥下安全泄洪，并不得小于该河流通航所规定的净空高度。

9. 通航净空

其是指在桥孔中垂直于流水方向所规定的空间界限，任何结构构件或航运设施均不得伸入其内。

10. 建筑高度

其是指桥上行车路面（或轨顶）标高至桥跨结构最下缘之间的距离，以 h 表示。它不仅与桥梁结构的体系，跨径大小有关，还因行车部分在桥上的布置而异。公路（或铁路）定线中确定的桥面（或轨顶）标高与桥下设计洪水位加超高或通航净空顶部标高之差，称为容许建筑高度。桥梁的建筑高度不得大于其容许建筑高度。

11. 净矢高

其是指拱顶截面下缘至相邻两拱脚截面下缘最低点连线的垂直距离，以 f 表示。

12. 计算矢高

其是指拱顶截面形心至相邻两拱脚截面形心连线的垂直距离，以 f 表示。

13. 矢跨比

其是指拱桥中拱圈 (或拱肋) 的计算矢高与计算跨径之比 (f/l)，又称为拱矢度。它是反映拱桥受力特性的一个重要指标。

三、桥梁的总体规划与设计要点

(一) 桥梁设计的基本原则及基本资料

1. 桥梁设计的基本原则

桥梁是公路、铁路和城市公路的重要组成部分，特别是大、中型桥梁的建设对当地的政治、经济、国防等都具有重要的意义。因此，桥梁工程必须遵照安全、耐久、适用、环保、经济和美观的基本原则进行设计，设计时要充分考虑因地制宜，就地取材、便于施工和养护等因素进行全寿命设计。桥梁设计应该遵循的各项基本原则分述如下：

(1) 安全性

① 桥梁的全部构件及其连接构造在强度、刚度、稳定性和耐久性方面应有足够的安全储备。

② 防撞栏杆应有足够的高度和强度。人行道与机动车道之间应做好防护栏，以防止车辆撞入人行道或撞坏栏杆而跌落桥下。

③ 对于交通流量大的桥梁，应设置好照明设施，设置明确的交通标志。两端引桥坡度不宜太大，以避免发生车辆碰撞等交通事故。

④ 在地震区修建的桥梁，应按抗震要求采取防震措施。对于河床易变迁的河道，应设计好导流设施，防止桥梁基础底部被过度冲刷；对于通航大吨位河道，除了按规定加大跨径外，还必须设置防撞构筑物等。

(2) 适用性

① 桥面宽度应能满足当前及规划年限内的交通流量 (包括行人通行)。

② 桥梁结构在设计荷载作用下不出现超过规定的变形和裂缝。

③ 桥跨结构的下方应有利于泄洪、通航 (跨河桥) 或车辆和行人的通过 (旱桥)。

④ 桥的两端应方便车辆的进入和疏散，不致产生交通堵塞现象等。

⑤ 考虑综合利用，方便各种管线 (水、电、气、通信等) 通过。

（3）经济性

① 桥梁设计应遵循因地制宜，就地取材和方便施工的原则。

② 桥梁应选择造价和使用年限内养护费用综合最省的方案，设计时应该尽量使维修费用最少，维修时尽量不中断交通或中断交通时间最短等。

③ 桥位应选在地形、地质、水文条件较好的区域，尽量缩短桥梁长度。

④ 尽可能地缩短运距，促进地方的经济发展，以产生最大的经济效益。对于过桥收费的桥梁，应吸引更多的车辆通过，以达到尽快回收投资的目的。

（4）美观性

一座桥梁应外形优美，结构布置简洁，在空间结构尺寸上有着和谐的比例。桥梁应与周围环境相协调，城市桥梁和旅游地区的桥梁可较多地考虑建筑艺术上的要求。合理的结构布局和流畅的外观轮廓是保证美观的主要因素，结构细部的美学处理也十分重要。另外，施工质量对桥梁美观也有很大的影响。

（5）耐久性

其指在设计确定的环境作用和养护、使用条件下，结构及其构件在设计使用年限内保持其安全性和适用性的能力。

（6）环保

桥梁建设必须考虑环境保护和可持续发展的要求，包括生态、水土保持、空气、噪声等几方面；应从桥位选择，桥跨布置、基础方案、墩身外形，上部结构施工方法，施工组织设计等方面全面考虑环境保护要求，采取必要的工程控制措施，建立环境监测保护体系，使其对环境的不利影响降至最低。桥梁施工完成后，应将两岸植被恢复或进一步美化桥梁周边的景观。

2. 桥梁设计的基本资料

桥梁设计时需要进行调查，对于跨越河流的桥梁一般包括下列几个方面的内容：

① 调查桥梁的具体任务。其具体包括桥上的交通种类和要求，如桥梁的荷载等级、实际交通量和增长率、需要的车道数、行车道的宽度及人行道宽度的要求等。

② 选择桥位。一般来说，大、中桥桥位的选择应服从路线的总方向，路、桥方面综合考虑。一方面，从整个路线或路线网的角度来看，既要力求降低桥梁的建设和养护费用，又要避免或降低因车辆绕道而增加的运输成本。另一方面，从桥梁的经济性和稳定性出发，应尽量选择在河道顺直、水流稳定、河面较窄、地质较好、冲刷较小的河段上，以降低造价和养护费用，并避免因冲刷过大而发生桥梁倒塌的危险。此外，应尽量避免桥梁与河流斜交，否则会增加桥梁长度，从而引起工程造价的提高。

大、中桥一般选择 2~4 个桥位进行综合比较，然后选择合理的桥位。对于小桥涵的位置，应服从路线走向。当遇到不利的地形、地质和水文条件时，应采取适当的技术措施，不应因此而改变路线。

③测量桥位附近的地形，并绘制地形图，供设计和施工使用。

④通过钻探调查桥位的地质情况，并将钻探资料制成地质剖面图，作为基础设计的重要依据。为使地质资料更接近实际情况，可以根据初步拟定的桥梁分孔方案，将钻孔布置在墩台附近。

⑤调查和测量河流的水文情况，为确定桥梁的桥面标高、跨径和基础埋置深度提供依据，其内容包括以下几个方面：

a. 河道性质。了解河道是静水河还是流水河，有无潮水，河床及两岸的冲刷和淤积情况，以及河道的自然变迁和人工规划的情况，北方地区还要了解季节性河流的具体性质。

b. 测量桥位处河床断面。

c. 调查了解洪水位的多年历史资料，通过分析推算设计洪水位。

d. 测量河床比降。调查河槽各部分形态的标高和糙率等，计算流速、流量等有关参数，通过计算确定洪水位下的平均流速和流量；结合河道性质，可以确定桥梁所需的最小总跨径，选择通航孔的位置、墩台基础形式及埋置深度。

e. 向航运部门了解和协商确定设计通航水位和通航净空，根据通航要求与设计洪水位，确定桥梁的分孔跨径和桥跨底缘的设计标高。

f. 对于大型桥梁工程，应调查桥址附近风向、风速及桥址附近有关的地震资料。

g. 调查了解其他与建桥有关的情况，如当地建筑材料的来源，水泥、钢材的供应情况；调查附近旧桥使用情况，了解有关部门和当地群众对新桥有无特殊的要求，如桥上是否需要铺设电缆或输气管道等；调查施工场地的情况，是否需要占用农田，桥头有无需要拆除或迁移的建筑物，要尽可能地避免损失或将这些损失降低至最低限度；调查当地及附近的运输条件。这些情况对桥梁施工起着重要的作用。另外，还需要了解桥梁施工机械、动力设备和电力供应等情况，这些因素将直接影响设计与施工方案的确定。

上述各项野外勘测与调查研究工作，有的可同时进行，有的则需相互交错进行。例如，为进行桥位地形测量、地质钻探和水文调查，需要先确定桥位；为选择桥位，又必须有一定的地形、地质和水文资料等。因此，有的工作必须互相渗透，交错进行。

根据调查、勘测所得的资料，可以拟订几个不同的桥位比较方案。方案比较项目可以包括不同的桥位、不同的材料、不同的结构体系和构造、不同的跨径和分孔、不同的墩台和基础形式等，通过综合比较进行方案优选。

（二）桥梁的平、纵、横断面设计

1. 平面设计

对于公路上的特大桥、大桥、中桥的桥位，原则上应符合线路的走向，桥、路综合考虑，尽量选择在河道顺直、水流稳定、地质条件良好的河段上。桥梁的平曲线半径、平曲线超高和加宽、缓和曲线、变速车道设置等，均应满足相应等级线路的规定。桥梁的线形及桥头引道要保持平顺，使车辆能顺利通过。小桥涵的线形及其与公路的衔接可按线路的要求布置。大、中桥梁的线形一般为直线。当桥面受到两岸地形限制时，允许修建曲线桥，曲线的各项指标应符合线路的要求；也允许修建斜桥，其交角（桥墩沿水流方向的轴线与河道水流方向间的夹角）一般不大于45°，通航河流上不宜大于5°。

2. 纵断面设计

桥梁纵断面设计包括桥梁总跨径的确定、桥梁的分孔、桥面标高与桥下净空、桥上及桥头引道纵坡的布置等。

（1）桥梁总跨径的确定

桥梁总跨径一般参照水文计算来确定。由于桥梁墩台和桥头路堤压缩了河床横断面面积，使桥下过水断面减小，流速加大，加强了河流对河床的冲刷。因此，桥梁总跨径必须保证桥下有足够的泄洪面积，使河床不致受到过大的冲刷。山区河流流速较大，应尽可能地少压缩或不压缩河床；而对于平原地区的宽滩河流（流速较小），虽然允许压缩，但必须注意壅水对上游河堤、地下水及附近农田等可能产生的危害。

（2）桥梁的分孔

桥梁的总跨径确定以后，还需进行单孔布置。一座较大的桥梁可以分成多孔。各孔的跨径有多大，有几个河中桥墩，哪些是通航孔，哪些不是通航孔，这些问题要根据通航要求、地形和地质条件、水文情况及经济技术和美观的需求来加以确定。桥梁的分孔关系着桥梁的总造价。跨径和孔数不同时，上部结构和墩台的总造价是不同的。跨径越大，孔数越少，上部结构的造价就越大，而墩台的造价就越小。最经济的跨径是使上部结构和下部结构总造价最低的跨径。因此，当桥墩较高或者地质不良，基础工程复杂而造价较高时，桥梁的跨径可选得大一些；反之，当墩台较矮或地质良好时，桥梁的跨径就可以选得小一些。在实际工程中，可对不同的跨径布置进行粗略的方案比较，选择最经济的跨径和孔数。

对于通航河流，当通航净宽大于按经济造价确定的跨径时，一般按通航净宽来确定通航孔跨径，其余桥孔跨径则采用经济跨径。但对于变迁性河流，考虑航道可能发生变化，则需多设几个通航孔。

桥梁的分孔是个非常复杂的问题，各种各样的条件和要求往往互相矛盾。例如，跨径在 100 m 以下的公路桥梁，为了尽可能地符合标准跨径，不得不放弃采用按经济要求确定的孔径；某些应急工程为了便于抢修和互换，常需要将全桥各孔跨径做成统一的，并且跨径不要太大；有时因为工期很紧，为减少水下工程，需要减少桥墩而增加跨径。有些体系中，为了使结构受力合理和用材经济，布置时要考虑跨径比例的合理性。例如，在连续梁设计中，其中跨与相邻边跨的比值：对于三跨连续梁，一般取 1.0：0.8；对于五跨连续梁，一般取 1.0：0.9：0.65。孔数不多时最好布置成奇数跨，以免将桥墩正置河道中央。

在有些情况下，为了避免在河中搭设脚手架和修建临时墩，可以加大跨径，采用悬臂浇筑法进行施工；在山区建桥时，往往采用单孔跨越深谷的大跨径桥梁，以避免建造中间桥墩。跨径的选择还与施工能力有关，有时选用较大跨径虽然在经济上和技术上是合理的，但由于缺乏足够的施工技术能力和施工机械设备，也不得不改用较小跨径。

总之，对于大、中型桥梁来说，桥梁分孔问题是设计中最基本、最复杂的问题，必须进行深入、全面的分析，才能制订出比较完美的方案。

（3）桥面标高与桥下净空

桥面标高在线路纵断面设计中已做规定，或根据设计洪水位及桥下通航需要的净空结合桥梁的建筑高度来确定。桥面标高的抬高会引起桥头引公路堤土方量的增加，而在修建城市桥梁时则可能使引道布置困难。因此，必须根据设计洪水位、桥下通航（或通车）净空等的要求，结合桥型、跨径综合考虑，以确定合理的桥面标高。

对于非通航河流，梁底一般应高出设计洪水位（包括壅水和浪高）至少 0.5 m，高出最高流冰水位至少 0.75 m；支座底面应高出设计洪水位至少 0.25 m，高出最高流冰水位至少 0.5 m。对于无铰拱桥，拱脚允许低于设计洪水位，但设计洪水位一般不应超过拱圈矢高的 2/3，拱顶底面至设计洪水位的净高不应小于 1.0 m。对于有漂流物或易淤积的河床，桥下净空应视情况适当加高。

（4）桥梁的纵坡设置

桥面标高确定后，就可根据桥头两端的地形和线路要求来设计桥梁的纵断面线形。一般小桥通常做成平坡桥；对于大、中型桥梁，为了利于桥面排水和降低引公路堤高度，往往设置从中间向两边倾斜的双向坡道，桥上纵坡不宜大于 4 %，桥头引道纵坡不宜大于 5 %。对位于城镇交通量大处的桥梁，桥上纵坡和桥头引道纵坡均不得大于 3 %。桥上或引道处纵坡发生变化的地方，均应按规定设置竖曲线。

3. 横断面设计

一般来说，在高速公路或一级公路上，多数修建上、下行两座独立桥梁。各级公路上的涵洞和二、三、四级公路上跨径小于 8 m 单孔小桥的桥面宽度，应与路基同宽。城市桥梁的桥面宽度应考虑城市交通的规划要求予以适当加宽。桥上如通行电车和汽车时，一般将电车道布置于桥梁中央，汽车道在它的两旁。位于弯道上的桥梁，应按线路要求予以加宽和设置超高。

桥上人行道和慢车道的设置应根据需要而定，并与前后线路的布置相匹配。慢车道与行车道之间必要时应设置分隔设施。人行道宽 0.75 m 或 1.0 m，大于 1.0 m 时可按 0.5 m 的倍数增加，且人行道宜高出行车道 0.25 ~ 0.35 m。

（三）桥梁的设计与建设程序

1. 前期工作

预可行性研究报告和可行性研究报告均属于建设的前期工作。两者应包括的内容及目的基本一致，只是研究的深度不同。预可行性研究报告是在工程可行的基础上，着重研究建设上的必要性和经济上的合理性；可行性研究报告则是在预可行性研究报告审批后，在必要性和合理性得到确认的基础上，着重研究工程上和投资上的可行性。这两阶段的研究都为科学地进行项目决策提供了依据，避免盲目决策带来的严重后果。前期工作的重点在于论证建桥的必要性、可行性，并确定建桥的地点、规模、标准、投资控制等一系列宏观问题。因此，本阶段的工作是非常重要的。这两阶段的内容主要有以下几个方面。

（1）工程必要性论证

工程必要性论证是评估桥梁建设在国民经济中的作用。

（2）工程可行性论证

本阶段工作的重点在于选择好桥位，确定桥梁的建设规模，同时需协调好桥梁与河道、航运、城市规划及已有设施的关系。工程可行性论证主要包括以下几个方面的内容：

① 桥梁标准制定问题，首先确定车道数、桥面宽度及荷载标准，其次是选取允许车速、桥梁坡度和曲线半径，最后应考虑桥梁抗震标准和航运标准等。

② 自然条件及周围环境问题，本阶段的地质工作以搜集资料为主，辅以在两岸适当布置钻孔进行验证。要探明覆盖层的性质、岩面高程、岩性及构造，确定有无大的构造断层，并从地质角度对各桥位作出初步评价。本阶段的水文工作也十分重要，一般要求提供设计流量，调查历史最高、最低水位，以及设计洪水频率的洪水位，掌握常水位情况及流速资料。此外，还要对一些特殊水文条件进行研究，如沿

海地区的潮汐问题等。

③ 桥位问题，进行桥位方案比较的目的在于评估方案的可行性，特别是基础工程的可行性。为此，应该采取比较成熟的方案，以提高评估的可信性，并应至少提出两个桥位方案进行比选。遇到某些特殊情况时，还需要在大范围内提出多个桥位方案进行比选。桥位比较的内容可以包括下面一些因素：

第一，桥位对路网布置是否有利；比较造价时，要把各桥位桥梁本身的造价与相应附属工程的造价加在一起进行比较；桥梁建在城市范围内时，要使桥梁建设满足城市规划的要求，还要比较各桥位的航运条件；在进行自然条件的比较时，要考虑地质条件对基础工程的设计、施工难度及工程规模有无直接的影响。

第二，外部条件的处理能否落实，桥梁在不同桥位时对周围设施的影响程度如何，以及不能拆迁的设施对桥梁的影响程度如何等；对环境保护的评估也是必不可少的。经综合比较，选定一个桥位作为推荐桥位。

（3）经济可行性论证

第一，造价及回报问题。

收取车辆过桥费是公路桥梁取得回报的主要方式。但从宏观角度出发，桥梁建设是推动社会经济发展的重要因素。尤其是公路干线上特大桥的经济效益和社会效益更是全国性的，特大桥、大桥的投资者主要是国家或地方政府。

第二，资金来源及偿还问题。

资金来源在预可行性研究阶段应有所计划，在可行性研究阶段则必须予以落实。若想通过国外贷款、发行债券、民间集资的渠道筹措资金，必须得到有关部门的批准。

2. 设计阶段

（1）初步设计

由政府计划部门下达的设计任务书是进行初步设计的依据。设计任务书应就桥位、建桥标准、建桥规模等控制性要求作出规定。在进行进一步勘测工作时，如发现选定的桥位确属地质不良，并将造成设计和施工困难，则可以在选定桥位的上、下游附近不影响桥梁总体布置的范围内，通过地质条件的比较，推荐一个新的桥位。初步设计阶段的主要内容有以下几点：

① 进一步开展水文、勘测工作，在初步设计阶段，要通过进一步的水文工作提供基础设计和施工所需要的水文资料，如施工期间各月可能出现的高、低水位和相应的流速，以及河床可能的最大冲刷深度、施工中可能引起的局部冲刷等。本阶段的勘测工作称为初勘，要求在以桥位中心线为轴线的上、下游适当布置一些钻孔，以探明岩层构造及其变化情况。根据钻探取得的资料，确定岩性、强度及基岩风化

程度、覆盖层的厚度、力学指标，以及地下水位情况等。

②桥型方案比较，桥型方案比较是初步设计阶段的工作重点，一般要进行多个方案比较。各方案均要求提供桥型布置图，图上必须标明桥梁纵、横断面结构布置，主要部位高程，上、下部结构的结构形式及工程量。对于推荐方案，还要提供上、下部结构的结构布置图，以及一些主要及特殊部位的构造处理。各类结构都需经过验算并提供可行的施工方案。

③科研项目，在初步设计阶段，要提出设计、施工中需要进一步通过试验或理论研究来解决的技术难题，立项并做经费计划，待主管部门审批初步设计文件时一并审批，批准后方能实施。

④施工组织设计，对推荐桥型方案要编制施工组织设计，包括主体结构的施工方案、施工工序、施工投入机械设备清单、主要工程量清单、砂石料来源、施工安排及工期计划等。

⑤概算，根据工程量、施工组织设计及标准定额编制概算。各桥型方案都要编制相应的概算，以便进行不同方案工程费用的比较。按照规定，初步设计概算不能超过前期工作已审批估算的10%，否则应重新编制方案。根据具体情况对概算作适当调整，可将其作为招标时的标底。当主管部门审批初步设计文件时，如对推荐方案提出必须修改的意见，则需根据审批意见另外编制、修改初步设计文件报送上级主管部门批准。

（2）技术设计

技术设计应根据批准的初步设计中存在的重大、复杂技术问题及新技术、新材料的应用问题，通过进一步的科学试验、专题研究及分析论证予以解决，落实技术措施，提出可行的施工方案，经批准后作为编制施工图设计的依据。

（3）施工图设计

在施工图设计阶段，要进一步根据施工需要进行补充钻探。特别是对于重要的基础，要探明岩面高程的变化。根据批准的初步设计文件和技术设计文件，绘制让施工人员能按图施工的施工详图，并根据施工图编制工程预算。

3.桥梁的方案比较及桥梁美学设计

（1）方案比较

为了获得经济、适用和美观的桥梁设计方案，设计人员必须根据自然和技术条件，在因地制宜地综合应用专业知识，了解、掌握国内外新技术、新材料、新工艺的基础上，进行深入细致的研究和分析对比工作，才能编制出完美的设计方案。桥梁设计方案的比选和确定可按相应步骤进行。

(2) 桥梁美学设计

"美学"一词来源于希腊语，原意为感觉、感性认识，美学可定义为研究感性认识的科学。建筑美学只是其中的一种。一座桥梁从满足功能要求角度而言，是工程结构物；从观赏角度而言，应该是一件建筑艺术品。尤其是大桥，它的雄伟壮观和千姿百态不仅仅可显示出一个国家的先进技术与生产工艺水平，更能反映出时代精神和当代人的创造力，往往是一个国家、一个地区、一个城市的标志。桥梁建筑艺术是桥梁美学的表现，它是通过桥梁建筑实体与空间的形态美及其相关因素的美学处理，形成的一种实用与审美相结合的造型艺术，或者说是一种创造桥梁美观的技术。这一技术的研究与发展，可以使桥梁建筑艺术发展壮大。

桥梁美学与桥梁技术不可分割，它追求工程方面和精神方面的统一。它的基本观点是：充分满足工程规范，外观形貌尽量完美并与环境协调。桥梁的技术美包括形式美、功能美及与环境协调美三个要素。具备了形式美和功能美的桥梁，必须与环境和谐统一，才能实现技术美。

第二节　桥梁工程基础施工

一、桥梁工程概述

(一) 地基分类

地基可分为天然地基与人工地基。

1. 天然地基

其指可直接放置桥梁基础的天然土层。

2. 人工地基

若天然土层强度不够，则在桥梁荷载作用下容易发生较大的变形；或者天然土层有其他不良工程地质问题，需要通过人工处理或加固之后才能修筑桥梁基础，这种地基称为人工地基。

(二) 基础分类

根据埋置深度，基础可分为浅基础和深基础。浅基础可分为刚性基础和柔性基础；深基础可分为桩基础、沉井基础、地下连续墙基础和组合基础等。

深基础的基本特征如下：

① 由于浅层土质不良，需将基础埋置于土质良好的深层土中，因此施工较为复杂，施工难度较大。

② 由于基础埋深较大，往往部分或全部基础将置于地下水位以下，成为深基础。

③ 我国桥梁工程的基础绝大部分为深基础，基础形式主要是"承台＋桩基础"。

④ 桥梁深基础的结构主要是钢筋混凝土结构。

(三) 基础工程的重要性

基础工程的重要性表现在以下三个方面：

① 基础工程属于隐蔽工程，如有缺陷难以发现，也难以弥补和修复。而这些缺陷往往直接影响着整个桥梁工程的正常使用，甚至安全。

② 桥梁基础绝大部分为深基础，甚至是深水基础，施工难度大，经常控制了整个桥梁工程的施工进度。

③ 在复杂地质 (包括深水) 条件下，桥梁基础的施工成本非常高，经常在整个桥梁工程的造价中占据很高的比例。

二、浅基础

浅基础可直接将桥梁结构的荷载传递给地基，并且构造简单、受力明确、施工方便。在场地土质提供的承载能力允许和施工可行的条件下，浅基础是桥梁结构基础中应用较为广泛的基础形式。

浅基础施工的主要特点如下：

① 埋置深度较浅 (通常为数米以内)，施工比较简单。

② 由于浅基础一般采用明挖法进行施工，故又称为明挖基础或明挖扩大基础。明挖基础最重要的特点是不需要桩基，只要地基承载力能够达到设计要求就可以进行基础的施工。

按照建筑材料和受力特点，浅基础可分为刚性基础和柔性基础两大类。

① 刚性基础，刚性基础通常采用砖、石、灰土、混凝土等抗压强度大而抗弯、抗剪强度小的材料建造，适于建造在刚度较大、变形较小的地基之上。

刚性基础承受荷载后均匀沉降，不能扩散应力，基底反力的分布与作用于基础上荷载的分布几乎完全一致。

② 柔性基础，柔性基础通常采用抗拉、抗压、抗弯、抗剪性能均较好的钢筋混凝土材料建造，适用于地基承载力较差，上部荷载较大、基础埋深较大的情况。

柔性基础抗弯刚度较小，可随地基的变形而变形。通常，柔性基础采用钢筋混凝土建造，在混凝土基础底部配置受力钢筋，利用钢筋耐拉的性质使得基础可以承受弯矩作用，柔性基础不受刚性角的限制。

(一) 浅基础的构造形式

1. 刚性扩大基础

由于地基强度一般较墩台强度低，因而需要将基础平面尺寸扩大，以适应地基强度的要求。同时，相对于地基而言，基础类似于一个强大的刚体，故常被称为刚性扩大基础。

作为刚性基础，其每边的最大尺寸应受其自身材料刚性角的限制。当基础较厚时，可以利用刚性角将基础做成阶梯状。这样既可减少基础的圬工量，又可发挥基础的承载作用。

刚性角是材料的一种性质。由于刚性角的存在，在设计基础时应当根据刚性角的限定范围将基础按照阶梯形状逐步放大，以便让放大的尺寸尽可能地与刚性角保持一致，所以基础的高度与底边宽度不得随意设定，应在充分考虑材料刚性角的前提下进行基础的施工，既可以较好地扩散基底应力，又可以节省基础建造材料。

2. 单独基础和联合基础

单独基础是立柱式桥墩中常用的基础形式之一，它的纵、横剖面均可砌筑成台阶式。但当两个立柱式桥墩相距较近，每个单独基础为了适应地基强度的要求而必须扩大基础平面尺寸时，有可能导致相邻的单独基础在平面上相接甚至重叠，此时可将基础扩大部分连在一起，形成联合基础。

3. 条形基础

条形基础可分为墙下条形基础和柱下条形基础两种。墙下条形基础是挡土墙下或涵洞下基础的常用形式。其横剖面可以是矩形，也可以将一侧筑成台阶形。如果条形基础很长，为了避免沿长度方向因沉降不均匀而导致基础开裂，可将基础适当分段并设置沉降缝。有时为了增强立柱下基础的承载力，可将同一排若干立柱的基础联系起来，使之成为柱下条形基础。这种基础可以设计成刚性基础，也可以设计成柔性基础。

(二) 基础埋置深度的确定

确定基础的埋置深度是浅基础设计中很重要的步骤，这关系着桥梁结构的稳定及正常使用等问题。在确定基础的埋置深度时，必须综合考虑以下因素：① 地基的地质条件；② 河流的冲刷深度；③ 当地的冻土深度；④ 上部结构的形式；⑤ 保证持力层稳定所需的最小设置深度。同时，还要考虑现有的施工技术条件和造价等因素。

（三）浅基础施工

浅基础都是采用基坑开挖的方式进行施工的，基坑开挖环境主要有两种：① 陆地上基坑开挖；② 水中基坑开挖。

在陆地上开挖基坑时，根据开挖的深度和地下水位的高低，可以将开挖施工划分为四种状态：① 浅基坑无水开挖；② 深基坑无水开挖；③ 浅基坑渗水开挖；④ 深基坑渗水开挖。针对上述四种开挖状态，产生了很多开挖工艺。这里应注意，此处的深基坑是相对概念，其仍属于浅基础的范畴。

在水中进行浅基础开挖时，通常可采用钢板桩围堰或土石围堰作为基坑开挖的防护手段。

1.陆地上基坑开挖

（1）浅基坑无水开挖

显然，浅基坑无水开挖属于陆地深水位地层中的开挖。由于基坑浅而水位深，开挖是在无水或渗水很小的情况下进行的，基坑壁的稳定性不受水的影响，因此基坑开挖比较简单，通常不需要考虑护壁。坑壁形态可根据土质情况灵活选择，可选择竖直状、斜坡状、阶梯状。

（2）深基坑无水开挖

首先，地下水位于基坑底面以下，虽基坑开挖较深，但坑内渗水较少，通常在坑底设置几个集水坑抽水即可。基坑壁的稳定性基本不受水的影响，主要由土层性质控制。此时，若条件允许，可以采用坑壁放坡或修筑台阶的方式进行开挖；若条件不允许全方位大尺度扩口，则应当采取适当的护壁措施进行开挖，以防止坑壁发生坍塌。通常采用的护壁措施有插打钢板桩围堰、钢轨、木桩，也可以采用挂网喷射混凝土、地下连续墙、钻孔搅拌桩连续墙等防护措施。

（3）浅基坑渗水开挖

有些浅基坑虽然基坑开挖不深，但因处在水中而无法正常开挖；或者基坑位于地下水位很浅的陆地上，开挖后渗水严重，甚至出现涌水。针对上述两种情况，如不消除水的影响，基坑开挖将难以开展。可采用的排水方法主要有以下三种：① 降水井抽水排水法；② 钢板桩围堰封闭排水法；③ 地下连续墙封闭排水法。其中，方法 ① 适用于陆地高水位环境；方法 ② 既适用于水中基坑开挖，又适用于陆地高水位环境；方法 ③ 适用于陆地高水位环境。在水中环境和陆地高水位环境中，采用集水坑抽水排水的方法是难以奏效的。

（4）深基坑渗水开挖

在水中开挖深基坑是浅基础施工中难度最大的。根据长期的工程实践经验，利用钢板桩围堰封闭开挖空间，使之与外围水源隔绝，在无渗水、无坑壁坍塌的环境中进行水中深基坑的开挖是值得推荐的方法。

2. 水中基坑开挖

（1）钢板桩围堰

钢板桩围堰适用于在较深的水中进行深基坑开挖时的防护。钢板桩围堰一般适用于砂土、碎石土和半干硬性黏土。钢板桩的特点是自身强度高，刚度大，抗插打能力强，在土层中有很强的穿透能力。

钢板桩之间以锁口扣接。扣接后既加强了钢板桩的整体刚度，扣接处又具有很好的抗渗性能。

在深水处可采用双层钢板桩围堰，层间可填黏土。一方面可增强围堰的抗侧压能力，另一方面可增强围堰的抗渗水能力。在基坑开挖过程中，暴露出来的钢板桩悬臂过长时，可在围堰内增设水平横向支撑，以增加钢板桩的侧向抗弯刚度，从而适应较深的基坑开挖支护。

采用钢板桩围堰支护方式以后，基坑开挖过程始终是在钢板桩支护下进行的。当基础施工完成后，钢板桩还可以回收。

（四）土石围堰

在水流较浅（2m 以下）、流速缓慢、渗水量较小的河床中修建浅基础时，可以采用堆积土石袋填筑黏性土芯墙来构筑土石围堰。先利用土石围堰隔离河水，围出基坑开挖的空间，然后进行基坑开挖和浅基础施工。土石围堰的芯墙宜采用黏性土填筑；当缺少黏性土时，也可用砂土类填筑。为了增强芯墙的防渗能力，应加大堰身芯墙的填筑厚度，以加长渗流的路径，增加渗流阻力。

三、桩基础

随着桥梁跨径的增大，桥梁荷载的不断增加，对于基础承载能力的要求越来越高，基础的承载能力来自基础下方地基的支撑，但由于各种条件的限制（包括基础底面的面积、基础建造材料的力学性能，持力层的埋深程度以及土层自身的力学性能等），桥梁基础必须从更深、更厚的持力层中获取支撑力，从而促使桩基础的出现。因此，桩基础属于深基础中的一个类型。

桩基础是由基桩和桩顶承台共同组成的一种基础形式。若桩身全部埋于土中，承台底面与地基接触，则称为低承台桩基础；若承台底面位于地面以上而桩身上部露出地面，则称为高承台桩基础。桥梁结构大多采用低承台桩基础，特殊情况下（如跨海大桥）会用到高承台桩基础。按照其受力原理，基桩大致可分为摩擦桩和端承柱（也称为柱桩）。

①摩擦桩的受力原理：利用基桩周围地层与基桩的摩擦力来支撑上部结构的质量。通常情况下，当地层中缺少坚硬地层或坚硬地层埋深较深时，适合采用摩擦桩。

②端承桩的受力原理：该原理是使基桩底部置于坚硬地层（如岩层）上，利用坚硬地层和基桩的承压能力来支撑上部结构的质量。

（一）摩擦桩的施工

1. 打入桩

打入桩是依靠专用设备将预制钢筋混凝土桩或预应力混凝土管桩强行打入土层之中的一种基础形式。

受自身强度和打入设备所限，预制钢筋混凝土桩的单桩承载能力较低；如果有接桩，则接头容易在打入过程中成为折断点，而且桩顶在打入过程中易破碎。由于存在上述种种缺陷，预制钢筋混凝土桩已基本被弃用，取而代之的是更先进的预应力混凝土管桩，通常人们也将其简称为管桩。由管桩构成的基础称为管桩基础。

预应力混凝土管桩的生产采用工厂化先张法预应力混凝土离心成型工艺。其产品种类多，强度高，能够适应多种施工环境。可以说，预应力混凝土管桩体现了当代混凝土技术的进步与混凝土制品的高新工艺水平。

由于预应力混凝土管桩具有优良的插打性能、稳定的承载能力及显著的经济效益，因而越来越被重视，应用范围越来越广泛。

预应力混凝土管桩的沉桩施工方法主要有锤击沉桩法、振动沉桩法、射水沉桩法及静力压桩法。

预应力混凝土管桩基础具有以下优点：

①单桩承载能力高；

②应用范围广；

③对持力层起伏较大的地质环境适应性强；

④实现单桩承载能力的成本低；

⑤运输吊装方便，接桩快捷；

⑥成桩长度不受施工机械的限制；

⑦施工速度快，效率高，工期短。

（1）锤击沉桩法

导杆式柴油锤是锤击沉桩法中应用最为广泛的一种桩锤，它以轻质柴油为燃料。锤头落下时点燃油料使压缩空气发生爆炸，对桩帽产生冲击力，同时驱动锤头上跳，当锤头再次落下时，既可冲击桩帽，又可同时引燃油料并引爆压缩空气。如此反复，完成打桩。

（2）静压沉桩法

抱夹式液压静力压桩机（简称拖压桩机）主要以桩机自身的质量加配重作为反作用力来克服压桩过程中的桩侧摩阻力和桩端阻力。

2. 钻孔桩

钻孔桩是利用各种钻孔设备在设计桩位时就地钻成一定直径和深度的孔井，先在孔井内放入钢筋笼，然后灌注混凝土所形成的桩基础，因此也称为钻孔灌注桩。

与管桩相比，钻孔桩有很多优点，如造价低、节省钢材、施工设备简单、不需要在桩体内施加预应力、操作方便，适用于各种黏性土和砂性土，也适用于含砾石较多的土层及岩层。但是，钻孔桩也存在以下缺点：① 在钻孔过程中，容易发生孔壁坍塌、卡钻、掉钻；② 当护壁泥浆处理不当时易造成环境污染等；③ 在混凝土灌注过程中容易发生缩径、断桩等；④ 在遇到流砂地层或者有承压水的地层时，孔壁极易坍塌，成孔难度较大。

钻孔桩施工应根据土质情况、桩径大小、入土深度和机具设备等条件选用适当的钻机设备和钻孔方法，以保证能顺利达到预定的孔深，然后清孔，吊放钢筋笼，灌注水下混凝土。

钻孔桩施工时，必须首先对场地的工程地质条件和水文地质情况有充分的了解。除应仔细阅读场地工程地质报告外，对场地工程地质不清楚的方面还应进行施工前的钻探勘察。

钻孔桩施工过程中应关注以下施工流程及施工要点：

（1）埋设护筒

护筒的作用：① 固定柱位；② 引导钻头；③ 保护孔口，防止孔口土层坍塌；④ 隔离孔内外表层水；⑤ 保持孔内水位高出地下水位，增加孔内静水压力，稳定孔壁，防止坍孔。

护筒一般采用钢材料制成，要求坚固耐用，可以反复使用且不漏水，其内径应比钻孔直径稍大。护筒长度应根据场地表层土的性质来确定：如果是黏性土，护筒长度取 2m 即可；如果是容易坍塌的砂性土，则应当采用长护筒，护筒长度应穿过砂土层。

（2）制备泥浆

泥浆在钻孔过程中的作用主要有以下几点：① 在孔壁内侧产生较大的静水压力，防止孔壁坍塌；② 因泥浆的静水压力较大，泥浆可以渗进孔壁土层表面，使孔壁形成胶状泥层，从而起到护壁作用；③ 孔壁胶状泥层可以隔断钻孔内外水的交换，稳定孔内水位上升；④ 泥浆具有较大的比重，具有浮渣作用，有利于钻孔过程中的排渣。

（3）钻孔

我国经常使用的钻孔设备有旋转钻、冲击钻、旋挖钻。

① 旋转钻。旋转钻利用钻具的旋转切割土体钻进，在钻进的同时常采用循环泥浆护壁与排渣，最终钻进成孔。

② 冲击钻。冲击钻的钻头为质量较大的钻锥。在钻孔过程中，卷扬机不断将钻锥提起，然后让其自由坠落，利用钻锥落下时的冲击力将土层中的泥砂、石块打成碎渣，然后使碎渣随泥浆的流动排出孔外，最终冲击成孔。

③ 旋挖钻。旋挖钻是一种适用于基础工程中成孔作业的施工设备。其广泛用于市政工程、桥梁工程、高层建筑物等基础工程的施工。配合不同的钻具，其可适应干式（短螺旋）、湿式（回转斗）及岩层（岩心钻）的成孔作业。由于旋挖钻具有装机功率大、输出转矩大、轴向压力大、机动灵活、施工效率高及功能多的特点，其已被广泛推广并用于各种钻孔桩的施工中。

旋挖成孔时，首先通过底部带有进土孔的桶式钻头的回转来破碎岩土，其次将破碎后的岩土压入钻头桶内，最后由钻孔机提升装置和伸缩式钻杆将钻头提出孔外，卸除桶内岩土。如此循环往复，不断地取土和卸土，直至钻至设计深度。

对于黏结性好的岩土层，可采用干式或清水钻进工艺，无须泥浆护壁；对于松散易坍塌的地层或有地下水分布，孔壁不稳定的地层，则必须采用静态泥浆护壁的钻进工艺方可确保成孔。

（4）清孔，放置钢筋笼

清孔的目的是清除孔底沉淀的钻渣，使沉渣的厚度满足规范的要求，以保证灌注的混凝土与持力层之间无夹层。清孔既可以减小对单桩承载力的影响，又可以避免基桩发生过大的沉降。清孔一般需做两次，第一次是在孔底标高达到设计值后、安装钢筋笼之前，第二次是在钢筋笼安装到位后、灌注混凝土之前。第一次清孔完成后应检查钢筋笼的加工质量，并及时吊装和安放钢筋笼，以避免因延时过长而引起坍孔或沉渣厚度过大。钢筋笼安放完成后需再次清孔，达到要求后方可灌注水下混凝土。

（二）钻孔桩的质量标准

1. 钻孔桩成孔的质量标准

钻孔桩在终孔和清孔后，应使用仪器对成孔的孔位、孔深、孔形、孔径、竖直度、泥浆相对密度、孔底沉渣厚度等指标进行检测，检测标准应符合《公路桥涵施工技术规范》（JTG/T 3650—2020）、《铁路桥涵工程施工质量验收标准》（TB 10415—2018）或《高速铁路桥涵工程施工质量验收标准》（TB 10752—2018）的要求。

验收标准是工程建设各方（业主、设计方、施工方、监理方）对钻孔桩的成孔质量进行评判的共同标准，必须掌握。

2. 钻孔桩水下混凝土的质量标准

钻孔桩水下混凝土的质量标准如下：

① 桩身混凝土强度符合设计要求。

② 桩身无断层或夹层。

③ 桩底不高于设计标高，桩底沉渣厚度不大于质量验收标准的规定。

④ 凿除桩头后，无残余松散层和薄弱混凝土层。

⑤ 需嵌入承台内接茬钢筋的长度应符合要求。

第五章　桥梁下部结构施工技术

第一节　桥梁基础施工

一、明挖扩大基础施工

(一) 基础的定位放样

在基坑开挖前，先进行基础的定位放样工作，以便正确地将设计图上的基础位置准确地设置到桥址上。放样工作是根据桥梁中心线与墩台的纵横轴线，推算出基础边线的定位点，再放线画出基坑的开挖范围。基坑各定位点的标高及开挖过程中标高检查，一般用水准测量的方法进行。

(二) 基坑开挖

基坑开挖的主要工作有挖掘、出土、支护、排水、防水、清底及回填等。施工时，应根据地质条件、水文条件、基坑开挖深度、开挖所采用的方法和机具等，采用不同的开挖工艺。

基坑在开挖前通常需完成下列准备工作：施工场地的清理，地面水的排除，临时道路的修筑，供电与供水管线的敷设，临时设施的搭建，基坑的放线等。

场地清理包括拆除房屋、古墓，拆迁或改建通信设备、电力线路、上下水道以及其他建筑物，迁移树木等工作。

场地内低洼地区的积水必须排除，同时应注意雨水的排除，使场地内保持干燥，以便基坑开挖。地面水的排除一般采用排水沟、截水沟、挡水土坝等措施。应尽量利用自然地形来设置排水沟，使水直接排至基坑外，或流向低洼处，再用水泵抽走。主排水沟最好设置在施工区域的边缘或道路的两旁，其横断面和纵向坡度应根据最大流量确定。一般情况下，排水沟的横断面不小于 0.5 m × 0.5 m，纵向坡度一般不小于 3%。平坦地区，若出水困难，其纵向坡度不应小于 2%。沼泽地区可降至 1%。在基坑开挖过程中，要注意保持排水沟畅通，必要时应设置涵洞。

1. 土方边坡及其稳定

（1）土方边坡

为了防止塌方，保证施工安全，在开挖深度超过一定限度时，均应在其边沿做成一定程度的边坡。

根据各层土质以及土体所受的压力，土方边坡可做成直线形、折线形和台阶形。合理选择基坑边坡是减少土方量的有效措施。

（2）边坡稳定

土方边坡的稳定，主要取决于土体内土颗粒之间存在摩擦阻力和内聚力，使土体具有一定的抗滑力来保持稳定。当土体的下滑力大于抗滑力，边坡就会失去稳定而发生滑动，这种滑动一般是在一定范围内整体沿某一滑动面向下或向外移动。基坑边坡的失稳往往是在外界不利因素影响下触发和加剧的。这些外界不利因素往往会导致土体剪应力的增加或抗剪强度的降低。一旦土体失去平衡，土体就会塌方，这不仅会造成人身安全事故、影响工期，有时还会危及邻近建筑物的安全。

2. 基坑开挖方式

基坑开挖的方式与基础的埋置深度、地质土的性质、施工周期的长短有关。可分为直立壁开挖、放坡开挖、支护开挖。按其基坑所处的环境，可分为陆地基坑开挖和水中基础的基坑开挖两种。

（1）陆地基坑开挖

基坑大小应满足基础施工要求，对有渗水土质的基坑坑底开挖尺寸，需按基坑排水设计（包括排水沟、集水井、排水管网等）和基础模板设计而定，一般基底尺寸应比设计平面尺寸各边增宽 0.5 ~ 1.0 m。基坑可采用垂直开挖、放坡开挖、支撑加固或其他加固的开挖方法，具体应根据地质条件、基坑深度、施工期限与经验，以及有无地表水或地下水等现场因素来确定。

① 坑壁不加支撑的基坑。

对于在干涸无水河滩、河沟中，或有水经改河或筑堤能排除地表水的河沟中；在地下水位低于基底 0.5 m，或渗透量少，不影响坑壁稳定；以及基础埋置不深（一般在 5 m 以内），施工期较短，挖基坑时不影响邻近建筑物安全的施工场所，土质稳定时可考虑选用坑壁不加支撑的基坑。

不加支护的基坑开挖时，坑壁依靠土体本身的抗剪强度，或采取适量放坡的方式来解决边坡的稳定问题。

在无水土质基坑底面，基坑平面尺寸每边放宽 0.5 ~ 1.0 m 或模板施工及工作宽度要求的宽度。对有水基坑底面，应预留四周开挖排水沟或汇水井的位置，每边放宽 0.8 ~ 1.2 m。但如果采用坑壁为土模灌注混凝土时，基底尺寸为基础轮廓。

坑顶边缘应留有护道，避免在此范围内加载，以保持顶边稳定。静载距坑缘不小于 0.5 m，动载距坑缘不小于 1.0 m。垂直坑壁坑缘顶面的护道还应适当增宽，荷载距坑缘距离应满足不使土体坍塌为限。

基坑应尽量安排在枯水或少雨季节施工。基坑开挖不宜间断，应连续施工并进行基础混凝土的灌注施工。基坑宜用原土及时回填，对桥台及有河床铺砌的桥墩基坑，均应分层夯实。

②坑壁有支撑的基坑。

当基坑壁坡不易稳定并有地下水渗入，或放坡开挖场地受到限制，或基坑较深、放坡开挖工程数量较大，不符合技术经济要求时，可视具体情况，采用以下的加固坑壁措施，如挡板支撑、钢木结合支撑、混凝土护壁及锚杆支护等。常用的坑壁支撑形式有直衬板式坑壁支撑、横衬板式坑壁支撑、框架式支撑及其他形式的支撑（如锚桩式、锚杆式、锚碇板式、斜撑式等）。

(2) 水中基础的基坑开挖

桥梁墩台基础大多位于地表水位以下，有时水流还比较大，施工时应在无水或静止水条件下进行。桥梁水中基础最常用的施工方法是围堰法。围堰的作用主要是防水和挡水，有时还起着支撑施工平台和基坑坑壁的作用。公路桥梁常用的围堰类型有土石围堰、木笼围堰或竹笼围堰、钢板桩围堰、套箱围堰。

围堰必须满足以下要求：

①围堰顶高宜高出施工期间最高水位 700 mm，最低不应小于 500 mm，用于防御地下水的围堰宜高出水位或地面 200~400 mm。

②围堰的外形应适应水流排泄，大小不应压缩流水断面过多，以免壅水过高危害围堰安全，以及影响通航、导流等。围堰内形应适应基础施工的要求，并留有适当的工作面积。堰身断面尺寸应保证有足够的强度和稳定性，使基坑开挖后，围堰不致发生破裂、滑动或倾覆。

③围堰要求防水严密，应尽量采取措施防止或减少渗漏，以减轻排水工作。对围堰外围边坡的冲刷和筑围堰后引起的河床的冲刷均应有防护措施。

④围堰施工一般应安排在枯水期进行。

(三) 基坑排水

基坑坑底一般多位于地下水位以下，地下水会经常渗进坑内，必须设法把坑内的水排除，以便于施工。要排除坑内渗水，首先要估算涌水量，方能选用相应的排水设备。桥梁基础施工中常用的基坑排水方法有：

1. 集水坑排水法

基坑开挖时，宜在坑底基础范围之外设置集水坑并沿坑底周围开挖排水沟，使水流入集水坑内，排出坑外。集水坑的尺寸宜视渗水量的大小确定。排水设备的排水能力宜为总渗水量的 1.5～2.0 倍。

2. 井点降水法

井点降水法宜用于粉砂、细砂、地下水位较高、有承压水、挖基较深、坑壁不易稳定的土质基坑，在无砂的黏质土中不宜采用。井点类别的选择，宜按照土层的渗透系数、要求降低水位的深度以及工程特点确定。井管的成孔可根据土质分别采用射水成孔或冲击钻机、旋转钻机及水压钻机成孔。井点降水曲线顶部应低于基底设计高程或开挖高程 0.5 m。

应做好沉降及边坡位移监测，保证水位降低区域内建筑物、构筑物的安全，必要时应采取防护措施。

3. 帷幕防渗法

帷幕防渗法施工时应进行施工设计。帷幕防渗层的厚度应满足基坑防渗的要求，截水帷幕的渗透系数宜小于 1.0×10^{-6} cm/s。采用防水土工膜在围堰外侧铺底防渗时，应将河床面杂物清除干净并整平。土工膜应从围堰外侧的水位以上铺起，并超过堰脚不小于 3 m；土工布之间的接头应搭接严密。铺底土工膜上应满压不小于 300 mm 厚的砂土袋。

(四) 地基处理

天然地基上的基础是直接靠基底土壤来承担荷载的，故基底土壤状态的好坏，对基础及墩台、上部结构的影响极大，不能仅检查土壤名称与容许承载力大小，还应为土壤更有效地承担荷载创造条件，即要进行基底处理工作。

对符合设计要求的细粒土、特殊土基底，修整妥善后，应尽快修建基础，不得使基底浸水和长期暴露。当地基需加固或现场开挖后地质情况与设计不符时，应按设计要求及有关规范执行。地基处理应根据地基土的种类、强度和密度，按照设计要求，结合现场情况，采取相应的处理方法。地基处理的范围至少应宽出基础之外 0.5 m。

1. 细粒土及特殊土地基的处理

属细粒土或特殊土类的饱和软弱黏土层、粉砂土层及湿陷性黄土、膨胀土和黏土及季节性冻土，其强度低，稳定性差，处理时应视该类土的处置深度、含水量等情况，按基底的要求采取固结处理，以满足设计要求。

2. 粗粒土和巨粒土地基的处理

对于强度和稳定性满足设计要求的粗粒土及巨粒土基底，应将其承重面平整夯实，其范围应满足基础的要求。基底有水不能彻底排干时，应堵塞或将水引至排水沟，然后在其上修筑基础。

3. 岩层基底的处理

风化的岩层，应挖至满足地基承载力要求或其他方面的要求为止。在未风化的岩层上修建基础前，应先将淤泥、苔藓、松动的石块清除干净，并洗净岩石。对于坚硬的倾斜岩层，应将岩层面凿平。倾斜度较大，无法凿平时，则应凿成多级台阶，台阶的宽度宜不小于 0.3 m。

4. 多年冻土地基的处理

基础不应置于季节冻融土层上，并不得直接与冻土接触。若基础的基底修筑于多年冻土层（永冻土）上时，基底之上应设置隔温层或保温层材料，且铺筑宽度应在基础外缘加宽 1 m。按保持冻结的原则设计的明挖基础，其多年平均地温等于或高于 -3 ℃时，应在冬季施工；多年平均地温低于 -3 ℃时，可在其他季节施工，但应避开高温季节，并应按下列规定处理：

① 严禁地表水流入基坑。

② 及时排除季节冻层内的地下水和冻土本身的融化水。

③ 必须搭设遮阳棚和防雨棚。

④ 施工前做好充分准备，组织快速施工。做好的基础应立即回填封闭，不宜间歇。必须间歇时，应以草袋、棉絮等加以覆盖，防止热量侵入。

施工时，明水应在距坑顶 10 m 之外修排水沟。水沟中的水，应引于远离坑顶宣泄并及时排除融化水。

5. 溶洞地基的处理

影响基底稳定的溶洞，不得堵塞溶洞水路。干溶洞可用砂砾石、碎石、干砌或浆砌片石及灰土等回填密实。基底干溶洞较大，回填处理有困难时，可采用桩基处理，桩基应进行设计，并经有关单位批准。

6. 泉眼地基的处理

基底泉眼的处理不应使基底土层饱水。可将有螺口的钢管紧紧打入泉眼，盖上螺帽并拧紧，阻止泉水流出；或向泉眼内压注速凝的水泥砂浆，再打入木塞堵眼。堵眼有困难时，可采用导管塞入泉眼，将水引流至集水坑排出。在基底下设盲沟引流至集水坑排出，待基础竣工完成后，向盲沟压注水泥浆堵塞。采用引流排水时，应注意防止砂土流失，引起基底沉陷。

(五) 地基检验

基坑已挖至基底设计高程，或已按设计要求加固、处理完毕后，须经过基底检验，方可进行基础结构施工。

基坑施工是否符合设计要求，在基础浇筑前应按规定进行检验。其目的在于：确定地基的容许承载力的大小、基坑位置与标高是否与设计文件相符，以确保基础的强度和稳定性，不致发生滑移等病害。基底检验的主要内容包括：检查基底平面位置、尺寸大小、基底标高；检查基底地质情况和承载力是否与设计资料相符；检查基底处理和排水情况；检查基坑施工记录及有关试验资料等。

为使基底检验及时，以免因等候检验、基底暴露时间过久而风化变质，施工负责人应提前通知检验人员，安排检验。

根据桥涵大小、地基土质复杂（如溶洞、断层、软弱夹层、易溶岩等）情况及结构对地基有无特殊要求，可采用以下检查方法：

① 小桥涵的地基检验：可采用直观或触探方法，必要时可进行土质试验。

② 大、中桥和地基土质复杂、结构对地基有特殊要求的地基检验，一般采用触探和钻探（钻深至少 4 m）取样做土工试验，或按设计的特殊要求进行荷载试验。

③ 特大桥按设计要求处理。

（六）基础施工

扩大基础的种类有浆砌片石、浆砌块石、片石混凝土和钢筋混凝土等。现将片石混凝土、钢筋混凝土施工方法分别介绍如下。

1. 片石混凝土

采用片石混凝土时，可在混凝土中掺入不多于其体积 20 % 的片石，片石的抗压强度等级应符合设计规定；设计未规定时，小桥涵的墩台、基础应不低于 MU30，大、中桥的墩台和基础以及轻型桥台应不低于 MU40。片石混凝土施工时，应选用无裂纹、无夹层且未被火烧过的、具有抗冻性能的片石。片石石料要求坚硬、密实、耐久，质地适当细致、色泽均匀，禁止使用风化岩石、水锈石和凸凹片石。卵石和薄片石（厚度小于 150 mm）也不得使用。

在混凝土中埋放片石时除满足上述要求外，还应符合下列规定：

① 片石应清洗干净使其完全饱和，应在捣实的混凝土中埋入一半左右；

② 当气温低于 0 ℃时，不得埋放片石；

③ 片石应分布均匀，净距不小于 150 mm，片石边缘距结构侧面和顶面的净距不小于 150 mm，片石不得触及构造钢筋和预埋件；

④ 混凝土浇筑时应采用分层浇筑的方式，每层混凝土的厚度不得超过 300 mm，大致水平，分层振捣，边振捣边加片石。

2. 钢筋混凝土基础

旱地浇筑钢筋混凝土基础，应在对基底及基坑验收完成后尽快放置、绑扎钢筋；在底部放置混凝土垫块，以保证钢筋的混凝土净保护层厚度，同时安放墩柱或台身钢筋的预埋部分，保证其定位准确；对全部钢筋进行检查验收，在其钢种、根数、直径、间距、位置验收合格后，才可浇筑混凝土。拌制好的混凝土运输至现场后，若高差不大，可直接倒入基坑内；若倾斜高度过大，为防止发生离析，应设置串筒或滑槽，槽内焊上减速钢梳，以保证混凝土整体均匀滑入基坑，并用插入式振捣器振捣密实。浇筑应分层进行，但应连续施工，在下层混凝土初凝之前，应将上层混凝土灌注捣实完毕。最低气温在 5 ℃以上时，基础全部浇筑完凝结后，要立即覆盖草袋、麻袋、稻草或砂子，并经洒水养生；冬季施工的混凝土覆盖后不得洒水。养生时间为：一般来说，普通硅酸盐水泥混凝土养生时间为 7 昼夜以上；矿渣水泥、火山灰质水泥或掺用外加剂的混凝土养生时间应为 14 昼夜以上。

水中混凝土基础在基坑排水施工的情况下，施工方法与旱地基础相同，只是在混凝土凝固后即可停止排水，也不需再进行专门的养生工作。

二、钻孔灌注桩施工

钻孔灌注桩是指采用不同的钻（挖）孔方法，在土中形成一定直径的井孔，达到设计标高后，将钢筋骨架（笼）吊入井孔中，灌注混凝土形成桩基础。

（一）施工前的准备工作

钻孔灌注桩施工的主要工序包括准备场地、埋设护筒、制备泥浆、钻孔、清孔、钢筋笼制作与导管吊装以及灌注水下混凝土等。

1. 场地平整

钻孔前对施工场地要进行准备，其内容包括：

①场地为旱地时，应该除杂物，换除软土，整平夯实；

②场地为陡坡时，可用枕木、型钢等搭设工作平台；

③场地为浅水时，宜采用筑捣施工，筑捣面积应根据钻孔方法、设备大小等要求确定，高度应高于最高施工水位 0.5～1.0 m；

④场地为深水或淤泥较厚时，可搭设工作平台，平台必须牢固稳定，能承受工作时所有静、动荷载，并考虑施工机械能安全进出。

若水流平稳，水位升降缓慢，全部工序可在船舶或浮箱上进行，但必须锚固稳定，桩位准确。若流速较大，但河床可以整理平顺时，可采用钢板或钢丝网水泥薄壁运沉井，就位后灌水下沉至河床，然后在其顶部搭设工作平台，在其底部安设护筒；在某些情况下，可在钢板桩围堰内搭设钻孔平台。

2. 选择钻孔设备

根据土质、桩径大小与入土深度和机具设备等条件，选择合适的钻孔设备。

3. 埋设护筒

护筒宜采用钢板卷制，其内径应大于桩径至少 200 mm ，壁厚应能使护筒保持圆筒状且不变形；在水中以机械沉设的护筒，其内径和壁厚的大小，应根据护筒的平面、垂直度偏差要求及长度等因素确定；对参与结构受力的护筒，其内径、壁厚及长度应符合设计的规定。

护筒中心竖直线应与桩中心线重合，除设计另有规定外，平面允许误差为 50 mm ，竖直线倾斜不大于 1 %，干处可实测定位，水域可依靠导向架定位。旱地、筑搗处护筒可采用挖坑埋设法，护筒底部和四周所填黏质土必须分层夯实。护筒内径宜比桩径大 200 ~ 400 mm 。护筒高度宜高出地面 0.3 m 或水面 1.0 ~ 2.0 m 。当钻孔内有承压水时，应高于稳定后的承压水位 2.0 m 以上。护筒埋置深度应根据设计要求或桩位的水文地质情况确定，一般情况下，埋置深度宜为 2 ~ 4 m ，特殊情况应加深以保证钻孔和灌注混凝土的顺利进行。有冲刷影响的河床，应沉入局部冲刷线以下 1.0 ~ 1.5m 。护筒连接处要求筒内无突出物，应耐拉、耐压，不漏水。

4. 泥浆制备

钻孔泥浆由水、黏土（膨润土）和添加剂组成。它具有浮悬钻渣、冷却钻头、润滑钻具、增大静水压力，并有在孔壁形成泥膜、隔断孔内外渗流、防止坍孔的作用。调制的钻孔泥浆及经过循环净化的泥浆，应根据钻孔方法和地层情况采用不同的性能指标。泥浆稠度应视地层变化和操作要求，灵活掌握。泥浆太稀，排渣能力小，护壁效果差；泥浆太稠，会削弱钻头冲击功能，降低钻进速度。

对大直径或超长钻孔灌注桩，泥浆的选择应根据钻孔的工程地质情况、孔位、钻机性能、泥浆材料条件等确定。在地质复杂、覆盖层较厚、护筒下沉不到岩层的情况下，宜使用丙烯酰胺，即 PHP 泥浆。

（二）钻孔施工方法

1. 冲抓锥钻进

冲抓锥是一种最简单的钻孔机械，由三脚立架、锥头和卷扬机 3 部分组成。施工时使三角立架固定滑轮，绕过滑轮的钢丝绳下端吊着由 3 块钢锥片组成的锥头，锥头张开的最大外围尺寸与桩孔直径相同。锥头对准桩孔中心，放开制动，锥头在自重作用下下落，打入孔内土层中。卷扬机将其向上提升时，通过拉索使锥头合拢，砂土被封闭在锥体内提升至井外。等锥体提升至孔口以上时，工人及时在井口放置一块钢盖板,将手推车或其他运输工具放于其上;打开锥头控制栓,使锥头张开,土体落入运输车中运走;移走钢板,即进行下一轮冲抓作业,如此循环钻进。

该方法的优点是:所需机械简单,成本较低。缺点是:施工自动化程度低,需人工操作清运渣土,劳动强度大,施工速度较慢。此种方法适用于砂砾石和砂土地层。

施工中应注意以小冲程稳而准地开孔,待锥具全部进入护筒后,再松锥进行正常冲抓。提锥应缓慢,冲击高度一般为1.0~2.5 m。冲抓施工中,每冲抓一次需将冲抓钻头旋转一个小角度,以防形成梅花形孔。

2. 冲击钻孔

其设备由冲击钻头、三角立架和卷扬机3部分组成。该方法适用于砂砾石和岩石地层。其工作原理是:用卷扬机让钢丝绳通过三角立架上的滑轮将锥头提起,然后放开卷扬机,使锥头自然下落,利用锥头的冲击作用将砂砾石或岩石挤进孔壁或砸成碎末、细渣,靠泥浆将其悬浮起来排出孔外。锥体一般为圆柱形,用钢材制成,锥头呈"十"字形,利于破碎岩石。一般可先用60~80 cm的细锥头钻进,然后再用大锥头扩孔至设计孔径。这样一来可以保证孔壁稳定,防止塌孔,二来可以提高功效。卷扬机可以人工操作,也可以选用自动操作设备,因而该方法节省人力,可以24小时连续作业,施工效率较高,在工程中普遍适用。

施工时应注意以小冲程开孔,使初成孔坚实、竖直、圆顺并起导向作用。钻进深度超过钻锥全冲程后才能进行正常冲击。若遇坚硬漂卵石层,可采用中、大冲程,但最大冲程不宜超过4~6 m。钻进过程中及时排除钻渣,并添加黏土造浆,防止塌孔和沉积,使钻锥经常冲击新鲜地层。冲击表面有不平整的漂石、硬岩时,应先投入黏土夹小片石,将表面垫平后再钻进,防止出现偏孔、斜孔。冲击成孔施工中,每冲击一次需将冲击钻头旋转一个小角度,以防形成梅花形孔。

3. 正循环钻进施工

用钻具旋转切削土体钻进,用泥浆泵将泥浆通过钻杆中心从钻头处喷入孔内,泥浆与钻渣混合,钻渣被泥浆悬浮,泥浆携带钻渣沿孔壁上升,从护筒顶部排浆孔排至沉淀池。钻渣在此沉淀而泥浆流入泥浆池循环使用,该方法适用于淤泥、黏性土、砂土以及砾卵石粒径小于10 cm且含量少于20%的碎石土。其优点是钻进与排渣同时连续进行,在适用的土层中钻进速度较快。

4. 反循环钻进施工

与正循环法不同的是低浓度泥浆从孔口输入孔内,然后高浓度泥浆从钻头处的钻杆下口吸进,通过钻杆中心排至沉淀池内。该方法适用于黏性土、砂土以及砾卵石粒径小于钻杆内径2/3且含量少于20%的碎石土、软岩。其钻进与排渣效率较高,钻进速度比正循环快，但接长钻杆时装卸麻烦、钻渣容易堵塞管路。另外，因泥浆是从下向上流动，孔壁坍塌的可能性较正循环法大，为此需用较高质量的泥浆。

(三) 清孔

钻孔深度达到设计标高后，应对孔深、孔径进行检查，符合要求后方可清孔。清孔方法应根据设计要求、钻孔方法、机具设备条件和地层情况决定。在吊入钢筋骨架后，灌注水下混凝土之前，应再次检查孔内泥浆的性能指标和孔底沉淀厚度，若超过规定，应进行第二次清孔，符合要求后方可灌注水下混凝土。

清孔方法有换浆、抽浆、掏渣、空压机喷射、砂浆置换等，可根据具体情况选择使用。不论采用何种清孔方法，在清孔排渣时，必须注意保持孔内水头，防止坍孔。清孔后应从孔底提出泥浆试样，进行性能指标试验，检查孔底沉淀土厚度。

(四) 钢筋笼及导管吊装

1. 钢筋笼制作与安装

在开始钻孔之前或钻孔的同时，要制作好钢筋笼，以便成孔、清孔后尽快灌注混凝土，防止发生塌孔事故。应根据桩基钢筋设计图纸及施工的实际桩长来确定主钢筋下料的根数和长度，下料时应考虑钢筋搭接焊接的长度，注意主筋在 50 cm 范围内接头数量不能超过截面主筋根数总数的 50 %，箍筋要预先调直，螺旋形布置在主筋外侧，定位筋应均匀对称地焊接在主筋外侧。下钢筋笼前应对其进行质量检查，经检查合格后，用吊车 (或采用钻孔桩架) 吊起，垂直缓慢放入孔内，相邻节端应焊接牢靠、定位准确。下到设计位置后，应在顶部采取相应措施反压并固定其位置，防止在混凝土灌注过程中产生上浮。

2. 导管

导管是灌注水下混凝土的重要工具。导管一般用钢管制成，内径一般为 200 ~ 350 mm，每节长 2 ~ 3 m，端头用丝扣或法兰盘螺栓连接，用法兰盘螺栓连接时，接头间夹有橡胶垫以防止漏水。导管使用前应进行水密承压和接头抗拉试验，严禁用压气试压。进行水密试验的水压不应小于孔内水深 1.3 倍的压力，也不应小于导管壁和焊缝可能承受灌注混凝土时最大内压力的 1.3 倍。

在灌注过程中，应保持孔内的水头高度；导管的埋置深度宜控制在 2 ~ 6 m，并应随时测探桩孔内混凝土的位置，及时调整导管埋深。

（五）事故处理

1. 塌孔

遇钻孔坍塌时，应仔细分析，查明原因和位置，再进行处理。若塌孔不严重，可不进行处理，采取改善泥浆性能、加高水头、埋深护筒等措施继续钻进。若塌孔严重，应立即将已钻的孔用小砾石夹黏土回填至塌孔处以上 1~2 m，待其稳定后，再采取相应措施（加大泥浆浓度快速钻进等）重钻。

2. 孔身偏斜、弯曲

一般情况下，可在偏斜处吊住钻头反复扫孔，使钻孔正直。偏斜严重时应回填黏性土到偏斜处，待沉淀密实后再重钻。

3. 扩孔、缩孔

孔径较大或者较小，称为扩孔、缩孔。遇此情况要采取防止坍孔和防止钻锥摆动过大的措施。缩孔是因钻锥磨损过大，焊补不及时或由地层中有遇水膨胀的软土、黏土泥岩造成的。前者应及时补焊钻锥，后者则应选用失水率小的优质泥浆护壁。

4. 钻孔漏浆

若发现护筒内水头不能保持，水位下降，则证明有漏浆现象，宜采用将护筒周围填土筑实，增加护筒埋置深度，适当减小水头高度或采取加稠泥浆，加入黏土慢速转动等措施。用冲击法钻孔时，还可填入片石、碎卵石土，反复冲击以增强护壁。

5. 梅花孔或十字槽孔

此情况多见于冲击钻孔，是由于钻锥的转向装置失灵，泥浆太稠，钻锥旋转阻力过大或冲程太小，钻锥来不及旋转形成的。遇此情况，应采用片石或卵石与黏土的混合物回填钻孔，重新冲击钻进。

6. 糊钻、埋钻

此现象常出现于正反循环回转钻进和冲击钻进中。遇此情况应减小泥浆浓度、提出钻头进行清理，再次钻进时控制适当进尺。若已严重糊钻，应停钻提出钻锥，清除钻渣。遇到塌方或其他原因造成埋钻时，应使用空气吸泥机吸走埋钻的泥沙，提出钻锥。

7. 卡钻、掉钻

钻头被卡住称为卡钻。卡钻后不能强提，只宜轻提，轻提不动时，可以用小冲击锥或用冲、吸的方法将钻锥周围的钻渣松动后再提出。钻头掉下称为掉钻。掉钻落物时，宜迅速用打捞叉、钩、绳套等工具打捞。若落体已被泥沙埋住，应先清除泥沙，使打捞工具接触落体后再进行打捞。应特别注意的是，在任何情况下，严禁施工人员进入没有护筒或其他防护设施的钻孔中处理故障。当必须下入护筒或有其他防护设施的钻孔时，应检查孔内有无有害气体，并备齐防毒、防溺、防塌埋等安全设施后，才能行动。

第二节 桥梁墩台施工

一、圬工墩台施工

现场浇筑墩台按材料可分为混凝土墩台与石砌墩台。

(一) 混凝土墩台施工

1. 墩台模板

(1) 墩台模板的基本要求

模板是使钢筋混凝土墩台按设计所要求的尺寸成型的模型板，一般用钢材、胶合板或其他适宜的材料制成。胶合板质量轻，便于加工成墩台所需的尺寸和形状，但较易损坏，使用次数少。对于大量或定型的混凝土结构物多采用钢模板。钢模板造价较高，装拆方便，且重复使用次数多。

钢筋混凝土对模板的基本要求与预制混凝土受压构件相同，其轮廓尺寸的准确性由制模和立模来保证。墩台模板形式复杂、数量多、消耗大，对桥梁工程的质量、进度、经济技术的可靠性均有直接影响。它应能保证墩台的设计尺寸；有足够的可靠度承受各种荷载并保证受力后不变形，结构简单、制造方便、拆卸容易。

(2) 常用模板类型

① 拼装式模板：各种尺寸的标准模板利用销钉连接，并与拉杆、加劲构件等组成墩台所需形状的模板。拼装式模板由于在厂内加工制造，因此板面平整、尺寸准确、体积小、质量轻、拆装容易、运输方便，故应用广泛。

② 整体式吊装模板：将墩台模板水平分成若干段，每段模板组成一个整体，在地面拼装后吊装就位，分段高度可视起吊能力而定。其优点是安装时间短，无须施工接缝，施工进度快、质量高、拆装方便，对建造较高的桥墩来说较为经济。

③ 组合型钢模板：以各种长度、宽度及转角标准构件，用定型的连接件将钢模拼成模板，具有体积小、质量轻、拆装简单、运输方便、接缝紧密等优点，适用于地面拼装、整体吊装的结构。

④ 滑动钢模板：适用于各种类型的桥墩。各种模板在工程上的应用，可根据墩高、墩台形式、设备、期限等条件合理选用。

模板安装前应对模板尺寸进行检查；安装时要坚实牢固，以免振捣混凝土时引起跑模漏浆等现象；安装位置要符合结构设计要求。

2. 钢筋工程

钢筋进厂时，应具有出厂质量证明书和检验报告单。品种、级别、规格和性能应符合设计要求，进场时还应抽取试件做力学性能复试，其质量必须符合国家现行标准的规定。当发现钢筋脆断、焊接性能不良或力学性能显著不正常等现象时，应对该批钢筋进行化学分析或其他专项检验。

3. 墩台混凝土灌注

(1) 质量控制

施工前将基础顶面冲洗干净，整修连接钢筋。材料选用低流动度或半硬件的混凝土拌合料，分层分段对称灌注，并应同时灌完一层。灌注过程要连续，以保证施工质量。

(2) 施工要点

① 混凝土运输。

混凝土的运输宜采用搅拌运输车，或在条件允许时采用泵送方式输送；采用吊斗或其他方式运输时，运距不宜超过 100 m 且不得使混凝土产生离析。

采用搅拌运输车运输混凝土时，途中应以 2 ~ 4 r/min 的慢速进行搅动，卸料前应以常速再次搅拌。混凝土运至浇筑地点后发生离析、严重泌水后坍落度不符合要求时，应进行第二次搅拌，二次搅拌时不宜任意加水，确有必要时，可同时加水、相应的胶凝材料和外加剂并保持其原水胶比不变；二次搅拌仍不符合要求时，则不得使用。

采用泵送混凝土时，应保证混凝土泵连续工作，泵送间歇时间不宜超过 15 min，输送管应顺直，转弯处应圆缓，接头应严密不漏气；向低处泵送混凝土时，应采取必要措施，防止混凝土离析或堵塞输送管。

② 大体积混凝土浇筑。

大体积混凝土在选用原材料和进行配合比设计时，应按照降低水化热温升的原则进行。宜选用低水化热和凝结时间长的水泥品种。粗集料宜采用连续级配，细集料宜采用中砂。分层、分块浇筑时，控制混凝土内部最高温度不大于 75 ℃、内表温差不大于 25 ℃，且需控制入模温度。在混凝土内埋设冷却管，通水冷却。

③ 混凝土浇筑。

为防止墩台基础第一层混凝土中的水分被基底吸收或基底水分渗入混凝土，对墩台基底处理除应符合天然地基的有关规定外，还应满足以下要求：基底为非黏性土或干土时应将其湿润；基底为过湿土时，应在基底设计高程下夯填一层 10 ~ 15 cm 的厚片石或碎 (卵) 石层；基底地面为岩土时，应加以润湿，铺一层厚 2 ~ 3 cm

的水泥砂浆，然后在水泥砂浆凝结前浇筑一层混凝土。

(二) 石砌墩台施工

1. 材料要求

石砌墩台是用片石、块石及粗料石以水泥砂浆砌筑的。石料与砂浆的规格要符合有关的规定。浆砌片石一般适用于高度小于 6 m 的墩台身、基础、镶面以及各式墩台身填腹；浆砌粗料石则用于磨耗及冲击严重的分水体及破冰体的镶面工程以及有整齐美观要求的桥墩、台身等。

2. 墩台砌筑施工要求

(1) 墩台放样

在砌筑前应按设计图纸放出实样，挂线砌筑。砌筑基础的第一层砌块时，若基底为土质，只在已砌石块的侧面铺上砂浆即可，不需坐浆；若基底为石质，应将其表面清洗、湿润后，先坐浆再砌石。砌筑斜面墩台时，斜面应逐层放坡，以保证规定的坡度。砌块间用砂浆黏结并保持一定的缝厚，所有砌缝要求砂浆饱满。形状比较复杂的工程，应先作出配料设计图，注明块石尺寸；形状比较简单的，也要根据砌体高度、尺寸、错缝等，先行放样，配好料石再砌。

(2) 砌筑方法

同一层石料及水平灰缝的厚度要均匀一致，每层按水平砌筑，丁顺相间，砌石灰缝相互垂直。砌石顺序为先角石，再镶面，后填腹。填腹石的分层厚度应与镶面相同；圆端、尖端及转角形砌体的砌石顺序，应自顶点开始，按丁顺排列接砌镶石面。

砌体施工质量应符合下列规定：

① 砌体所用各项材料类别、规格及质量符合设计要求及规范规定；

② 砌缝砂浆或小石子混凝土铺填饱满，强度符合设计要求或规范规定；

③ 砌缝宽度、错缝距离符合设计要求或规范规定，勾缝坚固、整齐，深度和形式符合要求；

④ 砌筑方法正确，砌体位置、尺寸不超过允许偏差。

(三) 墩台顶帽和盖梁施工

墩台帽和盖梁的施工应在墩、台身质量检验合格后进行。当采用托架、支架或抱箍等临时结构对墩台帽、盖梁施工时，应进行受力分析计算与验算。在墩台帽、盖梁与墩身的连接处，模板与墩台身之间应密贴，不得出现漏浆现象。钢筋安装施工时，应避免在钢筋的接头处弯起，并应保证钢筋的混凝土保护层厚度。对支座垫石的预埋钢筋及上部结构所需要的预埋件，其位置应准确。施工过程中应采取措施防止对墩台身成品造成损伤和污染。

二、装配式墩台施工

(一)砌块式墩台施工

砌块式墩台的施工大体上与石砌墩台相同,只是预制砌块的形式与墩台形式不同,有很多变化。

(二)柱式墩台施工

1. 常用拼装接头

装配式柱式墩系将桥墩分解成若干轻型部件,先在工厂或工地集中预制,再运送到现场装配桥梁。装配式桥墩的形式有双柱式、排架式、板凳式和刚架式等。施工工序为预制构件、安装连接与混凝土养护等。其中,拼接接头是关键工序,既要牢固、安全,又要结构简单,便于施工。常用的拼装接头有:

(1)承插式接头

将预制构件插入相应的预留孔内,插入长度一般为1.2~1.5倍的构件宽度,底部铺设2 cm厚的砂浆,四周以内半干硬性混凝土填充,常用于立柱与基础的接头连接。

(2)钢筋锚固接头

构件上预留钢筋或型钢,插入另一构件的预留槽内,或将钢筋互相焊接,再灌入半干硬性混凝土,多用于立柱与顶帽处的连接。

(3)焊接接头

将预埋在构件中的铁杆与另一构件的预埋铁杆用电焊连接,外部再用混凝土封闭。这种接头易于调整误差,多用于水平连接杆与立柱的连接。

(4)扣环式接头

相互连接的构件按预定位置预埋环式钢筋,安装时柱脚先坐落在承台的柱心上,上下环式钢筋相互错接,扣环间插入U形短钢筋焊牢,四周再绑扎一圈钢筋,立模浇筑外围接头混凝土。此种接头要求上下扣环预埋位置正确,施工较为复杂。

(5)法兰盘接头

在相互连接的构件两端安装法兰盘,连接时将法兰盘连接螺栓拧紧即可。此种接头要求法兰盘预埋位置必须与构件垂直,接头处可不用混凝土封闭。

2. 装配柱式墩台施工的有关规定

① 墩、台柱式构件与基础顶面的预留槽洞应编号,并检查各个墩、台高度和基底标高是否符合要求,否则应进行调整。基座槽洞四周与柱边的空隙不得小于20 mm。

②墩、台柱吊入基座槽洞就位时，应在柱身竖直度或倾斜度以及平面位置符合设计要求后，再将楔子塞入槽洞打紧。对重大、细长的墩柱，还需用风缆或撑木固定好后，方可摘除吊钩。

③在墩、台柱顶安装盖梁前，应先检查盖梁口预留槽眼位置是否符合要求，否则应先修凿。

④柱身与盖梁安装完毕并检查符合要求后，可在基底座槽洞空隙与盖梁槽眼处灌注设计规定的稀砂浆，待其硬化后，拆除楔子、支撑及风缆，再在楔子孔中灌填砂浆。

(三)后张法预应力混凝土装配墩施工

装配式预应力钢筋混凝土墩分为基础、实体墩身和装配墩身三大部分。装配墩身由基本构件、隔板、顶板及顶帽四种不同形状的构件组成，用高强钢丝穿入预留的上下贯通的孔道内，张拉锚固而成。实体墩身是装配墩身与基础的连接段，其作用是锚固预应力钢筋，调节装配墩身高度及抵御洪水时漂流物的冲击等。

施工工艺分为施工准备、构件预制及墩身装配三部分。全过程贯穿质量检查工作。实体墩身灌注时要按装配构件孔道的相对位置，预留张拉孔道及工作孔。构件装配的水平拼装缝采用C5水泥砂浆，砂浆厚度为15 mm，便于调整构件水平标高，不使误差积累。安装构件确保吊起水平、构件顶面平、内外壁砂浆接缝抹平、起吊、降落、松钩要稳；构件尺寸准、孔道位置准、中线准及预埋配件位置准；接缝砂浆要密实；构件孔道要畅通。

张拉预应力的钢丝束分两种：一种是直径为5 mm的高强度钢丝，用18ϕ5锥形锚；另一种用7ϕ4钢绞线，用JM12-6型锚具，采用一次张拉工艺。张拉位置可以在顶帽上，亦可在实体墩下，一般多在顶帽上张拉。

孔道压浆前先用高压水冲洗。采用纯水泥浆，由下而上压注。压浆分初压与复压，初压后，约停1 h，待压浆初凝后再复压，复压压力为0.8～1.0 MPa，初压压力可稍微降低。

实体墩身的封锚采用与墩身同等级的混凝土，同时要采用防水措施。顶帽上的封锚采用钢筋网罩焊在垫板上，单个或多个连在一起，然后用混凝土封锚。

三、高墩施工

(一)滑动模板施工

1.滑动模板

滑升模板由一节模板(约1.2 m)，配套钢结构平台吊架、支撑圆钢、多台液压穿心式千斤顶和提升混凝土等设备组成。施工时，应充分利用混凝土初期（4~8 h）强度。脱模后，在混凝土保持自立而不发生塑性变形的情况下使滑模得以连续滑升。

滑模的连续滑升能加快施工进度、缩短工期、节省劳力，从而可以取得较好的效果。但由于滑模是在混凝土强度较低的情况下脱模的，故有可能使混凝土表面出现变形或环向沟缝，有时会因水平力的作用使得滑模产生旋转。滑模在动态下灌注混凝土，提升操作频繁，因而对中线的水平控制要求严格，施工中稍有不当就会发生中线水平偏差。由于滑模脱模快，对混凝土防冻十分不利，故一般不适宜冬季施工。

滑模施工不需要另设垂直提升设备或满堂脚手架，但仍需要大量圆钢作为支撑顶杆。圆钢一般都埋入混凝土内，难以回收。滑升模板适用于较高的墩、台和吊桥、斜拉桥的索塔施工。

（1）滑升模板的构造

使用较多的是液压滑升模板和人工提升滑动模板。这两种滑模都是由模板、围圈、支承杆（亦称爬杆、顶杆）、千斤顶、顶架、操作平台和吊架等组成。

（2）滑升模板提升工艺

滑升模板提升设备主要有千斤顶、支撑顶杆及液压控制装置等几部分。

2. 滑模组装

① 在基础顶面搭枕木垛，定出桥墩中心线。

② 在枕木垛上先安装内钢环，并准确定位，再依次安装辐射梁、外钢环、立柱、顶杆、千斤顶、模板等。

③ 提升整个装置，撤去枕木垛，再将模板落下就位，随后安装余下的设施。待模板滑升至一定高度时，及时安装内外吊架。模板在安装前，表面需涂润滑剂，以减小滑升时的摩擦阻力。

组装完毕后，必须按设计要求及组装质量标准进行全面检查，并及时纠正偏差。

3. 浇筑混凝土

滑模宜浇筑低流动度或半干硬性混凝土，浇筑时应分层、分段地对称进行，分层厚度以 200~300 mm 为宜，浇筑后混凝土表面距模板上缘宜有 100~150 mm 的距离；混凝土入模时，要均匀分布，应采用插入式振动器振捣，振捣时应避免触及钢筋模板，振动器插入一层混凝土的深度不得超过 50 mm；脱模时混凝土强度应为 0.2~0.5 MPa，以防在其自重压力下坍塌变形。为此，可根据气温、水泥标号经试验后选定一定量的早强剂掺入，以加强提升；脱模后 8 h 左右开始养生，用吊在下吊架上的环绕墩身的带小孔的水管来进行。养生水管一般设在距模板下缘 1.8~2.0 m 处效果较好。

4. 提升与收坡

整个桥墩浇筑过程可分为初次滑升、正常滑升和末次滑升三个阶段。从开始浇筑混凝土到模板首次试升为初次滑升阶段，初灌混凝土的高度一般为 600 ~ 700 mm，分 3 次灌筑，在底层混凝土强度达到 0.2 ~ 0.4 MPa 时即可试升。将所有千斤顶同时缓慢提升 50 mm 左右，以观察底层混凝土的凝固情况。现场鉴定可用手指按刚脱模的混凝土表面，基本按不动，但留有指痕，砂浆不沾手，用指甲划过有痕，滑升时可耳闻"沙沙"的摩擦声，这些表明混凝土已具备 0.2 ~ 0.4 MPa 的脱模强度，可以开始再缓慢提升 200 mm 左右。初升后全面检查设备，即可进入正常滑升阶段，即每灌注一层混凝土，滑模提升一次，使每次灌注的厚度与每次提升的高度基本一致。在正常气温条件下，提升时间不宜超过 1 h。末次滑升阶段是混凝土已经灌注到需要高度，不再继续灌注，但模板尚需继续滑升的阶段。灌完最后一层混凝土后，每隔 1 ~ 2 h 将模板提升 50 ~ 100 mm，滑动 2 ~ 3 次后即可避免混凝土与模板胶合。滑模提升时应做到垂直、均衡一致，顶架间高差不大于 20 mm，顶架模梁水平高差不大于 5 mm，并要求三班次连续作业，不得随意停工。

5. 接长顶杆、绑扎钢筋

模板每提升至一定高度后，就需要进行穿插顶杆、绑扎钢筋等工作。为不影响提升的时间，钢筋接头均应事先配好，并注意将接头错开。对预埋件及预埋的接头钢筋，滑模抽离后，要及时清理，使之外露。

6. 混凝土工程停工后的处理

在整个施工过程中，由于工序的改变或发生意外事故，混凝土的浇筑工作停止较长时间，即需要进行停工处理。例如，每隔半小时左右稍微提升模板一次，以免黏结；停工时在混凝土表面要插入短钢筋等，以加强新老混凝土的黏结；复工时还需要将混凝土表面凿毛，并用水冲走残渣，湿润混凝土表面，灌注一层厚度为 20 ~ 30 mm 的 1∶1 水泥砂浆，再浇筑原配合比的混凝土，继续滑模施工。

(二) 其他提升模板的施工方法

爬升模板施工与滑动模板施工相似，不同的是支架需通过千斤顶支撑在预埋墩壁中的预埋件上，待浇筑好的墩身混凝土达到一定强度后，将模板松开，千斤顶上顶，将支架连同模板升到新的位置，模板就位后，再继续浇筑墩身混凝土。如此反复循环，逐节爬升，每次升高约 2 m。爬升模板的应用范围尚不广泛。

翻升模板施工是采用一种特殊钢模板，一般由三层模板组成一个基本单元，并配置有随模板升高的混凝土接料工作平台。当浇筑完上层模板的混凝土后，将最下层模板拆除翻上来拼装成第四层模板，依此类推，循环施工。翻升模板也能用于有坡度的桥墩施工。

四、支座安装

(一)板式橡胶支座的安设

板式橡胶支座是由若干层橡胶片和薄钢板叠合而成，它的活动机理是利用橡胶的不均匀弹性压缩实现转角，利用其剪切变形来实现水平位移。

板式橡胶支座在安装前的全面检查和力学性能检验，包括支座长、宽、厚、硬度(邵氏)、容许荷载、容许最大温差以及外观检查等，若不符合设计要求，不得使用。若设计未规定，其力学性能可参考下列数值：$HRC = 55° \sim 60°$；压缩弹性模量$E = 6 \times 10^2 MPa$；允许压应力$[\sigma] = 10MPa$；剪切模量$G = 1.5 \times 10^2 MPa$；允许剪切角$\tan \gamma = 0.2 \sim 0.3$。

支座中心尽可能对准梁的计算支点，必须保证整个橡胶支座的承压面上受力均匀。因此，应注意以下几点：

① 安装前应将墩、台支座支垫处和梁底面清洗干净，去除油垢，用水灰比不大于0.5的1∶3水泥砂浆仔细抹平，使其顶面高程符合设计要求。

② 支座安装尽可能安排在接近年平均气温的季节里进行，以减少由于温差过大而引起的剪切变形。

③ 梁、板安放时，必须细致稳妥，使梁、板就位准确且与支座密贴，勿使支座产生剪切变形。就位不准时必须吊起重放，不得用撬杠移动梁、板。

④ 当墩台两端标高不同，顺桥向或横桥向有坡度时，支座安装必须严格按设计规定办理。

⑤ 支座周围应设排水坡，防止积水，并注意及时清除支座附近的尘土、油脂与污垢等。

(二)聚四氟乙烯橡胶支座的安设

1.聚四氟板式橡胶支座的连接

① 与垫石连接分两种情况：一种直接与垫石连接，可用环氧砂浆调平、黏结，注意不得有脱空及压偏现象；另一种是在垫石顶部设置预埋钢板，并且与垫石中的钢筋网连接，在钢板中心位置应设置比支座平面尺寸大5 mm的凹槽，凹槽深度为5 mm。

② 与梁体的连接。

现浇梁施工：可采用上钢板焊接锚固钢筋就地浇注，同梁体连接。

预制梁施工：上钢板可采用环氧树脂砂浆与梁体连接。梁底有预埋钢板的，可采用螺栓连接和焊接方法连接。

2. 安装注意事项

① 聚四氟板式橡胶支座的安装施工方法与普通板式支座基本相同。聚四氟板式支座属于活动支座，是和固定支座（普通板式支座）配套使用的，安装时一定要按滑动方向要求进行。

② 聚四氟板上的凹坑内，安装时按要求涂抹硅脂油，以降低摩擦系数。

③ 与聚四氟板接触的不锈钢板不允许有损伤拉毛现象，以免损伤聚四氟板，而增大摩擦系数。

④ 落梁时，为防止梁体与支座发生纵横向滑移，宜用木制三角垫块在梁体两侧加以定位，等落梁工作完毕后拆除。

⑤ 为防止梁（上部构造）的横向移动，在支座或上部构造两侧需设防滑挡块；为防止固定支座的纵横向滑移，可设置防爬装置。

（三）盆式橡胶支座的安设

盆式橡胶支座顶、底面积大，支座下埋设在桥墩顶的网垫板面积亦较大，钢板的滑动面和密封在钢盆内的橡胶垫块，两者都不能有污物和损伤，否则容易降低其使用寿命，增大摩擦系数。盆式橡胶支座各部件组装应满足的要求：在支座底面和顶面（埋置于墩顶和梁底面）的钢垫板必须埋置密实，垫板与支座间平整密贴，支座四周不得有 0.3 mm 以上的缝隙；支座中线、水平位置偏差不大于 2 mm；活动支座的聚四氟乙烯板和不锈钢板不得有刮伤、撞伤；氯丁橡胶板块密封在钢盆内，安装时应排除空气，保持密封；支座组拼要保持清洁。施工时应注意下列事项：

① 安装前应将支座的各相对滑移面和其他部分用丙酮或酒精擦拭干净。

② 支座顶面和底面可用焊接或锚固螺栓拴接在梁体底面和墩台顶面的预埋钢板上。采用焊接时，应防止烧坏混凝土；安装锚固螺栓时，其外露螺杆的高度不得大于螺母的厚度。上、下支座安装顺序，宜先将上座板固定在大梁上，然后确定底盆在墩台的位置，最后安装下支座并予以固定。

③ 安装支座的高程应符合设计要求，平面纵横两个方向应水平，支座承压小于等于 5000 kN 时，其四角高差不得大于 1 mm；支座承压大于 5000 kN 时，其四角高差不得大于 2 mm。

④ 安装固定支座时，其上下各个部件的纵轴线必须对正；安装纵向活动支座时，其上下各部件的纵轴线必须对正，横轴线应根据安装时的温度与年平均的最高、最低温差，由计算确定其错位距离；支座上下导向挡块必须平行，最大偏差的交叉角不得大于 5°。

第六章 桥梁上部结构施工技术

第一节 简支梁桥施工

一、钢筋混凝土简支梁桥施工

钢筋混凝土简支梁的制作主要包含支架工程、模板工程、钢筋工程、混凝土工程。

(一) 支架工程

就地浇筑法钢筋混凝土简支梁桥上部结构施工首先应在桥梁适当位置处搭设支架,以支撑模板、钢筋、混凝土自重以及其他施工荷载。对于装配式钢筋混凝土简支梁桥施工,也需搭设支架作为吊装过程中的临时支承结构和施工操作平台。所以,支架不仅直接影响着梁体的线形尺寸,还关系到具体施工的安全性,现浇支架工程应满足下列要求:

① 支架应具有足够的强度、刚度和稳定性,能可靠地承受施工过程中产生的各种荷载,支架构件相互结合紧密,要有足够的纵、横、斜向连接杆件。

② 支架应进行设计和计算,并经审批后方可施工。

③ 支架预压消除非弹性变形部分,支架的弹性变形及基础的允许下沉量应满足施工后梁体设计标高的要求。支架承受荷载后允许有挠度和变形,在安装前要进行计算,按要求设置预拱度,使梁体最终线形符合设计要求。预拱度值与支架弹性变形值(F_1)、支架非弹性变形值(F_2)、基础弹性变形值(F_3)及基础非弹性变形值(F_4)有关,施工过程中观测以下物理量:

a. 等载预压前,测量支撑点处模板标高 H_1;

b. 预压沉降稳定后,测量相应控制点模板标高 H_2;

c. 卸载后,再次测量相应控制点模板标高 H_3。

弹性变形值 $=H_2-H_3$;非弹性变形值 $=H_1-H_3$。由于满载预压消除了大部分非弹性变形值,因此预拱度只计入弹性变形值。在卸载后,模板控制标高(H)= 设计理论标高(H_0)+ 弹性变形值(H_2-H_3)。

④ 整体浇筑混凝土时应采取措施，防止梁体不均匀下沉产生裂缝，若地基下沉可能造成梁体混凝土产生裂缝，应分段浇筑。

⑤ 当在软弱地基上设置满布现浇支架时，应对地基进行处理，使地基的承载力满足现浇混凝土的施工荷载要求，浇筑混凝土时地基的沉降量不宜大于 5 mm 。无法确定地基承载力时，应对地基进行预压，并进行部分荷载试验。

⑥ 支架上应设置落架装置，落架时要对称均匀，不应使梁体发生局部受力。

⑦ 支架构造与制作应简便，拆装方便，以增加周转和使用次数。

⑧ 对高度超过 8 m 的支架，应对其稳定性进行安全论证，确认无误后方可施工。

施工中常用的支架形式有满布式（支柱式）、梁式和梁柱式。满布式支架构造简单，用于陆地、不通航河道、桥位处水位不深或桥墩不高的桥梁。满布支架宜采用碗扣式、轮扣式、门式或扣件式等钢管材料。梁式支架宜采用型钢、钢管和贝雷桁片等材料。一般型钢用于跨径小于 10 m 、钢板梁用于跨径小于 20 m 、贝雷桁梁用于跨径大于 20 m 的支架。梁可以支撑在墩旁支架上，也可在桥墩上预留托架或支承在桥墩处横梁上。梁柱式支架可在跨径较大时使用，梁支撑在桥墩台以及临时支架或临时墩上，形成多跨连续支架。

（二）模板工程

模板是混凝土浇筑施工的必备条件，其作用是保证混凝土按照设计要求的形状、尺寸和位置成型与硬化，是施工中重要的临时结构。模板主要由面板、纵横肋和支架组成，它承受着新浇筑混凝土的自重、施工荷载以及其他外部自然荷载等。模板不仅控制着梁体尺寸的精度和混凝土浇筑质量，而且对施工安全起到关键作用。因此，模板在设计安装时应遵循以下原则：

① 模板应有足够的强度、刚度和稳定性，能安全可靠地承受施工中可能产生的各种荷载；

② 模板要保证结构构件的设计形状、尺寸及各部分相互之间位置的准确性；

③ 模板板面之间应平整，接缝严密，不漏浆，确保结构物外表面美观、线条流畅，并可设倒角；

④ 模板应结构简单，制作、拆卸方便。

（三）钢筋工程

钢筋混凝土结构的钢筋是指混凝土配筋时所用的直条或盘条状钢材，其外形分为光圆钢筋和变形钢筋两种，其在混凝土中主要承受拉应力。钢筋工程主要包括钢筋加工、钢筋下料和钢筋安装等。

钢筋进场后应检查其出厂试验证明书，如无相关证明文件或对钢筋质量有疑问时，应做拉力试验、冷弯，试验和可焊性试验。进场后要妥善保管，根据品种分批存放，同一片梁体内的主筋必须是同钢号钢筋。钢筋加工包括调直、除锈、冷拉、时效、下料、切断、弯钩、焊接或绑扎成型等工序。

（四）混凝土工程

混凝土工程质量直接影响到结构的承载力、耐久性与整体性，混凝土工程主要包括混凝土拌和、运输、浇筑和养护等，各工序间紧密联系、相互影响，任一施工过程处理不当都会影响混凝土工程的最终质量。

1. 混凝土拌制

混凝土拌制就是将水泥、水、粗细骨料和外加剂等原材料混合在一起进行均匀拌和并使其达到设计要求的和易性和强度的过程。

混凝土应使用机械拌和，在混凝土拌和前应先测定砂石料的含水率，调整配合比，计算配料单，检查搅拌机运转情况。混凝土拌和时间一般为 3 min 左右，以石子表面包满砂浆，拌和颜色均匀为标准。在整个拌和过程中，应注意拌和速度与混凝土浇捣速度紧密配合，随时检查混凝土的坍落度，严格控制水灰比。

2. 混凝土运输

混凝土从搅拌机中卸出后，应及时运至浇筑地点，为保证混凝土的质量，对混凝土运输的基本要求如下。

① 在运输过程中应保持混凝土的均匀性，避免分层离析、泌水、砂浆流失和坍落度变化等现象发生。

② 应使混凝土在初凝之前浇筑完毕。混凝土从搅拌机卸出后到浇筑完毕的延续时间不宜超过规定时间。

③ 当混凝土从运输工具中自由倾倒时，由于骨料的重力克服了物料间的黏聚力，大颗粒骨料明显集中于一侧或底部四周，从而与砂浆分离即出现离析。当自由倾倒高度超过 2 m 时，这种现象尤为明显，则混凝土将严重离析。为保证混凝土的质量，应根据施工实际情况，采取相应预防措施。规范规定：混凝土自高处倾落的自由高度不应超过 2 m，超过时应使用串筒、溜槽或振动溜管等工具协助下落，并应保证混凝土出口的下落方向垂直。

④ 道路尽可能平坦且运距尽可能短。

3. 混凝土浇筑

混凝土的浇筑成型过程包括浇筑与捣实，是混凝土施工的关键工序，它对混凝土的密实性、结构的整体性和构件的尺寸准确性都起着决定性的作用。

4. 混凝土养护

混凝土的养护是为保证其硬化充分，防止由于早期过度收缩而使结构表面产生裂缝。养护可分为自然养护和蒸汽养护。

混凝土自然养护，对塑性混凝土应在浇筑后12 h内，硬性混凝土在浇筑后1~2 h内可采用湿麻袋、篷布、塑料布等覆盖，养护期间要经常洒水，保持构件湿润，并防止雨淋、日晒、受冻及受荷载的振动、冲击，以使混凝土硬化。自然养护的时间不得少于7 d。

混凝土蒸汽养护，分静停、升温、恒温、降温四个阶段。静停期间应保持棚温不低于5 ℃，灌注完4h后方可升温；升温速度不得大于10 ℃/h；恒温养护期间蒸汽温度不宜超过45℃，相对湿度90%~100%，混凝土芯部温度不宜超过60℃，最大不得超过65℃；降温速度不得大于10 ℃/h。拆模时，梁体混凝土芯部与表层、棚内与棚外、表层与环境温差均不宜大于15 ℃。

当日平均气温连续5 d低于+5 ℃或日最低环境气温低于-3 ℃时，应按冬季施工要求进行养护。

二、预应力钢筋混凝土简支梁施工

(一) 先张法预应力混凝土简支梁制造

预应力混凝土简支梁先张法施工是在浇筑混凝土构件前张拉预应力筋，将其临时锚固在张拉台座上，然后立模浇筑混凝土，待混凝土强度达到设计强度的75%以上，保证其具有足够的黏结力，逐渐将预应力筋放松，让预应力筋回缩，通过预应力钢筋与混凝土之间的黏结作用，传递给混凝土，使混凝土获得预压应力。

1. 模板架设

预制梁的模板是先张法施工过程的临时结构，它决定着预制梁尺寸的精度，并对工程质量、施工进度和工程造价有直接影响。预制梁的模板通常按材料可分为土模板、木模板、土木组合模、钢模板及钢木组合模等种类。模板在制作时，应保证表面平整，转角光滑，连接孔配合准确，且底模板应根据桥梁跨度设置预拱度。

2. 张拉台座

台座是先张法施工的主要设备之一，承受预应力钢筋的全部张拉力，它应有足够的强度和稳定性，以免台座变形、倾覆、滑移而引起预应力损失。台座由框架(两根固定横梁和两根受压柱构成)和活动横梁组成，固定横梁和活动横梁间设置千斤顶，预应力钢筋两端用工具锚在活动横梁的锚固板上，用千斤顶顶起活动横梁使预应力筋受张拉，张拉力由承力架承受。台座可分为墩式台座和槽式台座两类。

3. 预应力筋张拉

预应力混凝土预制梁制造过程中，张拉预应力筋、对梁施加预应力都十分关键，施加预应力过多或不足都会影响梁的预制质量，必须按设计要求准确施加预应力。

先张法梁的预应力筋是在底模整理后，在台座上张拉已加工好的预应力筋。先张法梁通常采用一端张拉，另一端在张拉前要设置好固定装置或安放好预应力筋的放松装置。张拉前，应先在端模梁上安装预应力筋的定位钢板，检查其孔位和孔径是否符合设计要求后在台座安装预应力筋。安装张拉设备时，应使张拉力的作用线与钢筋中心线一致。张拉时应采用应力与伸长值双控制，若发现伸长值异常，应停止张拉并查明原因。

4. 预应力混凝土配料与浇筑

混凝土工程质量是保证混凝土达到设计强度等级的关键，将直接影响钢筋混凝土结构的强度和耐久性。混凝土工程采用集中拌制、搅拌运输车运输，混凝土梁浇筑采用一次整体、连续灌注。箱梁的灌注顺序为先底板，再腹板，最后顶板，采用水平分层、斜向推进灌注工艺，孔梁总体灌注宜在混凝土初凝时间内完成。混凝土振捣采用附着式振动和高频插入式振动器相配合的方法。

5. 预应力筋放松

当混凝土强度达到不低于设计强度的 75 % 以后，可在台座上放松受拉预应力筋，对预制梁施加预应力。放松过早会造成较多的预应力损失（主要是收缩、徐变损失）；放松过迟则影响台座和模板的周转。放松操作时速度不应过快，尽量使构件受力对称均匀。只有待预应力筋被放松后，才能切割每个构件端部的钢筋。实际工程中使用较多的放松预应力钢筋的方法有千斤顶放松、砂箱放松、滑楔放松和螺杆放松等。

（二）后张法预应力混凝土简支梁施工

后张法主要工序为：在构件中预留预应力筋孔道，浇筑混凝土构件；养护混凝土至规定强度后将预应力筋穿入孔道，利用张拉工具张拉预应力至控制应力；在张拉端用锚具将预应力筋锚固在构件两端；在孔道内灌注水泥浆并封锚。

后张法工序比先张法复杂，且构件上耗用的锚具和埋设件等增加了用钢量和制作成本。但后张法无须强大的张拉台座，便于现场施工，且适宜于配置曲线形预应力筋的大型和重型构件制作，在桥梁工程上也有着广泛的应用。

1. 预留孔道

预留孔道是后张法梁体施工中的一项重要工序。预留孔道的尺寸与位置应正确，孔道应平顺。端部的预埋垫板应垂直于孔道中心线并用螺栓或钉子固定在模板上，以防止浇筑混凝土时发生移动。

在梁体内预留预应力筋孔道所用的制孔器主要有橡胶管与螺旋金属波纹管，橡胶管在终凝后抽出，波纹管则留在构件中。

抽拔橡胶管制孔器也按设计位置固定在钢筋骨架中，待混凝土抗压强度达到 4 ~ 8 MPa 时（混凝土初凝之后，终凝之前），再将橡胶管抽拔出以形成孔道。这种制孔器可重复使用，比较经济，管道内压筑的水泥浆与构件混凝土结合较好。但缺点是不易形成多向弯曲形状复杂的管道，且需要控制好抽拔时间。

螺旋金属波纹管（简称波纹管）。在浇筑混凝土之前，将波纹管按预应力钢筋设计位置绑扎于与箍筋焊连的钢筋托架上，再浇筑混凝土，结硬后即可形成穿束的孔道。金属波纹管是用薄钢带经卷管机压波后卷成，其重量轻，纵向弯曲性能好，径向刚度较大，连接方便，与混凝土黏结良好，与预应力钢筋的摩阻系数也小，是后张法预应力混凝土构件一种较理想的制孔器。

2. 张拉机具使用前的校检

对预应力施工机具进行校检的方法有应力环校检、压力机校检及电测传感器校检等方法，其中，应力环校检方便灵活，不受设备条件的限制；而压力机法的优点是用千斤顶能够测出真实的伸长量，结果较为准确。

3. 预应力筋的张拉工艺

当梁体混凝土的强度达到设计强度的 75 % 以上时，才可进行穿束张拉。穿筋工作一般采取直接穿筋，较长的钢筋可借助长钢丝作为引线，用卷扬机进行穿筋。

曲线预应力筋和长度大于 25 m 的直线预应力筋，应采用两端对称张拉。长度等于或小于 25 m 的直线预应力筋，可在一端张拉。预应力筋的张拉应符合设计要求，当设计无要求时，可分批分阶段对称张拉。分批张拉时，应按顺序对称地进行，以防偏心压力过大导致梁体出现较明显的侧弯现象，同时应考虑后张拉的预应力筋对先张拉的预应力筋所带来的预应力损失。后张法预应力筋的张拉应分级进行。

4. 孔道压浆

孔道压浆能保护预应力筋不受锈蚀，并使预应力筋与混凝土梁体黏结成整体，从而既能减轻锚具的受力，又能提高梁的承载能力、抗裂性能和耐久性能。孔道压浆用专门的压浆泵进行，压浆后的提浆要求密实饱满，并应在张拉后 24 h 完成。

孔道压浆应采用强度等级不低于 42.5 级普通硅酸盐水泥或矿渣硅酸盐水泥配置的水泥浆；对空隙大的孔道，可采用砂浆压浆。为了增加孔道压浆的密实性，在水泥浆中可掺加外加剂，但掺入量不得使混凝土自由膨胀率超过 10 %，且不得掺入铝粉或氯化物或其他对预应力筋有腐蚀作用的外加剂。

压浆前，应用压力水冲洗孔道，确保孔道通畅，并吹去内积水。压浆顺序为先下孔道后上孔道，以免上孔道漏浆把下孔道堵塞。直线孔道压浆时，应从构件的一端压到另一端；曲线孔道压浆时，应从孔道最低处开始向两端进行。

5.封端

孔道压浆后应立即将梁端水泥浆冲洗干净，同时清除支承垫板、锚具上的污垢，并将端面混凝土凿毛。对端部钢筋网的绑扎和封端板的安装，要妥善处理并确保固定，以免在浇筑混凝土时因模板移动而影响梁长。封锚混凝土的强度等级应不低于梁体混凝土强度等级的80％。浇完混凝土并静置1~2 h后，应按一般规定进行浇水养护。

邻梁进行连接，焊接梁顶连接钢筋及横隔梁连接钢筋。

第二节　预应力混凝土连续梁桥施工

一、简支转连续施工

(一)简支转连续施工方法

简支转连续施工方法是指把一联连续梁、板分成几段，每段长约一孔，多段梁板在预制场预制后移运吊放到墩台顶的临时支座上，形成简支梁，在完成湿接缝、连续端的各道工序后浇筑连续端及湿接缝混凝土，然后张拉负弯矩预应力束，拆除临时支座，使连续梁落到永久支座上，完成桥梁结构由简支到连续的体系转换。

预制简支梁时按预制简支梁的受力状态进行第一次预应力筋(正弯矩筋)的张拉锚固，分片进行预制安装，安装完成后经调整位置(横桥向及高程)，浇筑墩顶接头处混凝土，更换支座，进行第二次预应力筋(负弯矩筋)的张拉锚固，进而完成一联预应力混凝土连续梁的施工。

简支转连续施工方法也存在体系转换，体系转换施工方法一般有以下三种：

① 从一端起依次逐孔连续，即先将第一孔与第二孔形成两跨连续梁，然后再与第三孔形成三跨连续梁，依此类推，形成一联连续；

② 从两端起向中间依次逐孔连续；

③ 从中间孔起向两端依次逐孔连续。

如遇长联，可按上述三种方法灵活综合选用。显然，不同的体系转换方法所产生的混凝土徐变二次力及预加力产生的二次力是不同的。

预制简支转连续施工技术具有以下特点：

① 适合于梁高较低箱梁及 T 形截面梁集零为整，形成连续梁；

② 适宜跨径为 20～50 m，且宜等跨径布置桥孔，施工工艺成熟简单，不需大型起吊设备；

③ 下部结构和预制梁可安排平行作业施工，桥梁总体施工期短。

(二) 简支转连续施工技术存在的问题

简支转连续施工技术存在的主要问题有：

① 顶板负弯矩波纹管施工中，由于靠近梁体上部，混凝土浇筑中容易出现位移，造成两梁端部的对应管道错位，不顺直，增加了内摩阻力和其他应力。振捣棒易破坏波纹管，造成漏浆，穿束困难。

② 锚固段在张拉时，钢绞线从固定端锚板滑丝，锚固区混凝土开裂，锚板变形，伸长值超标。

③ 张拉端在张拉时，锚垫板压坏，出现滑丝现象。

④ 两梁对接的连续端波纹管和张拉槽、固定槽间断的波纹管搭接困难，浇筑整体化混凝土时向管内渗浆，造成穿束困难和张拉应力误差较大。

⑤ 由于预留张拉槽、固定槽和连续端的多处波纹管搭接，压浆困难，无法直观判断压浆饱满情况，可能出现出浆口不出浆现象。

二、就地浇筑施工

(一) 概述

连续梁桥就地支架浇筑施工是在支架上安装模板，绑扎、安装钢筋骨架，预留孔道，现场浇筑混凝土，并施加预应力的方法。预应力混凝土连续梁桥采用满堂支架就地浇筑法施工时，需要在连续梁桥的一联各跨均设支架，一联施工完成后，整联卸落支架。也可以仅在一跨梁上使用移动支架逐孔现浇施工。因此，结构在施工中不存在体系转换，不产生恒载徐变二次矩。其主要特点是桥梁整体性好，施工简便可靠，对机具和起重能力要求不高。该方法缺点是：施工中需要大量的脚手架，可能影响通航和排洪；设备周转次数少，施工工期长；施工费用较高。该方法适用于低矮桥墩的中小跨径连续梁桥或弯桥、宽桥、斜交桥、立交桥等复杂桥型。其经济跨径为 20～60 m。

（二）支架

支架类型选择是就地浇筑施工的关键。支架上就地浇筑连续梁桥施工所用支架与钢筋混凝土简支梁桥就地浇筑支架基本相同。

（三）混凝土浇筑

混凝土浇筑方式有多种，以大跨径预应力混凝土箱形截面连续梁桥混凝土浇筑施工为例。

① 箱形截面混凝土浇筑顺序应按设计要求进行施工，采用一次浇筑时，可在顶板中部留一洞口以供浇筑底板混凝土，待浇好底板后立即补焊钢筋封洞，并同时浇筑肋板混凝土，最后浇筑顶板混凝土，一次完成；当采用两次浇筑时，各梁段的施工应错开。箱体分层浇筑时，底板可一次浇筑完成，腹板可分层浇筑，分层间隔时间宜控制在混凝土初凝前且使层与层覆盖住。底板混凝土浇筑至箱室倒角顶时（分层厚度可为 0.5 m），先由两侧腹板对称浇筑混凝土，使底板混凝土由箱梁两侧向横断面中部流动，然后由中腹板放料，完成该断面底板混凝土浇筑。

② 浇筑肋板混凝土时，两侧肋板应同时分层进行。浇筑顶板及翼板混凝土时，应从外侧向内侧一次完成，以防发生裂纹。

③ 当箱梁截面较大，节段混凝土数量较多时，每个节段可分两次浇筑，先浇筑底板到肋板的倒角以上，再浇筑肋板上段和顶板，其接缝按施工缝要求处理。

④ 混凝土浇筑完毕，经养护达到设计强度的 75 % 或要求的强度后，再经过孔道检查和修理管口弧度等工作，即可进行穿束、张拉、压浆和封锚。

⑤ 梁段混凝土的拆模时间，应根据混凝土强度及施工安排确定。混凝土应尽量采用早强措施，使混凝土的强度及早达到预施应力的强度要求，缩短施工周期，加快施工进度。

⑥ 梁段拆模后，应对梁端的混凝土表面进行凿毛处理，以加强接头混凝土的连接。

三、悬臂施工

（一）悬臂施工法概述

悬臂施工法亦称分段施工法，它是在已建成的桥墩上，沿桥梁跨径方向对称地逐段浇筑或拼装的施工方法。悬臂施工法按节段成型方式一般分为悬臂浇筑法和悬臂拼装法。

其主要特点：①悬臂施工法比满堂固定脚手架施工法具有更大的桥下净空；②施工时不受季节、河流水位的影响，不影响桥下通航；③减少了大量施工支架和施工设备，简化了施工程序，高度机械化，能循环重复作业。

预应力混凝土连续梁桥采用悬臂施工的方法需在施工中进行体系转换，即在悬臂施工时，结构的受力状态呈 T 形钢构、悬臂梁，待施工合拢后形成连续梁。预应力混凝土连续梁桥在悬臂施工时，由于墩梁不能承受较大弯矩，因此，施工时要采取措施临时将墩、梁固结，待悬臂施工至少一端合拢后恢复原结构状态，这是连续梁采用悬臂施工的一个特点。

悬臂施工法适用于：①位于深山峡谷之中，不便使用支架法的桥梁；②位于江河之上，水流湍急，需通航或有流冰、流木的桥梁；③不能影响桥下交通的立交桥；④工期较短的大跨度桥梁。

(二) 悬臂浇筑施工法

悬臂浇筑是在桥墩两侧对称逐段浇筑混凝土，待混凝土达到一定强度后，张拉预应力筋，然后移动机具、模板 (挂篮)，再进行下一节段的施工，一直推进到悬臂端为止。依据施工设备不同，悬臂浇筑施工可分为：移动式挂篮悬臂浇筑施工；桁式吊悬臂浇筑施工；挂篮、导梁悬臂浇筑施工。

(三) 悬臂拼装施工法

悬臂拼装法则是将预制节段块件，从桥墩两侧依次对称安装节段，张拉预应力筋，使悬臂不断接长，直至合拢的一种施工方法。

1. 节段预制

节段的划分主要由运输吊装能力、工期、预制模板等因素确定，一般长 2~5 m。节段预制的质量和定位的准确程度直接影响悬臂拼装的效果。常用的预制方法有长线浇筑和短线浇筑预制方法。

长线浇筑是在施工现场按桥梁底缘曲线制作的固定底模上分段浇筑，底模长度可取桥跨的一半或从桥墩对称取桥跨的长度，浇筑的顺序可以采用奇、偶数，即先绕奇数块节段，然后利用奇数节段的端面弥合浇筑偶数节段，使混凝土端面结合密贴，也可采用分阶段的预制方法，但长线法施工对曲线段桥梁适用性较差。

短线预制设备由可调整外部及内部模板的台车与端模架系统组成。预制时第一段混凝土浇筑完成后，在其相对位置上安装下一段模板，并利用第一节段的端面作为第二节段的端模完成混凝土的浇筑工作。如此周而复始，台座仅需三个梁段长。

长线浇筑需要较大的施工场地，并要求操作设备能在预制场地移动，节段要按序堆放。长线浇筑法宜在具有固定的水平和竖向曲率的多跨桥上采用，可以提高设备的使用效率。

节段的拼装面常做成企口缝，腹板企口缝用于调整高程，顶板企口缝可控制节段的水平位置，使拼装迅速就位，并能提高结构的抗剪能力。也有的在预制节段的底板处设预埋件，用以固定拼装时的临时筋，可加临时预应力或用花兰螺丝收紧。

2. 悬臂拼装施工

悬臂拼装的 0# 块，多数采用预制装配，由于 0# 块一般高度最大，所用混凝土最多，也可以采用梁场预制，运至现场后进行二次浇筑施工，也有部分采用全部现场浇筑施工。由于 0# 块空间位置对后续梁段拼装线形影响很大，因此 0# 块需要进行精确定位，节段预制和拼装过程需要专业人员进行监控，量测其线形结构。

悬臂拼装时，预制节段的接缝可采用湿接缝、胶接缝和干接缝。

湿接缝：是在相邻节段间现浇一段 10～20 cm 宽的高强度等级的快凝水泥砂浆或小石子混凝土，将节段连接成整体。湿接缝常在就地浇筑的 0# 块与第一节段间使用，用以调整预制节段的准确位置，此时第一节段还需用吊机固定位置，桥墩构造设计时重点考虑支承第一节段，保证第一节段的位置准确。

胶接缝：常用厚 1 mm 左右的环氧树脂水泥在节段接触面上涂一薄层，采用 0.2～0.25 MPa 的预应力拼压，将相邻节段连成整体。环氧树脂水泥在施工中起润滑作用，使接缝密贴，完工后可提高结构的抗剪能力、整体刚度和不透水性，常在节段间接缝中使用。

干接缝：是相邻节段拼装时，接缝间无任何填充料，直接将两端面直接贴合，接缝上的内力通过预应力及肋板上的齿形键传递。

通常情况下，节段拼装施工一般采用湿接缝或涂环氧树脂胶的胶接缝，尽量避免采用干接缝，干接缝节段密贴性差，接缝中水气浸入导致钢筋锈蚀。

悬臂拼装的机具很多，有移动式吊车、挂篮、桁式吊、悬索起重机、汽车吊、浮吊等。移动式吊车外形似挂篮，由承重梁、横梁、锚固装置、起吊装置、行走系统和张拉平台等几部分组成。

在墩顶开始吊装第一节段时，可以使用一根承重梁对称同时吊装，在允许布置两台移动式吊车后，开始独立对称吊装。通常是从桥下用轨道平车或驳船将节段运输至桥位，由移动式吊车吊装就位。关于合龙段的施工，一种是预留 1.5～2.0 m 合龙段，在主梁标高调整后现场浇筑混凝土张拉预应力筋，将梁连成整体。另一种是采用节段拼装合龙，浇筑合龙段湿接缝后张拉合龙束预应力钢筋，使梁连成整体。现浇合龙比节段拼装合龙施工工期长，工序复杂，但便于施工调整，而节段拼装对梁段预制和拼装的精度要求较高，合龙施工工期较短。

悬臂拼装将大跨桥梁化整为零，预制施工方便，可以上、下部结构平行施工，拼装周期短、施工速度快，预制节段施工质量容易控制，混凝土的收缩徐变变形小，结构的附加内力小，但预制节段需要较大场地，要求有一定的存梁能力，对施工精度要求较高，对于大跨径拼装影响较大。因此，悬臂拼装施工对于跨径小于 100 m 的多跨长桥是一种高效、经济的施工方法。

四、顶推施工

(一) 顶推施工法概述

顶推法多应用于预应力钢筋混凝土等截面连续梁桥和斜拉桥梁的施工。它是沿桥纵轴方向，在桥台后设置预制场地，分节段预制，并用纵向预应力筋将预制节段与前阶段施工完成的梁体连成整体，在梁体前安装长度为顶推跨径 0.7 倍左右的钢导梁，然后通过水平千斤顶施力，借助滑动装置将梁体向前顶推出预制场地，梁体通过各墩顶临时滑动支座面就位之后，继续在预制场地进行下一节段梁的预制，重复进行，直至全部完成。顶推完毕就位后，拆除顶推用的临时预应力筋束，张拉通长的纵向预应力筋束以及在顶推时未张拉到设计值的筋束；然后灌浆、封端、落梁。

顶推法适用于桥下空间不能利用的施工场地，如在高山深谷和水深流急的河道上建桥以及多跨连梁桥施工。

(二) 顶推施工法分类

顶推法施工按顶推千斤顶的设置分为单点顶推（TL 顶推）、多点顶推（SSY 顶推）；按动力装置的类别可分为步距式顶推和连续顶推；按顶推方向分为单向顶推和双向顶推；按顶推连续性分为间断顶推和连续顶推；按是否利用永久支座分为设置临时滑动支承顶推施工、使用与永久支座兼用的滑动支承顶推。

1. 单点顶推

单点顶推水平力的施加位置一般集中于主梁预制场附近的桥台或桥墩上，前方各墩上设置滑移支承。顶推装置又可分为以下两种：

① 用水平加垂直千斤顶的顶推装置。

该装置是由垂直顶升千斤顶、滑架、滑台（包括滑块）、水平千斤顶组成。它一般设置在紧靠梁段预制场地的桥台或支架底处。滑架长约 2 m，固定在桥台或支架上。滑台是钢制方块体，其顶面垫以氯丁橡胶块承托着梁体，滑台与滑架之间垫有滑块。顶推时，先将垂直千斤顶落下，使梁支承于水平千斤顶前端的滑块上；开动水平千斤顶的油泵，通过活塞向前推动滑块，利用梁底混凝土与橡胶的摩阻力大于聚四氟乙烯与不锈钢的摩阻力带动梁体向前移动；顶起千斤顶，使梁升高，脱离滑块；向千斤顶小缸送油，活塞后退，把滑块退回原处。再把垂直千斤顶落下，使梁支承在滑块上，开始下一顶推过程。

②用拉杆的顶推装置。

该装置在桥台（墩）前安装，采用大行程水平穿心式千斤顶，使其底座靠在桥台（墩）上，拉杆的一端与千斤顶连接，另一端固定在箱梁侧壁上（在梁体顶、底板预留孔内插入强劲的钢锚柱，由钢横梁锚住拉杆）。顶推时，通过千斤顶顶升带动拉杆牵引梁体前进。单点顶推适用于桥台刚度大、梁体轻的施工条件。

2. 多点顶推

由于单点顶推在顶推前期和后期，垂直千斤顶顶部同梁体之间的摩擦不能带动梁体前移，必须依靠辅助动力才能完成顶推。此外，单点顶推施工中没有设置水平千斤顶的高墩，尤其是柔性墩在水平力作用下会产生较大的墩顶位移，甚至威胁到结构的安全，为克服单点顶推的缺点，由此产生了多点顶推施工方法。

多点顶推是在每个墩台上设置一对顶推装置，要求千斤顶同步运行，将集中的顶推力分散到各墩上，在各墩上及临时墩上设置滑移支承，让梁体在滑道上前进。滑道支承设置在墩上的混凝土临时垫块上，它由光滑的不锈钢板与组合的聚四氟乙烯滑块组成，其中的滑块由聚四氟乙烯板与具有加劲钢板的橡胶块构成。顶推时，滑块在不锈钢板上滑动，并在前方滑出，通过在滑道后方不断滑入滑块，带动梁身前进。

顶推施工时，梁应支承在滑动的支座上，以减少推进阻力，梁才能向前。顶推施工的滑道是在墩上临时设置的，用于滑移梁体和起到支承作用。主梁顶推就位后，拆除顶推设备，用数只大吨位竖向千斤顶同步将一联主梁顶起，拆除滑道及滑道底座混凝土垫块，安放正式支座，进行落梁就位。

多点顶推施工的关键在于需通过中心控制室控制启动、前进、停止和换向，适用于桥墩较高、截面尺寸又小的柔性墩施工。

（三）顶推施工关键工序

1. 准备预制场地

预制场地应设在桥台后面桥轴线的引道或引桥，当为多联顶推时，为加速施工进度，可在桥两端均设场地，由两端相对顶推。预制场地的长度应考虑梁段悬出时反压段的长度、梁段底板与腹（顶）板预制长度、导梁拼装长度和机具设备材料进入预制作业线的长度；预制场地的宽度应考虑梁段两侧施工作业的需要。

预制场地上宜搭设固定或活动的作业棚，其长度宜大于2倍预制梁段长度，使梁段作业不受天气影响，并便于混凝土养护。

在桥端路基上或引桥上设置预制台座时，其地基或引桥的强度、刚度和稳定性应符合设计要求，并应做好台座地基的防水、排水设施，以防沉陷。在荷载作用下，台座顶面变形不应大于 2 mm 。台座的轴线应与桥梁轴线的延长线重合，台座的纵坡应与桥梁的纵坡一致。

2. 预制及养护梁段

模板一般宜采用钢模板，底模与底架连成一体并可升降，侧模宜采用旋转式的整体模板，内模板采用安装在可移动的台车上的升降旋转整体模板。钢筋工程应做好接缝处纵向钢筋的搭接，模板应保证刚度和制作精度，混凝土可采用全断面整段浇筑或采用两次浇筑，支座位置处的隔板在整个梁顶推到位并完成解联后进行浇筑，振捣时应避免振动器碰撞预应力筋管道、预埋件等。

3. 施加梁段预应力

梁段预应力束的布置和张拉次序、临时束的拆除次序等，应严格按照设计规定执行。在桥梁顶推就位后需要拆除的临时预应力束，张拉后不应灌浆，锚具外露出的多余预应力束不必切除。梁段间需连接的永久预应力束，应在两梁段间留出适当空间，用预应力束连接器连接，张拉后用混凝土填塞。

预制梁段的技术要求：底板平整度，要有一定的刚度和硬度；严格控制钢筋、预应力筋孔道、预埋件的位置；严格控制混凝土的浇筑质量；尽可能采用机械化装拆模板。

4. 运输与吊装梁段

梁段现场拼装平台与现浇连续箱梁台座相同，也可采用间歇式临时墩组成，确保梁段在拼装机顶推过程中不发生失稳、沉降和偏斜。梁段在拼装过程中应确保各制作节段相对位置准确，及时检查与纠正。

5. 架设导梁

导梁设置在主梁的前端，宜为钢导梁（钢横梁、钢框梁、贝雷梁或钢桁架），主梁前端装有预埋件与钢导梁栓接，导梁的长度一般取顶推跨径的0.6~0.7倍。导梁采用分联顶推时，根据设计设置后导梁，其与顶推梁的连接方式应符合设计要求。设置导梁时，导梁全部节间拼装应平整，底缘与箱梁底应在同一平面上，前端底缘应向上，呈圆弧形。

6. 设置临时墩及平台

当跨径较大时，为减小顶推时梁的内力，宜设置临时墩，城市桥梁工程临时墩的设置应考虑桥下交通、拆除等综合因素。临时墩需有足够的刚度来承受顶推时产生的水平推力，并在最大竖向荷载作用下不产生较大沉降。临时墩通常只设置滑道，需设置顶推装置时，应通过计算确定。

7. 顶推梁段

顶推施工前应对顶推设备如千斤顶、高压油泵、控制装置及梁段中线、各滑道顶的标高等进行检查合格，并做好顶推各项准备工作后，方可进行顶推。根据施工组织设计要求安装顶推泵站，顶推泵站宜采用变量泵站、分级调压、集中控制，使各千斤顶同步、有序、高效地进行顶推施工。

第三节　拱桥施工

一、现浇混凝土拱桥施工

现浇混凝土拱桥施工按所使用的设备分为以下两种：① 支架施工法；② 悬臂浇筑法。

(一) 一般规定

① 拱桥施工前应根据设计施工图、施工方案、现场条件，制定结构施工设计，其主要内容应包括：

　　a. 拱架上砌筑或现浇拱圈施工应完成拱架设计 (包括支架及支架基础设计)、拱架安装及卸落设计；

　　b. 拱圈浇筑、砌筑方法、顺序及分层分段施工程序设计；

　　c. 拱架及劲性骨架预压、加载设计、分段浇筑、分段卸载设计；

　　d. 支架或劲性骨架上现浇拱圈，分层 (环) 浇筑及分环承载设计；

　　e. 大跨度拱桥合龙设计。

② 混凝土及钢筋混凝土现浇拱桥的模板、钢筋、混凝土施工的一般技术要求应按具体的规定执行。现浇混凝土拱桥支架施工法的拱架及制作、安装、卸落一般技术要求应按技术规范执行。拱架常用的结构如南盘江特大桥的形式有满布立柱式、撑架式、组拼式、工字梁拱式、桁架拱式等。满布立柱式拱架的构造和制作都很简单，但需要立柱较多，一般用于高度和跨度都不大的拱桥。撑架式拱架是将立柱式拱架加以改进，用支架加斜撑来代替较多的立柱，由于它在一定程度上满足了通航的需要，在实际工程中采用较多。

③ 拱圈施工应按设计规定预留预拱度，中小跨径亦可根据跨径大小、恒载挠度、拱架及支架变形等因素分析计算预拱度，其值一般宜取 $L/1000 \sim L/500$。拱顶的预拱度取最大值，拱脚为 0，跨间一般按抛物线分配。

④拱圈砌筑、浇筑、安装前，应检测桥墩、桥台高程、轴线及跨径、拱架安装轴线、高程及安装质量。

(二)拱架上浇筑混凝土拱圈

1.浇筑准备

①混凝土拱圈浇筑前应检查支架、拱架及模板安装质量，检测高程、轴线合格后，在底模上放线标明拱圈(拱肋)中线、边线、分段浇筑位置。

②拱脚、拱顶及各分段点应留间隔槽。分段长度视混凝土浇筑能力和拱架结构及支架情况而定，一般宜取6~15 m。

2.施工技术要点

①跨径小于16 m的拱圈或拱肋混凝土，应按拱圈全宽度从两端拱脚向拱顶对称地连续浇筑，并在拱脚混凝土初凝前全部完成。若预计不能在限定时间内完成，则应在拱脚预留一个隔缝并最后浇筑隔缝混凝土。

②跨径大于或等于16 m的拱圈或拱肋，应沿拱跨方向分段浇筑。分段位置应以能使拱架受力对称、均匀和变形小为原则，拱式拱架宜设置在拱架受力反弯点、拱架节点、拱顶及拱脚处；满布式拱架宜设置在拱顶、1/4跨径、拱脚及拱架节点等处。各段的接缝面应与拱轴线垂直，各分段点应预留间隔槽，其宽度一般为0.5~1.0 m，但安排有钢筋接头时，其宽度还应满足钢筋接头的需要。若预计拱架变形较小，可减少或不设间隔槽，而采取分段间隔浇筑。

③分段浇筑程序应符合设计要求，应对称于拱顶进行，使拱架变形保持均匀和尽可能最小，并应预先做出设计。分段浇筑时，各分段内的混凝土应一次连续浇筑完成，因故中断时，应浇筑成垂直于拱轴线的施工缝；若已浇筑成斜面，应凿成垂直于拱轴线的平面或台阶式接合面。

④间隔槽浇筑混凝土，应待拱圈分段浇筑完成后且其强度达到75%设计强度和接合面按施工缝处理后，由拱脚向拱顶对称进行浇筑。拱顶及两拱脚间隔槽混凝土应在最后封拱时浇筑。封拱合龙温度应符合设计要求，若设计无要求时，宜在接近当地年平均气温或5℃~15℃时进行，封拱合龙前用千斤顶施加压力的方法调整拱圈应力时，拱圈(包括已浇间隔槽)的混凝土强度应达到设计强度。

⑤浇筑大跨度钢筋混凝土拱圈(拱肋)时，纵向钢筋接头应安排在设计规定的最后浇筑的几个间隔槽内，并应在这些间隔槽浇筑时再连接。

⑥浇筑大跨径拱圈(拱肋)混凝土时，宜采用分环(层)分段法浇筑，也可沿纵向分成若干条幅，中间条幅先行浇筑合龙，达到设计要求后，再按横向对称、分次浇筑合龙其他条幅。其浇筑顺序和养护时间应根据拱架荷载和各环负荷条件通过计

算确定，并应符合设计要求。

⑦大跨径钢筋混凝土箱形拱圈（拱肋）可采取在拱架上组装并现浇的施工方法。先将预制好的腹板、横隔板和底板钢盘在拱架上组装，在焊接腹板、横隔板的接头钢筋形成拱片后，立即浇筑接头和拱箱底板混凝土，组装和现浇混凝土时应从两拱脚向拱顶对称进行，浇筑底板混凝土时应按拱架变形情况设置少量间隔缝并于底板合龙时填筑，待接头和底板混凝土强度达到设计强度的 75 % 以上后，安装预制盖板，然后铺设钢筋，现浇顶板混凝土。

（三）劲性骨架浇筑拱圈

1. 一般规定

劲性骨架浇筑混凝土拱圈，主要用于大跨径拱桥、无支架悬挂模板现浇，施工前必须编制施工设计和监控方案，并符合下列要求：

①劲性骨架可根据施工图设计选定的钢桁架拱圈、钢管混凝土拱圈或钢管混凝土组拼桁架拱圈，分别采用工厂制作、现场分段吊装，架设成拱。

②劲性骨架设计，应主要由施工阶段荷载控制。除验算使用阶段受力外，应分别验算骨架安装阶段及各环拱圈混凝土浇筑阶段的受力状态，同时考虑劲性骨架结构构件的受力历程，防止局部构件先期失稳。劲性骨架混凝土拱圈施工过程的各阶段都必须有足够的强度、刚度和稳定性。

③劲性骨架混凝土拱圈的浇筑方法，可依具体条件采用分环多工作面均衡浇筑法、斜拉扣挂分环连接浇筑法、水箱压载分环浇筑法和斜拉扣挂连续浇筑法。

④劲性骨架混凝土拱圈分环浇筑，应制定浇筑程序，计算分析分环浇筑、分环合龙和分环承载各阶段的骨架及骨架与分环混凝土拱圈联合结构的变形、应力及稳定性，并在施工过程中严格监控。

⑤依据分环浇筑需要，可采用水箱法或其他加载方法加压，减少劲性骨架变形。施工设计时要对加压、卸载的程序和方法妥善安排，并计算分环拱圈混凝土浇筑、压载、卸载过程的变形及骨架结构受力状态。严格监控实施过程，保持劲性骨架的竖向、横向变形在设计允许范围内。

2. 施工技术要求

①分环多工作面均衡浇筑劲性骨架混凝土拱圈（拱肋）时，各工作面可根据模板长度分成若干工作段，各工作面要求对称均衡浇筑，两个对应的工作面浇筑进度差不得超过一个工作段。

②水箱压载法，即在拱圈（或拱肋）顶部布置水箱，随着混凝土浇筑面从拱脚向拱顶的推进，根据拱圈（或拱肋）变形和应力的观测值，通过对水箱注水加载或放

水卸载来实现对拱轴线竖向变形的控制。

用水箱压载分环浇筑劲性骨架混凝土 (拱肋) 时，当混凝土浇筑至 $L/4$ 截面区段时，应严格控制好拱圈的竖向变形及横向变形，防止钢骨架杆件应力超过极限强度而导致失稳。为使混凝土适应钢骨架变形，避免开裂，浇筑第一环 (层) 混凝土时，可在 $L/4$ 界面处设变形缝，变形缝宽200 mm，待浇完第一环混凝土后用高一级混凝土填实。

③ 用斜拉扣挂分环连接浇筑劲性骨架混凝土拱圈 (拱肋) 时，应选择可靠和操作方便的扣挂及张拉系统，选好扣点和索力，设计好扣索的张拉与放松程序，以便有效地控制拱圈截面应力和变形，确保混凝土从拱脚向拱顶对称连续浇筑的实施。

斜拉扣挂法就是在拱圈 (拱肋) 适当位置选取扣点，用钢绞线作为扣索 (斜拉索)，两岸设置临时塔架，在混凝土浇筑过程中，根据各断面的应力情况进行张拉或放松，实现从拱脚到拱顶连续浇筑混凝土。

扣点作为施加在拱肋上拉力的作用点，其位置可根据受力要求并考虑钢骨架吊装大段的接头位置，以便合理选择。

扣索的索力可采用制定应力法来确定，即指定拱肋断面的应力在某一范围内，在浇筑某一环混凝土时，若应力在此范围内，可不张拉扣索；若超过指定范围，则用扣索来调整应力。扣索的张拉与放松过程，一般是从拱脚往上浇筑混凝土后，拱脚转而受压，趋于全拱均匀受荷，就要逐渐放松扣索。混凝土浇完，且扣索已松完，转变为纯拱受荷体系。

④ 浇筑劲性骨架混凝土拱圈 (拱肋) 时，要严格控制钢骨架及先期混凝土层的竖向、横向变形，其变形值应符合设计要求，相对高差和横向位移应符合检测标准，否则应采取纠正措施。

⑤ 在拱圈合龙及混凝土或砂浆达到设计强度的30 % 后即可进行拱上建筑以及后期附属设施的施工。空腹式拱上建筑一般是砌完腹孔墩后即卸落拱架，再对称均衡地砌筑腹拱圈、侧墙。实腹式拱上建筑应由拱脚向拱顶对称地砌筑，砌完侧墙后，再填筑拱腹填料及修建桥面结构等。

二、装配式混凝土拱桥施工

(一) 装配式桁架拱和刚构拱预制

1. 拱肋预制一般规定

① 拱肋预制可依据跨径大小、安装方法分段预制，分段数量及分段长度应按设计规定或施工设计执行。

②拱肋宜立式浇筑，便于起吊，为土牛拱胎立式预制法。

③箱形、U形拱肋必须立式预制，混凝土浇筑可采取一次浇筑法或二次浇筑法。二次浇筑时，施工缝位置应设在腹板以上。

④拱肋卧式预制时，对起吊、扶正应有可靠性措施，不得直接搬起扶正。

2.桁架拱片预制一般规定

①桁架拱片可依跨径大小、架设方法，采取整片、分段或分杆件预制。分段与分杆件分解长度及接头构造应按设计规定执行。

②拱片长度一般采取卧式预制。拱片起吊、扶正必须将全片水平起吊后，再悬空翻身竖立，起吊过程要求各点受力均匀，拱片保持平面状态，不得扭、折。

③拱片起吊时，对其薄弱部位应依受力情况予以加固。

（二）装配式桁架拱和刚构拱安装

装配式桁架拱和刚构拱的安装程序为：在墩台上安装预制的桁架（刚架）拱片，同时安装横向联系构件，在组成的桁架拱（刚架拱）上铺装预制的桥面板。

多孔桁架拱（刚架拱）采用少支架安装时宜逐孔进行，卸架应安排在各孔拱片都合龙后进行，卸架程序应按照设计要求或根据桥墩所能承受的最大不平衡推力计算确定。

拱片采用无支架安装时，可采用分段、分杆件或悬臂拼装的方法进行。在成拱过程中，应及时安装横向联结系和横向临时稳定风缆等。拱片分杆件安装时，宜先安装由下弦杆与跨中实腹段组成的"拱肋"单元，再由实腹段两端向拱脚对称地逐个安装由斜杆、竖杆和上弦杆组成的三角形单元。拱片采用悬臂拼装方案时，还应注意张拉预应力筋必须在相邻两段拱片吊装好并横向联系牢固，待形成较稳定的框架之后进行，防止张拉时发生横向失稳。

装配式桁架拱、刚构拱无支架安装的接头类型应符合设计规定。大跨径桁式组合拱的拱顶接头施工还应符合下列规定：

①两岸合龙段构件吊装就位，在封顶以前，应对拱顶接头施加预应力以调整应力，然后浇筑拱顶湿接头混凝土，待接头混凝土达到规定强度后方可松索合龙。

②湿接头混凝土宜采用较构件混凝土强度高一级的早强混凝土。

（三）无支架安装拱圈

拱圈的无支架吊装可根据河床、地形、桥梁跨径、吊装设备等情况选择适当的方案。起重设施、设备均应按有关规定设计、计算确定。

①缆索吊机架设的一般规定。

a.承重主索、塔架、索鞍、风缆、地锚等设施的强度及稳定性以及地基承载力均应按有关规定验算，符合规定要求。

b. 主索的设计垂度可采用塔架间距 1/20 ~ 1/15，主索的计算荷载应计入 1.2 的冲击系数。

c. 因塔顶受水平分力作用，为防止失衡、摆动，应设缆索加固。

d. 缆索吊机组装完毕应全面检查，并进行试吊、试拉、试运行。试吊荷载应不小于使用荷载的 130 %。

② 扣索、扣架一般规定。

a. 扣索、扣架应布置合理，扣架底座应与墩、台固定，扣架顶部应设风缆，扣索、扣架的强度及稳定性应经验算符合有关规定；

b. 各扣索位置必须与所吊拱肋在同一竖直面内；

c. 拱架顶面高程应高于拱肋扣环高程。

③ 构件拼装应结合桥梁规模、河流、地形及设备等条件采用适宜的吊装机具，各项机具设备和辅助结构的规格、型号、数量等均应按有关规定经过计算设计确定。缆索吊机在吊装前必须按规定进行张拉和试吊。

④ 拱肋吊装时，除拱顶段以外，各段应设一组扣索悬挂。

⑤ 整根拱肋吊装或每根拱肋分两段预制、吊装，对中小跨径的箱形拱桥，当其拱肋高度大于 0.009 ~ 0.012 倍跨径，拱肋底面宽度为肋高的 0.6 ~ 1.0 倍，且横向稳定安全系数不小于 4 时，可采取单肋合龙，嵌紧拱脚后松索成拱。

⑥ 大、中跨径的箱形拱，其单拱合龙横向稳定安全系数小于 4 时，可先悬扣多段拱脚段或次拱脚段拱肋，然后用横夹木临时将相邻两肋连接后，安装拱顶段单根肋合龙，松索成拱。

⑦ 当拱肋跨径不小于 80 m 或横向稳定安全系数小于 4 时，应采用双基肋合龙松索成拱的方式，即当第一根拱肋合龙并校正拱轴线，压紧拱肋接头缝后，稍松扣索和起重索，压紧接头缝，但不卸掉扣索和起重索。待第二根拱肋合龙，两根拱肋横向连接固定好并拉好风缆后，再同时松卸两根拱肋的扣索和起重索。

⑧ 当拱肋分三段吊装，采用阶梯形搭接接头时，宜先准确扣挂两拱脚段，调整扣索使其上端头较设计值高 30 ~ 50 mm，再安装拱顶段使之与拱脚段合龙；采用对接接头时，宜先悬扣拱脚段初步定位，使其上端头高程比设计值抬高 50 ~ 100 mm，然后准确悬扣拱顶段，使其两端头比设计值高出 10 ~ 20 mm，最后放松两拱脚段扣索使其两端均匀下降与拱顶段合龙。

⑨ 当拱肋分五段吊装时，宜先从拱脚段开始依次向拱顶分段吊装就位，每段的上端头断面不得扭斜。首先使拱脚段的上端头较设计高程抬高 150 ~ 200 mm，次边段定位后，使拱脚段的上端头抬高值下降为 50 mm 左右，应保持次边段的上端头抬

高值约为拱脚段的上端头抬高值的 2 倍的关系，否则应及时调整，以防拱肋接头处开裂。

⑩ 当拱肋分七段吊装，受施工条件或地形限制无法采用双肋合龙时，在对风缆系统进行专门设计，确保拱肋横向稳定安全系数不小于 4，拱肋接头强度满足该施工阶段设计要求，并经监理工程师审批后，可采用单拱合龙。

⑪ 在各段拱肋松索过程的一般规定。

a. 松索前应校正拱轴线位置及各接头高程，使之符合要求。

b. 每次松索均应采用仪器观测，控制各接头、拱顶及 1/4 高程，防止拱肋接头发生非对称变形而导致拱肋失稳或开裂。

c. 松索应按照拱脚段扣索、次拱脚段扣索、起重索三者的先后顺序，并按比例定长对称、均匀松卸。

d. 每次松索量不应较大，各接头高程变化不宜超过 10 mm，每次松索压紧接头缝后应普遍旋紧接头螺栓一次。当接头高程接近设计值时，宜用钢板嵌塞接头缝隙，再将扣索、起重索放松到基本不受力，压紧接头缝，拧紧接头螺栓，同时用风缆调整拱肋轴线的横向偏位，并应观测拱肋各接头、1/8 跨及拱顶高程，使其在允许偏差范围之内。

e. 大跨径箱形拱桥分三段或五段吊装合龙成拱后，根据拱肋接头密合情况及拱肋的稳定度，可保留起重索和扣索部分受力，待拱肋接头的连接工序基本完成后再全部松索。

⑫ 拱肋接头电焊作业应在调整完轴线偏差、嵌塞并压紧接头缝钢板之后和全部松索成拱之前进行。拱肋接头部件电焊时，应采取分层、间断、交错方法施焊，每层不可一次焊得太厚，以免周围混凝土烧坏，最后应将各接头螺栓拧紧并焊死。

⑬ 多孔装配式拱桥应用根据有无制动墩的情况确定吊装方案，吊装时应严格按设计加载程序进行。

第四节　钢桥与大跨度桥梁施工

一、钢桥施工

（一）钢桥分类

钢桥根据主要承重结构的受力体系，可以分为梁式桥、拱桥、刚构桥、斜拉桥、悬索桥和混合体系桥梁；按截面形式，可分为钢板梁、钢桁梁和钢箱梁等。

1. 钢板梁桥

(1) 钢板梁桥的结构形式与组成

钢板梁桥是指由钢板焊接、栓接或铆接，形成工字形的实腹式钢梁作为主要承重结构的桥梁。焊接工字形梁是由上下翼板和腹板焊接而成，具有结构灵活、构造简单、受力明确、工地连接方便、单个构件重量轻等优点，适用跨径可以达到60 m，是中小跨径钢梁桥最常用的结构形式。当跨径较大的桥梁采用钢板梁桥时，主梁高度和用钢量将增加。

① 钢板梁桥的结构形式。

钢板梁桥的基本结构体系可以分为简支钢板梁桥、连续钢板梁桥和悬臂钢板梁桥。简支钢板梁桥是最简单的结构形式；当跨径较大时，多采用连续钢板梁桥，与简支梁桥相比，它有伸缩缝少、噪声小、行车平稳、挠度小等优点，但连续梁对地基不均匀沉降较为敏感，软土地基的连续梁桥附加弯矩较大。

悬臂钢板梁桥是静定结构，弯矩与连续梁桥比较接近，截面比简支梁经济，对地基不均匀沉降不会产生附加弯矩；但伸缩缝多、悬臂挠度大、线形有折角现象，对行车不利，而且构造受力均较为复杂，容易引起疲劳破坏等，现已较少采用。

② 钢板梁桥的组成。

钢板梁桥上部结构主要由主梁、横向联结系、纵向联结系和桥面系组成。主梁起到整个桥梁的承重作用，把由横向联结系、纵向联结系和桥面系传来的荷载传递到支座。横向联结系有实腹式梁和空腹式桁架形式，它是为把各个主梁连接成整体，起到荷载横向分布、防止主梁侧向失稳的作用。纵向联结系通常采用桁架式结构，其作用主要是加强桥梁的整体稳定性、与横梁共同承担横向力和扭矩的作用。桥面系主要是为了提供桥梁的行车部分，把桥面荷载传送到主梁和横梁。

(2) 钢板梁桥的横截面布置

横截面布置主要确定主梁的根数与间距，其直接影响主梁的受力大小与截面尺寸，同时影响桥面板的跨径和受力状态。当桥面板直接支承于主梁时，主梁的间距决定桥面板的跨径，主梁的位置还会影响到桥面板的受力，因此主梁间距过大时往往需要设置内纵梁或较密的横隔板来减小桥面板的跨径。

(3) 钢板梁桥的平面布置

① 横向联结系的布置。

上承式板梁桥在两主梁之间设有上下横撑和斜撑。横向联结系的结构形式和数量主要由桥梁的整体横向刚度和主梁的侧向失稳要求控制设计。横梁要求有足够的刚度，通常可以采用实腹式结构形式。对于为防止主梁侧向失稳而布置的横梁，因其仅对主梁的侧向变形起到支承约束作用，故也可采用刚度相对小一些的桁架式横向联结系。

②纵向联结系的布置。

在上下横撑处两主梁之间的平面内还设置交叉杆，在上面的杆件与上梁的上部翼缘组成一个水平桁架，称为上面水平纵向联结系。纵向联结系对于防止板梁桥施工时的失稳和抵抗横向力及扭矩有很大的作用，需有足够的强度和刚度。

2. 钢桁梁桥

(1) 主桁

主桁是钢桁梁桥的主要承重结构，它由上弦杆、下弦杆和腹杆（两弦杆之间的斜杆、竖杆）组成。各杆件交汇处用节点板连接形成节点。

(2) 联结系

要使主桁架形成稳定的空间受力结构，必须设置水平桁架把两片或多片桁架连接成空间受力结构，这个上、下水平桁架，统称为纵向联结系。横向联结系是指为了增加桁梁桥的抗扭刚度并提高横断面的稳定性，以确保各片主桁架共向受力而在主桁的竖杆平面内设置的横向联结。

(3) 桥道系

桥道系是指桥面、纵梁、横梁以及它们之间的联结系统。为提供行车桥面，应设置纵、横梁的桥道梁，支撑桥面板，或设置纵、横肋支撑钢板的钢桥面。从桥面传来的荷载经由纵梁传递至横梁，然后传至主桁节点，并最终传至基础。

3. 钢箱梁桥

(1) 钢箱梁的主要形式

钢箱梁桥是指其主梁为薄壁闭合截面形式的钢梁桥。当跨径较大（通常超过60 m）时，设计和施工采用箱形梁桥的形式较为合理。箱梁的构造形式有单箱单室箱梁桥、双箱单室箱梁桥、多箱单室箱梁桥、倾斜腹板的倒梯形箱梁桥、扁平钢箱梁等。

钢箱梁具有很好的受力特性，它的翼缘宽度大，具有很大的抗弯能力，跨越能力较大；具有很大的抗扭刚度，荷载横向分配均匀，适合于扭矩较大的弯桥等复杂桥梁；具有很大的横向抗弯刚度，横向稳定性好，可以抵抗很大的水平力作用，省去纵向联结系，对于单箱结构不需要横向联结系；单根箱梁的整体稳定性好，便于吊装和无支架施工；构件数远比工字形梁少，施工速度快；梁高大，适合于立交桥和建筑高度受到限制的桥梁等。

(2) 钢箱梁的构造

钢箱梁的组成部分主要是顶、底板、腹板和加劲构件。顶板又兼作桥面之用，分为钢筋混凝土桥面板和钢桥面板两种。为减轻重量，增加箱梁整体性，工程中往往采用正交异性钢桥面板。

① 正交异性钢桥面板。

由于加劲钢板的纵、横肋刚度不同，两个方向的弹性性能也不同，这种具有"正交异性"的板通常就称为正交异性板。箱形截面梁的顶板用作钢桥面板，一般钢板厚度不小于 10 mm，同时钢板下面还要用密布的纵肋及垂直于纵肋的、分布较疏的横肋来加劲。

② 箱梁的腹板、底板和加劲肋。

箱梁的顶板、底板和腹板，其板厚与高度和宽度之比非常小，是较混凝土箱梁更为典型的闭口薄壁结构，因此必须有一定数量的加劲肋构件，如用加劲肋和横隔板来保证其刚度和受力性能。腹板的加劲肋仅设在内侧，腹板沿长度方向需要设置焊接或栓接的竖向接头，而沿高度方向则随尺寸而定。为保证腹板局部屈曲的安全性，需要设置一定的水平加劲肋和竖向加劲肋。

③ 扁平钢箱梁的构造。

扁平钢箱梁结构是由众多纵横加劲梁和盖板组成的封闭式扁平薄壁箱形结构，梁高与跨径和梁宽相比较小，适用于现代大跨度斜拉桥、悬索桥等。

(二) 钢梁制作施工

钢梁的制作主要包括下列工艺过程：钢材矫正与放样、加工切割、再矫正、制孔、边缘加工、组装、焊接 (或铆接)、构件矫正、栓接摩擦面加工、试拼装、除锈涂漆等。

1. 钢材和零部件矫正

钢材由于生产、贮运等原因，以及经过冲、剪分离等初加工制成零件毛坯料后，可能会出现各种各样的变形，在钢梁制作前，应按照工艺要求对其进行矫正。矫正钢材变形可分为冷作矫正和加热矫正。冷作矫正是在常温下进行的机械矫正或手工矫正；加热矫正是先将钢材加热到一定温度，然后对其进行矫正。

2. 钢材放样与加工

(1) 钢材放样与号料

钢材放样从熟悉图纸开始，首先应仔细阅读技术要求及说明，并逐个核对图纸之间的尺寸和方向等。钢材放样应采用经过计量检定的钢尺，并将标定的偏差值计入量测尺寸。尺寸画法是先量全长后分尺寸，不得分段丈量相加，避免偏差积累。特别应注意各个部件之间的连接部位、连接方式和尺寸是否一一对应，若发现有疑问之处，应与有关技术部门联系并解决。

放样以 1：1 的比例在样板台上弹出大样。当大样尺寸过大时，可分段弹出。放样过程中碰到技术上的问题，要及时与技术部门联系并解决。由于尺寸的变更、材料的代用而产生的与原图不相符处，要及时与设计单位联系做好更改。放样结束后，应对照图纸进行自检。检查样板是否符合要求，核对样板数量，并报质检员。

号料是以样板为依据，在材料上画出实样并打上各种加工记号。号料前必须了解原材料的钢号及规格，检查原材料的质量，如有疤痕、裂缝、夹灰、厚度不足等现象应调换材料，或取得技术部门同意后方可使用。号料的钢材必须摆平放稳，不得弯曲。大型型钢号料，应根据画线的方便来摊料，两根型钢之间要留有 10 cm 以上的间距，以便于画线。

（2）钢材切割

对于长条板件采取手工号料、多头直条数控切割机下料。对于筋板、端板等各类节点板，可在计算机上编制切割程序，采取数控切割。各类切割件切割前需对号料线、数控程序进行审核，合格后方可切割下料。主梁翼板、腹板长度拼焊缝要错开 200 mm 以上。切割后的钢材不得有分层，断面上不得有裂纹，应清除切口处的毛刺、熔渣和飞溅物。

（3）钢材制孔

钢材制孔包括冲孔、钻孔和扩孔。钢材制孔后应用磨光机清除孔边毛刺，并不得损伤母材。螺栓孔的允许偏差超过规范规定时，不得采用钢块填塞，可采用与母材材质相匹配的焊条补焊，打磨平整后重新制孔。螺栓孔的加工采用数控钻床加工，对连接板要采用套钻方法，以保证钢架的组装精度。

（4）钢材组装与焊接

钢结构构件的组装是遵照施工图的要求，把已加工完成的零件或半成品装配成独立的成品构件。零部件在组装前应矫正其变形并达到符合控制偏差范围以内，接触表面应无毛刺、污垢和杂物，并符合相关规定。组装时，应配有适当的工具和设备，如组装平台或胎架、夹具、定位器等，以保证组装足够的精度。组装出首批构件后，必须由质检部门进行全面检查，经认可合格后方可进行继续组装。

施焊前应复查组装质量和焊接区域的清理情况，确认材料及焊材是否进行工艺评定。焊接顺序和熔敷顺序是关系到减少焊接变形的重要因素，选择焊接顺序和熔敷顺序时应注意尽可能减少热量的输入，并必须以最小限度的线能量进行焊接；不要把热量集中在一个部位，尽可能均等分散；可采用先行焊接产生的变形由后续焊接抵消的施焊方法；从结构的中心向外进行焊接；从板的厚处向薄处焊接，对于重要结构处的多层焊必须采用多层多道焊，应按照规定对其进行质量检查，检查方法有超声波探伤和 X 射线检查。焊接结束后的焊缝及其两侧必须彻底清除焊渣、金属飞溅物和焊瘤等，在焊缝附近打上钢印代号。

3. 钢材试装

栓、焊钢梁的某些构件，由于运输和架设能力的限制，必须在工地进行拼装。为了保证钢梁拼装时栓孔不发生错位，对杆件工地栓孔的钻制要求非常精确。运送至工地的各构件，须在出厂前进行试拼装，以验证工艺设备是否精确可靠。对杆件进行连接时，按规定冲钉和高强度螺栓总数不得少于孔眼总数的 1/3，其中冲钉不得多于 2/3；在孔眼较少的部位，冲钉和螺栓总数不得少于 6 个。

（三）钢桥架设施工

1. 膺架法架设钢梁

膺架法架设钢梁法是先在桥孔内利用型钢或制式常备杆件（万能杆件）组拼成膺架，再在膺架上组拼、架设整孔或整节（部分）钢梁的一种架梁方法。膺架形式主要有满堂式支架和梁式支架。满堂式支架具有对地基承载力不高、安装方便、受力均匀等优点，适用于没有通航要求的施工现场；梁式支架可以满足有一定通航要求的钢桥架设施工，但往往需要在跨间设置临时支墩。因在膺架上拼装钢梁施工中需搭设膺架，故适用于桥下净空不高的情况。在膺架上拼装钢梁，可采用纵向分段拼装法和竖向分层拼装法进行组装。

膺架法架梁的施工工序：组拼膺架—鹰架顶面铺轨及设置木垛—钢梁组拼—调整拱度—螺栓初拧及终拧—顶梁安装支座—拆支垛、落梁就位—铺设桥面—安装附属设备—喷漆。

2. 悬臂拼装法架设钢梁

悬臂拼装法架设钢梁是指在桥位处无法布设连续支架的条件下，钢梁从桥孔的一端开始，逐节悬臂拼装钢梁的施工方法。钢桥的悬臂拼装施工适用于桥墩较高、跨度较大的桥以及在通航河流或水深流急，有流冰或有较多木排的河流上架设的桥梁；钢梁的结构形式有利于悬臂架设时（如连续桁梁、悬臂桁梁等），也可选用悬臂拼装法架设钢梁。

悬臂拼装法架设钢梁的主要原则是使拼装好的杆件尽快形成闭合的三角形，组成稳定的几何不变体系，并尽快安装纵横联结系，保证结构的空间稳定，同时先拼装好的杆件，不应妨碍后装杆件的安装与吊机运行。为保证悬臂拼装安全、顺利进行，施工时可对安装应力最大的杆件采取临时加固措施，在伸臂安装应力最大区段加设加劲梁，在墩旁设托架，或在安装应力最大区段铺设预施拉力吊索。

3. 拖拉法架设钢梁

拖拉法架梁，是将钢梁在桥头路堤上或脚手架上组拼，并在钢梁下设上滑道、路堤或脚手架上设下滑道，通过上、下滑道间的滚轴，将钢梁拖拉至预定桥孔，顶落梁就位的施工方法。钢梁采用拖拉法架设施工时，首先应在桥跨附近的相邻孔位处平整场地，布置拼装支架及拖拉支架，拼装支架顶面布置拼装平台，钢梁在拼装平台上使用吊机安装，通过牵引装置在拖拉支架上滑移钢梁至桥跨处，钢梁调整后就位，进行下一步桥面附属施工。

钢梁一般一次性拼装完成，整体拖拉到位，若为节省下滑道长度，也可随拼随拖。在滑道布置等准备工作完善后即开始牵引钢梁滑移，可采用卷扬机滑轮组连续拖拉钢梁前移，每次拖拉一个节段，滑移过程应尽量平稳，左右行程要一致。

待钢梁拖拉到位且所有高强度螺栓均已终拧后即可开始落梁操作，钢梁的位置调整可通过墩顶布置的横向及纵向调节装置来实现，纵向调整一般在钢梁拖拉至墩顶后大致对位，再通过墩顶千斤顶水平向微调定位，钢梁的横移即先在钢梁的支点下布置千斤顶，各点均匀、同步起顶，利用墩顶（或托梁）上的横移设备，将钢梁横移至设计位置，再缓慢下落至支座上，将钢梁承重点从支架上转换到正式桥墩的支座上。

二、大跨度桥梁施工

（一）斜拉桥施工

1. 斜拉桥概述

斜拉桥也称斜张桥、斜缆桥或牵索桥等，它是以通过或固定于桥塔（索塔）并锚固于桥面系的斜向拉索作为上部结构主要承重构件的一种结构。斜拉桥不仅采用高强度拉索代替桥墩，还使桥面处于预应力工作状态，是一种较理想的适应较大跨径的桥梁形式，也是更有效地利用结构材料的桥型。斜拉桥的主要组成部分为索塔、主梁及拉索，由于主要组成部分构造形式的不同，构成了不同类型的斜拉桥。

斜拉桥上部结构的施工主要包括三个部分，即索塔的施工、主梁的施工及拉索的施工。

2. 索塔的施工

索塔的横向形式有单柱式、双柱式、门架式、花瓶形、钻石形等多种形式。按照建筑材料，可分为钢筋混凝土索塔、钢索塔、预应力混凝土索塔。由于钢筋混凝土索塔应用最为广泛，下面主要介绍钢筋混凝土索塔的施工方法。

（1）钢筋混凝土索塔施工

钢筋混凝土索塔的施工，可以采用现场浇筑、预制吊装、翻模、滑模、爬模浇筑等多种方法，它们各有其特点和适用范围。由于爬模施工在工程中应用范围最广，这里着重介绍爬模施工方法。

① 现场浇筑：可分为支架施工和无支架裸塔施工。这两种施工方法工艺成熟、简便易行，无须专用的施工设备，能适应较复杂的断面形式，对锚固区的预留孔道和预埋件的处理也较方便，但有费工、费料、速度慢的缺点。此法适用于索塔高度较小的斜拉桥施工。

② 预制吊装：该法可将节段预制与基础施工同时进行，可加快施工速度，但该法需起重能力较大的专用起重设备。如果索塔的高度较高、断面较大，则很难采用预制吊装法施工。一般很少采用这种方法施工。需要说明的是，虽然预制吊装在钢筋混凝土索塔中有所应用，但仅在钢索塔中此方法应用最为广泛。

③ 翻模施工：翻模施工方法应用较早，施工比较简单，能保证几何尺寸，外观整洁，但模板高空翻转，操作危险，沿海地区不宜采用这种方法。

④ 滑模施工：此种施工方法施工速度快，劳动强度小，但技术要求比较高，施工控制复杂，外观质量较差，且易污染。一般倾斜度较大，预留孔道及埋件多的索塔不宜采用此种方法。

⑤ 爬模施工：爬模施工兼具有翻模和滑模施工的优势，施工安全、质量可靠、修补方便。国内外大多数的斜拉桥都采用此方法。下面重点介绍一下爬模施工。

爬模施工是系统自备有提升设施或提升动力的模板系统，使用较多的是液压式爬模，模板一般采用钢模板，沿竖向一般布置 3 ~ 4 节，每节高度根据模板支架的构造、提升能力等采用 2 ~ 5 m。爬模施工按照有无模架，可分为无模架爬模法施工和有模架爬模法施工。

(2) 斜拉索锚固管定位

斜拉索的锚固管全部集中在索上部的锚固区，其位置的准确性直接影响到斜拉桥的工程质量。锚固管的精密定位是索塔施工的重点，是控制索塔施工的关键，锚固管定位要求平面及高程误差不得大于 5 mm。为了保证索塔及锚固管位置的准确，现在的钢筋混凝土索塔设计中都布设有刚性骨架。刚性骨架由型钢制作，其安装精度易于保证，锚固管等可以比较容易地精确固定在刚性骨架上，而且在混凝土灌注过程中也不易发生移动。刚性骨架不仅可用来悬挂固定模板，还可临时安装吊装用的起吊设备等。

(3) 索塔施工变形观测

变形观测是指导施工及相应测量工作的依据。索塔施工中因受气温及日照的影响，索塔将会发生变形，因此，在不同时刻进行观测，就会有不同的结果，这就需要研究掌握索塔在自然条件下的变化规律。另外，在主梁施工过程中，为掌握索塔在索力影响下偏离平衡位置的程度，也需要进行索塔施工的变形观测。钢筋混凝土索塔大多采用高等级混凝土泵送法施工。因此，对混凝土的早强性和可泵性有一定的要求，需对混凝土的用料、级配及其外加剂严格把关，要严格按混凝土施工的有关规定进行。

3. 梁体施工

混凝土斜拉桥主梁截面有实心板截面、边箱梁截面、箱形截面、带斜撑箱形截面和肋板式截面。实心板截面适用于跨径 200 m 以下的混凝土斜拉桥，肋板式截面及边箱梁截面适用于双索面斜拉桥，带斜撑的箱形截面适用于单索面斜拉桥。当桥面很宽时，箱梁截面可考虑设为单箱多室截面、肋板式及边箱梁截面。钢梁斜拉桥主梁截面有箱形截面、板板截面、分离式边箱截面和钢板梁截面。

斜拉桥的主梁制作与安装几乎可采用任何一种梁桥的施工方法，如缆索法、支架法、顶推法、悬臂法、平转法等。由于斜拉桥梁体尺寸较小，各节段间有拉索，索塔还可以用来架设辅助钢索，因此采用各种无支架施工方法更为有利。采用何种施工方法，要根据桥梁的构造特点、施工技术及设备、现场条件等因素确定。

（1）缆索法

缆索法是用缆索系统架设桥梁的方法。缆索装置又叫施工索道或缆索起重机，用此种方法架设斜拉桥，可用索塔代替施工索道中的塔柱，物尽其用。在这种施工方法中，索塔既是桥梁结构的重要组成部分，又是施工设施的主要组成部分。

（2）支架法

支架法是在支架或临时墩上修建斜拉桥主梁最简单方便的方法，但这种方法只有当桥不高且临时支架不影响桥下交通时才有可能采用。因此，一般多用于在河滩地段边跨的施工。采用此法施工能保证桥梁设计要求的几何形状、尺寸、坡度，并且施工费用较低。

（3）顶推法

顶推法施工与连续梁所用的顶推方法大致相同，需要增加的是索塔与拉索的制作和安装工作。在钢斜拉桥的施工中，我国有将完成的整座结构（索塔与梁固接的形式）整体顶推的成功经验，特别是将主梁节段用滚轴顶推已有许多实例。

（4）平转法

平转法与拱桥中采用的平转法相似，即将上部结构分为两半，在沿河岸顺河流方向的矮支架上制作，然后以桥墩为圆心旋转到桥位合龙。该施工方法适用于修建跨径不大的斜拉桥，其施工工序是：制作主墩与上下转盘并进行试转—在岸上浇筑或拼装全桥的主梁—浇筑索塔—安装拉索，张拉并调高程与拉力—平转就位—校核高程，必要时再做最后调整—封填转盘。

(5) 悬臂法

悬臂法是架设大跨径斜拉桥主梁最常用的方法，在这里作重点介绍。它可分为整孔浇筑 (或拼装) 和分段浇筑 (或拼装) 两种工艺，常需用临时支架等辅助设施架梁或浇筑混凝土。

① 悬臂拼装法。

施工程序：先在塔柱区现浇一段放置起吊设备的起始梁段；然后用各种起吊设备从塔柱两侧依次对称安装节段，使悬臂不断伸长直至合龙。

② 悬臂浇筑法。

悬臂浇筑法是混凝土斜拉桥的主要施工方法，它的应用十分广泛。悬臂浇筑法是从塔柱两侧用挂篮对称逐段就地浇筑混凝土，在我国，大部分的混凝土斜拉桥主梁都是采用这种方法施工的。斜拉桥主梁的悬臂施工与连续梁桥和连续钢构桥类似，不同的是如果能利用斜拉索，可以采用更轻型的挂篮施工。

由于悬臂浇筑法施工中混凝土需要一定的养护时间，会使悬臂浇筑法相对于悬臂拼装法施工周期变长。考虑到混凝土的收缩、徐变，以及混凝土的超重，故应该严格控制挂篮和立模标高。主梁的悬臂浇筑分段一般采用半个索距、一个索距或两个索距，长度控制在 4～8 m 为宜。

与一般梁式桥相比，斜拉桥主梁高跨比较小，梁体纤细，抗弯能力差，如果使用传统挂篮，就会因挂篮自重大而导致梁塔和拉索截面设计由施工内力控制，显得很不经济，故牵索式挂篮应用最为普遍。另外，施工中可以利用斜拉桥结构本身特点，充分发挥斜拉索的效用，尽量减轻施工荷载。

(二) 悬索桥施工

1. 悬索桥的构造与结构形式

从古老的以森林中的藤、竹、树茎为材料建造的悬式桥，到今天的利用主缆、吊索作为加劲梁 (钢箱梁) 的悬吊体系，将荷载作用传递到索塔、锚碇，其主要的锚碇、索塔、索鞍、主缆吊索与索夹、钢箱梁等构造部分，使悬索桥具有跨径大、材料耗费较少、桥型轻巧优美等特点。

(1) 一般构造

① 桥塔。

桥塔是支撑主缆的重要构件。悬索桥的活载和恒载 (包括桥面、加劲梁、吊索、主缆及其附属构件如索鞍和索夹等的重量) 以及加劲梁支承在塔身上的反力，都将通过桥塔传递到下部的塔墩和基础上。桥塔同时还受到风力和地震的作用，桥塔的高度主要由垂跨比确定。已建成的大跨度悬索桥中大多数采用钢结构，随着预应力混凝土和滑模技术的发展，造价经济的混凝土桥塔将有一定的发展趋势。

② 锚碇。

锚碇是主缆锚固体。锚碇是将主缆中的拉力传递给地基基础，通常采用的有重力式锚碇和隧道式锚碇。重力式锚碇依靠巨大的自重来抵抗主缆的垂直分力，水平分力则由锚碇与地基之间的摩阻力或嵌固力来抵抗。隧道式锚碇则是将主缆中的拉力直接传递给周围的基岩。

③ 主缆。

主缆是悬索桥的主要承重构件，除承受自身荷载外，主缆本身又通过索夹和吊索承受活载及加劲梁（包括桥面）的恒载。除此之外，主缆还承担一部分横向风载，并将它直接传递到桥塔顶部。主缆有钢丝绳钢缆和平行钢丝线钢缆等，由于平行线钢缆弹性模量高，空隙率低，抗锈性能好，因此大跨度悬索桥的主缆都采用这种形式。现代悬索桥的主缆多采用直径 5 mm 的高强度镀锌钢丝。设计中，一般将主缆线形设计成二次抛物线形状。

④ 吊索。

吊索也称吊杆，它是将活载和加劲梁的恒载传递到主缆的构件。吊索的布置形式有垂直式和倾斜式等，其上端与索夹相连，下端与加劲梁连接。吊索宜用有绳芯的钢丝绳制作，其组成可以是一根、两根或四根一组。

⑤ 加劲梁。

加劲梁的主要功能是支承桥面和防止桥面发生过大的挠曲变形和扭曲变形。加劲梁是承受风荷载和其他横向水平力的主要构件。长、大悬索桥的加劲梁均为钢结构，一般采用桁架梁形式和箱梁形式。预应力混凝土加劲梁仅适用于跨径 500 m 以下的悬索桥，在长、大悬索桥涉及少，加劲梁宽度与主跨径的比例，即宽跨比涉及风动稳定的问题，由于板梁作加劲梁时其抗风稳定性很差，现已很少用板梁作为长、大悬索桥的加劲梁。预应力混凝土加劲梁已用到悬索桥上。混凝土加劲梁的自重比钢梁大，这为悬索桥主缆提供了免费的强大初应力刚度，从而对减小加劲梁活载弯矩与挠度、提高加劲梁的抗风稳定性都十分有利。

⑥ 索鞍。

索鞍是支承主缆的重要构件，通过它可以使主缆中的拉力（垂直力和不平衡水平力）均匀地传到塔顶或锚碇的支架处。鞍座分为：塔顶鞍座，设置在桥塔顶部，将主缆荷载传到塔上；锚固鞍座（扩展鞍座或散索鞍），设置在锚碇的支架处，主要目的是改变主缆索的方向，把主缆索的钢丝绳股在水平及竖直方向分散开来，并把它们引入各自的锚固位置。为了减少塔顶鞍座处钢丝的弯曲次应力，塔顶鞍座弯曲半径一般为主缆直径的 8 ~ 12 倍。

(2) 悬索桥的结构形式

悬索桥的形式可按吊杆的布置方式、加劲梁的静力体系或主缆锚固形式划分，主要有以下几种：

① 按吊杆布置方式划分。

a. 竖直平行吊杆。

这种悬索桥基本特征是采用竖直平行吊索，并用钢桁架或流线型箱梁作为加劲梁。它的最大优点是吊杆的设置方向的恒载和汽车荷载的着力方向完全一致，吊杆长度最短，所需的截面也最小，并且可以通过增加桁架或箱梁高度来保证足够的刚度，应用得较为广泛。

b. 三角形的斜吊杆。

这种悬索桥的基本特征是采用三角形的斜吊杆和高度较小的流线型扁平翼状钢箱梁作为加劲梁。它的优点是可以和主缆、加劲梁一起起到桁架的作用，能提高桥的整体刚度。

c. 带斜拉索的悬索桥。

这种悬索桥的基本特征是除了具备现代悬索桥的缆索体系外，还混合有若干加强用的斜拉索，它兼具斜拉桥和悬索桥两者的特点。

② 按主缆锚固形式划分。

悬索桥按主缆锚固形式可分为地锚式悬索桥和自锚式悬索桥。地锚式悬索桥的主要承重结构构件主缆一般都锚固在锚碇上，锚碇成为地锚式悬索桥的重要组成部分，它适宜于地质条件较好且易建造锚碇的地区；自锚式悬索桥是将主缆直接锚固在加劲梁上，它的特点是：主缆锚于梁端，不需要建造昂贵的锚碇，利用主缆的水平分力为加劲梁提供预压力；跨径布置比较灵活，可以紧密结合地形，既可做成双塔三跨，也可做成单塔双跨的悬索桥。施工时，由于主缆锚固在加劲梁上，在架设主缆之前，需要先架设加劲梁，这和传统意义上的悬索桥刚好相反。

2. 悬索桥施工

悬索桥施工的一般程序为：基础施工—锚碇施工—主塔施工—主悬索施工—加劲梁施工—桥面工程及附属设施施工。

(1) 施工准备

由于现代大跨度悬索桥的规模都很大，所处环境复杂多变，在施工前必须做好充分的准备。准备工作内容包括施工场地的准备和加工件的制作。加工件制作的内容繁多，具体工作有以下几项：

① 主索鞍、散索鞍和索夹的制作。

主索鞍是设置于悬索桥主塔塔顶，用于支撑主缆的永久性大型钢构件。主索鞍

主要由鞍头 (放置主缆索股的承缆槽)、鞍身 (支撑鞍头的骨架)、上底座板 (整个鞍体的支撑)、附属装置 (下底座板、摩擦副、导向装置等) 四部分组成。主索鞍的制作方式有全铸式、铸焊式、全焊式、煅焊式等。散索鞍设置于锚碇前端,将锚面与主索之间的主缆分为锚跨和边跨,其主要功能是将主缆索股在竖直方向散开,引入锚固点。散索鞍的制作方式有全铸式、铸焊式、全焊式。索夹是将上缆和吊索相连接的连接件,大跨悬索桥的索夹一般为两个半圆形的铸钢构件,由高强螺栓将其固定在主缆上。

② 主缆的制作。

主缆是悬索桥的主要承重结构。主缆的形成有空中纺丝法 (AS 法) 和预制平行索股法 (PPWS 法) 两种,前者无须预先制作索股,直接在桥上架设。为便于主缆截面最终被压缩成圆形,PPWS 法是将丝股先排成六边形,最后通过紧缆挤压成圆形。

③ 吊索的制作。

吊索是连接主缆和加劲梁的主要构件,分为竖直吊索和斜吊索两种,后者应用较少。竖直吊索一般采用镀锌钢丝绳制作。钢丝绳吊索的制作工艺流程为:材料准备—预张拉—弹性模量测定—长度标记—切刻下料—灌铸锥形锚块—灌铸热铸锚头—恒载复核—吊索上盘。

④ 锚头的灌铸。

悬索桥所用的锚头有主缆索股锚头和吊索锚头,锚头铸体一般采用锌铜合金材料。灌铸锚头的施工顺序为:a. 在索股端部的适当位置绑扎钢丝,以防止索股扭转和滑动;b. 清洗索股端部钢丝和锚杯内壁的污物,同时测量锚杯容积,以控制灌铸量;c. 将索股端部穿入锚杯并均匀散开,使其中心尽量与锚杯中心一致,用清洗剂清洗插入的钢丝和锚杯内壁,并安装定位夹具,以保证钢丝的正确位置和锚固长度;d. 将准备好的索股提升到灌锚架上,对锚具进行抄平、定位,以保证锚杯顶面与索股保持垂直,然后封底;e. 利用预热罩对装好的锚杯进行预热,用坩埚电炉熔合事先已配好的镀锌铜合金,当锚杯预热温度到指定温度时开始灌铸,并通过称量法检查合金的实际灌铸量 (不得小于理论值的 92 %);f. 灌铸后待合金温度降至 80 ℃以下时,用千斤顶从锚杯后面对灌铸的合金进行预压,其变形量符合设计要求。

⑤ 加劲梁的制造。

加劲梁直接承受和传递车辆荷载、风荷载、温度荷载和地震作用,并控制着荷载的分布和大小。加劲梁常采用钢箱梁和钢桁梁。钢箱梁的制造过程为:切割—零件和部件的矫正—部件及组拼件的制造—梁段的制造—梁段预拼及验收—焊接。钢桁梁的制造过程为:切割—制孔—部件组装—梁段试装—焊接、铆接、栓焊接。

（2）锚碇施工

锚碇的基础分为直接基础、沉井基础、复合基础和隧道基础等形式。锚碇的施工包括主缆锚固体系施工、锚碇体施工和散索鞍的安装。

① 主缆锚固体系施工。

在重力式锚碇中，锚固体系根据主缆在锚块中的锚固位置分为后锚式和前锚式两种结构形式。后锚式是将索股直接穿过锚块，在锚块后面锚固；前锚式是索股锚头在锚块前锚固，通过锚固体系将主缆拉力作用到锚体上。前锚式锚固体系又分为型钢锚固体系和预应力锚固体系两种结构形式。

型钢锚固体系的施工程序为：预制锚杆、锚梁—现场拼装支架—安装前锚梁—安装锚杆—精确调整位置—浇筑锚体混凝土。预应力锚固体系的施工程序为：基础施工—安装预应力管道—浇筑锚体混凝土—管道中穿预应力筋—安装锚固连接器—张拉预应力筋—预应力管道压浆—安装、张拉索股。

② 锚碇体施工。

悬索桥的锚碇体属于大体积混凝土结构，尤其是重力式锚碇，因而要按大体积混凝土的施工方法来进行施工。

③ 散索鞍的安装。

散索鞍的安装是在底座板安装好以后进行的，而底座板是通过在散索鞍混凝土基础中精确预埋的螺栓固定在基础上的。散索鞍是重型构件，需要大型起重设备来安装。在安装时，可采用重型起重机，也可采用贝雷架或万能杆件架设的龙门架。隧道锚的散索鞍则采用整体拖运和溜放，再用千斤顶顶升就位。

（3）索塔施工

索塔按材料可分为钢筋混凝土塔和钢塔。钢筋混凝土塔一般为门式钢架结构，由箱形空心塔柱和横系梁组成。钢塔常见的结构形式有桁架式、钢架式和混合式等。

钢筋混凝土塔身施工时，其模板常采用滑模、爬模、翻模等形式。塔柱竖向主钢筋的接长常采用冷弯套管连接、电渣焊、气压焊等方法。混凝土的运输方案常采用泵送或吊灌运输。当塔身施工到塔顶时，需预埋主索鞍钢框架支座的螺栓和塔顶吊架、施工锚道的预埋件。

（4）主缆施工

① 牵引系统。

牵引系统是架于两锚碇之间，跨越索塔的用于空中拽拉的牵引设备，它主要承担锚道架设、主缆架设和部分牵引吊运工作。牵引系统常用的有循环式和往复式两种形式。架设牵引索之前，通常是先将比牵引索细的先导索渡江（海、河），然后利用先导索架设牵引索。

② 锚道。

锚道是为架设主缆、紧缆、安装索夹、安装吊索以及空中作业所提供的脚手架。锚道承重索的线形与主缆基本一致，在架设过程中要注意左右边跨、中跨的作业平衡，尽量减少对塔的变位影响，确保主缆的架设质量。在锚道上面有横梁、面层、横向通道、扶手绳、栏杆立柱、安全网等。

③ 主缆架设。

主缆架设空中纺丝法（AS 法）的施工步骤是：首先，进行标准丝段的架设，即把预先在工厂制作好的标准丝段引上锚道，并按设计位置架设就位；其次，进行丝股的架设，通过多次的空中纺丝，使钢丝在散索鞍、主索鞍和锚道上的成型导具内按设计位置排列，形成丝股；最后，进行丝段的调整。

主缆架设预制平行索股法（PPWS 法）的施工步骤是：首先，进行索股架设，利用拽拉器将索股牵引到对岸的锚碇处，并安装好索股前端的锚头引入装置；其次，用塔顶和散索鞍顶的横移装置将索股横移到规定的位置；再次，进行索股的整形，放入鞍座内；最后，将锚头引入并锚固。

④ 紧缆。

索股架设完成后，需通过紧缆工作，把索股群整形成为圆形。

⑤ 安装索夹。

紧缆完成后，在主缆上用螺栓将索夹安装就位。索夹安装的顺序是：中跨是从跨中向塔顶进行，而边跨是从散索鞍向塔顶进行。

⑥ 架设吊索。

架设吊索时，是用塔顶吊机将吊索提升到索塔顶部，再用缆索天车将其从放丝架上吊运到架设地点后，进行安装。

(5) 加劲梁架设

对于桁架式加劲梁，其架设办法可分为按架设单元的架设方法和按连接状态的架设方法。按架设单元可分为按单根杆件、桁片（平面桁架）、节段（空间桁架）进行架设的三种方法，这三种方法可以分别使用，也可以根据需要在同一座桥上采用多种方法。按连接状态架设可分为全铰法、逐次钢接法和有架设铰的逐次钢接法。

箱形加劲梁的架设一般采用节段架设法，即在工厂预制成梁段，并进行预拼，将梁段运到现场后，用垂直起吊法将其架设就位，最后进行加劲梁的焊接。

第五节　桥面系及其附属工程施工

一、桥面铺装施工

（一）水泥混凝土桥面铺装

1. 材料准备

桥面水泥混凝土要求强度等级在 C30 以上，要满足防水、抗冻、抗冲击和耐磨等性能要求，而结构厚度较小（6～10 cm），对路面铺装材料的要求较高。

2. 安放钢筋

钢筋可选用市场上合格的成品钢筋网片，这类网片一般采用冷拉圆筋或冷轧带肋钢筋加工而成，强度较高，一般节点采用机械电阻焊，较为牢固；若选用此类成品网片，可根据单幅桥面净宽定做，运到现场后采用绑扎连接即可。

如无特别要求，也可在现场加工钢筋网。钢筋网一般采用热轧 6～12 mm 钢筋，6～10 mm 钢筋一般采用 I 级盘圆筋，12 mm 钢筋一般采用 II 级带肋筋；I 级盘圆筋需要先行调直，可以用冷拉或机械调直的方法，若采用冷拉法，其冷拉率不宜大于 2 %。

将调直的钢筋按设计的网眼尺寸在桥面上布置并固定，交叉点一般采用铁丝绑扎，也可用点焊；钢筋如需接长，可采用绑扎或电弧焊等方式搭接，搭接长度应满足相应的规范要求。若采用绑扎接头，应在两端和中央处均绑扎牢固。

3. 安装模板

由于水泥混凝土铺装层较薄（一般为 6～12 cm），同时要伸出钢筋连接，故一般用木板或钢板做成齿板或带孔板的形式，既便于钢筋定位又可支挡混凝土，同时装拆也方便。

安装模板要保证线形平顺，模板接缝的错台要小于 2 mm，同时模板要固定牢固，以防在浇注时爆模。安装完成的模板要经过高程复核。

4. 混凝土拌和与运输

混凝土拌和宜使用强制式搅拌机拌和，应先将碎石、砂和水泥干拌 1 min，再放入水和碱水剂的溶液湿拌 1.5 min；如需掺入纤维，则应均匀撒在碎石和砂之间，钢纤维的掺量一般为 1 % 的体积率，聚丙烯纤维的掺量一般为 0.9 kg/m³；要注意严格控制混凝土的坍落度。

混凝土运输可用混凝土罐车或其他小型车辆运输，运输时间不宜大于 30 min，且要做到不漏浆、不吸水、不离析，坍落度损失小。

5. 混凝土入模与初平

① 标高控制：在混凝土施工前先用水准仪测量梁板顶面标高，一般纵向 10 m 一个点、横向 5 m 一个点，再用混凝土 (砂浆) 带或固定型钢 (钢筋) 顶面标高控制带，间距宜小于 6 m，可做 2 ~ 4 条，顶面要保持平顺。

② 混凝土入模：混凝土用运输车运到施工地点后，分点卸在模内，以便于摊平。

③ 混凝土初平：混凝土卸料后用人工进行摊平，其松铺高度一般要高于设计顶面 2 ~ 3 cm。

6. 混凝土振捣与平整

① 混凝土振捣：混凝土摊平后用平板振捣器将其振捣密实，平板振捣器的行走速度宜控制在 5 m/min 左右，反复振捣 3 ~ 5 遍，至混凝土密实不再沉降、表面覆盖一层稠浆为止；在混凝土较厚 (大于 15 cm) 处须先使用插入式振捣器。

② 混凝土平整：平整度要求较高时宜先用钢滚筒进行初平、压实，钢滚筒直径一般为 15 ~ 25 cm，厚 1 cm 左右，中轴为 ϕ 50 mm 左右的钢棒，轴与筒之间灌填粗砂，其重量既要能将混凝土压实又要便于操作，并要有足够的刚度；使用钢滚筒时，将其放在两条标高控制带上，再在两端各用一人用粗绳拉动中轴使其来回滚动，并用人工辅助挖补找平，直至将表面压平为止；钢滚筒表面宜保持平整、不黏附混凝土。有条件的单位可使用三轴整平机，它将表面振捣和平整结合在一起，效率较高，但原理与上相同。

③ 混凝土精平：可选用方木或铝合金型材，一般长 3 ~ 6 m，用一人或两人持型材板沿标高控制带进行纵向精平，要注意封闭气 (水) 泡眼；要搭施工台供人站立。

7. 混凝土表面处理

混凝土表面应根据设计要求设置防滑构造。当设计为拉槽或压槽时，在第二次抹平后，沿横坡方向拉毛或采用机具压槽，拉毛和压槽深度应为 1 ~ 2 mm；当设计为刻槽时，则在混凝土达到设计强度的 75 % 后，用刻槽机刻槽。

8. 混凝土养护

由于混凝土铺装层是大面积的薄层构件，易于风干开裂，要特别注意后期养护。混凝土养护可用土工布或麻 (草) 袋覆盖，然后洒水湿润，保持 7 d 时间。

9. 后浇带施工

桥面混凝土的横向分块施工，需要预留安装模板的宽度，一般为 20 ~ 30 cm，此处桥面铺装待主体浇筑完成后另行浇筑。有时为了预留预应力张拉槽口或其他原因而留有一段空带作为后浇带，在最后浇筑。后浇带施工与正常的铺装施工完全相同，但要注意在施工前须将之前浇筑的铺装层端面凿毛、洗净，使新浇筑混凝土与桥面铺装混凝土结合良好。

（二）沥青混凝土桥面铺装

沥青混凝土适用于大桥、特大桥的桥面铺装，高速公路、一级公路桥梁的沥青混凝土桥面铺装层厚度不宜小于 70 mm，二级及二级以下的公路桥梁的沥青混凝土桥面铺装层厚度不宜小于 50 mm。为了防滑和减弱光线的反射，最好将混凝土做成粗糙表面。沥青混凝土铺装可以做成单层式、双层式或三层式。

沥青混凝土铺装前应对桥面进行检查，桥面应平整、粗糙、干燥、整洁。桥面横坡应符合要求，不符合时应及时处理。铺筑前应撒布黏层沥青，石油沥青撒布量为 0.3 ~ 0.5 L/m²。

1. 施工准备

① 沥青混凝土所用粗细集料、填料以及沥青均应符合规范技术要求，提前设计混合料配合比，包括矿料级配、沥青含量、稳定度（包括残留稳定度）、饱和度、流值、马歇尔试件的密度与空隙率等的详细说明。

② 沥青混合料拌和设备、运输设备以及摊铺设备均应符合规范技术要求。

③ 施工测量放样。

恢复中线：在直线每 10 m 设一钢筋桩，平曲线每 5 m 设一桩，桩的位置在中央隔离带所摊铺结构层的宽度外 20 cm 处。

水平测量：对设立好的钢筋桩进行水平测量，并标出摊铺层的设计标高，挂好钢筋，作为摊铺机的自动找平基线。

④ 沥青材料的准备。沥青材料应先加热，避免局部加热过度，并保证按均匀温度把沥青材料源源不断地从贮料罐送到拌和设备内，不应使用正在起泡或加热超过 160 ℃的沥青胶结料。

2. 沥青混凝土拌和、运输

（1）沥青混凝土拌和

集料和沥青材料按工地配合比公式规定的用量测定和送进拌和，送入拌和设备里的集料温度应符合规范规定，在拌和设备内及出厂的混合料的温度，应不超过 160 ℃。

把规定数量的集料和沥青材料送入拌和设备后，须把这两种材料充分拌和直至所有集料颗粒全部裹覆沥青结合料，沥青材料也完全分布到整个混合料中；拌和厂拌和的沥青混合料应均匀一致、无花白料、无结团块。

拌好的热拌沥青混合料不立即铺筑时，可放入保温的成品储料仓储存，存储时间不得超过 72 h；贮料仓无保温设备时，允许的储料时间应以符合摊铺温度要求为准。

（2）沥青混合料运输

沥青混凝土运输采用 15 t 的自卸车运输，从拌和设备向自卸车放料时，为减少粗细集料的离析现象，每卸一斗混合料挪动一下汽车位置，运料时，自卸车用篷布覆盖。

3. 沥青混凝土摊铺、碾压

（1）沥青混凝土摊铺

a. 沥青混凝土采用沥青摊铺机进行摊铺和刮平。摊铺机自动找平时，采用所摊铺层的高程靠金属边桩挂钢丝所形成的参考线控制，横坡靠横坡控制器来控制，精度在 ±0.1% 范围之内。

b. 摊铺时，沥青混合料必须缓慢、均匀、连续不间断地摊铺。不得随意变换速度或中途停顿。摊铺机螺旋送料器中的混合料的高度保持不低于送料器高度的 2/3，并保证在摊铺机全宽度断面上不发生离析。

c. 在机械不能摊铺及整修的地方，在征得监理工程师同意后，可用人工摊铺和整修。

d. 在施工安排时，当气温低于 10 ℃时，不安排沥青混合料摊铺作业。

（2）沥青混合料碾压

a. 一旦沥青混合料摊铺整平，并对不规则的表面修整后，立即对其进行全面、均匀的压实。

b. 初压在混合料摊铺后较高温度下进行，沥青混合料不应低于 120 ℃，不得产生推移、发裂；碾压时将驱动轮面向摊铺机，碾压路线及碾压方向不得突然改变，初压两遍；复压要紧接在初压后进行，沥青混合料不得低于 90 ℃。

c. 终压要紧接在复压后进行，沥青混合料不得低于 70 ℃，采用轮胎压路机碾压 2 ~ 4 遍，并无轮迹，路面压实成型的最终温度应符合规范要求。

d. 碾压从外侧开始并在纵向平行于道路中线进行，双轮压路机每次重叠 30 cm，三轮每次重叠为后轮宽的一半，逐步向内侧碾压过去，用梯队法或接着先铺好的车道摊铺时，应先压纵缝，然后进行常规碾压。在有超高的弯道上，碾压应采用纵向行程平行于中线重叠的办法，由低边向高边进行。碾压时压路机应匀速行驶，不得在新铺混合料上或未碾压成型并未冷却的路段上停留、转弯或急刹车。施工检验人员在碾压过程中，应使用核子密度仪来检测密实度，以保证获得要求的最小压实度，开始碾压时的温度控制在不低于 120 ℃，碾压终了温度控制在不低于 70 ℃，初压、复压、终压三种不同压实段落接茬设在不同的断面上，横向错开 1 m 以上。

e. 为防止压路机碾压过程中沥青混合料沾轮现象的发生，可向碾压轮洒少量水、混有极少量洗涤剂的水或其他认可的材料，让碾轮适当保湿。

二、伸缩缝安装施工

桥梁结构在温度变化、荷载作用、基础变位、混凝土收缩和徐变等影响下将会产生伸缩变形，为了满足桥梁在各种荷载作用下受力与变形要求，保证车辆平稳安全通过，需要在相邻两梁端之间，或桥梁的连接处设置预留伸缩缝，并在桥面设置伸缩装置。依据伸缩装置的传力方式及其构造特点，可分为对接式、钢制支承式、橡胶组合剪切式、无缝式伸缩装置等。伸缩装置应满足下列要求：

① 在平行、垂直于桥梁轴线的两个方向，均能自由伸缩；

② 除本身要有足够的强度外，应与桥面铺装部分牢固连结；

③ 车辆通过时应平顺、无突跳且噪声小；

④ 具有良好的密水性和排水性，并便于安装、检查、养护和清除沟槽的污物。

伸缩缝是桥梁的薄弱环节，在汽车荷载的作用下有很小的不平整就会使该处受到很大的冲击作用。因此，在实际工程中，伸缩装置常常遭到损坏需要维修、更换。造成伸缩装置破坏的原因，除了交通流量增大、重型车辆增多，使得冲击作用明显增大之外，设计、施工和养护方面的失误也不容忽视。对于伸缩装置，在设计时需选用抵抗变形能力较强的伸缩装置，精确到位，并安装牢固。对于曲线桥或斜桥，除了纵向、竖向变形外，还存在横向、纵向及竖向相对错位，故选用的伸缩装置要有相应的变位适应能力。

伸缩装置的施工工序一般按以下顺序进行：安装前现场准备—开槽—缝体安装—混凝土浇筑—养生。

施工作业时，应注意以下几方面内容。

① 机械设备、小型机具配备齐全，尤其是提供施工车辆过往的过桥板必须质量坚固、数量充足，以保证施工顺利进行。

② 桥面沥青混凝土铺装层完成（覆盖伸缩缝连续铺筑）并验收合格后，应根据施工图的要求确定开槽宽度，准确放样，打上线后用切割机锯缝、顺直，锯缝线以外的沥青混凝土路面，必须仔细用塑料布覆盖并用胶带纸封好，以防锯缝时产生的石粉污染路面。锯缝应整齐、顺直，并注意把沥青混凝土切透，以免开槽时缝外混凝土松动。

③ 梁端间隙内的杂物，尤其是混凝土块必须清理干净，然后用泡沫塑料填塞密实。若有梁板顶至背墙情形，须将梁端部分凿除。开槽后产生的所有弃料必须及时清理干净，确保施工现场整洁。

④ 安装时伸缩缝的中心线应与梁端中心线相重合。如果伸缩缝较长，需将伸缩缝分段运输，到现场后再对接，对接时应将两段伸缩缝上平面置于同一水平面上，

使两段伸缩缝接口处紧密靠拢，并校直调正。用高质量的焊条逐条焊接，焊接时宜先焊接顶面，再焊侧面，最后焊底面，要分层焊接，确保质量，并及时清除焊渣。

⑤伸缩缝的焊接：固定后应对伸缩缝的标高再复测一遍，确认在临时固定过程中未出现任何变形、偏差后，把异性钢梁上的锚固钢筋与预埋钢筋在两侧同时焊牢，最好一次全部焊牢。如有困难，可先将一侧焊牢，待达到预定的安装温度时，再将另一侧全部焊牢。伸缩缝焊接牢固后，应尽快将预先设定的临时固定卡具、定位角钢用气割枪割去，使其自由伸缩，此时应严格保护现场，防止车辆误压。

⑥模板安装时多采用泡沫板、纤维板、薄铁皮等，模板应做得牢固、严密，能在混凝土振捣时而不出现移位，并能防止砂浆流入伸缩缝内，以免影响伸缩。为防止混凝土从上部缝口进入型钢内侧沟槽内，型钢的上面必须用胶布封好。

⑦桥梁伸缩缝混凝土的施工会截断桥梁两侧盲沟内水的排出，造成桥面铺装出现水损坏，宜通过塑料软管将桥梁盲沟内的水排出桥面，在浇筑混凝土时应将排水软管埋设到位。

⑧水泥混凝土浇筑完成后须覆盖麻袋等，并严格洒水养生，养生期不少于7d，且养生期间严禁车辆通行。

第七章　沥青路面施工

第一节　沥青路面概述

一、概述

(一) 沥青路面的分类

1. 按照强度构成原理分类

按照强度构成原理不同，可将沥青路面分为密实型和嵌挤型两大类。

(1) 密实型沥青路面

密实型沥青路面要求矿料的级配按照最大密实原则设计，其强度和稳定性主要取决于混合料黏聚力和内摩阻力。

(2) 嵌挤型沥青路面

嵌挤型沥青路面要求采用颗粒尺寸较为均一的矿料，路面的强度和稳定性主要依靠集料颗粒之间相互嵌挤所产生的内摩阻力，而黏聚力则起着次要的作用。

按照混合料网络结构中"嵌挤成分"和"密实成分"所占的比例不同，沥青混合料的组成结构形态有三种典型类型，即密实悬浮结构、骨架空隙结构、密实骨架结构。

密实悬浮结构形态的沥青混合料通常采用连续型密级配，集料的颗粒尺寸由大到小连续存在。这种材料中含有大量的细集料，而粗集料数量较少，且相互间没有接触，不能形成骨架，粗集料"悬浮"于细集料之中。这种沥青混合料黏结力较高，而内膜阻力较小。用这种沥青混合料修筑的路料性质的影响较大。

采用连续开级配矿料组成的沥青混合料属于骨架空隙结构类型。在这种沥青混合料中，粗集料较多，而细集料较少，因此，虽然能够形成骨架，但其残余空隙较大。这种材料的内摩阻力较大，而黏结力较小。用这种沥青混合料修筑的路面受沥青材料性质的影响较小。

密实骨架结构是综合以上两种类型组成的结构。混合料中既有一定数量的粗集料形成的骨架，又有根据残余空隙的多少加入的细集料，从而形成较高的密实度。这种沥青混合料同时具有较高的黏结力和内摩阻力。间断级配即按照此原理构成。

2. 按照施工工艺不同分类

按照施工工艺不同，可将沥青路面分为层铺法、路拌法和厂拌法三大类。

（1）层铺法施工沥青路面

层铺法施工是用分层洒布沥青、分层铺撒矿料和分层碾压的方法修筑的沥青路面。其主要优点是工艺和设备简便、功效较高、施工进度快、造价较低；其缺点是路面成型期较长，需要经过炎热季节行车碾压之后方能成型。用这种方法修筑的沥青路面又可分为沥青表面处置和沥青贯入式两种。

（2）路拌法施工沥青路面

路拌法施工是在路上用机械将矿料和沥青材料就地拌和摊铺和碾压密实而成的沥青面层施工工艺。若此类面层所用的矿料为碎（砾）石者，称为路拌沥青碎（砾）石；所用的矿料为土者，则称为路拌沥青稳定土。路拌沥青面层，通过就地拌和，沥青材料在矿料中的分布比层铺法均匀，可以缩短路面的成型期。但因所用的矿料为冷料，需使用黏稠度较低的沥青材料，故混合料的强度较低。

（3）厂拌法施工沥青路面

厂拌法施工是将规定级配的矿料和沥青材料在工厂用专用设备加热拌和，然后送到工地摊铺碾压而成的沥青路面施工工艺。矿料中的细颗粒含量少，不含或含少量矿粉，混合料为开级配，空隙率达 10 % ~ 15 %，称为厂拌沥青碎石；若矿料中含有一定量矿粉，混合料是按照最佳密实级配配制的，空隙率控制在 10 % 以下，称为沥青混合料。

厂拌法按照混合料铺筑时温度的不同，又可分为热拌热铺和热拌冷铺两种。热拌热铺是混合料在专用设备加热拌和后，立即趁热运到路上摊铺压实。如果混合料加热拌和后储存一段时间，然后在常温下运到路上摊铺压实，即为热拌冷铺。厂拌法使用较黏稠的沥青材料，且矿料经过精心挑选，因而混合料质量高，使用寿命长，但修建费用比较高。

3. 按照路面技术特性不同分类

（1）沥青路面

沥青路面是指沥青混合料做面层的路面，其面层可由单层、双层或三层沥青混合料组成，各层混合料的组成设计应根据其层厚、层位、气温和降雨量等气候条件、交通量和交通组成等多方面因素综合考虑确定，以满足对沥青面层使用功能的要求。沥青混合料常用作高等级公路的面层。

（2）沥青碎石路面

沥青碎石路面是指用沥青碎石做面层的路面，沥青碎石的配合比设计应根据工程实践经验和马歇尔试验结果，并通过正式施工前的试拌和试铺进行确定。沥青碎石有时也可用作联结层。

(3) 乳化沥青碎石路面

乳化沥青碎石混合料适用于三级、四级公路的沥青面层，也适用于二级公路的养护罩面以及各等级公路的调平层。

(4) 沥青贯入式路面

沥青贯入式路面是指用沥青贯入碎(砾)石做面层的路面。沥青贯入式路面的厚度一般为 4~8cm 。当沥青贯入式的上部加铺拌和的沥青混合料时，也称为上拌下贯式路面。这种拌和层的厚度宜为 3~4 cm ，其总厚度为 7~10 cm 。沥青贯入式碎石路面适用于二级和二级以下公路的沥青面层。

(二) 沥青路面的一般规定

① 沥青路面施工必须遵守国家建设工程方面的法律法规。应执行设计文件和施工图纸，建立健全质量保证体系，明确全员质量责任，加强各工序质量管理，认真进行标准化施工、质量检验与评定。

② 沥青路面施工必须遵守有关国家安全生产的法律法规，建立健全安全生产管理体系和应急预案，明确安全责任，严格执行安全操作规程，保障施工人员的职业健康，保证施工安全。

③ 沥青路面施工必须有施工组织设计，并保证合理的施工工期。

④ 沥青路面面层在条件允许时宜连续施工，避免与可能污染沥青层的其他工序交叉干扰，以杜绝施工和运输中产生污染。

⑤ 沥青路面的施工必须符合国家环境和生态保护的规定，这是对公路施工提出的新标准、新要求，也是今后各种工程施工必须遵循的规定。

⑥ 沥青路面施工应有良好的劳动保护，以确保施工人员的安全和身体健康。沥青拌和厂应具备防火设施，配制和使用液体石油沥青的过程中严禁烟火。使用煤沥青时应采取有效措施，防止操作人员吸入煤沥青或避免皮肤直接接触煤沥青而造成身体伤害。

⑦ 沥青路面施工应符合国家颁布的现行有关标准、规范和规定。对于特殊地质条件和地区的沥青路面工程，可以根据实际情况，制定符合实际的补充规定。各省、自治区、市或工程建设单位，可根据具体情况，制定相应的技术措施，但技术要求不宜低于规范中的有关规定。

二、沥青路面材料

沥青路面的组成材料主要有沥青、粗集料、细集料、填料和纤维稳定剂等。应根据现行《公路沥青路面施工技术规范》(JTGF 40—2004) 中的规定，所用的材料应符合以下要求：

① 沥青路面使用的各种原材料运至现场后，必须取样进行质量检验，经评定合格后方可使用，不得以供应商提供的检测报告或商检报告代替现场检测。

② 沥青路面集料的选择必须经过认真的料源调查，确定料源应尽可能按照就地取材的原则。质量必须符合使用要求，石料开采必须注意环境保护，以防破坏生态平衡。

③ 集料粒径规格应以方孔筛为准。不同料源、品种、规格的集料不得混杂堆放。

(一) 沥青材料

沥青是道路工程中路面应用最广泛的建筑材料，包括道路石油沥青、乳化沥青、煤沥青、改性沥青和改性乳化沥青。各类沥青路面所用沥青材料的标号，应根据路面的类型、施工条件、地区气候条件、施工季节和矿料性质等因素综合考虑确定。沥青的等级、适用范围和技术性能等应按照现行《公路沥青路面施工技术规范》(JTGF40—2004) 中的规定。

1. 乳化沥青

乳化沥青是将黏稠沥青加热至流动状态，经机械力的作用而形成微滴 (粒径为 $2 \sim 5\ \mu m$) 分散在乳化剂—稳定剂的水中，由于乳化剂—稳定剂的作用而形成均匀稳定的乳状液，又称为沥青乳液。乳化沥青按照沥青材料可分为乳化石油沥青、乳化橡胶沥青和乳化 SBS 改性沥青等；按照乳化剂不同可分为以有机表面活性剂为乳化剂的液体乳化沥青和以无机胶体为乳化剂的膏状体乳化沥青，有机乳化剂制成的液体乳化沥青，因带电性能不同，又可分为阴离子乳化沥青、阳离子乳化沥青、非离子乳化沥青、两性离子乳化沥青和复合乳化剂制成的乳化沥青；按照乳化沥青的用途，可分为筑路用乳化沥青、建筑用乳化沥青和水工用乳化沥青等；根据乳化沥青分裂速度，可分为快裂型、中裂型、慢裂型 (又分为慢裂快凝型和慢裂慢凝型) 等；按照施工方法，分为拌和型沥青和洒布型沥青等。

路用乳化沥青主要适用于沥青表面处置路面、沥青贯入式路面、冷拌沥青混合料路面，修补裂缝，喷洒透层、黏层与封层等。

2. 改性沥青

改性沥青是为改善普通沥青的物理、力学性能，在其中添加橡胶、树脂、高分子聚合物、磨细的橡胶粉或其他填料等外掺剂。国际上并没有统一的改性沥青的分类标准，主要按照使用的改性剂的品种进行分类，一般分为以下四类。

（1）无机填料类

代表性品种有炭黑、玻璃纤维、木质素纤维等。

（2）橡胶类

代表性品种有丁苯橡胶（SBR）及其乳液。

（3）热塑性树脂类

包括热塑性树脂与热固性树脂，前者有聚乙烯（PE）、乙烯—醋酸—乙烯共聚物（EVA）、聚氯乙烯（PVC）、低密度聚乙烯（LDPE）、聚烯烃等。

（4）热塑性弹性体

代表性品种有苯乙烯—丁二烯—苯乙烯嵌段共聚物（SBS）、苯乙烯—异戊二烯—苯乙烯嵌段共聚物（SIS）。

3. 改性乳化沥青

乳化沥青制作过程中同时加入聚合物胶乳，或将聚合物胶乳与乳化沥青成品混合，或对聚合物改性沥青进行乳化加工即可得到乳化沥青成品。

（二）纤维

沥青混合料用纤维包括木质纤维、矿质纤维和聚合物纤维，根据混合料类型、应用目的、可再生性、投放性能和经济性选用合适类型。纤维质量应满足有关规范（标准）规定的技术要求。

对于 SMA、OGFC 等间断级配、开级配沥青混合料，应用纤维主要起吸油、稳定和增黏作用，可选用絮状木质纤维、粒状木质纤维和絮状矿物纤维，不宜选用束状矿物纤维和聚合物纤维；而对于 AC 等密级配沥青混合料，应用纤维主要是提高抗裂、抗车辙等路用性能，可选用絮状矿物纤维、束状矿物纤维和聚合物纤维。

纤维应在室内或有棚盖的地方储存，应防止受潮、结团，已经受潮、结团不能在拌和时充分分散的纤维不得使用。纤维使用过程中必须符合环保要求，不得危害身体健康。易影响环境及造成人体伤害的石棉纤维不宜在工程中直接使用。

纤维稳定剂的掺量以沥青混合料总量的质量百分率计算，纤维掺加量的允许误差宜不超过 ±5 %。通常情况下，用于 SMA、OGFC 混合料的絮状木质纤维掺量不宜低于 0.3 %，粒状木质纤维折减造粒含量后掺量不宜低于 0.3 %，矿物纤维掺量不宜低于 0.4 %。必要时，可适当增加纤维稳定剂的用量。

第二节　热拌、温拌与冷拌沥青混合料路面施工

一、热拌沥青混合料路面施工

热拌沥青混合料路面是指沥青与矿料在热态下拌和、热态下铺筑施工成型的沥青路面。

(一)一般规定

热拌沥青混合料适用于各种等级公路的沥青路面。其种类按照集料公称最大粒径、矿料级配、空隙率划分。

各层沥青混合料应满足所在层位的功能性要求，要便于施工，不容易产生离析。各层应连续施工并连接成为一个整体。当发现混合料结构组合及级配类型的设计不合理时，应进行修改、调整，以确保沥青路面的使用性能。

沥青面层集料的最大粒径从上至下逐渐增大，并应与压实层厚度相匹配。对于热拌热铺密级配沥青混合料，沥青层一层的压实厚度不宜小于集料公称最大粒径的2.5~3倍，以减少离析，便于压实。

(二)施工准备

铺筑沥青层前，应检查基层或下卧沥青层的质量，不符合要求的不得铺筑沥青面层。旧沥青路面或下卧层已被污染时，必须清洗或经铣刨处理后方可铺筑沥青混合料。

石油沥青加工及沥青混合料施工温度应根据沥青标号及黏度、气候条件、铺装层的厚度确定。

(三)混合料的拌制

沥青混合料必须在沥青拌和厂(场、站)采用拌和机械进行拌制，设置拌和厂的过程中应注意以下几个方面：

• 拌和厂(场、站)的设置必须符合国家有关环境保护、消防、安全等方面的规定；

• 拌和厂(场、站)与工地现场距离应充分考虑交通堵塞的可能，确保混合料的温度下降不超过要求，且不得因运输中的颠簸而造成混合料离析；

• 拌和厂(场、站)应具有完备的排水设施，如各种集料必须分隔储存，细集料应设防雨顶棚，料场及场内道路应进行硬化处理，严禁泥土污染集料。

沥青混合料可采用间歇式拌和机或连续式拌和机拌制。沥青混合料拌和设备的各种传感器必须定期进行检定，周期不少于每年一次。冷料供料装置需经标定得出集料供料曲线。

采用间歇式拌和机时，应符合下列要求：

• 总拌和机的生产能力须满足施工进度的要求，拌和机的除尘设备完好，能达到国家要求的环保要求；

• 冷料仓的数量应满足配合比的需要，通常不宜少于 5 ~ 6 个，还应具有添加纤维、消石灰等外掺剂的设备。

从沥青混合料运料车上取样时，必须在设置取样台分几处采集一定深度下的样品。集料进场后宜在料堆顶部平台卸料，经推土机推平后，铲运机从底部按照顺序竖直装料，以减小集料离析。

中等交通及以上交通公路施工用的间歇式拌和机必须配备计算机设备，拌和过程中逐盘采集并打印各个传感器测定的材料用量和沥青混合料拌和量、拌和温度等各种参数。每个台班结束时打印出一个台班的统计量，按照行业标准进行沥青混合料生产质量及铺筑厚度的总量检验。总量检验的数据有异常波动时，应立即停止生产，分析原因。

沥青混合料的生产温度应符合"施工准备"中的要求。烘干集料的残余含水率不得大于 1 %。每天开始的前几盘应提高加热温度，并干拌几锅集料废弃，然后正式加沥青拌和混合料。

拌和机的矿粉仓应配备振动装置，以防止矿粉发生起拱现象。添加消石灰、水泥等外掺剂时，宜增加正确粉料仓，也可由专用管线和螺旋升送器直接加入拌和锅。若与矿粉混合使用时，应注意二者因密度不同易使混合料产生离析。

拌和机必须有二级除尘装置，经一级除尘部分可直接回收使用，二级除尘部分可进入回收粉仓使用（或废弃）。对因除尘造成的粉料损失，应补充等量的新矿粉。

沥青混合料拌和时间，应根据具体情况经试拌确定，以沥青均匀裹覆集料为度。间歇式拌和机每盘的生产周期不宜少于 45 s，其中干拌时间不少于 5 ~ 10 s。改性沥青和 SMA 混合料的拌和时间应适当延长。

间歇式沥青拌和机宜备有保温性能好的成品储料仓，储存过程中混合料温度下降不得大于 10 ℃，且不能有沥青滴漏。普通沥青混合料的储存时间不得超过 72h；改性沥青混合料的贮存时间不宜超过 24h；SMA 混合料只限于当天拌和当天使用；OGFC 混合料、ARHM 混合料宜随拌随用。

间歇式沥青拌和机的振动筛规格应与矿料规格相匹配，最大筛孔宜略大于混合料的最大粒径，其余筛的设置应考虑混合料的级配稳定，并尽量使热料仓大体均衡，不同级配混合料必须配置不同的筛孔组合。

生产添加纤维的沥青混合料时，纤维必须在混合料中充分分散、拌和均匀。拌和机应配备同步添加投料装置，松散的絮状纤维可在喷入沥青的同时或稍后采用风送设备喷入拌和锅，拌和时间宜延长 5 s 以上。颗粒纤维可在粗集料投入的同时自动加入，经 5～10 s 的干拌后，再投入矿粉。工程量很小时，也可分装成塑料小包或由人工量取直接投入拌锅。

当使用改性沥青时，应随时检查沥青泵、管道、计量器等部位是否受堵，出现堵塞时应及时清洗。

沥青混合料出厂时，应逐车检测沥青混合料的重量和温度，记录出厂时间，签发运料单。

(四) 混合料运输

热拌沥青混合料宜采用较大吨位的运料车运输，但不得超载运输，在运输中不得急刹车、急弯掉头，以免造成透层、封层损伤。运料车的运输能力应稍有富余，施工过程中摊铺机前方应有运料车等候。待等候的运料车多于 5 辆后开始摊铺。

运料车在每次使用前后必须清扫干净，在车厢板上涂一薄层防止沥青黏结的隔离剂或防黏剂，但不得有余液积聚在车厢底部。从拌和机向运料车上装料时，应多次挪动汽车位置，平衡装料，以减少混合料离析。运料车运输混合料宜用苫布覆盖以保温、防雨、防污染。

运料车进入摊铺现场时，轮胎上不得沾有泥土等可能污染路面的东西，否则宜设水池洗净轮胎后，进入工程现场。沥青混合料在摊铺地点凭运料单接收，若混合料不符合施工温度要求，或已经结成团块、已遭雨淋的，不得铺筑。

摊铺过程中，运料车应在摊铺机前 100～300 mm 处停住，空挡等候，由摊铺机推动前进开始缓缓卸料，避免撞击摊铺机。有条件时，运料车可将混合料卸入转运车，经二次拌和后向摊铺机连续、均匀地供料。运料车每次卸料必须倒干净，尤其是改性沥青或 SMA 混合料。如果卸料有剩余，应及时清除，防止硬结。

SMA 及 OGFC 混合料在运输、等候的过程中，如果发现有沥青混合料沿车厢板滴漏，应采取措施予以避免。

(五) 混合料摊铺

铺筑沥青混合料前，应检查确认下承层的质量。对于新建公路，必须按照基层的质量标准进行检查验收；对于老路面，凡有坑陷和失稳的地段，必须进行修补、处理，凡不平的接缝要整平，裂缝要填实密封，直至符合要求为止。

施工放样和高程控制，必须进行水平和垂直坡度的控制，以保证完工路面符合工程平面位置和纵断面位置。通常由测量人员在路基基层两侧平行于中心线的位置上按照一定距离设立坡度桩和路线桩，使撒布机和摊铺机走向正确。

如果道路的坡度要求比较严格，最好的方法是放置基准线来控制高程。基准线由坡度桩和可调节的导杆拉紧，摊铺机可循此线为基准进行摊铺。每段基准线的绷紧固定长度可为 90～150 m，且每隔 8 m 加一个支撑点。坡度急剧变化时，绷紧固定长度要适当缩短。弯道处，线桩的距离要缩短，支撑点的间距也要小些，以保证弯道的位置定向准确。

当以上基本的准备工作完成后，可以按照施工组织设计中的施工顺序进行沥青混合料的摊铺。根据行业标准规定，在摊铺过程中应遵循以下规定。

①热拌沥青混合料应用沥青摊铺机进行摊铺，在喷洒有黏层油的路面上铺筑改性沥青混合料或 SMA、OGFC 混合料时，宜使用履带式摊铺机。摊铺机的受料斗应涂刷薄层隔离剂或防黏结剂，以防止产生黏结。

②当一次摊铺多个车道时，可以采用一台或多台摊铺机摊铺。当采用多台摊铺机摊铺时，应前后错开 10～20 m 呈梯队方式同步摊铺，两幅之间应有 30～60 mm 宽度的搭接，并躲开车道轮迹带，上、下层的搭接位置宜错开 200 mm 以上。

③摊铺机开工前，应提前 0.5～1.0 h 预热熨平板，其温度不低于 100 ℃。铺筑过程中应选择熨平板的振捣或具有适当的振动频率和振幅的夯锤压实装置，以提高路面的初始压实度。熨平板加宽连接应仔细调节至摊铺的混合料没有明显的离析痕迹。

④摊铺机必须缓慢、均匀、连续地进行摊铺，不得随意变换速度或出现中途停顿，以提高路面的平整度，减少沥青混合料的离析。摊铺速度宜控制在 2～6 m/min 的范围内，对于改性沥青混合料及 SMA 混合料宜放慢控制在 1～3 m/min。当发现沥青混合料出现明显的离析、波浪、裂缝、拖痕时，应分析产生的原因，予以消除。

⑤摊铺机应采用自动找平的方式，下面层或基层宜采用钢丝绳引导的高程控制方式，表面层宜采用平衡梁或雪橇式摊铺厚度控制方式，中面层根据情况选用找平方式。直接接触式平衡梁的轮子不得黏附沥青。铺筑改性沥青路面或 SMA 路面时，宜采用非接触式平衡梁。

⑥沥青混合料的松铺系数应根据混合料类型由试验试碾压确定。摊铺过程中应随时检查摊铺层厚度及路拱、横坡，并按照行业标准，由使用的混合料总量与面积校验平均厚度。

⑦寒冷季节遇大风降温，不能保证迅速压实时，不得再铺筑沥青混合料。热拌沥青混合料的最低摊铺温度，应根据铺筑厚度、气温、风速及下卧层表面温度，

按照"施工准备"中的有关规定执行。每天施工开始阶段宜采用较高温度的混合料铺筑。

⑧ 摊铺机的螺旋布料器应相应于摊铺速度调整到保持一个稳定的速度均衡地转动，两侧应保持有不少于送料器 2/3 高度的混合料，以减少在摊铺过程中混合料的离析。

⑨ 用机械摊铺的混合料不宜用人工反复修整。当不得不由人工进行局部找补或更换混合料时，必须认真仔细进行。对特别严重的缺陷，应将其整层铲除。

⑩ 路面狭窄部分、平曲线半径过小的匝道或加宽部分，以及小规模工程不能采用摊铺机铺筑时，可用人工摊铺混合料。人工摊铺沥青混合料应符合下列要求：

· 采用半幅施工时，路中一侧宜事先设置挡板；

· 沥青混合料宜卸在铁板上，摊铺时应扣锹布料，不得采用扬锹远甩，铁锹等工具宜沾防黏结剂，应加热使用，以防止混合料与铁锹黏结；

· 边摊铺边用刮板进行整平，整平时用力应当轻重一致，并控制次数，严防集料发生离析；

· 摊铺过程中不得中途停顿，应加快进行碾压，如果因故不能及时碾压，应立即停止摊铺，并对已卸下的沥青混合料覆盖苫布保温；

· 低温情况施工时，每次卸下的沥青混合料应覆盖苫布保温。

⑪ 雨季铺筑沥青混合料路面时，应加强与当地气象台（站）的联系，及时了解天气的变化，以利于安排混合料的铺筑施工。已摊铺的沥青混合料，如果因故未碾压密实而遇到雨淋，应将此部分混合料铲除。

二、温拌沥青混合料路面施工

与相同类型热拌沥青混合料相比，在性能和应用环境一致的条件下，温拌沥青混合料的拌和温度可相应降低 30℃ ~ 40℃ 以上。温拌沥青混合料（WMA）适用于各种等级公路的沥青路面。

（一）一般规定

温拌沥青混合料的种类划分同热拌沥青混合料一样，其符号前加 W 以示区别。温拌沥青混合料最大粒径与压实层厚度的匹配要求，同热拌沥青混合料一样。温拌沥青混合料不宜在气温低于 2 ℃（重载交通）或 0 ℃（其他交通等级公路）条件下施工，不得在雨天、路面潮湿的情况下施工。

（二）配合比设计要求及规定

温拌沥青混合料的配合比设计与热拌沥青混合料一样，必须在对同类沥青路面配合比设计和使用情况调查研究的基础上，充分借鉴成功的经验，选用符合要求的材料，进行配合比设计。

温拌沥青混合料配合比设计时宜采用旋转压实仪成型试件。可采用的设计程序为：首先进行同样条件下的热拌混合料的配合比设计；其次以此结果进行温拌混合料不同温度的拌和及成型，选择合理的成型温度；最后拌制温拌沥青混合料并进行性能验证。试件成型前，拌和好的混合料应置于烘箱内在拟定的成型温度条件下保温2h。

（三）混合料的拌制

拌制温拌沥青混合料时，根据需要可在普通沥青混合料拌和设备上安装温拌添加剂的添加装置。添加装置计量应正确，精度满足温拌添加剂添加量的允许误差要求。温拌添加剂的添加情况宜在拌和设备的控制台上在线显示。

当温拌添加剂为水溶液状或采用泡沫沥青时，宜在沥青混合料拌和设备的拌和缸上设置排气口（口径20 cm左右），及时将可能产生的水蒸气排除。温拌工艺导致拌和过程中部分粉料损失时，应补充等量的新矿粉。

拌制过程中，表面活性剂类温拌添加剂应先与沥青接触，再与高温的集料拌和。要求温拌沥青混合料中沥青均匀裹附集料。

温拌沥青混合料的料仓设置要求、拌制时长等其他要求同热拌沥青混合料。

（四）混合料运输

温拌沥青混合料的运输按照热拌沥青混合料的相关规定执行。

（五）混合料摊铺

温拌沥青混合料的摊铺按照热拌沥青混合料的相关规定执行。

（六）混合料压实与成型

温拌沥青混合料的压实应配备数量足够、吨位适宜的压路机。为达到良好的压实效果，必须使用大吨位的双钢轮振动压路机和大吨位的胶轮压路机。一般情况下，单幅摊铺（不超过6 m）需要配置1台初压双钢轮振动钢轮压路机（11～18 t）、1台复压胶轮压路机（25～35 t）、1台终压双钢轮振动钢轮压路机（10～15 t）。如果采取双机梯队或一次性摊铺宽度超过 6 m 摊铺作业，至少需要配置 2 台初压双钢轮振动钢轮压路机（ll~18 t）、2 台复压胶轮压路机（25~35 t）、1 台终压双钢轮振动钢轮压路机（10~15 t）。

在不产生严重推移和裂缝的前提下，初压、复压、终压都应紧跟摊铺机，在尽可能高的温度下进行。同时，不得在过低温度状况下反复碾压，使石料棱角磨损、压碎，破坏集料嵌挤。

根据混合料的级配类型、天气情况，选择合理的碾压工艺。常用的碾压工艺为：

① 初压 2 遍，选择 11~18 t 双钢轮振动压路机振动压实，压实速度宜为 2~3 km/h。如果第 1 遍前进振动碾压时发生严重推移，则采用静压，其他采用振压。

② 复压 2~4 遍，应采用 25~35 t 胶轮压路机，压实速度宜为 2~4 km/h。

③ 终压 2 遍，选择 10~16 t 双钢轮振动钢轮压路机，采用振、静结合方式，而收光采用静压，压实速度为 3~5 km/h。

为保证压实过程中不出现粘轮现象，振动压路机水箱中可加入少量的表面活性剂，并应尽可能减少洒水量。胶轮压路机不得洒水，压实过程中应适量喷洒或涂抹隔离剂（如食用油等），并以不粘轮为原则。

（七）沥青路面的接缝

温拌沥青混合料的接缝要求按照热拌沥青混合料的相关规定执行。

（八）开放交通及其他

温拌沥青混合料路面的开放交通及其他要求按照热拌沥青混合料的相关规定执行。

三、冷拌沥青混合料路面施工

冷拌沥青混合料路面施工是公路沥青路面施工中常用的一种施工方法，与热拌沥青混合料路面施工相比，具有节省能量、降低造价、施工简便等优点。

（一）一般规定

冷拌沥青混合料适用于轻交通公路的沥青面层、中等交通的罩面层施工，以及各交通等级公路沥青路面的基层、联接层或整平层。冷拌改性沥青混合料可用于沥青路面坑槽的冷补。冷补沥青混合料可用于各交通等级公路沥青路坑槽的修补。

冷拌沥青混合料宜采用乳化沥青或液体沥青拌制，也可采用改性乳化沥青，各种结合料类别及规格应符合有关要求。

冷拌沥青混合料宜采用密级配沥青混合料，当采用半开级配的冷拌沥青碎石混合料路面时，应铺筑上封层。

(二) 配合比设计

冷拌沥青混合料可参照"热拌沥青混合料路面施工"中相应的矿料级配使用，并根据已有的成功经验经试拌确定设计级配范围和施工配合比。

乳化沥青碎石混合料的乳液用量应根据当地实践经验以及交通量、气候条件、集料情况、沥青标号、施工机械等条件来确定，也可按照热拌沥青混合料的沥青用量进行折算，实际的沥青残留物数量可较同规格热拌沥青混合料的沥青用量减少10 % ~ 20 %。

(三) 施工要求

冷拌沥青混合料宜采用拌和厂机械拌和及沥青摊铺机摊铺的方式。缺乏厂拌条件时，也可采用现场路拌及人工摊铺的方式。冷拌沥青混合料施工中，应特别注意防止混合料产生离析。

当采用阳离子乳化沥青拌和时，宜先用水使集料湿润。若湿润后仍难以与乳液拌和均匀，应改用破乳速度更慢的乳液，或用 1 % ~ 3 % 浓度的氯化钙水溶液代替水润湿集料表面。

冷拌沥青混合料适宜的拌和时间应根据实际情况调节并通过试拌确定，矿料中加进乳液后的机械拌和时间一般不宜超过 30 s，人工拌和时间一般不宜超过 60 s。

已拌和好的冷拌沥青混合料应立即运至现场进行摊铺，并在乳液破乳前结束。在拌和与摊铺过程中已破乳的混合料，应予废弃。

乳化沥青冷拌混合料摊铺后，宜采用 6 t 左右的轻型压路机初压 1 ~ 2 遍，使混合料初步稳定。当乳化沥青开始破乳、混合料由褐色转变为黑色时，改用 12 ~ 15 t 的轮胎压路机进行碾压，将水分挤出，复压 2 ~ 3 遍后停止，待晾晒一段时间，水分基本蒸发后继续复压至密实为止。压实过程中有推移现象时，应停止碾压，待稳定后再进行碾压。当天不能完全压实时，可在较高气温状态下补充碾压；当缺乏轮胎压路机时，也可采用钢筒式压路机或较轻的振动压路机碾压。

乳化沥青混合料路面的上封层应在压实成型、路面水分完全蒸发后再进行加铺。

乳化沥青混合料路面施工结束后，宜封闭交通 2 ~ 6 h，并注意做好早期养护工作。开放交通的初期，应设专人指挥，车速不得超过 20 km/h，不准此路段内刹车或掉头。

冷拌沥青混合料应在较好的天气下施工，施工如果遇雨应立即停止铺筑，以防止雨水将乳液冲走，影响路面的施工质量。

第三节　沥青表面处置与封层施工

沥青表面处置是用沥青和细粒料按照层铺或拌和方法施工，厚度一般为1.5～3 cm的薄层路面面层。处置层很薄，一般不起提高强度作用，其主要作用是抵抗行车的磨耗和大气作用，增强防水性，提高平整度，改善路面的行车条件。主要用于城市道路支路、县镇道路、各级公路施工便道以及在旧沥青面层上加铺罩面层或磨损层。沥青表面处置采用层铺法施工时，按照浇洒沥青和撒布集料的遍数不同，分为单层式、双层式、三层式，其厚度分别为10～15 mm、15～25 mm、25～30 mm。层铺法宜在干燥和较热的季节施工，并在雨季及日最高气温低于15 ℃到来之前半个月结束，使表面处置层通过开放交通补充压实，使矿料取稳定的嵌紧位置，并同沥青裹覆黏牢，成型稳定。

采用拌和法施工时，可采用热拌热铺或冷拌冷铺。采用热拌热铺方法施工时，应按照热拌热铺沥青混合料的施工工艺执行；采用冷拌冷铺方法施工时，应按照乳化沥青混合料的施工工艺执行，且所有工序必须在冷冻前完成。

一、一般规定

① 沥青表面处置适用于各级公路的沥青面层。各种封层适用于加铺薄层罩面、磨耗层、水泥混凝土路面上的应力缓冲层、各种防水层和密水层、预防性养护罩面层。

② 沥青表面处置与封层宜选择在干燥和较热的季节施工，并在雨季及日最高气温低于15℃到来之前半个月结束。

二、层铺法沥青表面处置

① 沥青表面处置可采用道路石油沥青、乳化沥青、煤沥青铺筑，沥青标号应按照相关规范规定选用。

② 清扫干净的碎（砾）石路面上铺筑沥青表面处置时，应喷洒透层油。旧沥青路面、水泥混凝土路面、块石路面上铺筑沥青表面处置路面时，可在第一层沥青用量中增加10 %～20 %，不再另洒透层油或黏层油。

③ 层铺法沥青表面处置路面宜采用沥青撒布车及集料撒布机联合作业。沥青撒

布车喷洒时应保持稳定速度和喷洒量，并保持整个撒布宽度喷洒均匀。小规模工程可采用机动或手摇的手工沥青撒布机撒布沥青。撒布设备的喷嘴应适用于沥青的稠度，确保能成雾状，与洒油管成15°～25°的夹角，洒油管的高度应使同一地点接受2～3个喷油嘴喷洒的沥青，不得出现花白条。

④沥青表面处置喷洒沥青材料时，应对道路人工构造物、路缘石等外露部分做防污染遮盖。

⑤沥青表面处置施工应确保各工序紧密衔接，每个作业段长度应根据施工能力确定，并在当天完成。人工撒布集料时，应等距离划分段落备料。

⑥三层式沥青表面处置的施工工艺应按照下列步骤进行：

•清扫表面，撒布第一层沥青。沥青的撒布温度应根据气温及沥青标号选择，石油沥青宜为130℃～170℃，煤沥青宜为80℃～120℃，乳化沥青在常温下撒布，加温撒布的乳液温度不得超过60℃。前后两车喷洒的接茬处用铁板或建筑纸铺1.0～1.5 m，并使其搭接良好。分几幅浇洒时，纵向搭接宽度宜为100～150 mm。撒布第二、三层沥青的搭接缝时应当错开。

•撒布主层沥青后，应立即用集料撒布机或人工撒布第一层主集料。撒布集料后应及时扫匀，达到全面覆盖、厚度一致、集料不重叠也不露出沥青的要求。局部有缺料时，应适当找补，积料过多处将多余集料扫出。两幅搭接处，第一幅撒布沥青应暂留100～150 mm宽度不撒布石料，待第二幅撒布沥青完成后一起撒布。

•撒布主集料后，不必等全段撒布完，可立即用6～8 t钢筒压路机从路边向路中心碾压3～4遍，每次轮迹重叠约300 mm。碾压速度开始时一般不宜超过2 km/h，以后可适当增加。

•第二、三层的施工方法和要求与第一层相同，但可以采用8 t以上的压路机进行碾压。

⑦双层式或单层式沥青表面处置浇洒沥青及撒布集料的次数相应减少，其施工过程和要求可参照"三层式沥青表面处置的施工工艺"。

⑧除乳化沥青表面处置应待破乳、水分蒸发并基本成型后方可通车外，沥青表面处置在碾压结束后即可开放交通，并通过开放交通补充压实，成型稳定。通车初期应设专人指挥交通或设置障碍物控制行车速度，行车速度限制不超过20 km/h，严禁畜力车及铁轮车行驶，保证路面全部宽度均匀。

⑨沥青表面处置应特别注意初期养护。当发现有泛油现象时，应在泛油处补撒与最后一层石料规格相同的嵌缝料并扫匀，过多的浮料应扫出路外。

三、封层

封层指的是为封闭表面空隙，防止水分侵入面层或基层而铺筑的沥青混合料薄层。铺筑在面层表面的称为上封层，铺筑在面层下面的称为下封层。封层的作用：封闭某一层起到保水防水作用；起基层与沥青表面层之间的过渡和有效连接作用；路的某一层表面破坏离析松散处的加固补强作用。基层在沥青面层铺筑前，要临时开放交通，防止基层因天气或车辆作用出现损毁。

（一）上封层施工

① 根据情况可选择乳化沥青稀浆封层、微表处、改性沥青集料封层、薄层磨耗层或其他适宜的材料。

② 铺设上封层的下卧层必须彻底清扫干净，对车辙、坑槽、裂缝进行处理或挖补。

③ 上封层的类型根据使用目的、路面的破损程度进行选用：

• 裂缝较细、较密的可采用涂洒类密封剂、软化再生剂等涂刷罩面；

• 对于二级及二级以下公路的旧沥青路面，可以采用普通的乳化沥青稀浆封层，也可在喷洒道路石油沥青后撒布石屑（砂）后碾压作封层；

• 对于高速公路和一级公路有轻微损伤的宜铺筑微表层；

• 对于用于改善抗滑性能的上封层，可采用稀浆封层、微表处或改性沥青集料封层。

（二）下封层施工

① 沥青面层与无结合料稳定类基层、冷再生类基层及水泥混凝土层刚性基层的层间，以及沥青面层与旧沥青路面表面、旧水泥混凝土板间，可设置下封层。沥青面层与无结合料粒料类基层之间根据情况也可设置下封层。

② 下封层可采用层铺法单层表面层处置、稀浆封层，或热沥青同步碎石封层、橡胶沥青碎石封层，或设置改性沥青应力吸收层。

③ 对于中、轻交通下封层可选用层铺法表面层处置、稀浆封层。对于重、中交通下封层，也可选用70号或90号热沥青同步碎石封层。对于特重及极重交通的沥青面层与无结合料稳定类基层、冷再生类基层及旧沥青路面间的下封层，可选用SBS改性沥青同步碎石封层或橡胶沥青碎石封层，或改性沥青应力吸收层。对于重交通及以上交通的沥青面层与水泥混凝土刚性基层或旧水泥混凝土板间的下封层，宜选用改性沥青应力吸收层。

④ 下封层采用层铺法表面处置时，宜采用层铺法单层表面处置。

⑤ 下封层采用稀浆封层时，稀浆封层可采用乳化沥青或改性乳化沥青作结合料。厚度不宜小于 6 mm，且做到密实不透水。

四、稀浆封层和微表处

① 微表处主要用于中等交通及以上交通的预防性养护以及填补轻度车辙，也适用于新建公路的抗滑磨耗层。稀浆封层一般用于中等以下交通的预防性养护，也适用于新建公路的下封层。

② 稀浆封层和微表处必须使用专用的摊铺机进行摊铺。单层微表处适用于旧路面车辙深度不大于 15 mm 的情况；超过 15 mm 的必须分两层铺筑，先用 V 形车辙摊铺箱摊铺；深度大于 40 mm 时，不适宜做微表处处理。

③ 微表处必须采用改性乳化沥青，稀浆封层可采用普通乳化沥青，也可采用改性乳化沥青，其品种和质量应分别符合相关技术要求。

④ 稀浆封层和微表处应选择坚硬、粗糙、耐磨、洁净的集料。集料的各项性能指标应符合要求。其中，微表处用通过 4.75 mm 筛的合成矿料的砂当量不得低于 65 %，稀浆封层用通过 4.75 mm 筛的合成矿料的砂当量不得低于 50 %。当用于抗滑表层时，还应符合相关要求。细集料宜采用碱性石料生产的机制砂或洁净的石屑。对集料中的超粒径颗粒必须筛除。

⑤ 微表处按照矿料公称最大粒径的不同，可分为 MS-2 型和 MS-3 型，单层厚度分别为 4 ~ 6 mm 和 8 ~ 10 mm。稀浆封层按照矿料公称最大粒径的不同，可分为 ES-1 型、ES-2 型和 ES-3 型，单层厚度分别为 2.5 ~ 3 mm、4 ~ 7 mm 和 8 ~ 10 mm。

•MS-3 型微表处适用于高速公路、一级公路的罩面和车辙填充。ES-3 型稀浆封层适用于二级公路的罩面，以及新建公路的下封层。

•MS-2 型微表处适用于中等交通量高速公路，一、二级公路的罩面。ES-2 型稀浆封层适用于二级及二级以下公路的罩面，以及新建公路的下封层。

⑥ 稀浆封层和微表处施工前，应彻底清除原路面上的泥土、杂物，修补坑槽、凹陷，较宽的裂缝宜清埋灌缝。水泥混凝土路面上铺筑微表处时宜洒布黏层油，过于光滑的表面需进行拉毛处理。

⑦ 稀浆封层和微表处的最低施工温度不得低于 10 ℃，严禁在雨天进行施工，摊铺后尚未成型混合料遇雨时应予以铲除。

⑧ 稀浆封层和微表处两幅纵缝搭接的宽度不宜超过 80 mm，横向接缝宜做成对接缝。分两层摊铺时，第一层摊铺后至少应开放交通 24 h 后方可进行第二层摊铺。

⑨ 稀浆封层和微表处铺筑后的表面不得有超粒径料拖拉的严重划痕，横向接缝和纵向接缝处不得出现余料堆积或缺料现象，用 3 m 直尺测量接缝处的不平整度不得大于 6 mm 。微表处不得有横向波浪和深度超过 6 mm 的纵向条纹。经养生和初期交通碾压稳定的稀浆封层和微表处，在行车作用下应不飞散且完全泌水。

第四节　沥青贯入式路面施工与沥青透层和黏层施工

一、沥青贯入式路面施工

沥青贯入式路面施工是指在初步压实的碎石 (或破碎砾石) 上，分层浇洒沥青、撒布嵌缝料，或再在上部铺筑热拌沥青混合料封层，经压实而成的沥青面层。

(一) 一般规定

沥青贯入式路面适用于轻交通公路，也可作为沥青路面的联结层或基层。

沥青贯入式路面的厚度宜为 4 ~ 8 cm ，但乳化沥青的厚度不宜超过 5 cm 。当贯入层上部加铺拌和的沥青混合料面层成为上拌下贯式路面时，拌和层的厚度不小于 1.5 cm 。

沥青贯入式路面的最上层应撒布封层料或加铺拌和层。当沥青贯入层作为联结层使用时，可以不撒表面封层料。

沥青贯入式路面宜选择在干燥和较热的季节施工，并宜在日最高温度降低至 15 ℃ 前半个月结束，使贯入式结构层通过开放交通碾压成型。

(二) 准备工作

沥青贯入式路面在施工前，必须将基层清扫干净。当需要安装路缘石时，应在路缘石安装完成后再进行施工。为避免施工中对路缘石产生污染，应对路缘石进行遮盖。

乳化沥青贯入式路面必须浇洒透层或黏层沥青。沥青贯入式路面厚度小于或等于 5cm 时，也应浇洒透层或黏层沥青。

(三) 施工方法

沥青贯入式路面的施工应按照下列步骤进行：
① 采用碎石摊铺机、平地机或人工摊铺主层集料。铺筑应做好保护工作，严禁

车辆通行。

②碾压主层集料。撒布后应采用6～8 t的轻型钢筒式压路机自路的两侧向路中心碾压，碾压速度宜为2 km/h ，每次轮迹重叠约30 cm 。碾压一遍后检验路拱和纵向坡度是否符合要求，当不符合设计要求时，应调整找平后再进行碾压。然后用重型的钢轮碾压机碾压，每次轮迹重叠1/2左右，宜碾压4～6遍，直至主层集料嵌挤稳定、无显著轮迹为止。

③浇洒第一层沥青。浇洒方法按照"层铺法沥青表面处置"中相关规定进行。当采用乳化沥青贯入时，为防止乳液下漏过多，可在主层集料碾压稳定后，先撒布一部分上一层嵌缝料，再浇洒主层沥青。

④采用集料撒布机或人工撒布第一层嵌缝料。撒布后要尽量将集料扫匀，不足处应进行找补。当使用乳化沥青时，石料撒布必须在乳液破乳前完成。

⑤撒布完成后立即用8～12 t钢筒式压路机碾压嵌缝料，轮迹重叠宽约为1/2，宜碾压4～6遍，直至稳定为止。碾压时要随压随扫，使嵌缝料均匀嵌入。如果因气温较高使碾压过程中发生较大推移现象，应立即停止碾压，待气温降低后再继续碾压。

⑥按照上述方法和步骤浇洒第二层沥青、撒布第二层嵌缝料，然后进行碾压，再浇洒第三层沥青。

⑦按照撒布嵌缝料的方法撒布封层料，注意其质量一定要符合规范的要求。

⑧采用6～8 t压路机做最后的碾压，一般宜碾压2～4遍，然后准备开放交通。

沥青贯入式路面开放交通后，应按照"层铺法沥青表面处置"中的有关要求控制交通，做初期养护工作。

铺筑上拌下贯式路面时，贯入层不撒布封层料，拌和层应紧跟着贯入层施工，使上下成为一个整体。

贯入部分采用乳化沥青时应待其破乳、水分蒸发且成型稳定后方可铺筑拌和层。当拌和层与贯入部分不能连续施工，且要在短期内通行施工车辆时，贯入层部分的第二遍嵌缝料应增加用量2～3 m³/1000 m²。在摊铺拌和层沥青混合料前，应进行补充碾压，并浇洒黏层沥青。

二、沥青透层与黏层施工

透层油是沥青各类基层都不可少的重要组成部分，其施工质量的好坏对沥青路基的整体质量有重要的影响。黏层油是某些沥青路基结构中的重要组成部分，其施工质量对整个路面的质量也有重要影响。

沥青路基各类基层都应喷洒透层油，沥青层必须在透层油完全渗透入基层后方可进行铺筑。基层上设置下封层时，透层油也不宜省略。气温低于 10 ℃或大风扬沙天气，或即将降雨时，不得喷洒透层油。

根据基层类型选择渗透性好的液体沥青、乳化沥青、煤沥青作为透层油，喷洒后通过钻孔或挖掘确认透层油渗入基层的深度，深度宜不小于 5 mm（无机结合料稳定集料基层）和 10 mm（无结合料基层），并能与基层联结成为一体。透层油的质量应符合有关沥青材料的要求。

透层油通过调节稀释剂的用量或乳化沥青的浓度得到适宜的黏度，基质沥青的针入度通常情况下宜不小于100。透层用乳化沥青的蒸发残留物含量允许根据渗透情况适当调整，当使用成品乳化沥青时可通过稀释得到要求的黏度。透层用液体沥青的黏度通过调节煤油或轻柴油等稀释剂的品种和掺量经试验确定。

用于半刚性基层的透层油宜紧接在基层碾压成型后表面稍微变干燥，但尚未硬化的情况下进行喷洒。

无结合料粒料基层、再生类基层上喷洒透层油时，宜在基层碾压成型后表面稍变干燥，但尚未硬化的情况下尽快喷洒。

透层油宜采用沥青撒布车一次喷洒均匀，使用的喷嘴宜根据透层油的种类和黏度进行选择，并应保证均匀喷洒。沥青撒布车喷洒不均匀时，宜改用手工沥青撒布机喷洒。喷洒应符合"沥青表面处置与封层施工"中的有关规定。

喷洒透层油前应清扫路面，遮挡防护路缘石及人工构造物，避免对其产生污染。透层油必须喷洒均匀，有花白遗漏之处应采用人工补洒，喷洒过量的立即撒布石屑或砂进行吸油，必要时可适当进行碾压。透层油喷洒后，不得在表面形成能被运料车和摊铺机黏起来的油皮。透层油达不到渗透深度要求时，应更换透层油的稠度或品种。

透层油喷洒后的养生时间随着透层油的品种和气候条件由试验确定，确保液体沥青中的稀释剂全部挥发、乳化沥青渗透且水分蒸发，然后尽早铺筑沥青面层。

（一）黏层的施工

双层式或三层式热拌热铺符合下列情况之一时，必须喷洒黏层油：

① 沥青混合料路面的沥青层之间；

② 水泥混凝土路面、沥青稳定碎石基层或旧沥青路面层上加铺沥青层；

③ 路缘石、雨水口、检查井等构造物与新铺沥青混合料接触的侧面；

④ 设置下封层或已洒黏层油，但由于行车后造成表面污染、清理后的路面表面。

黏层油宜采用快裂乳化沥青、中裂乳化沥青、改性乳化沥青，也可采用快凝、中凝液体石油沥青，其规格和质量应符合有关要求，所使用的基质沥青标号宜与主层沥青混合料相同。

黏层油宜采用沥青撒布车进行喷洒，并选择适宜的喷嘴，喷洒速度和喷洒量保持稳定。当采用机动或手摇的手工沥青撒布机喷洒时，必须由熟练的技术工人进行操作，使沥青喷洒均匀。气温低于 10 ℃时，不得喷洒黏层油；寒冷季节施工不得不喷洒黏层油时，可以分两次喷洒；路面潮湿时不得喷洒黏层油，用水洗刷后的基层需待表面干燥后再进行喷洒。

喷洒的黏层油必须呈均匀雾状，在路面全宽度范围内均匀分布成一薄层，不得有洒花漏空或成条状，也不得产生堆积。喷洒不足的要补洒，喷洒过量之处应予以刮除。喷洒黏层油后，严禁运料车外的其他车辆和行人通过。

黏层油宜在当天喷洒，待乳化沥青破乳、水分蒸发后完成，或稀释沥青中的稀释剂基本挥发完成后，紧跟着铺筑沥青层喷洒，确保黏层不受污染。

(二) 防水黏结层

当对沥青路面层间要求非常高时，应采用防水黏结层代替黏层。防水黏结层按如下原则选择材料：

第一，当层间位置距路表深度小于 9 cm，对于重载交通可选用 70 号或 90 号热沥青防水黏结层；对于特重或极重交通，可选用橡胶沥青防水黏结层或 SBS 改性沥青防水黏结层。

第二，当用于开级配磨耗层等大孔隙表面层时，重载交通及以上交通新建工程及各交通等级加铺时，在表面层之下应选用橡胶沥青防水黏结层或 SBS 改性沥青防水黏结层。

第三，对于中小水泥混凝土桥面，宜选用橡胶沥青防水黏结层或 SBS 改性沥青防水黏结层。

1.热沥青防水黏结层

①热沥青防水黏结层材料要求按照热沥青同步碎石封层的规定执行。

②施工时要严格控制沥青喷洒量和碎石撒布量，70 号或 90 号道路石油沥青喷洒量宜为 1.6 ~ 1.8 kg/m²；SBS 改性沥青喷洒量宜为 1.8 ~ 2.0 kg/m²；碎石规格宜为 9.5 ~ 13.2 mm，撒布量按照覆盖率 60 % ~ 70 % 控制。实际沥青喷洒量和碎石的撒布量通过试验段确定。

③当用于开级配磨耗层等大孔隙表面层时，SBS 改性沥青喷洒量宜为 1.5 ~ 1.8 kg/m²；碎石规格宜为 4.75 ~ 9.5 mm，撒布量按照覆盖率 50 % ~ 60 % 控制。

④施工工艺和施工要求按照热沥青同步碎石封层的规定执行。

2. 橡胶沥青防水黏结层

① 橡胶沥青防水黏结层材料要求按照橡胶沥青同步碎石封层的规定执行。

② 施工时要严格控制橡胶沥青喷洒量和碎石撒布量，橡胶沥青用量宜为 2.0～2.2 kg/m²；碎石规格宜为 9.5～13.2 mm，撒布量按照覆盖率 60 %～70 % 控制。实际沥青喷洒量和碎石撒布量通过试验段确定。

③ 当用于开级配磨耗层等大孔隙表面层时，橡胶沥青改性沥青喷洒量宜为 1.6～2.0 kg/m²；碎石规格宜为 4.75～9.5 mm，撒布量按照覆盖率 50 %～60 % 控制。

④ 施工工艺和施工要求按照橡胶沥青同步碎石封层的规定执行。

施工时气温不应低于 10 ℃，风速适度，路面潮湿、浓雾、下雨或视线不良时，不允许施工。

施工完成后，应封闭交通，禁止行人与车辆进入。待防水黏结层冷却至常温后，清扫车清扫收集未黏结碎石颗粒，同时应尽快铺设上层的沥青混合料。

三、沥青路面质量管理与检查验收

(一) 一般规定

沥青路面施工应根据全面质量管理的要求，按照国家或行业现行施工技术规范，建立健全有效的质量保证体系，对施工中各工序的质量进行检查评定，及时发现和纠正出现的质量问题，达到规定的质量标准，以确保施工质量。

对于高速公路和一级公路沥青路面，应当加强施工过程中的质量控制，实行动态质量管理。

我国现行技术规范规定的技术要求是工程施工质量管理和交工验收的依据。

所有与工程建设有关的原始记录、试验检测及计算数量、汇总表格，必须如实记录和保存。对于已经采取措施进行返工和补救的项目，可在原记录和数据上注明，但不得销毁。

(二) 施工前的材料与设备检查

施工前必须检查各种材料的来源和质量。对于经招标程序购进的沥青、集料等重要材料，供货单位必须提交最新检测的正式试验报告。从国外进口的材料应提供该批材料的船运单。对于首次使用的集料，应检查生产单位的生产条件、加工机械、覆盖层的清理情况。所有材料都应按照规定取样检测，经质量认可后方可订货。

各种材料都必须在施工前以"批"为单位进行检查、检验，不符合有关规范技术要求的材料一律不得进场。对于各种矿料，以同一料源、同一次购入并运至生产现场的相同规格的材料为一"批"；对于沥青，从同一来源、同一次购入且储入同一沥青罐的同一规格的沥青为一"批"。材料试样的取样数量与频度按照现行试验规程的规定进行。

工程开始前，必须对材料的存放场地、防雨和排水措施进行确认，不符合规范中技术要求的，不允许材料进场。进场的各种材料的来源、品种、质量应与招标及提供的样品一致，不符合要求的材料严禁使用。

使用成品改性沥青的工程，应要求供应商提供所使用的改性剂型号、基质沥青和改性沥青的质量检测报告。使用现场配制改性沥青的工程，应对试生产的改性沥青进行检测。质量不合格的不可使用。

施工前对沥青拌和机、摊铺机、压路机等各种施工机械设备进行调试，对机械设备的配套情况、技术性能、传感器计量精度、运载情况等进行认真检查、标定，并得到监理人员的认可。

正式开工前，各种原材料的试验结果以及据此进行的目标配合比设计和生产配合比设计结果，应在规定的期限内向业主及监理提出正式报告，待取得业主及监理正式认可后，方可使用。

(三) 铺筑试验路段的检查

高速公路和一级公路的沥青路面在施工前应铺筑试验段。其他等级公路在缺乏施工经验或初次使用重大设备时，也应铺筑试验段。当同一施工单位在材料、机械设备及施工方法与其他工程完全相同时，也可利用其他工程的结果，不再铺筑新的试验路段。

试验段的长度应根据试验目的确定，通常宜为 100～200 m，宜选在正线上铺筑。

热拌热铺沥青混合料路面试验段铺筑分试拌和试铺两个阶段，主要包括下列试验内容：

① 检验各种施工机械的类型、数量及组合方式是否匹配。

② 通过试拌确定拌和机的工艺流程、操作方法和质量控制方案。

③ 通过试铺确定透层油的喷洒方式和效果、摊铺工艺和压实工艺，确定松铺系数等。

④ 验证沥青混合料生产配合比设计，提出生产用的标准配合比和最佳沥青用量。

⑤ 建立用钻孔法与核子密度仪无破损检测路面密度的对比关系。

⑥ 检测试验段的渗水系数。

试验段铺筑应由参加公路建设的有关各方共同参加，及时商定有关事项，明确试验结论。铺筑结束后，施工单位应就各项试验内容提出完整的试验路段施工报告和检测报告，取得业主或监理的批复。

（四）施工过程中的质量管理与检查

沥青面层的施工必须在得到开工令后方可开工。

施工单位在施工过程中应随时对施工质量进行自检。监理应按照规定要求自主地进行试验，并对承包商的试验结果进行认定，如实评定质量，计算合格率。当发现有质量低劣等异常情况时，应立即追加检查。施工过程中，无论是否已经返工补救，所有数据均必须如实记录，不得丢弃。

（五）交工验收阶段的工程质量检查与验收

沥青路面交工时应检查验收沥青面层的各项质量指标，主要包括路面的厚度、压实度、平整度、渗水系数、构造深度、摩擦系数，检查每一个测点与极值相比的合格率，同时按照行业标准的方法计算代表值。厚度也可利用路面雷达连续测定路面剖面进行评定。

（六）工程施工总结及质量保证期的管理

工程结束后，施工企业应根据国家竣工文件编制的规定，提出施工总结报告及若干专项报告，连同竣工图表，形成完整的施工资料档案。施工总结报告应包括工程概况（包括设计及变更情况）、工程基础资料、材料、施工组织、施工机械及人员配备、施工方法、施工进度、试验研究、工程质量评价、工程决算、工程使用服务计划等。

施工管理与质量检查报告，主要包括施工管理体制、质量保证体系、施工质量目标、试验段铺筑报告、施工前及施工中材料质量检查结果（测试报告）、施工过程中工程质量检查结果（测试报告）、工程交工验收质量自检结果（测试报告）、工程质量评价以及原始记录、相册、录像等各种附件。

第八章 水泥混凝土路面施工

第一节 水泥混凝土路面材料准备

水泥混凝土的基本组成材料有水泥、水、粗集料、细集料、外加剂和矿物掺合料等。水泥混凝土质量的好坏，与原材料的质量和技术指标有很大关系。因此，施工前和施工中是否严格把控原材料质量关，是铺筑优质水泥混凝土路面的前提。

一、原材料技术要求

（一）水泥

作为混凝土的胶结材料，水泥应具有强度高、干缩性小、抗磨性与耐久性好的特点。水泥品种及强度等级，必须根据不同的路面等级和交通量要求进行选用。一般情况下，极重、特重、重交通荷载等级公路面层水泥混凝土应采用抗折强度高、收缩小、耐磨性强、抗冻性好的旋窑道路硅酸盐水泥，也可采用旋窑硅酸盐水泥或普通硅酸盐水泥；中、轻交通荷载等级公路面层水泥混凝土可采用矿渣硅酸盐水泥；低温期施工或有快通要求的路段宜采用早强型水泥，高温期施工宜采用普通型水泥。

水泥的矿物组成主要有硅酸三钙、硅酸二钙、铝酸三钙和铁铝酸四钙，不同的水泥所含这些化学成分的含量不同，其物理性能也不相同。因此，在选择水泥时，应根据各交通等级路面所使用水泥的成分、物理性能等路用品质要求规定选用。

（二）掺合料

水泥混凝土中使用的掺合料主要有粉煤灰、硅灰和磨细矿渣。

使用道路硅酸盐水泥或硅酸盐水泥时，可在混凝土中掺入适量粉煤灰；使用其他水泥时，不应掺入粉煤灰。

面层水泥混凝土可单独或复配掺用符合规定的粉状低钙粉煤灰、矿渣粉或硅灰等掺合料，不得掺用结块或潮湿的粉煤灰、矿渣粉和硅灰。粉煤灰质量不应低于表8-1中的Ⅱ级粉煤灰的要求。不得掺用高钙粉煤灰或Ⅲ级及Ⅲ级以下低钙粉煤灰。

粉煤灰进货应有等级检验报告,使用时应确切了解所用水泥中已经加入的掺合料的种类和数量。

表8-1 低钙粉煤灰分级和质量指标

粉煤灰等级	细度（45μm 气流筛,筛余量)（%)	烧失量（%)	需水量（%)	含水率（%)	游离氧化钙含量（%)	SO_3（%)	混合砂浆活性指数	
							7 d	28 d
Ⅰ	≤ 12.0	≤ 5.0	≤ 95.0	≤ 1.0	1.0	≤ 3.0	≥ 75	≥ 85(75)
Ⅱ	≤ 20.0	≤ 8.0	≤ 105.0	≤ 1.0	1.0	≤ 3.0	≥ 70	≥ 80(62)
Ⅲ	≤ 45.0	≤ 15.0	≤ 115.0	≤ 1.0	1.0	≤ 3.0	—	—
试验方法	GB/T 1596	GB/T 1596	GB/T 1596	GB/T 1596	GB/T 1596	GB/T 1596	GB/T 1596	

(三) 粗集料

粗集料应使用质地坚硬、耐久、洁净的碎石、破碎卵石和卵石,且符合一定的级配。极重、特重、重交通荷载等级公路面层混凝土用粗集料质量不应低于表8-2中Ⅱ级的要求,中、轻交通荷载等级公路面层混凝土可使用Ⅲ级粗集料。

表8-2 碎石、破碎卵石和卵石质量标准

项次	项目		技术要求			试验方法
			Ⅰ级	Ⅱ级	Ⅲ级	
1	碎石压碎值（%)		≤ 18.0	≤ 25.0	≤ 30.0	JTG E42 T0316
2	卵石压碎值（%)		≤ 21.0	≤ 23.0	≤ 26.0	JTG E42 T0316
3	坚固性（按质量损失计)（%)		≤ 5.0	≤ 8.0	≤ 12.0	JTG E42 T0314
4	针片状颗粒含量（按质量计)（%)		≤ 8.0	≤ 15.0	≤ 20.0	JTG E42 T0311
5	含泥量（按质量计)（%)		≤ 0.5	≤ 1.0	≤ 2.0	JTG E42 T0310
6	泥块含量（按质量计)（%)		≤ 0.2	≤ 0.5	≤ 0.7	JTG E42 T0310
7	吸水率（按质量计)（%)		≤ 1.0	≤ 2.0	≤ 3.0	JTG E42 T0307
8	流化物及流酸盐含量 b（按 SO_3 质量计)（%)		≤ 0.5	≤ 1.0	≤ 1.0	GB/T 14685
9	洛杉矶磨耗损失 e（%)		≤ 28.0	≤ 32.0	≤ 35.0	JTG E42 T0317
10	有机物含量（比色法)		合格	合格	合格	JTG E42 T0313
11	岩石抗压强度（MPa）b	岩浆岩	≥ 100			JTG E42 T0221
		变质岩	≥ 80			
		沉积岩	≥ 60			

项次	项目	技术要求			试验方法
		Ⅰ级	Ⅱ级	Ⅲ级	
12	表观密度（kg/m³）	500			JTG E42 T0308
13	松散堆积密度（kg/m³）	≥ 1350			JTG E42 T0309
14	空隙率（%）	≤ 47			JTG E42 T0309
15	磨光值（%）	≥ 35.0			JTG E42 T0321
16	碱集料反应 b	不得有碱活性反应或疑似碱活性反应			JTG E42 T0325

中、轻交通荷载等级公路面层水泥混凝土可使用再生粗集料（利用旧结构混凝土经机械破碎筛分制得的粗集料），其质量应符合表8-3的规定。再生粗集料可单独或掺配新集料后使用，但应通过配合比试验验证，确定混凝土性能满足设计要求，并符合下列规定：

① 有抗冰冻、抗盐冻要求时，再生粗集料不应低于Ⅱ级；无抗冰冻、抗盐冻要求时，可使用Ⅲ级再生粗集料；

② 再生粗集料不得用于裸露粗集料的水泥混凝土抗滑表层；

③ 不得使用出现碱活性反应的混凝土为原料破碎生产的再生粗集料。

表8-3 再生粗集料的质量标准

项次	项目	技术要求			试验方法
		Ⅰ级	Ⅱ级	Ⅲ级	
1	压碎值（%）	≤ 21.0	≤ 30.0	≤ 43.0	JTG E42 T0316
2	坚固性（按质量损失计）（%）	≤ 5.0	≤ 10.0	≤ 15.0	JTG E42 T0314
3	针片状颗粒含量（按质量计）（%）	≤ 10.0	≤ 10.0	≤ 10.0	JTG E42 T0311
4	微粉含量（按质量计）（%）	≤ 1.0	≤ 2.0	≤ 3.0	JTG E42 T0310
5	泥块含量（按质量计）（%）	≤ 0.5	≤ 0.7	≤ 1.0	JTG E42 T0310
6	吸水率（按质量计）（%）	≤ 3.0	≤ 5.0	≤ 8.0	JTG E42 T0307
7	流化物及流酸盐含量（按 SO_3 质量计）（%）	≤ 2.0	≤ 2.0	≤ 2.0	GB/T 14685
8	氯化物含量（以氯离子质量计）（%）	≤ 0.06	≤ 0.06	≤ 0.06	GB/T 14685
9	洛杉矶磨耗损失（%）	≤ 35	≤ 40	≤ 45	JTG E42 T0317
10	杂物含量（按质量计）（%）	≤ 1.0	≤ 1.0	≤ 1.0	JTG E42 T0313

续表

项次	项目	技术要求			试验方法
		Ⅰ级	Ⅱ级	Ⅲ级	
11	表观密度（kg/m³）	≥ 2450	≥ 2350	≥ 2250	JTG E42 T0308
12	空隙率（%）	≤ 47	≤ 50	≤ 53	JTG E42 T0309

粗集料与再生粗集料应根据混凝土配合比的公称最大粒径分为 2~4 个单粒级的集料，并掺配使用。粗集料与再生粗集料的合成级配及单粒级级配范围宜符合表 8-4 的要求。不得使用不分级的统料。

表 8-4　粗集料与再生粗集料的级配范围

级配类型		累计筛余（以质量计）（%）							
合成级配	4.75~16.0	95~100	85~100	40~60	0~10	—			
	4.75~19.0	95~100	85~95	60~75	30~45	0~5	0	—	—
	4.75~26.5	95~100	90~100	70~90	50~70	25~40	0~5	0	
	4.75~31.5	95~100	90~100	75~90	60~75	40~60	20~35	0~5	0
粒级	4.75~9.5	95~100	80~100	0~15	0	—			
	9.5~16.0	—	95~100	80~100	0~15	0			
	9.5~19.0	—	95~100	85~100	40~60	0~15	0		
	16~26.5	—	—	95~100	55~70	25~40	0~10	0	
	16~31.5	—	—	95~100	85~100	55~70	25~40	0~10	0

各种面层水泥混凝土配合比的不同种类粗集料与再生粗集料公称最大粒径宜符合表 8-5 的规定。

表 8-5　各种面层水泥混凝土配合比不同种类粗集料与再生粗集料公称最大粒径

交通荷载等级		极重、特重、重		中、轻		试验方法
面层类型		水泥混凝土	纤维混凝土、配筋混凝土	水泥混凝土	碾压混凝土、砌块混凝土	
最大公称粒径（mm）	碎石	26.5	16.0	31.5	19.0	JTG E42 T0302
	破碎卵石	19.0	16.0	26.5	19.0	
	卵石	16.0	9.5	19.0	16.0	
	再生粗集料	—	—	26.5	19.0	

（四）细集料

细集料应使用质地坚硬、耐久、洁净的天然砂或机制砂，不宜使用再生细集料；满足一定的级配及细度模数，且有害杂质含量少。

极重、特重、重交通荷载等级公路面层水泥混凝土用天然砂的质量标准不应低于表8-6规定的Ⅱ级，中、轻交通荷载等级公路面层水泥混凝土可使用Ⅲ级天然砂。

表8-6　天然砂的质量标准

项次	项目	技术要求			试验方法
		Ⅰ级	Ⅱ级	Ⅲ级	
1	坚固性（按质量损失计）(%)	≤ 6.0	≤ 8.0	≤ 10.0	JTG E42 T0340
2	含泥量（按质量计）(%)	≤ 1.0	≤ 2.0	≤ 3.0	JTG E42 T0333
3	泥块含量（按质量计）(%)	≤ 0	≤ 0.5	≤ 1.0	JTG E42 T0335
4	氯离子含量（按质量计）(%)	≤ 0.02	≤ 0.03	≤ 0.06	GB/T 14684
5	云母含量（按质量计）(%)	≤ 1.0	≤ 1.0	≤ 2.0	JTG E42 T0337
6	硫化物及硫酸盐含量（按 SO_3 质量计）(%)	≤ 0.5	≤ 0.5	≤ 0.5	JTG E42 T0341
7	海砂中的贝壳类物质含量（按质量计）(%)	≤ 3.0	≤ 5.0	≤ 8.0	JGJ 206
8	轻物质含量（按质量计）(%)	≤ 1.0			JTG E42 T0338
9	吸水率(%)	≤ 2.0			JTG E42 T0330
10	表观密度（kg/m³）	≥ 2500.0			JTG E42 T0308
11	松散堆积密度（kg/m³）	≥ 1400.0			JTG E42 T0328
12	空隙率(%)	≤ 45.0			JTG E42 T0331
13	有机物含量（比色法）	合格			JTG E42 T0336
14	碱活性反应 a	不得有碱活性反应或疑似碱活性反应			JTG E42 T0325
15	结晶态二氧化硅含量 b (%)	≥ 25.0			JTG E42 T0324

天然砂的级配范围宜符合表8-7的规定。面层水泥混凝土使用的天然砂细度模数宜为2.0~3.7。

表 8-7　天然砂的推荐级配范围

砂分级	细度模数	方孔筛尺寸（mm）(试验方法 JTG E42 T0327)							
		9.5	4.75	2.36	1.18	0.60	0.30	0.15	0.075
		通过各筛孔的质量百分率（%）							
粗砂	3.1~3.7	100	90~100	65~95	35~65	15~30	5~20	0~10	0~5
中砂	2.3~3.0	100	90~100	75~100	50~90	30~60	8~30	0~10	0~5
细砂	1.6~2.2	100	90~100	85~100	75~100	60~84	15~45	0~10	0~5

机制砂宜采用碎石作为原料，并用专用设备生产。极重、特重、重交通荷载等级公路面层水泥混凝土用机制砂的质量标准不应低于表 8-8 规定的 II 级，中、轻交通荷载等级公路面层水泥混凝土可使用 III 级机制砂。

表 8-8　机制砂的质量标准

项次	项目		技术要求			试验方法
			I 级	II 级	III 级	
1	机制砂母岩的抗压强度（MPa）		≥80.0	≥60.0	≥30.0	JTG E41 T0221
2	机制砂母岩的磨光值		≥38.0	≥35.0	≥30.0	JTG E42 T0321
3	机制砂单粒级最大压碎指标（%）		≤20.0	≤25.0	≤30.0	JTG E42 T0350
4	坚固性（按质量损失计）（%）		≤6.0	≤8.0	≤10.0	JTG E42 T0340
5	氯离子含量（按质量计）（%）		≤0.01	≤0.02	≤0.06	GB/T 14684
6	云母含量（按质量计）（%）		≤1.0	≤2.0	≤2.0	JTG E42 T0337
7	硫化物及硫酸盐含量 a(按 SO₃ 质量计)（%）		≤0.5	≤0.5	≤0.5	JTG E42 T0341
8	泥块含量（按质量计）（%）		≤0	≤0.5	≤1.0	JTG E42 T0335
9	石粉含量（%）	MB 值＜1.40 或合格	3.0	5.0	7.0	JTG E42 T0349
		MB 值＜1.40 或合格	1.0	3.0	5.0	
10	轻物质含量（按质量计）（%）		≤1.0			JTG E42 T0338
11	吸水率（%）		≤2.0			JTG E42 T0330
12	表观密度（kg/m³）		≥2500.0			JTG E42 T0328
13	松散堆积密度（kg/m³）		≥1400.0			JTG E42 T0331
14	空隙率（%）		≤45.0			JTG E42 T0331
15	有机物含量（比色法）		合格			JTG E42 T0336
16	碱活性反应 a		不得有碱活性反应或疑似碱活性反应			JTG E42 T0325

机制砂的级配范围宜符合表8-9的规定。面层水泥混凝土使用的机制砂细度模数宜为 2.3 ~ 3.1。

表8-9　机制砂的级配范围

机制砂分级	细度模数	方孔筛尺寸（mm）（试验方法 JTG E42 T0327）						
		9.5	4.75	2.36	1.18	0.60	0.30	0.15
		水洗法通过各筛孔的质量百分率（%）						
Ⅰ级砂	2.3 ~ 3.1	100	90 ~ 100	90 ~ 95	50 ~ 85	30 ~ 60	10 ~ 20	0 ~ 10
Ⅱ、Ⅲ级砂	2.8 ~ 3.9	100	90 ~ 100	50 ~ 95	30 ~ 65	15 ~ 29	5 ~ 20	0 ~ 10

细集料的使用尚应符合下列规定：

① 配筋混凝土路面及钢纤维混凝土路面中不得使用海砂。

② 细度模数差值超过0.3的砂应分别堆放，分别进行配合比设计。

③ 采用机制砂时，外加剂宜采用引气高效减水剂或聚竣酸高性能减水剂。

（五）外加剂

① 混凝土外加剂是在拌和混凝土时掺入，用以改善混凝土技术性质的物质。在混凝土路面修筑过程中，常用的外加剂主要有：减水剂或塑化剂、缓凝剂、速凝剂或早强剂，引气剂3种。减水剂主要是在混凝土坍落度不变时，能减少拌和用水；缓凝剂、速凝剂是在不影响混凝土的物理力学性质条件下，调节混凝土凝结时间的外加剂；引气剂是改善混凝土和易性，减少泌水和离析，并能提高混凝土抗冻、抗渗和抗侵蚀等性能的外加剂。

② 面层水泥混凝土外加剂质量应符合国家和行业现行相关标准的要求，各项性能的检验方法应符合《混凝土外加剂》（GB 8076—2008）的规定。

③ 外加剂产品出厂报告中应标明其主要化学成分和使用注意事项。面层水泥混凝土的各种外加剂应经有相应资质的检测机构检验合格，并提供检验报告后方可使用。外加剂产品应使用工程实际采用的水泥、集料和拌和用水进行试配，检验其性能，确定合理掺量。

④ 外加剂复配使用时，不得有絮凝现象，应使用工程实际采用的水泥、集料和拌和用水进行试配，确定其性能满足要求后方可使用。各种可溶外加剂均应充分溶解为均匀水溶液，按配合比计算的剂量加入。采用非水溶的粉状外加剂时，应保证其分散均匀、搅拌充分，不得结块。

⑤ 滑模摊铺施工的水泥混凝土面层宜采用引气高效减水剂；高温施工混凝土拌合物的初凝时间短于3 h时，宜采用缓凝引气高效减水剂；低温施工混凝土拌合物

终凝时间长于 10 h 时，宜采用早强引气高效减水剂。

⑥ 有抗冰冻、抗盐冻要求时，各级公路水泥混凝土面层及暴露结构物混凝土应掺入引气剂；有抗冻要求地区的二级及二级以上公路水泥混凝土面层宜掺入引气剂。

⑦ 处在海水、海风、氯离子环境、硫酸根离子环境的或冬季洒除冰盐的路面或桥面钢筋混凝土、钢纤维混凝土中可掺用或复配阻锈剂。阻锈剂产品的质量标准、检验方法及应用技术应符合《钢筋阻锈剂应用技术规程》(JGJ/T 192—2009) 的规定。

(六) 钢筋

① 水泥混凝土、钢筋混凝土及连续配筋混凝土面层所用钢筋、钢筋网、传力杆、拉杆等应符合国家和行业现行相关标准的规定。

② 钢筋不得有裂纹、断伤、刻痕、表面油污和锈蚀。配筋混凝土路面与桥面用钢筋宜采用环氧树脂涂层或防锈漆涂层等保护措施。

③ 传力杆应无毛刺，两端应加工成圆锥形或半径为 2～3 mm 的圆倒角。

④ 胀缝传力杆应在一端设置镀锌钢管帽或塑料套帽，套帽厚度不应小于 2.0 mm，且应密封不透水，套帽长度宜为 100 mm，套帽内活动空隙的长度宜为 30 mm。

⑤ 传力杆钢筋应采取喷塑、镀锌、电镀或涂防锈漆等防锈措施，防锈层不得局部缺失。拉杆钢筋应在中部不小于 100 mm 范围内采取涂防锈漆等防锈措施。

(七) 纤维

用于路面和桥面水泥混凝土的钢纤维质量除应满足《纤维混凝土应用技术规程》(JGJ/T 221—2010) 等标准的要求外，尚应符合下列规定：

① 钢纤维抗拉强度等级不应低于 600 级。

② 钢纤维应进行有效的防锈蚀处理。

③ 钢纤维的几何参数及形状精度应满足表 8-10 的要求。钢丝切断型钢纤维或波形、带倒钩的钢纤维不应使用。

表 8-10　钢纤维几何参数及形状精度要求

钢纤维几何参数及形状精度	长度 (mm)	长度合格率 (%)	直径 (等效直径) (mm)	形状合格率 (%)	弯折合格率 (%)	平均根数与标称根数偏差 (%)	杂质含量 (%)	试验方法
技术要求	25～50	>90	0.3～0.9	＞90	＞90	±10	1.0	JGJ/T 221

④ 钢纤维表面不应沾染油污及妨碍水泥黏结及凝结硬化的物质，结团、黏结连片的钢纤维不得使用。

（八）接缝材料

① 接缝材料按其使用性能分为胀缝板和接缝填料两类。用于水泥混凝土面层的胀缝板的高度、长度和厚度应符合设计要求，并按设计间距预留传力杆孔。孔径宜大于传力杆直径 2 mm，高度和厚度尺寸偏差均应小于 1.5 mm。接缝板要求能适应混凝土面板的膨胀和收缩，且施工时不变形、弹性复原率高、耐久性良好。高速公路、一级公路胀缝板宜采用塑胶板、橡胶（泡沫）板或沥青纤维板；其他等级公路可采用浸油木板。填缝料要求与混凝土面板缝壁黏结力强，且材料的回弹性好、能适应混凝土面板的膨胀和收缩、不溶于水、不渗水、高温时不溢出、低温时不脆裂和耐久性好。填缝料有常温施工式和加热施工式两种。常温施工式填缝料主要有聚（氨）酯类、硅树脂类、氯丁橡胶等。加热施工式填缝料主要有沥青玛蹄脂类、聚氯乙烯胶泥类、改性沥青类等。

② 硅酮类、聚氨醋类常温施工式填缝料可用于各等级公路水泥混凝土面层；橡胶沥青、改性沥青类填缝料可用于二级及二级以下公路，不宜用于高速公路和一级公路；道路石油沥青类填缝料可用于三、四级公路，不宜用于二级公路，且不得用于高速公路和一级公路。

③ 严寒及寒冷地区宜采用低模量型填缝料，其他地区宜采用高模量型填缝料。橡胶沥青应根据当地所处的气候区划选用四类中适宜的一类。严寒、寒冷地区宜使用 70 号石油沥青和（或）SBS 类 I-C；炎热、温暖地区宜使用 50 号石油沥青和（或）SBS 类 I-D。

④ 填缝背衬垫条应具有弹性良好、柔韧性好、不吸水、耐酸碱腐蚀及高温不软化等性能。填缝背衬垫条可采用橡胶条、发泡聚氨醋、微孔泡沫塑料等制成，其形状宜为可压缩圆柱形，直径宜比接缝宽度大 2～5 mm。

（九）养生材料

① 水泥混凝土面层用养护剂应采用由石蜡、适宜高分子聚合物与适量稳定剂、增白剂经胶体磨制成的水乳液，不得采用以水玻璃为主要成分的养护剂。养护剂宜为白色胶体乳液，不宜为无色透明的乳液。

② 使用养护剂时，高速公路、一级公路水泥混凝土面层应使用满足一级品要求的养护剂，其他等级公路可使用满足合格品要求的养护剂。

③ 水泥混凝土面层用节水保湿养护膜应由高分子吸水保水树脂和不透水塑料面膜制成。

④ 高温期施工时，宜选用白色反光面膜的节水保湿养护膜；低温期施工时，宜

选用黑色或蓝色吸热面膜的产品。

二、原材料检验与配合比设计

① 在施工准备阶段，应依据混凝土路面设计要求，对所用原材料进行检验。对各种原材料，应将相同料源、规格、品种原材料作为一个批次，按表8-11中的全部检测项目、检测频率和试验方法进行检测，检测合格并经配合比试验确认满足要求后，方可使用。不合格原材料不得进场。

表 8-11　混凝土原材料的检测项目及频率

材料	检测项目	检查频率		试验方法
		高速公路、一级公路	其他等级公路	
水泥	抗折强度、抗压强度、安定性	机铺 1500 t 一批	机铺 1500 t、小型机具 500 t 一批	GB 175 GB 13693
	凝结时间、标稠需水量、细度	机铺 2000 t 一批	机铺 3000 t、小型机具 500 t 一批	
	$f-CaO$、MgO、SO_3 含量，铝酸三钙、铁铝酸四钙、干缩率、耐磨性、碱度、混合材料种类及数量	每标段不少于 3 次，进场前必测	每标段不少于 3 次，进场前必测	
	温度、水化热	冬、夏期施工随时检测	冬、夏期施工随时检测	
掺合灰	活性指数、细度、烧失量	机铺 1500 t 一批	机铺 1500 t、小型机具 500 t 一批	GB/T 18736 GB/T 1596
	需水量比、SO_3 含量	每合同段不少于 3 次，进场前必测	每标段不少于 3 次，进场前必测	
粗集料	针片状、超径颗粒含量，级配，表观密度，堆积密度，空隙率	机铺 2500 m³ 一批	机铺 5000 m³、小型机具 1500 m³ 一批	JTG E42 T0302 T0312 T0308 T0309
	含泥量、泥块含量	机铺 1000 m³ 一批	机铺 2000 m³、小型机具 1000 m³ 一批	JTG E42 T0310
	压碎值、岩石抗压强度	每种粗集料每标段不少于 2 次	每种粗集料每标段不少于 2 次	JTG E42 T0316JTG E41 T0221
	碱集料反应	怀疑有碱活性集料进场前测	怀疑有碱活性集料进场前测	JTG E42 T0325

续表

材料	检测项目	检查频率		试验方法
		高速公路、一级公路	其他等级公路	
	含水量	降雨或湿度变化随时测，且每日不少于2次	降雨或湿度变化随时测，且每日不少于2次	JTG E42 T0307
砂	细度模数、表观密度、堆积密度、空隙率、级配	机铺2000 m³一批	机铺4000 m³、小型机具1500 ≥ m³一批	JTG E42 T0331 T0328
	含泥量、泥块、石粉含量	机铺1000 m³一批	机铺2000 m³、小型机具500 m³一批	JTG E42 T0333 T0335
	坚固性	每种砂每标段不少于3次	每种砂每标段不少于3次	JTG E42 T0340
	云母含量、轻物质与有机物含量	目测有云母或杂质时测	目测有云母或杂质时测	JTG E42 T0337
	硫化物及硫酸盐、海砂中氯离子含量	必要时测，淡化海砂每合同段3次	必要时测，淡化海砂每合同段2次	JTG E42 T0341 JGJ 206
	含水率	降雨或湿度变化随时测，且每日不少于4次	降雨或湿度变化随时测，且每日不少于3次	JTG E42 T0330
外加剂	减水率、缓凝时间、液体外加剂含固量和相对密度，粉状外加剂的不溶物含量	机铺5 t一批	机铺5 t、小型机具3 t一批	GB 8076
	引气剂含气量、气泡细密程度和稳定性	机铺2 t一批	机铺3 t、小型机具1 t一批	
纤维	抗拉强度、弯折性能或延伸率、长度、长径比、形状	开工前或有变化时，每标段3次	开工前或有变化时，每标段3次	GB/T 228 JT/T 776.1 GB/T 21120
	杂质、质量及其偏差	机铺50 t一批	机铺50 t、小型机具30 t一批	
养生材料	有效保水率、抗压强度比、耐磨性、耐热性、膜水溶性、含固量、成膜时间、薄膜或成膜连续不透气性	开工前或有变化时，每标段不少于3次，每5 t一批	开工前或有变化时，每标段不少于3次，每5 t一批	JT/T 522、JG/T 188
水	pH、含盐量、硫酸根及杂质含量	开工前和水源有变化时	开工前和水源有变化时	JGJ63

② 公路面层水泥混凝土的配合比设计应满足其弯拉强度、工作性、耐久性要求，兼顾经济性。

③ 各级公路面层水泥混凝土配合比设计宜采用正交试验法；二级及二级以下公路可采用经验公式法。

④ 混凝土配合比设计应包括目标配合比设计和施工配合比设计两个阶段。目标配合比设计应确定混凝土的水泥用量、集料用量、水灰（胶）比、外加剂掺量，纤维混凝土还应确定纤维掺量。施工配合比设计应通过拌和楼（机）试拌确定拌和参数。经批准的配合比在施工过程中不得擅自调整。

第二节　水泥混凝土路面施工技术

一、施工工艺的选择

滑模摊铺工艺宜用于高速公路及一级、二级公路普通水泥混凝土面层、配筋混凝土面层、纤维混凝土面层、钢筋混凝土桥面、隧道混凝土面层、混凝土路缘石、路肩石及护栏等的滑模施工。三辊轴机组铺筑工艺可用于二级及二级以下公路的水泥混凝土路面面层、桥面和隧道混凝土面层的施工，也可用于高速公路、一级公路硬路肩、匝道、收费广场边板、封闭式中央分隔带、弯道超高加宽段硬路肩及局部异形面板等的施工。小型机具铺筑工艺可用于三、四级公路水泥混凝土面层的施工，不得用于隧道水泥混凝土面层与桥面铺装施工。

三辊轴机组与小型机具两种铺筑工艺的混凝土应采用集中搅拌。铺筑长度不足10 m 时，可使用小型搅拌机现场搅拌，严禁人工拌和。

碾压工艺可用于二、三、四级公路混凝土面层与高速公路、一级公路复合式路面碾压混凝土下面层施工。

二、混凝土拌和与运输

（一）拌和

应根据工程规模、施工工艺和日进度要求合理配备拌和设备。搅拌站应合理布置拌和机及砂石、水泥等材料的堆放地点，力求提高拌和机生产率。搅拌机的容量应根据工程量的大小和施工进度配置，同时，施工工地宜有备用的搅拌机和发电机组。

搅拌楼（机）应满足表8-12的计量精度要求。

表8-12 搅拌楼（机）的混凝土拌和计量容许偏差

材料名称	水泥	掺合料	纤维	细集料	粗集料	水	外加剂
高速公路、一级公路每盘	±1	±1	±2	±2	±2	±1	±1
高速公路、一级公路累计每车	±1	±1	±2	±2	±2	±1	±1
其他等级公路	±2	±2	±2	±3	±3	±2	±2

在标定有效期满或拌和楼（机）搬迁安装后，应重新标定。施工中应每15 d校验一次拌和楼（机）计量精度。采用计算机自动控制的拌和楼（机）时，应使用自动配料方式控制生产，并按要求打印对应路面摊铺桩号的混凝土配料统计数据及偏差。

拌和楼（机）在拌和第一盘拌合物之前，应润湿搅拌锅，并排净积水。拌和楼（机）生产时，每台班结束后均应对搅拌锅进行清洗，剔除结硬的混凝土块，并更换严重磨损的搅拌叶片。

搅拌时间应根据拌合物的黏聚性、匀质性及搅拌机类型，经试拌确定，且应符合下列规定：

① 单立轴式搅拌机总搅拌时间宜为80~120 s，纯搅拌时间不应短于40 s。

② 行星立轴和双卧轴式搅拌机总搅拌时间宜为60~90 s，纯搅拌时间不应短于35 s。

③ 连续双卧轴拌和楼（机）总搅拌时间宜为80~120 s，纯搅拌时间不应短于40 s。

粉煤灰或其他掺合料应采用与水泥相同的输送、计量方式加入。加入粉煤灰的水泥混凝土拌合物的纯搅拌时间应比不掺的延长15~25 s。混凝土拌合物的质量检测项目及频率应符合表8-13的规定。拌合物出料温度宜控制在10℃~35℃。拌合物应均匀一致。除拌和楼（机）应配备砂（石）含水率自动反馈控制系统外，每台班应至少监测3次粗细集料含水率，并根据集料含水率变化，快速反馈并严格控制加水量和粗、细集料用量。生料、干料、严重离析的拌合物，或有外加剂团块、粉煤灰团块的拌合物不得用于路面摊铺。

拌和楼（机）卸料时，自卸车每装载一盘拌合物应挪动一次车位，搅拌锅出口与车厢底板之间的卸料落差不应大于2.0 m。

表8-13 混凝土拌合物的质量检测项目及频率

检测项目	检测频率	
	高速公路、一级公路	其他公路
水灰比及其稳定性	每5000 m³抽检1次，有变化随时测	每5000 m³抽检1次，有变化随时测
坍落度及其损失率	每工班测3次，有变化随时测	每工班测3次，有变化随时测
振动黏度系数	试拌、原材料和配合比有变化时测	试拌、原材料和配合比有变化时测

续表

检测项目	检测频率	
	高速公路、一级公路	其他公路
钢纤维体积率	每工班测2次，有变化随时测	每工班测1次，有变化随时测
含气量	每工班测2次，有抗冻要求不少于3次	每工班测1次，有抗冻要求不少于3次
泌水率	每工班测2次	每工班测2次
表观密度	每工班测1次	每工班测1次
温度、凝结时间、水化发热量	冬、夏季施工，气温最高、最低时，每工班至少测1~2次	冬、夏季施工，气温最高、最低时，每工班至少测1次
改进VC值	每工班测3次，有变化随时测	每工班测3次，有变化随时测
离析	随时观察	随时观察
压实度、松铺系数	每工班测3次，有变化随时测	每工班测3次，有变化随时测

(二) 运输

为保证混凝土的工作性，在运输中应考虑蒸发失水和水化失水 (指水泥在拌和之后，开始水化反应，其流动度下降)，以及因运输的颠簸和振动使混凝土发生离析等。要减小这些因素的影响，其关键是缩短运输时间，并采取适当措施防止水分损失 (如用帷布或其他适当方法将其表面覆盖) 和离析。

混凝土拌合物可采用自卸车运输，使用自卸车运输混凝土最远运输半径不宜超过 20 km。当运距较远时，宜采用搅拌运输车运输。混凝土拌和物从搅拌机出料后，送至铺筑地点进行摊铺、振捣、抹面，直至浇筑完毕的允许最长时间，由试验室根据水泥初凝时间及施工气温确定，并应符合表 8-14 的规定。若时间超过限值，或者在夏天铺筑路面时，宜使用缓凝剂。应根据施工进度、运量、运距及路况，选配车型和车辆总数。总运力应比总拌和能力略有富余。确保新拌和混凝土在规定时间内运到摊铺现场。运输到现场的拌合物必须具有适宜摊铺的工作性。不掺加缓凝剂的混凝土拌合物从搅拌机出料到运抵现场的允许最长时间应符合表 8-14 的规定。不满足时，可采用通过试验调整缓凝剂的剂量等措施，保证到达现场的拌合物工作性满足要求。

表 8-14　混凝土拌合物出料到运抵现场允许最长时间

施工气温 (℃)	滑模摊铺 (h)	三辊轴机组摊铺、小型机具摊铺 (h)	碾压摊铺 (h)
5~9~9	2.0	1.5	1.0
10~19~19	1.25	1.0	0.8

施工气温（℃）	滑模摊铺（h）	三辊轴机组摊铺、小型机具摊铺（h）	碾压摊铺（h）
20~29~29	1.0	0.75	0.6
30~39~39	0.75	0.40	0.4

运送混凝土的车辆装料前，应清洁车厢或车罐，洒水润壁，排干积水。混凝土运输过程中应防止漏浆、漏料和污染，防止拌合物离析。烈日、大风、雨天和低温天远距离运输时，自卸车应遮盖混凝土，罐车应加保温隔热套。

三、混凝土面层铺筑

(一) 小型机具铺筑

小型机具铺筑是指采用固定模板，人工布料，手持振捣棒、振动板或振捣梁振实，棍杠、修整尺、抹刀整平的混凝土路面施工工艺。小型机具铺筑工艺可用于三、四级公路水泥混凝土面层的施工，不得用于隧道水泥混凝土面层与桥面铺装施工。小型机具铺筑宽度不大于 4.5 m 时，铺筑能力不宜小于 20 m/h 。

水泥混凝土路面小型机具施工工序为：选择拌和场地—备料和混合料配比调整—测量放样—基层检验和整修—支立模板—安设钢筋(拉杆和传力杆)—搅拌和运输混凝土—摊铺混凝土—振捣混凝土—提浆、刮平—铺放过滤布与气垫薄膜吸垫—真空处理机械抹平—机械抹光—表面制毛—机械锯缝—拆模—填缝—养护—开放交通。

1. 施工机具

小型机具性能应稳定可靠，操作简易，维修方便，机具配套应与工程规模、施工进度相适应。选配的成套机械、机具应符合表 8-15 的要求。

表 8-15 小型机具施工配套机械、机具配置

工作内容	主要施工机械机具	
	机械机具名称、规格	数量、生产能力
钢筋加工	钢筋锯断机、折弯机、电焊机	根据需要定规格和数量
测量	水准仪、经纬仪	根据需要定规格和数量
架设模板	与路面厚度等高、3 m 长槽钢模板，固定钢钎	数量不少于 3 d 摊铺用量
搅拌	强制式搅拌楼［单车道 ≥ 25(m³/h)，双车道 ≥ 50(m³/h)］	总搅拌生产能力及搅拌楼数量，根据施工规模和进度由计算确定
	装载机	2 ~ 3 m³

工作内容	主要施工机械机具	
	机械机具名称、规格	数量、生产能力
搅拌	发电机	≥ 120 kW
搅拌	供水泵和蓄水池	单车道 ≥ 100 m³，双车道 ≥ 200 m³
运输	5 ~ 10 t 自卸车	数量由匹配计算确定
振实	手持振捣棒，功率 ≥ 1.1 kW	每 2 m 宽路面不少于 1 根
	平板振动器，功率 ≥ 2.2 kW	每车道路面不少于 1 个
	振捣整平梁，刚度足够；2 个振动器，功率 ≥ 1.1 kW	每车道路面不少于 1 个振动器，每车道路面不少于 1 根振动梁
	现场发电机功率，30 kW	不少于 2 台
整平饰面	提浆滚杠直径 15 ~ 20 mm，表面光滑无缝钢管，壁厚 ≥ 3 mm	长度适应铺筑宽度，一次摊铺单车道路面 1 根，双车道路面 2 根
	叶片式或圆盘式抹面机	每车道路面不少于 1 台
	3 m 刮尺	每车道路面不少于 1 把
精平饰面	手工抹刀	每米宽路面不少于 1 把
抗滑构造	工作桥	不少于 3 个
	人工拉毛齿耙、压槽器	根据需要定数量
切缝	软锯缝机	根据需要定数量
	手推锯缝机	根据进度定数量
灌缝	灌缝机具	根据需要定规格和数量
养生	洒水车 4.5 ~ 8.0 t	根据需要定数量
	压力式喷洒机或喷雾器	根据需要定规格和数量
	工地运输车 4 ~ 6 t	根据需要定数量

2. 摊铺

混凝土拌合物摊铺前，应对模板的架设位置、精度、支撑稳固情况，以及传力杆、拉杆的安设等进行全面检查，并洒水润湿板底。应采用厚度标尺板全面检测板厚，与设计值相符方可开始摊铺。混凝土拌合物摊铺前，应对模板的位置和支撑稳固情况，以及传力杆、拉杆的安设等进行全面检查。修复破损基层，并洒水润湿。用厚度标尺板全面检测板厚并与设计值相符，方可开始摊铺。

拌合物的明落度宜控制在 5 ~ 20 mm 。松铺系数宜控制在 1.10 ~ 1.25，坍落度高时取低值，坍落度低时取高值；超高路段，横坡高则取高值，横坡低则取低值。卸料应均匀，采用人工布料时，应用铁锹反扣，不得抛掷和搂耙。已铺筑好的面层端头应设置施工缝，不能被振实的拌合物应废弃。

3. 振捣

拌合物摊铺均匀以后，应依次使用振捣棒、振动板、振动梁 3 遍振捣密实。

插入式振捣棒振实应符合下列规定：

① 在待振横断面上，每车道应配备不少于 3 根振捣棒，振捣棒的功率不应小于 1.1 kW，沿横断面连续振捣密实，板底、内部和边角不得欠振和漏振。

② 振捣时，振捣棒应轻插慢提，不得在拌合物中平推或拖拉振捣。

③ 振捣棒移动距离不应大于有效作用半径的 1.5 倍，且不应大于 500 mm，每处振动时间不宜短于 30 s。边角插入振捣离模板的距离不应大于 150 mm，且应避免碰撞模板。

④ 缩缝传力杆支架与胀缝钢筋笼应预先安装固定，再用振捣棒振捣密实。边缘拉杆振捣时，应先由人工扶正拉杆。

⑤ 振捣时，应辅以人工补料，并随时检查振实效果，及时纠正模板、拉杆、传力杆和钢筋的移位、变形、松动、漏浆等情况。

振动板振实应符合下列规定：

① 每车道应配备不少于 2 台振动板，振动板的功率不应小于 2.2 kW。

② 每个振动板应由两名作业人员提拉振动，不得自由放置或长时间持续振动。振动板移位时，应重叠 100～200 mm，每处振动时间不应少于 15 s。

③ 振动板振动遍数应纵、横向交错两遍，不得过振或漏振，应控制振动板板底泛浆厚度为 4 mm ± 1 mm。

④ 缺料的部位，应在振动的同时辅以人工补料找平。

振动梁振实应符合下列规定：

① 应配备 1 根振动梁，长度应比路面宽度每侧宽出 300～500 mm。振动梁上应安装 2 台附着式表面振动器，振动器功率不应小于 1.1 kW。振动梁底部应焊接或安装深度 4 mm 的粗集料压入齿。

② 振动板振实长度达到 10 m 后，可垂直路面中线纵向人工拖动振动梁，在模板顶面往复拖行 2～3 遍，使表面泛浆均匀、平整。

③ 拖行过程中，振动梁下间隙应及时用混凝土补平，不得用纯砂浆填补；料位高出模板时应人工铲除，直到表面泛浆均匀、路面平整。

4. 整平饰面

振动梁振实后，小型机具应采用滚杠、整平尺或抹面机整平 3 遍，直至面层无任何缺陷，平整度符合要求。

① 滚杠整平应符合下列规定：

a. 应在每个作业面配备2根整平滚杠，一根用于施工，另一根浸泡清洗备用。滚杠应使用直径为100 mm或125 mm的无缝钢管制成，刚度及顺直度应满足施工质量要求，两端设有把手与轴承，能够往复拖滚。

b. 滚杠应支承在模板顶面，用人工往返拖滚，拖滚遍数宜为2~3遍，第一遍应短距离缓慢拖滚或推滚，以后应较长距离匀速拖滚，并将水泥浆始终赶在滚杠前方。

c. 滚杠下有间隙的部位应及时找补，多余水泥浆应铲除。

② 整平饰面应待混凝土表面泌水基本完成后进行，采用3 m刮尺收浆饰面，纵横各2~3遍抄平饰面，直到表面平整度符合要求，表面砂浆厚度均匀。整平饰面也可采用叶片式或圆盘式抹面机进行，抹面机应按每车道路面不少于1台配备。饰面遍数宜为往返1~2遍。

5. 精平饰面

精平饰面应符合下列规定：

① 在抹面机完成作业后，应使用抹刀进行精平饰面。精平饰面包括清边整缝，清除黏浆，修补缺边、掉角等工作。

② 烈日暴晒或风大时，应加快表面的修整速度，或在防雨棚下进行。

③ 精平饰面后的面层表面应致密均匀，无抹面印痕，无露骨，平整度应达到要求，并应立即进行保湿养生。

(二) 三辊轴机组铺筑

三辊轴机组铺筑是指采用振捣机和三辊轴整平机配合铺筑水泥混凝土面层的施工工艺。其特征是需要在边缘架设固定模板，模板同时兼具三辊轴整平机轨道的功能。

① 三辊轴机组铺筑水泥混凝土面层的工艺流程为：支模—安装钢筋—布料—振捣—三辊轴整平—精平—养生—刻槽 (拉毛)—切缝—填缝。

② 三辊轴机组是介于小型机具施工和摊铺机施工之间的一种中型施工设备，在我国得到广泛应用。三辊轴整平机应由振动辊、驱动辊和甩浆辊组成，材质应为3根等长度同直径无缝钢管，并具有足够的刚度和耐磨性。三辊轴整平机的技术参数应符合表8–16的规定，并应根据面层厚度、拌合物工作性和施工进度等合理选用。板厚200 mm以上宜采用直径168 mm的辊轴；桥面铺装或厚度较小的路面可采用直径为219 mm的辊轴。轴长宜比路面宽度长出600~1200 mm。振动轴的转速不宜大于380 r/min。

表 8-16 三辊轴整平机的技术参数要求

轴直径 （mm）	轴速 （r/min）	轴长 （m）	轴质量 （kg/m）	行走速度 （m/min）	整平轴距 （mm）	振动功率（kW）	驱动功率（kW）	适宜整平路面厚度 （mm）
168	300	5 ~ 9	65 ± 0.5	13.5	504	7.5	6	200 ~ 260
219	380	5 ~ 12	77 ± 0.7	13.5	657	17	9	160 ~ 240

③ 三辊轴整平机使用功能应符合下列规定：

a. 三辊轴整平机辊轴长度应比实际铺筑的面层宽度至少长出 0.6 m，两端应搭在两侧模板顶面。

b. 三辊轴整平机振动辊应有偏心振捣装置，偏心距应由密实成型所需振幅决定，宜为 3 m。振动辊应安装在整平机前侧，由单独的动力驱动，甩浆辊的转动方向应与铺筑前进方向相反，不振动时可提离模板顶面。

④ 三辊轴机组铺筑水泥混凝土面层时，应配备振捣机。振捣机应符合下列规定：

a. 振捣机由机架、行走机构和一排振捣棒组成，并配备螺旋布料器和松方控制刮板，具备自行或推行功能。

b. 连续式振捣机的振捣棒组宜水平或小角度布置，直径宜为 80 ~ 100 mm，振动频率宜为 100 ~ 200 Hz，工作长度宜为 400 ~ 500 mm，振捣棒的间距宜为 350 ~ 500 mm。振捣机的移动速度应可调整，调整范围宜为 0.5 ~ 2 m/min。

c. 间歇式振捣机的振捣棒可垂直或大角度布置，振捣棒的直径、振动频率、工作长度和间距要求应与连续式振捣机相同。振捣棒每次插入振动最短时间不应短于 20 s。振捣棒缓慢抽出后，再移动振捣机，每次移动距离不应超过振捣棒有效作用半径的 1.5 倍，且不宜大于 0.6 m。

⑤ 振捣梁应设置在三辊轴整平机前方。铺筑厚度不大于 200 mm 时，其振动频率宜为 50 ~ 60 Hz，振动加速度宜为 4 ~ 5g（g 为重力加速度）。

⑥ 一次铺筑宽度大于 4.5 m 时，纵缝拉杆宜使用预设钢筋支架固定。横向连接纵缝处的拉杆应在边模板预留孔插入，并振实粘牢。松动的拉杆应在连接摊铺前重新植入且牢固。

⑦ 横缝传力杆应采用预制钢筋支架法安装固定，不得手工设置传力杆。宜使用手持振捣棒专门振实传力杆支架范围内的混凝土。振捣机连续振捣时，振捣棒的深度应位于传力杆顶面以上。

⑧ 纵坡路段宜向上坡方向铺筑。应全断面布料，松铺高度符合要求后，再使用振捣机开始振捣。振捣机应匀速缓慢、连续地振捣行进作业。振捣后的混凝土面层

应成为连续均匀的整体，并达到所要求的密实度。

⑨ 振捣机振实后，料位应高于模板顶面 5～15 mm，局部坑洼不得低于模板顶面。过高时应铲除，过低时应及时补料。

⑩ 三辊轴整平机作业应符合下列规定：

a. 三辊轴整平机应按作业单元分段整平，作业单元长度宜为 10～30 m。施工开始或施工温度较高时，可缩短作业单元长度，最短不宜短于 10 m。振捣机振实与三辊轴整平两道工序之间的间隔时间不宜超过 15 min。

b. 在作业单元长度内，三辊轴整平机应采用前进振动、后退静滚方式作业。

c. 三辊轴整平机作业时，应处理整平轴前料位的高低情况，过高时应铲除，轴下的间隙应使用混凝土补平。

d. 振动滚压完成后，应升起振动辊，用甩浆辊抛浆整平一遍，再用整平轴前、后静滚整平，直到平整度符合要求、表面砂浆厚度均匀为止。

e. 路面表层砂浆的厚度宜控制为 4 mm±1 mm。过厚的稀砂浆应及时刮除丢弃，不得用于路面补平。

f. 三辊轴整平机整平后，应采用 3～5 m 刮尺，纵、横两个方向精平饰面，纵向不少于 3 遍，横向不少于 2 遍。也可采用旋转抹面机密实精平饰面 2 遍，直到平整度符合要求。

g. 饰面完成后，应立即开始保湿养生。

(三) 碾压混凝土面层施工

① 碾压混凝土路面铺筑是采用压路机碾压成型的水泥混凝土路面施工工艺。其特征是采用特干硬性水泥混凝土，用沥青混凝土或基层摊铺机摊铺、压路机振动碾压密实。

② 碾压铺筑应按卸料进摊铺机、摊铺机摊铺、拉杆设置、钢轮压路机初压、振动压路机复压、轮胎压路机终压、抗滑处理、养生、切缝等工艺流程进行。

③ 碾压混凝土面层摊铺，宜选用沥青混凝土摊铺机。摊铺机应具有振动压实功能，摊铺密实度不应小于 85%。采用沥青混凝土摊铺机摊铺时，松铺系数宜控制在 1.05～1.15；采用基层摊铺机摊铺时，松铺系数宜控制在 1.15～1.25。应通过试铺确定松铺系数。

④ 碾压混凝土面层铺筑时，边缘宜设置槽钢或方木模板。模板固定应牢固，碾压时不得推移。

⑤ 摊铺前应洒水湿润基层。摊铺作业应均匀、连续，摊铺过程中不得随意变换速度或停顿。

⑥螺旋分料器转速应与摊铺速度相适应，摊铺过程中应保证两边缘供料充足。弯道及超高路段铺筑时，应及时调整左右两侧分料器的转速，保证两侧供料均衡、充足。

⑦两台摊铺机前后紧随摊铺时，两幅摊铺间隔时间应控制在 1 h 之内。

⑧拉杆设置应与摊铺同步进行。采用打入法时，应根据设计间距设醒目的定位标记，准确打入拉杆。

⑨摊铺后，应立即对所摊铺混凝土表面进行检查，局部缺料部位，应及时补料。局部粗集料聚集部位，应在碾压前挖除并用新混凝土填补。

⑩碾压段长度宜控制在 30 ~ 40 m。直线段碾压时，压路机应从外侧向路中心碾压；平曲线有超高路段时，应由低侧向高侧、自内向外碾压。碾压应紧随摊铺机碾压。碾压宜分初压、复压和终压 3 个阶段进行，并应符合下列规定：

a.压路机应匀速稳定、连续行进，中间不应停顿、等候和拖延，也不得相互干扰。

b.压路机起步、倒车和转向均应缓慢、柔顺，碾压过程中不得中途急停、急拐、紧急起步及快速倒车。

c.初压宜采用钢轮压路机或振动压路机静碾压，重叠量宜为 1/4 ~ 1/3 钢轮宽度。

d.复压宜采用 10 ~ 15 t 振动压路机振动碾压，重叠量宜为 1/3 ~ 1/2 振动碾宽度。复压遍数应以实测满足规定压实度值为停止复压标准。

e.终压应采用 15 ~ 25 t 轮胎压路机静碾压，以弥合表面微裂纹和消除轮迹为停压标准。

⑪碾压密实后的表面应及时喷雾、洒水，并尽早覆盖养生。施工过程中，应采取措施控制碾压混凝土表面裂纹的产生。碾压终了的面层表面不应有可见微裂纹。

⑫碾压混凝土面层横向施工缝施工应符合下列规定：

a.在施工段终点处应设压路机可上、下面层的纵向斜坡。

b.在第二天摊铺开始前，应检测前一施工段终点厚度及平整度不合格的段落。

c.应全厚度切除不合格段落的混凝土。

d.纵向连接摊铺新路面时，施工缝侧壁应涂刷水泥浆。

e.受设备限制，切缝深度不能达到混凝土面层全厚时，切缝深度不应小于 800 mm，且应将施工缝下部凿直顺。

⑬碾压混凝土面层胀缝应与下面层或基层中的胀缝对齐。

⑭纵、横向缩缝应采用硬切缝，硬切缝及填缝要求与水泥混凝土面层相同。

⑮碾压混凝土面层抗滑构造采用表面露石构造时，粗集料的磨光值 PSV 不应小于 35，洛杉矶磨耗损失不宜大于 35 %。在混凝土终凝前，应扫除表面的砂浆。露

石面积不宜少于 70 %。

四、施工质量标准与控制

（一）一般规定

① 混凝土路面施工应建立健全施工质量保证体系，对施工全过程进行全面的质量控制。

② 应按铺筑工艺与进度要求，配备足量质检仪器、设备和人员。对面层施工各个工艺环节的各项质量标准应做到及时检测，根据检测结果对施工进行动态控制，以保证施工各项质量指标合格、稳定。

③ 水泥混凝土面层施工过程中应采取有效措施，严防出现质量缺陷。铺筑过程中发现质量缺陷时，应加大检测频率，必要时应停工整顿，查找原因，提出处置对策，恢复到正常铺筑工况和良好质量状态再继续施工。

④ 施工关键工序应拍摄照片或进行录像，作为现场记录保存。

⑤ 施工结束后，应清理现场，处理废弃物，恢复耕地或绿化，做到工完场清。

（二）水泥混凝土面层基本要求

水泥混凝土面层应符合下列基本要求：

① 基层质量应符合规范规定并满足设计要求，表面清洁、无浮土。

② 接缝填缝料应符合规范规定并满足设计要求。

③ 接缝的位置、规格、尺寸及传力杆、拉杆的设置应满足设计要求。

④ 混凝土路面铺筑后应按施工规范要求养护。

⑤ 应对干缩、温缩产生的裂缝进行处理。

第三节　水泥混凝土路面接缝施工技术

一、接缝的构造

水泥混凝土路面的接缝可分为横向接缝和纵向接缝。

横向接缝是垂直于行车方向的接缝，共有 3 种情况：缩缝、胀缝和施工缝。缩缝是保证板因温度和湿度的降低而收缩时沿该薄弱断面缩裂，从而避免产生不规则裂缝。胀缝是保证板在温度升高时能部分伸张，从而避免产生路面板在热天的拱胀和折断破坏，同时胀缝也能起到缩缝的作用。每日施工结束或因临时原因中断施工时，必须设置横向施工缝，其位置应尽可能选在缩缝或胀缝处。

纵向接缝是指平行于路面行车方向的接缝，包括施工缝和缩缝。

(一) 横缝的构造与布置

1. 胀缝的构造

在邻近桥梁或其他固定构造物处，或者与其他道路相交处，应设置横向胀缝。胀缝条数应根据膨胀量大小设置。胀缝宽宜为 20 ~ 25 mm，缝内应设置填缝板和可滑动的传力杆。

传力杆筋。横向缩缝传力杆的尺寸、间距和要求与胀缝相同，可按表 8-17 选用。最外侧传力杆距纵向接缝或自由边的距离宜为 150 ~ 250 mm。

表 8-17 传力杆尺寸和间距

面层厚度（mm）	传力杆直径（mm）	传力杆最小长度（mm）	传力杆最大间距（mm）
220	28	400	300
240	30	400	300
260	32	450	300
280	32 ~ 34	450	300
≥ 300	34 ~ 36	500	300

2. 缩缝的构造

横向缩缝可等间距或变间距布置，应采用假缝形式。极重、特重和重交通荷载公路的横向缩缝、中等和轻交通荷载公路邻近胀缝或自由端部的 3 条横向缩缝、收费广场的横向缩缝，应采用设传力杆假缝形式。其他情况可采用不设传力杆假缝形式。传力杆的设置不应妨碍相邻混凝土板的自由伸缩，钢筋表面应做防锈处理。

横向缩缝顶部应锯切槽口，设置传力杆时槽口深度宜为面层厚度的 1/4 ~ 1/3，不设置传力杆时槽口深度宜为面层厚度的 1/5 ~ 1/4。槽口宽度应根据施工条件、填缝料性能等因素而定，宽度宜为 3 ~ 8 mm，槽内应填塞填缝料。二级及二级以下公路的槽口可一次锯切成型。高速公路和一级公路槽口宜二次锯切成型，在第一次锯切缝的上部宜增设宽 7 ~ 10 mm 的浅槽口，槽口下部应设置背衬垫条，上部应用填缝料灌填。

3. 施工缝的构造

每日施工结束或因临时原因中断施工时，必须设置横向施工缝，其位置宜选在缩缝或胀缝处。设在缩缝处的施工缝，应采用加传力杆的平缝形式。

传力杆应采用光圆钢筋。其尺寸和间距可按表8-18选用。最外侧传力杆距纵向接缝或自由边的距离为150~250 mm。

表8-18 传力杆尺寸和间距

面层厚度（mm）	传力杆直径（mm）	传力杆最小长度（mm）	传力杆最大间距（mm）
220	28	400	300
240	30	400	300
260	32	450	300
280	35	450	300

4.横缝的布置

横向接缝的间距（板长）应按面层类型和厚度选定。普通水泥混凝土面层宜为4~6 m，面层板的长宽比不宜超过1.35，平面面积不宜大于25 m²。碾压混凝土或钢纤维混凝土面层宜为6~10 m。钢筋混凝土面层宜为6~15 m，面层板的长宽比不宜超过2.5，平面面积不宜大于45 m²。

(二) 纵缝的构造与布置

纵向接缝的布设应视路面总宽度、行车道及硬路肩宽度以及施工铺筑宽度而定。

1.纵向施工缝

一次铺筑宽度小于路面和硬路肩总宽度时，应按设计设置纵向施工缝。纵向施工缝宜采用平缝加拉杆型，上部应锯切槽口，深度宜为30~40 mm，宽度宜为3~8 mm，槽内应灌塞填缝料。

2.纵向缩缝

一次铺筑宽度大于4.5 m时，应设置纵向缩缝。纵向缩缝应采用设拉杆假缝形式，锯切的槽口深度应大于施工缝的槽口深度。采用粒料基层时，槽口深度应为板厚的1/3；采用半刚性基层时，槽口深度应为板厚的2/5。碾压混凝土面层一次摊铺宽度大于7.5 m时，应设置纵向缩缝；钢纤维混凝土面层在摊铺宽度小于7.5 m时，可不设纵向缩缝。

行车道路面与混凝土硬路肩之间的纵向接缝必须设置拉杆。纵缝应与路线中线平行。在路面等宽的路段内或路面变宽路段的等宽部分，纵缝的间距和形式应保持一致。路面变宽段的加宽部分与等宽部分之间，应以纵向施工缝隔开。加宽板在变宽段起至终点处的宽度不应小于1 m。

（三）交叉口接缝布设

两条道路正交时，各条道路应保持本身纵缝的连贯，而相交路段内各条道路的横缝位置应按相对道路的纵缝间距作相应变动，保证两条道路的纵横缝垂直相交，互不错位。两条道路斜交时，主要道路应保持纵缝的连贯，而相交路段内的横缝位置应按次要道路的纵缝间距作相应变动，保证与次要道路的纵缝相连接。相交道路弯道加宽部分的接缝布置，应不出现或少出现错缝和锐角板；出现错缝、锐角板时，宜加设防裂钢筋和角隅补强钢筋。

在次要道路弯道加宽段起终点断面处的横向接缝，应采用胀缝形式。膨胀量大时，应在直线段连续布置 2～3 条胀缝。

（四）端部处理

混凝土路面与桥涵、通道及隧道等固定构造物相衔接的胀缝无法设置传力杆时，可在毗邻构造物的板端部内配置双层钢筋网；或在长度为 6～10 倍板厚的范围内逐渐将板厚增加 20 %。

二、钢筋布置

（一）边缘钢筋

普通混凝土面层基础薄弱的自由边缘、接缝为未设传力杆的平缝、主线与匝道相接处或与其他类型路面相接处，可在面层边缘的下部配置钢筋。可选用 2 根直径为 12～16 mm 的螺纹钢筋，置于面层底面之上 1/4 厚度处且不小于 50 mm，间距为 100 mm，钢筋两端向上弯起。

（二）角隅钢筋

承受极重、特重或重交通的水泥混凝土面层的胀缝、施工缝和自由边的角隅以及承受极重交通的水泥混凝土面层缩缝的角隅，宜配置角隅钢筋。可选用 2 根直径为 12～16 mm 的螺纹钢筋，置于面层上部，距顶面不小于 50 mm，距边缘 100 mm。

三、接缝施工

接缝是混凝土路面的薄弱环节，若接缝施工质量不高，则会引起板的各种损坏，且影响行车的舒适性。因此，应特别认真地做好接缝施工。

（一）纵缝施工

采用滑模摊铺机施工时，纵向施工缝的拉杆宜采用支架法安设，也可采用侧向拉杆液压装置一次推入。

小型机具施工时，按一个车道的宽度（3.75～4.5 m）一次施工，纵向施工缝一般采用平缝加拉杆或企口缝加拉杆的形式。采用固定模板施工时，应从侧模预留孔中手工插入拉杆并振实，插入的侧向拉杆应牢固，避免松动和漏插。

一次摊铺宽度大于4.5 m时，应采用假缝拉杆型纵缝，纵向缩（假）缝施工应预先将拉杆采用门形式固定在基层上，或用拉杆置放机在施工时置入。假缝顶面缝槽用切缝机切缝，缝宽为3～8 mm，深为1/5～1/4板厚，使混凝土在收缩时能从此缝向下规则开裂，防止因切缝深度不足引起不规则裂缝。

（二）横缝施工

1. 缩缝

横向缩缝可采用混凝土凝结后切缝形成，其施工工艺为：

① 切缝前，应检查电源、水源及切缝机组试运转情况，切缝机刀片应与机身中心线成90°角，并应与切缝线在同一直线上。

② 开始切缝前，应调整刀片的进刀深度，切割时应随时调整刀片切割方向。停止切缝时，应先关闭旋钮开关，将刀片提升到混凝土板面上，停止运转。

③ 切缝时刀片用水冷却的压力不应低于0.2 MPa，同时应防止切缝水渗入基层和土基。

④ 混凝土强度达到设计强度的25%～30%，即可进行切割。当气温突变时，应适当提早切缝时间，或每隔20～40 m割一条缝，以防因温度应力产生不规则裂缝。应严禁一条缝分两次切割的操作方法。

⑤ 切缝后，应尽快灌注填缝料。

缩缝的切缝应根据当地昼夜温差，参照表8-19选用适宜的切缝方式、时间与深度。切缝时间应以切缝时不啃边为开始切缝的最佳时机，并以铺筑第二天及施工初期无断板为控制原则。

表8-19　当地昼夜温差与缩缝适宜切缝方式、时间与深度参考

昼夜温差（T）	缩缝切缝方式与时间 b	缩缝切割深度
< 10	硬切缝：切缝时机以切缝时不啃边即可开始，纵缝可略晚于横缝，所有纵、横缩缝最晚切缝时间均不得超过 24 h	缝中无拉杆、传力杆时，深度为 1/3 ~ 1/4 板厚，最浅不得小于 60 mm；缝中有拉杆、传力杆时，深度为 1/4 ~ 1/3 板厚，最浅不得小于 70mm
10 ~ 15	软硬结合切缝：每隔 1 ~ 2 条提前软切缝，其余用硬切缝补切	硬切缝深度同上。软切深度不应小于 60 mm；不足者应硬切补深到 1/3 板厚，已断开的缝不补切
> 15	软切缝：抗压强度为 1 ~ 1.5 MPa，人可行走时开始软切。软切缝时间不应超过 6 h	软切缝深度不应小于 60 mm，未断开的接缝，应硬切补深到不大于 1/4 板厚

2. 胀缝

胀缝板应与路中心线垂直，并连续贯通整个面板宽度，缝中完全不连浆。缝隙下部设胀缝板，上部灌胀缝填缝料。在传力杆的活动端，可设在缝的一边或交错布置，固定后的传力杆必须平行于板面及路面中心线，其误差不得大于 5 mm。

胀缝的施工应符合下列规定：

① 采用前置钢筋支架法施工时，应预先准确安装和固定胀缝钢筋支架，并在使用手持振捣棒振实胀缝板两侧的混凝土后，再摊铺。也可采用预留两块面板的方法，在气温接近年平均气温时再封铺。

② 应在混凝土未硬化时，剔除胀缝板上部的混凝土，嵌入（20 ~ 25）mm × 20 mm 的木条，整平表面。填缝前，应剔除木条，再粘胀缝多孔橡胶条或填缝。

③ 胀缝板应连续完整，胀缝板两侧的混凝土不得相连。

3. 施工缝

施工缝宜设于胀缝或缩缝处，多车道施工缝应避免设在同一横断面上。施工缝如设于缩缝处，板中应增设传力杆，其一半锚固于混凝土中，另一半应先涂沥青，允许滑动。传力杆必须与缝壁垂直。

（三）接缝填封

各种接缝均应填缝密封，填缝材料不得开裂、挤出或缺失。填缝材料开裂、挤出或缺失的接缝均应局部清除，重新填缝密封。

混凝土板养护期满后应及时填封接缝。灌缝前应清洁接缝，清洁接缝宜采用飞缝机清除接缝中夹杂的砂石、凝结的泥浆等杂物。灌缝前缝内及缝壁应清洁、干燥，

以擦不出水、泥浆或灰尘为可灌缝标准。

缩缝灌缝应符合下列规定：

① 灌缝时，应先按设计嵌入直径为 9~12 mm 的多孔泡沫塑料背衬条或橡胶条。

② 用双组分或多组分常温填缝料时，应准确按比例将几种原材料混拌均匀后灌缝。每次准备量不宜超过 1 h，且不应超过材料规定的操作时间。

③ 使用热石油沥青、改性沥青或橡胶沥青灌缝时，应加热融化至易于灌缝温度，搅拌均匀，并保温灌缝。

④ 灌缝应饱满、均匀、厚度一致并连续贯通，填缝料不得缺失、开裂和渗水。

⑤ 高温期灌缝时，顶面应与板面刮齐平；一般气温情况下，应填刮为凹液面形，中心宜低于板面 3 mm。

胀缝填缝前，应凿除胀缝板顶部临时嵌入的木条，并清理干净，涂黏结剂后，嵌入专用多孔橡胶条或灌注适宜填缝料。胀缝宽度与多孔橡胶条宽度不一致或有啃边、掉角等现象时，应采用灌料填缝，不得采用多孔橡胶条填缝。

四、抗滑构造施工

各级公路行车道与超车道面层表面应制作细观抗滑纹理和宏观抗滑构造，不得遗留光滑的表面。纹理和构造深度应均匀一致。

细观纹理的施工应符合下列规定：

① 细观纹理宜在精平后的湿软表面，使用钢支架拖挂 1~3 层叠合麻布、帆布等布片拖出。布片接触路面的长度宜为 0.7~1.5 m。

② 对用抹面机修整过较干硬的光面，可采用较硬的竹扫帚扫出细观纹理。

③ 已经硬化后的光滑表面可采用钢刷刷毛、喷砂打毛、喷钢丸打毛、稀盐酸腐蚀、高压水射流等方式制作细观纹理。

极重、特重和重交通荷载等级公路水泥混凝土面层应采用刻槽法制作宏观抗滑构造。中、轻交通荷载等级公路水泥混凝土面层可使用拉槽法制作宏观抗滑构造。

在水平弯道路段、桥面、隧道路面宜使用纵向槽。组合坡度小于 3% 时，要求减噪的路段可使用纵向槽。组合坡度大于或等于 3% 的纵坡路段，应使用横向槽。

采用刻槽法制作宏观抗滑构造时，刻槽机最小刻槽宽度不应小于 500 mm。衔接距离与槽间距相同。刻槽过程中应避免槽口边角损坏，不得中途抬起刻槽机或改变刻槽方向。刻槽不得刻穿纵、横缩缝。刻槽后表面应随即冲洗干净，并恢复路面的养生。

软拉宏观抗滑构造时，待面层混凝土泌水后，应及时采用齿耙拉槽。衔接距离应与槽间距相同，且始终保持一致，不得局部缺失。软拉后的表面砂浆应清扫干净。

矩形槽槽深宜为 3 ~ 4 mm，槽宽宜为 3 ~ 5 mm，槽间距宜为 12 ~ 25 mm。

在路面结冰地区，可采用上宽 6 mm、下宽 3 mm 的梯形槽或上宽 6 mm、下宽 6 mm 的半圆形槽。

五、混凝土路面养生

① 各种水泥混凝土面层铺筑完成后，均应立即开始保湿养生。面层养生应合理选择养生方式，保证混凝土强度增长的需要，防止养生过程中产生微裂纹与裂缝。

② 面层养生应符合下列规定：

a. 高速公路、一级公路混凝土面层宜采用养护剂加覆膜养生。

b. 现场养生用水充足的情况下，可采用节水保湿养护膜、土工毡、土工布、麻袋、草袋、草帘等养生，并及时洒水保湿养生。

c. 缺水条件下，宜采用覆盖节水保湿养护膜养生，并应洒透第一遍养生水。

③ 养护剂的喷洒应符合下列规定：

a. 喷洒应均匀，喷洒后的表面不得有颜色差异。成膜厚度应满足产品要求，并足以形成完全密闭水分的薄膜。

b. 养护剂的喷洒宜在表面抗滑纹理做完后即刻进行。刚铺筑的湿软混凝土面层遭遇刮风或暴晒天气，摊铺现场水分蒸发率接近 0.50 kg/ (h · m²)，开裂风险较大时，可提前喷洒养护剂养生。

c. 喷洒高度宜控制在 0.10 ~ 0.30 m。现场风大时，可采用全断面喷洒机贴近路面喷洒的方式喷洒。

d. 养护剂的现场平均喷洒剂量宜在试验室测试剂量的基础上，一等品再增加不小于 40 %，合格品增加不小于 60 %。

e. 不得使用易被雨水冲刷掉、阳光暴晒可融化或引起表面开裂、卷起薄壳的养护剂。

④ 覆盖保湿养护膜应符合下列规定：

a. 覆盖养生的初始时间，应为不压坏表面细观抗滑纹理的最短时间。

b. 养护膜材料的最窄幅宽不宜小于 2 m。

c. 两条膜层对接时，纵向搭接宽度不宜小于 400 mm，横向搭接长度不宜小于 200 mm。养生期间应始终保持薄膜完整盖满。

d. 应有专人巡查养护膜覆盖完整情况。养生期间，被掀起或撕破的养护膜、养生片材均应及时重新洒水，并完整覆盖。

e. 现场瞬间风力大于 4 级时，宜在养护膜表面罩绳网或土工格栅，并压牢固，防止养护膜被大风吹破。

在低温期或夏季夜间气温有可能低于零度的高原、山区施工水泥混凝土路面和桥面时，应采取保温保湿双重养生措施。保温养生材料可选用干燥的泡沫塑料垫、棉絮片、苇片、草帘等。养生期间遭遇降雨时，应在保温片材上、下表面采取包覆隔水膜层等防水措施。

面层养生初期，人、畜、车辆不得通行，达到设计弯拉强度40％后，可允许行人通行。平交道应采取搭建临时便桥等措施，保护养生期的混凝土面层。面层达到设计弯拉强度后，方可开放交通。

第九章 隧道工程综述

第一节 隧道的基本概念

一、隧道的概念

随着人类社会的不断发展以及科学技术的进步，不同用途的隧道相继出现。现在我们所研究的隧道，一般是指修建在地层当中的地下通道或其他长条形建筑物，它在交通、市政、水利、矿山工程中多有应用，也可以将其狭义地理解成"地下通道"，广义的隧道还包括地下空间工程。所以说，各种地层当中的通道或者洞室都可以称之为隧道。

隧道建筑在 21 世纪之前，大多数是交通运输隧道和水工隧道。由于隧道的修建使用，克服了平面、高程、江河等障碍，改善了运输条件，缩短了里程，提高了运输能力，节省了运费，使线路变得更加平缓顺直，从而能更好地满足高速行车的要求，取得了理想的经济效益。越来越多的隧道工程应用在铁路、公路等交通运输中，现在大、长隧道已经成为当前的发展趋势。

二、隧道的基本分类

（一）交通隧道

交通隧道主要是提供交通运输和人行的通道，以满足交通线路畅通的要求，一般包含以下几个类型：

1. 铁路隧道

铁路隧道是修建在地下或水下并铺设铁路供机车车辆通行的建筑物。我国是一个多山的国家，铁路在穿越山岭时，为了达到克服高程的障碍，使铁路更加顺直，避免无谓的展线，减小铁路坡度，缩短铁路总长，提高列车运行速度等目的，开挖隧道直接穿越山岭成了最为合理的工程方案。

2. 公路隧道

公路的限制坡度和限制最小曲线半径都没有铁路那么严格。所以，过去在山区修建的公路为了节省工程造价，常常选择盘山绕行，情愿多延长一些距离，而避开修建费用昂贵的隧道，因而公路隧道为数不多。随着社会经济和生产的发展，高速公路大量修建，对于道路要求其线路更加顺直、坡度更加平缓、路面更加宽敞，于是在道路穿越山岭时，便出现了大量的隧道方案。

公路隧道一般只供汽车行驶。隧道的修建在改善公路的技术状态、缩短运行距离、提高运输能力以及减少事故等方面起到了重要作用。

3. 水底隧道

当交通线路需要跨越江、河、湖、海、洋时，一般可以选择轮渡、架桥和隧道这几种方案。采用水底隧道方案相比较其他两种方案的优点是可以克服净空限制和通行量小的矛盾，并且不受气候影响，不影响通航，引道占地少，战时不暴露交通设施目标等，所以越来越受到人们的欢迎。

4. 地下铁道

地下铁道是解决大城市交通拥挤、车辆堵塞等问题，且能大量快速运送乘客的一种城市交通设施。它可以使很大一部分地面客流转入地下而不占用地面面积。它没有平面交叉，因而可以高速行车，且可缩短车次间隔时间，节省了乘车时间，便利了乘客活动。

5. 航运隧道

当运河需要越过分水岭时，隧道将分水岭两边的河道贯通，即可以缩短航程。

6. 人行地道

在城市闹市区和路口交叉处，行人众多、往来交错，为了提高通行效率和减少交通事故，可以修建地下人行通道来穿越街道或跨越线路等，这样可以缓解地面交通压力，减少安全事故。

(二) 水工隧道

水工隧道也称隧洞，是水利工程和水力发电枢纽的一个重要组成部分。水工隧道一般有以下几种：

① 引水、输水隧道。引水或输水以供发电、灌溉或工业和生活之用。

② 导流、泄洪隧道。在兴建水利工程时用以导流或运行时泄洪。

③ 尾水隧道。也称为排水隧洞，用来排走水电站发电后的尾水。

④ 排沙隧道。排冲水库淤积的泥沙或放空库水以备防空或检修水工建筑物之用。

(三) 市政隧道

市政隧道是指安置各种市政设施、改善人居环境、合理利用地下空间的洞室。

①给水隧道。布置城市自来水供水管网。

②污水隧道。本身导流排送或由管道排污。一般排污隧道的进口处，多设有拦阻格栅，把漂浮的杂物拦在隧道之外，不致涌入隧道造成堵塞。

③管路隧道。把供给煤气、暖气、热水等的管路放置在地下孔道中，采取防漏及保温措施。

(四) 矿山隧道

在矿山开采中，常设一些为采矿服务的隧道，从山体以外通向矿床，并将开采到的矿石运输出来。

1. 运输巷道

运输巷道又分为主巷道和支巷道，主巷道是向山体开凿，通到矿床的隧道；支巷道则是由主巷道通往各个开采面的巷道。

2. 给水隧道

送入清洁水为采掘机械使用，并将废水及积水通过泵抽，排出洞外。

3. 通风隧道

设置通风机及时排出有害气体和污浊空气，并把新鲜的空气补充进来。

三、隧道的基本构成

隧道一般由主体结构物和附属结构物两大部分组成。

(一) 隧道主体结构物

隧道主体结构物由洞门和洞身支护结构组成，用来保持岩体的稳定和隧道在使用中的安全。支护又包括初期支护和二次衬砌。

(二) 隧道附属结构物

为了使隧道能够正常使用，保证车辆安全通行，还要设置一些附属结构物来配合。其中包括：隧道通风建筑物、安全避让洞室、救援通道、防排水设施、照明设施以及电力和通信信号的安放设备等。

隧道的主体结构物与附属结构物一同构成了隧道永久性的建筑物。

四、选择施工方法时需要考虑的因素

（一）施工条件

实践证实，施工条件是决定施工方法的最基本因素，它包括一个施工队伍所具备的施工能力、素质及管理水平。隧道施工队伍的素质和施工装备水平有高有低，参差不齐，因此在选择施工方法时，不能不考虑这个因素的影响。

（二）围岩条件

也就是地质条件，其中包括围岩级别、地下水及不良地质现象等。围岩级别是围岩工程性质的综合判定，其对施工方法的选择起着重要的甚至决定性的作用。从施工技术的发展趋势看，地质条件虽然重要，但基本施工方法的变化却并不显著。例如，全断面法和超短台阶法的结合以及全地质型掘进机及自由断面掘进机等的开发都说明了这一点。

（三）隧道断面积

隧道尺寸和形状，对施工方法选择也有一定的影响。隧道断面有朝大断面方向发展的趋势，如公路隧道已开始修建 3 车道甚至 4 车道的大断面，水电工程的大断面洞室，更是屡见不鲜。在这种情况下，施工方法必须适应其发展。

在单线和双线的铁路隧道、双车道公路隧道中，越来越多地采用了全断面法及台阶法；而在更大断面的隧道工程中，先采用各种方法修小断面的导坑，再扩大形成全断面的施工方法极为盛行。

（四）埋深

隧道埋深与围岩的初始应力场及多种因素有关，通常将埋深分为浅埋和深埋两类，有时将浅埋又分为超浅埋和浅埋两类。在同样地质条件下，由于埋深的不同，施工方法也将有很大差异。

（五）工期

作为设计条件之一的施工工期，在一定程度上会影响基本施工方法的选择。因为工期决定了在均衡生产的条件下，对开挖、运输等综合生产能力的基本要求，即对施工均衡速度、机械化水平和管理模式的要求。

（六）环境条件

当隧道施工对周围环境产生如爆破振动、地表下沉、噪声、地下水条件的变化等不良影响时，环境条件也应成为选择隧道施工方法的重要因素之一，在城市条件下，甚至会成为选择施工方法的决定性因素。

在长期的工程实践中，不管是哪种方法，都必须正确地坚持隧道施工的基本原则。这些原则是在长期的施工实践中积累起来的经验教训的结晶，而且是得到理论研究证实的。如对软岩隧道施工基本原则：管超前、短开挖、弱爆破、强支护、快成环、拱紧跟、早衬砌、勤量测。瓦斯隧道施工基本原则：加强通风排烟、增设辅助竖井、配齐防爆设施、杜绝明火作业。双连拱软岩隧道施工基本原则：保持围岩原始状态、爆破能量力求最小、分部结构独立受力。

五、施工中必须遵循的技术原则

归纳起来，施工中不管采用哪种方法，都必须遵循以下基本技术原则：

① 因为围岩是隧道的主要承载单元，所以要在施工中充分保护和爱护围岩。避免过度破坏和损伤遗留围岩的强度，使暴露的围岩尽量保留既有的质量，是最重要、最基本的原则。这在任何施工方法中都是一样的，像古老的黄土窑洞、无衬砌的岩石洞室等的修建就完全遵守了这个原则。

② 为了充分发挥围岩的结构作用，应容许围岩有可控制的变形。一方面容许变形达到不在围岩松弛的量级，另一方面必须限制它，使围岩不会因过度松弛而丧失或大大降低承载能力；而在浅埋或地表下沉受到控制的条件下，及时控制变形和松弛及其发展是异常重要的。

③ 变形的控制主要是通过支护阻力（各种支护结构）的效应达到的。因此，在施工中必须合理地确定支护结构的类型、支护结构参与工作的时间、各种支护手段的相互配合、断面封闭时间、一次掘进长度等。

④ 在施工中，必须进行实地量测监控，及时提出可靠的、足够数量的量测信息，以指导施工和设计。有人认为，量测是"新奥法"的重要组成部分。实际上，在新奥法之前，量测监控的技术早已存在。例如，量测木支撑的横梁弯曲（挠度），用锤击法判定支柱的受力状况等。即使从今天的眼光看，这些技术仍然有其实用价值。

⑤ 在选择支护手段时，一般应选择能大面积的、牢固的与围岩紧密接触的、能及时施设和应变能力强的支护手段。因此，多采用喷混凝土并与锚杆、金属网联合使用的支护手段，有时也要与钢支撑或格栅等配合使用；临时仰拱也是重要的不容忽视的支护手段。

⑥要特别注意，隧道施工过程是围岩力学状态不断变化的过程。减少开挖分部，也就有可能减少因分部过多而引起的围岩内的应力变化和围岩松弛。因此，在有可能的条件下，应尽量采用全断面或大断面分部的开挖方法。

⑦在任何情况下，使隧道断面能在较短时间内闭合是极为重要的。在岩石隧道中，因围岩的结构作用，能够"自封闭"。而在软弱围岩中，则必须改变"重视上部、忽视底部"的观点，应尽量采用能先修筑仰拱（或临时仰拱）或底板的施工方法，使断面及早封闭。

⑧为保证二次衬砌的质量和整体性，在任何情况下，都应采用先墙后拱的施工顺序。

⑨在隧道施工过程中，必须建立设计—施工检验—地质预测—量测反馈—修正设计的一体化的施工管理系统，以不断地提高和完善隧道施工技术。

在实际施工过程中，这些原则也不是一成不变的，应该结合实际情况进行完善和提高。

第二节 隧道围岩分级

一、围岩的工程特性

（一）围岩的概念

1. 围岩的定义

隧道围岩是指隧道开挖后其周围一定范围内产生应力重分布的岩（土）体，或是指隧道开挖后对其稳定性能产生影响的岩（土）体。这里特别指出，隧道开挖后主要研究的围岩包括沿隧道轮廓线的周边分布的围岩以及隧道开挖方向上的掌子面围岩，隧道施工主要在于处理围岩稳定性的问题。

根据多年的工程实践，隧道围岩的研究范围一般为隧道直径的 6～8 倍。

2. 研究围岩稳定性的意义

隧道施工开挖就是在岩体中形成一个自由变形的空间，由于开挖导致原本处于挤压状态的稳定的围岩，在解除了约束力之后，发生向洞内的形变。当这种松弛形变的程度超过了围岩本身的承受能力，围岩就会发生失稳破坏。

研究隧道围岩的稳定性，对于选择合理的隧道开挖和支护方法，有着重要而积极的意义。

（二）围岩的工程性质

1. 岩石与岩体的概念

岩石是指自然界中具有一定结构构造的矿物（含结晶和非结晶的）集合体。从岩体力学的角度出发，我们一般研究的岩石是指岩块，即不含显著结构面的岩石块体，是构成岩体的最小结构单元。

而岩体则是指在地质历史过程中形成的，由岩石单元体（或称岩块）和结构面网络组成的，具有一定结构并赋存于一定的天然应力状态和地下水等地质环境中的地质岩石岩体。

岩体是由岩石构成的，不同的岩石构成的岩体的特点是不一样的。岩石和岩体的区别主要是，岩石强调的是其本身的岩性和物理、化学特征，而岩体强调的是在地质环境下岩石作为地质体的特征，如岩石性质、地质构造、强度、含水情况等，包含的研究内容比岩石更广。岩体较之于岩石的物理力学性质，表现出明显的不均匀、非连续、各向异性与非弹性等特点。

天然岩体与实验室内制作的岩石试件（岩石）有显著不同。

① 岩体赋存于一定地质环境之中，地应力、地温、地下水等因素对其物理力学性质有很大影响，而岩石试件只是为实验室实验而加工的岩块，已完全脱离了原有的地质环境。

② 岩体在自然状态下经历了漫长的地质作用过程，其中存在着各种地质构造和弱面，如不整合、褶皱、断层、节理、裂隙等。

③ 一定数量的岩石组成岩体，且岩体无特定的自然边界，只能根据解决问题的需要来圈定范围。根据上述特征，将岩体定义为地质体的一部分，并且是由处于一定地质环境中的各种岩性和结构特征岩石所组成的集合体，也可以看成由结构面所包围的结构体和结构面共同组成的。

2. 岩体的力学特性

（1）岩体的变形特性

① 抗拉变形：岩体的抗拉变形能力很低，可认为无抗拉能力。这里主要讨论抗压、抗剪能力。

② 受压变形：岩体受到岩石的强度特性的影响，其受压变形特性与岩石的变形特性的变化规律具有一定的相似性。

③ 剪切变形（结构面控制）。

岩体受剪时的剪切变形特性主要受结构面控制，可能有三种方式：

a. 沿结构面滑动。此时，结构面的变形特性即为岩体的变形特性。

b.结构面不参与作用，沿结构体岩石断裂。此时，岩石的变形特性即起主导作用。

c.在结构面影响下，沿岩石剪断。此时，岩体的变形特性介乎上述二者之间。

④ 流变（岩体变形的时间效应）。

岩体的变形不是瞬时完成的，而是随着时间的增长逐渐达到最终值。岩体变形的这种时间效应，称之为岩体的流变特性。

流变包括两方面，蠕变和松弛。蠕变是指作用的应力不变，而应变随时间而增长；松弛则是指作用的应变不变，而应力随时间而衰减。

（2）岩体的强度

① 抗压强度。

a.岩石：受微裂隙所制约，强度大。

b.岩体：受结构面控制，强度小，并具有明显的各向异性。

② 抗剪强度。

岩体的抗剪强度受结构面的制约。而岩体内结构面的状态需要参考以下四个因素：力学性质、充填状态、产状、分布和规模。同时，还应考虑岩体剪切破坏方式，比如破坏方式为岩体沿结构面滑移，属于塑性破坏，而沿岩石剪断则属于脆性破坏。

岩体的强度要比岩石的强度低得多。一般情况下，岩体的抗压强度只有岩石的 $70\% \sim 80\%$，结构面发育的岩体仅有 $5\% \sim 10\%$。

（三）围岩的稳定性

1. 充分稳定的

坑道在长时间内有足够的自稳能力，无须任何人为支护而能维持稳定，无坍塌、偶尔有掉块。

2. 基本稳定的

坑道会因爆破、岩块结合松弛等而产生局部掉块，但不会引起坑道的坍塌，坑道是稳定的，层间结合差的平缓岩层顶板可能弯曲、断裂。此时，应采取局部支护或轻型的支护。

3. 暂时稳定的

大多数坑道是属于这个类型的。坑道开挖后呈现出不同程度的坍塌现象，坍塌后的坑道呈拱形而处于暂时稳定状态。在外界（如爆破、重新更换支撑等）和内部（如地下水等）条件的影响下，坑道如不及时支护，会进一步丧失稳定。因此，在这种围岩中，必须采取各种类型的支护措施。

4.不稳定的

坑道在不支护条件下是难以开挖的，随挖随坍，常常要先支后挖。坑道的坍塌发生迅速、影响范围大，有时可坍塌到地表，或在地面形成塌盆地。在有水的情况下，土体流动造成极大的荷载。在这种情况下，需要采取专门的支护措施和施工方法来保证坑道的稳定。

二、围岩分级的方法

(一) 隧道围岩分级的概念与目的

1.围岩分级的概念

隧道围岩分级是指根据岩体的若干指标 (一个或几个)，按照稳定性将围岩 (无限岩体) 分成不同的级别 (有限)，将稳定性相似的围岩划分为一个级别。

2.围岩分级的价值

隧道围岩分级是隧道结构设计和选择施工方法的依据，是进行科学管理及正确评价经济效益、确定结构上的荷载 (松散荷载)、确定衬砌结构的类型及尺寸、制定劳动定额、材料消耗标准等的基础。

(二) 围岩分级考虑的因素

围岩分级的方法有多种，现行围岩分级方法考虑以下主要因素。

① 与岩性有关的因素，如岩石的强度，可以将岩石分为硬岩、软岩和膨胀岩等。其分级指标是岩石强度和变形性质等。例如，岩石的单轴抗压强度、岩石的弹性纵波等。

② 与地质构造有关的因素，如软弱结构面的分布与形态、风化程度等。其分级指标采用诸如岩石的质量指标、地质因素评分法等。这些指标实际上是对岩体完整程度的评价，它们在划分围岩的级别中占有重要的地位。

③ 与地下水有关的因素，如地下水的渗水量、水压力等。

④ 与地应力有关的因素，如围岩初始地应力的状态。

(三) 围岩分级的方法

1.岩石坚硬程度

① 岩石坚硬程度可按表9-1定性划分。

表9-1　岩石坚硬程度的定性划分

名　称		定性鉴定	代表性岩石
硬质岩	坚硬岩	锤击声清脆，有回弹，震手，难击碎；浸水后，大多无吸水反应	未风化—微风化的花岗岩、正长岩、闪长岩、辉绿岩、玄武岩、安山岩、片麻岩、石英片岩、硅质板岩、石英岩、硅质胶结的砾岩、石英砂岩、硅质石灰岩等
	较坚硬岩	锤击声较清脆，有轻微回弹，稍震手，较难击碎；浸水后，有轻微吸水反应	1. 弱风化的坚硬岩； 2. 未风化—微风化的熔结凝灰岩、大理岩、板岩、白云岩、石灰岩、钙质胶结的砂页岩等
软质岩	较软岩	锤击声不清脆，无回弹，较易击碎；浸水后，指甲可刻出印痕	1. 强风化的坚硬岩； 2. 弱风化的较坚硬岩； 3. 未风化—微风化的凝灰岩、千枚岩、砂质泥岩、泥灰岩、泥质砂岩、粉砂岩、页岩等
	软岩	锤击声哑，无回弹，有凹痕，易击碎；浸水后，手可掰开	1. 强风化的坚硬岩； 2. 弱风化—强风化的较坚硬岩； 3. 弱风化的较软岩； 4. 未风化的泥岩等
	极软岩	锤击声哑，无回弹，有较深凹痕，手可捏碎；浸水后，可捏成团	1. 全风化的各种岩石； 2. 各种半成岩

② 岩石坚硬程度定量指标用岩石单轴饱和抗压强度（Rc）表达。Rc 与岩石坚硬程度定性划分的关系，可根据表9-2确定。

表9-2　Rc 与岩石坚硬程度定性划分的关系

Rc（MPa）	> 60	60 ~ 30	30 ~ 15	15 ~ 5	< 5
坚硬程度	坚硬岩	较坚硬岩	较软岩	软岩	极软岩

2. 岩体完整程度

① 岩石完整程度可将岩体分为完整、较完整、较破碎、破碎、极破碎五类，可按表9-3定性划分。

表9-3　岩体完整程度的定性划分

名　称	结构面发育程度		主要结构面的结合程度	主要结构面类型	相应结构类型
	组数	平均间距（m）			
完整	1 ~ 2	> 1.0	好或一般	节理、裂隙、层面	整体状或巨厚层结构
较完整	1 ~ 2	> 1.0	差	节理、裂隙、层面	块状或厚层状结构
	2 ~ 3	1.0 ~ 0.4	好或一般		块状结构

续表

名称	结构面发育程度		主要结构面的结合程度	主要结构面类型	相应结构类型
	组数	平均间距(m)			
较破碎	2~3	1.0~0.4	差	节理、裂隙、层面、小断层	裂隙块状或中厚层结构
	>3	0.4~0.2	好		镶嵌碎裂结构
			一般		中、薄层状结构
破碎	>3	0.4~0.2	差	各种类型结构面	裂隙块状结构
		<0.2	一般或差		碎裂状结构
极破碎	无序		很差		散体状结构

② 岩体完整程度的定量指标用岩体完整性系数(Kv)表达。Kv 一般用弹性波探测值，Kv 与定性划分的岩体完整程度的对应关系，可根据表9-4确定。

表9-4 Kv 与定性划分的岩体完整程度的对应关系

Kv	>0.75	0.75~0.55	0.55~0.35	0.35~0.15	<0.15
完整程度	完整	较完整	较破碎	破碎	极破碎

③ 岩体完整程度的定量指标 Kv 的测试和计算方法。

岩体完整性指标 Kv，应针对不同的工程地质岩组或岩性段，选择有代表性的点、段，测试岩体弹性纵波速度，并应在同一岩体取样测定岩石纵波速度。按下式计算

$$Kv = \left(V_{\text{pen}} / V_{\text{pr}} \right)^2$$

式中：V_{pen}——岩体弹性纵波速度（km/s）；

V_{pr}——岩石弹性纵波速度（km/s）。

3. 围岩基本质量指标（BQ）

应根据分级因素的定量指标 Rc 值和 Kv 值，按下式计算

$BQ = 90 + 3Rc + 250Kv$

使用上式时，应遵守下列限制条件：

① 当 $Rc > 90Kv + 30$ 时，应以 $Rc = 90Kv + 30$ 和 Kv 代入计算 BQ 值；

② 当 $Kv > 0.04Rc + 0.4$ 时，应以 $Kv = 0.04Rc + 0.4$ 和 Rc 代入计算 BQ 值。

4. 围岩分级修正

围岩详细定级时，应当结合隧道工程的特点，考虑地下水、初始地应力状态等必要的因素，围岩级别在基本分级的基础上进行修正。一般情况下，对地下水的处理采用降级处理的方法。在整体状软质岩中，地下水对它的影响不是很大，可以不

考虑降级。其他情况应当根据地下水类型、渗水量、危害程度调整围岩分级。

围岩基本质量指标修正值 $[BQ]$，可按下式计算：

$$[BQ] = BQ - 100(K1 + K2 + K3)$$

式中：$[BQ]$——围岩基本质量指标修正值；

BQ——围岩基本质量指标；

$K1$——地下水影响修正系数；

$K2$——主要软弱结构面产状影响修正系数；

$K3$——初始应力状态影响修正系数。

$K1$、$K2$、$K3$ 值，可分别根据表9-5、表9-6、表9-7确定。无表中所示情况时，修正系数取零。

表9-5 地下水影响修正系数 $K1$

地下出水状态 BQ	> 450	450 ~ 351	350 ~ 251	< 250
潮湿或点滴状出水	0	0.1	0.2 ~ 0.3	0.4 ~ 0.6
淋雨状或涌流状出水，水压 < 0.1 Mpa 或单位出水量 < 10 L/min·m	0.1	0.2 ~ 0.3	0.4 ~ 0.6	0.7 ~ 0.9
淋雨状或涌流状出水，水压 > 0.1 Mpa 或单位出水量 > 10 L/min·m	0.2	0.4 ~ 0.6	0.7 ~ 0.9	1.0

表9-6 主要软弱结构面产状影响修正系数 $K2$

结构面产状及其与洞轴线的组合关系	结构面走向与洞轴线夹角 < 30°，结构面倾角 30° ~ 75°	结构面走向与洞轴线夹角 > 60°，结构面倾角 > 75°	其他组合
$K2$	0.4 ~ 0.6	0 ~ 0.2	0.2 ~ 0.4

表9-7 初始应力状态影响系数 $K3$

初始应力状态 BQ	> 550	550 ~ 451	450 ~ 351	350 ~ 251	< 250
极高应力区	1.0	1.0	1.0 ~ 1.5	1.0 ~ 1.5	1.0
高应力区	0.5	0.5	0.5	0.5 ~ 1.0	0.5 ~ 1.0

围岩的初始应力状态可根据隧道工程埋深、地貌、地形、地质、构造运动史、主要构造线与开挖过程中出现的岩爆、岩芯饼化等特殊地质现象，极高及高初始应力状态的评估，可按表9-8规定进行。

表9-8 高初始应力地区围岩在开挖过程中出现的主要现象

应力情况	主要现象	Rc / σ_{max} x
极高应力	1. 硬质岩：开挖过程中时有岩爆发生，有岩块弹出，洞壁岩体发生剥离，新生裂缝多，成洞性差 2. 软质岩：岩芯常有饼化现象，开挖过程中洞壁岩体有剥离，位移极为显著，甚至发生大位移，持续时间长，不易成洞	< 4
高应力	1. 硬质岩：开挖过程中可能出现岩爆，洞壁岩体有剥离和掉块现象，新生裂缝较多，成洞性较差 2. 软质岩：岩芯时有饼化现象，开挖过程中洞壁岩体位移显著，持续时间较长，成洞性差	4 ~ 7

第三节　隧道基本构造

一、隧道构造组成

（一）隧道限界

隧道建筑限界（structural approach limit of tunnel）是指为保证隧道内各种交通的正常运行与安全，而规定在一定宽度和高度范围内不得有任何障碍物的空间限界。

（二）隧道的构造基本组成

隧道主体建筑物包括洞身衬砌、明洞、洞口景观与结构。隧道附属建筑物包括通风建筑物、避车洞、防排水建筑物、电缆槽及高低压供电设施、伸缩缝、沉降缝与施工缝等。

洞身衬砌的平纵、横断面的形状由道路隧道的几何设计确定，衬砌断面的轴线形状和厚度由衬砌计算决定。在山体坡面有发生崩坍和落石可能时，往往需要接长洞身或修筑明洞。

隧道洞门的构造型式由多方面的因素决定，如岩体的稳定性、通风方式、照明状况、地形地貌以及环境条件等。

隧道附属构造物是主体构造物以外的其他建筑物，是为了运营管理、维修养护、给水排水、供配发电、通风、照明、通信、安全等而修建的构造物。它包括了防水排水系统，通风、照明与供电系统，隧道运营管理设施，辅助坑道等。

二、隧道洞身支护结构的构造

(一) 衬砌形式

沿开挖的铁路隧道壁面建造的，用以防止围岩变形和地层塌方，以及阻挡地下水渗漏的构筑物称为隧道衬砌。对于围岩坚硬完整而又无渗漏水的隧道，也可不做衬砌，但一般需在壁面上喷浆或喷混凝土，以防止岩石风化剥落。隧道衬砌一般由拱、边墙(直边墙或曲边墙)、仰拱或铺底等部分组成。

开挖后的隧道，为了保持围岩的稳定性，一般需要进行支护和衬砌。支护的主要材料有：锚杆、钢架、钢筋网、喷射混凝土、模筑混凝土及其他组合。

1. 按隧道的支护的主要材料分类

按隧道的支护的主要材料分，衬砌的主要形式有整体式混凝土衬砌、拼装式衬砌、喷射混凝土衬砌和复合式衬砌等。

(1) 整体式混凝土衬砌

它是指就地灌筑混凝土衬砌，也称模筑混凝土衬砌。其工艺流程为：立模—灌筑—养生拆模。模筑衬砌的特点是：对地质条件的适应性较强，易于按需要成型，整体好，抗渗性强，并适用于多种施工条件，如可用木模板、钢模板或衬砌台车等。因此，其在断面不大的隧道工程(如引水隧道等)中被广泛采用。

(2) 装配式衬砌

装配式衬砌是将衬砌分成若干块构件，这些构件在现场或工厂预制，然后运到坑道内用机械将它们拼装成一环接着一环的衬砌。这种衬砌的特点是：拼装成环后立即受力，便于机械化施工，改善劳动条件，节省劳力。多在使用盾构法施工的城市地下铁道中采用。在铁路隧道中，由于装配式衬砌要求有一定的机械化设备，施工工艺复杂，衬砌的整体性及抗渗性差，因此未能推广使用。

(3) 锚喷支护

锚喷支护是常用的一种围岩支护手段。采用锚喷支护可充分发挥固岩的自承能力，并有效地利用洞内净空，提高作业安全性和作业效率，并能适应软弱和膨胀性地层中的隧道开挖。还能用于整治坍方和隧道衬砌的裂损。

锚喷支护包括锚杆支护，喷射混凝土支护，喷射混凝土锚杆联合支护，喷射混凝土钢筋网联合支护，喷射混凝土与锚杆及钢筋网联合支护，喷钢纤维混凝土支护，喷钢纤维混凝土锚杆联合支护，以及上述几种类型加设型钢支撑(或格栅支撑)而成的联合支护等。

(4) 复合式衬砌

复合式衬砌不同于单层厚壁的模筑混凝土衬砌，也不同于单纯的锚喷支护，它把衬砌分成两层或两层以上，可以是一种形式、方法和材料施作的，也可以是不同形式、方法、时间和材料施作的。大多采用内外两层衬砌。按内外衬的组合情况，可分为：锚喷支护与混凝土衬砌；锚喷支护与喷射混凝土衬砌；可缩性钢架（或格栅钢构拱架）喷射混凝土与混凝土衬砌；装配式衬砌与混凝土衬砌等多种组合形式。最通用的是外衬为锚、喷、网支护，内衬为整体式混凝合式衬砌。

复合式衬砌是先在开挖好的洞壁表面喷射一层早强的混凝土（部分同时需施作锚杆），凝固后形成薄层柔性支护结构（称初期支护）。它既能容许围岩有一定的变形，又能限制围岩产生有害变形。其厚度多在 5～20cm。一般待初期支护与围岩变形基本稳定后再施作内衬，通常为就地灌筑混凝土衬砌（称二次衬砌）。为了防止地下水流入或渗入隧道内，可以在外衬和内衬之间设防水层，其材料可采用防水板（无纺布）、止水环、止水条等。

复合式衬砌的极限承载能力比同等厚度的单层模筑混凝土衬砌可提高15％～25％，如能调整好内衬的施作时间，还可以改善结构的受力条件。关于复合式衬砌内外层结构受力状态，由于隧道开挖后围岩具有自承能力，它与初期支护组合在一起能起到永久建筑物的作用，承载着隧道大约30％的荷载；二次衬砌在理论计算时，考虑二次衬砌来承担70％的承载作用，它不仅能够稳定围岩的变形，而且在整个衬砌结构中占有主导地位。

总之，复合式衬砌可以满足初期支护施作及时、刚度小易变形的要求，且与倒岩密贴，从而能保护围岩和加固围岩，促进围岩的应力调整，充分发挥围岩的自承作用。二次衬砌完成后，衬砌内表面光滑平整，可以防止外层风化，装饰内壁，增强安全感，是一种较为合理的结构形式，也是现在被广泛应用的一种衬砌形式。

2. 根据不同的围岩类别分类

隧道衬砌根据不同的围岩类别，按衬砌的形状，分为直墙式衬砌和曲墙式衬砌两种形式。

(1) 直墙式衬砌

直墙式衬砌适用于地质条件比较好，垂直围岩压力为主而水平围岩压力较小的情况，主要适用于Ⅱ级围岩，有时也可用于Ⅲ级类围岩，一般用于断面很小的单线非电化隧道和引水隧道。直墙式衬砌由上部拱圈、两侧竖直边墙和下部铺底三部分组合而成。拱部内轮廓线系由三心圆曲线组成。在地质条件较好时，为了节省圬工，直墙式衬砌在构造上采取若干改进措施：如在 n 级围岩中采用大拱脚喷混凝土（或喷砂浆）边墙衬砌。

在某些围岩中，采用柱式边墙衬砌或连拱式边墙衬砌 (统称为花边墙衬砌)。柱式边墙衬砌是做成一排均匀间隔的立柱，其尺寸一般不宜小于 3m，表面喷 5～7cm 厚的混凝土。连拱墙衬砌则把边墙部分做成连拱形式。

(2) 曲墙式衬砌

曲墙式衬砌适用于地质较差，有较大水平围岩压力的 m 级及以下的围岩。它由顶部拱圈侧面曲边墙和底部仰拱 (或铺底) 组成。在围岩较好、无地下水，且基础不产生沉降的情况下可不设仰拱，只做底板。一般均需设仰拱，以抵御底部围岩压力和防止衬砌沉降，并使衬砌形成一个环状的封闭整体结构，以提高衬砌的承载能力。现在隧道工程中采用的衬砌形式 90％ 以上的是曲墙式衬砌。

(二) 隧道衬砌常用材料

隧道衬砌的材料，应具有足够的强度和耐久性；在某些环境中，还必须具有抗冻、抗渗和抗侵蚀性。此外，还应满足就地取材、降低造价、施工方便及易于机械化施工等要求。常用的铁路隧道衬砌材料有混凝土，钢筋混凝土，片石混凝土料石，混凝土块和喷射混凝土。

三、洞门与明洞的构造

(一) 洞门

1. 洞门的作用

隧道洞门的作用有以下几个方面：

(1) 减少洞口土石方开挖量

洞口段范围内的路堑是根据地质条件以一定坡率开挖的，当隧道埋置较深时，开挖量较大，设置隧道洞门可以起到挡土墙的作用，从而减少石方开挖量。

(2) 稳定边，仰坡

修建洞门可减小引线路堑的边坡高度，缩小正面仰坡的坡面长度，使边坡及仰坡得以稳定。

(3) 引离地表水流

地表水流往往汇集在洞口，如不排除，将会浸蚀线路，妨碍行车安全。修建洞门可以把水流引入侧沟排走，确保运营安全。

(4) 装饰洞口

洞口是隧道唯一外露部分，是隧道的正面外观。修建洞门可起装饰作用，特别是在城市附近、风景区及旅游区内的隧道更应配合当地的环境，给予艺术处理，进行美化。

2. 洞门的形式

(1) 端墙式洞门

适用于岩质稳定的 III 级以上围岩和地形开阔的地区，是最常使用的洞门型式之一。

(2) 翼墙式洞门

适用于地质较差的 IV 级以下围岩，以及需要开挖路堑的地方。翼墙式洞门由端墙及翼墙组成。翼墙是为了增强端墙的稳定性，同时对路堑边坡也起支撑作用。其顶面一般均设置水沟，将端墙背面排水沟汇集的地表水排至路堑边沟内。

(3) 环框式洞门

当洞口岩层坚硬、整体性好 (口级围岩)、节理不发育，路堑开挖后仰坡极为稳定，并且没有较大的排水要求时采用。

(4) 台阶式洞门

当洞门傍山侧坡地区，洞门一侧边坡较高时，为减小仰坡高度及外露长度，可以将端墙顶部改为逐步升级的台阶形式，以适应地形的特点，减少仰坡土石方开挖量。

(5) 削竹 (斜切) 式洞门

当洞口为松软的堆积层时，通常应避免大刷坡、边坡，一般宜采用接长明洞，恢复原地形地貌的办法。此时，可采用削竹 (斜切) 式洞口。洞口坡面较平缓，一般应与自然地形坡度相一致。削竹 (斜切) 式洞口适合于洞口宽敞的场合。

(6) 遮光棚式洞门

当洞外需要设置遮光棚时，其入口通常外伸很远。遮光构造物有开放式和封闭式之分，前者遮光板之间是透空的，后者则用透光材料将前者透空部分封闭。但由于透光材料上面容易沾染尘垢油污，养护困难，所以很少使用后者。形状上又有喇叭式与棚式之分。

洞门的形式较多，选择洞门形式应根据洞口的地形、地质条件、隧道长度和所处的位置等而定，特别要注意洞口施工后地形改变的特点而切勿硬套定型设计图，使所选择的洞门不能发挥它应有的作用。

(二) 明洞

1. 拱式明洞

拱式明洞由拱圈、边墙和仰拱 (或铺底) 组成。它的内轮廓与隧道相一致，但结构截面的厚度要比隧道大一些。结构坚固，可抵抗较大的推力，适用范围较广。它可分为以下几种：

（1）路堑式拱形明洞

它适用于路堑边坡处于对称或接近对称，边坡岩层基本稳定，仅防边坡有少量坍塌、落石，或用于隧道洞口岩层破碎，覆盖层较薄而难以用暗挖法修建隧道时。此种明洞承受对称荷载，拱、墙均为等截面，边墙为直墙式。洞顶做防水层，上面夯填土石后，覆盖防水黏土层，并在其上做纵向水沟，以排除地表流水。

（2）偏压直墙式拱形明洞

这种明洞适用于两侧边坡高差较大的不对称路堑。它承受不对称荷载，拱圈为等截面，边墙为直墙式，外侧边墙厚度大于内侧边墙的厚度。

（3）偏压斜墙式拱形明洞

它适用于地形倾斜，低侧处路堑外侧有较宽敞的地面供回填土石，以增加明洞抵抗侧向压力的能力。此种明洞承受偏压荷载，拱圈等厚，内侧边墙为等厚直墙式，外侧边墙为不等厚斜墙式。

（4）半路堑单压式拱形明洞

它适用于傍山隧道洞口或傍山线路上半路堑地段。因外侧地形狭小，地面陡峻，无法回填土石，以平衡内侧压力。

此种明洞荷载不对称，承受偏侧压力，拱圈等截面（有时也可能采用变截面），内侧边墙为等厚直墙，外侧边墙为设有耳墙的不等厚斜墙。由于外墙尺寸较大，为了节省圬工，可做成连拱墙式。另外，特别要注意处理好外墙基础，以防因外墙下沉而使结构开裂。

2. 棚式明洞（简称棚洞）

当山坡的坍方、落石数量较少，山体侧向压力不大，或因受地质、地形限制，难以修建拱式明洞时，可采用棚式明洞。

棚式明洞常见的结构形式有盖板式、刚架式和悬臂式三种。

（1）盖板式明洞

它由内墙、外墙及钢筋混凝土盖板组成简支结构。其上回填土石，以保护盖板受山体落石的冲击。这种明洞的内侧应置于基岩或稳定的地基上，一般为重力式墩台结构，厚度较大，以抵抗山体的侧向压力。当基岩层完整，坡面较陡，地面水不大，采用重力式内墙开挖量较大时，可采用钢筋混凝土锚杆式内墙。外墙只承受由盖板传来的垂直压力，厚度较薄，要求的地基承载力较小。外墙也可做成梁式（中间留有侧洞），以适应地形和节省圬工。

（2）刚架式明洞

当地形狭窄，山坡陡峻，基岩埋置较深而上部地基稳定性差时，为了使基础置于基岩上且减小基础工程，可采用刚架式外墙，此时称明洞为刚架式明洞（有时也可采用长腿式明洞)。

该明洞主要由外侧刚架，内侧重力式墩台结构、横顶梁、底横撑及钢筋混凝土盖板组成，并做防水层及填上石处理。

(3) 悬臂式棚洞

对稳定而陡峻的山坡，外侧地形难以满足一般棚洞的地基要求，且落石不太严重的情况下，可修建悬臂式棚洞。它的内墙为重力式，上端接筑悬臂式横梁，其上铺以盖板，在盖板的内端设平衡重来维持结构受外荷载作用下的稳定性。同时，为了保证棚洞的稳定性，要求悬臂必须伸入稳定的基岩内。

四、隧道附属建筑

(一) 避车洞

当列车通过隧道时，为了保证洞内行人、维修人员及维修设备(小车、料具)的安全，在隧道两侧边墙上交错均匀修建的人员躲避及放置车辆、料具的洞室叫避车洞。

1. 避车洞的布置

避车洞根据其断面尺的大小分为大避车洞及小避车洞两种。

(1) 大避车洞

在碎石道床的隧道内，每侧相隔 300 m 布置一个大避车洞，在整体道床的隧道内，因人员行车待避较方便，且线路维修工作量较小，为此，每侧相隔 420 m 布置一个大避车洞。

当隧道长度在 300~400 m 时，可在隧道中间布置一个大避车洞；隧道长度在 300 m 以下时，可不布置大避车洞；如果两端洞口接桥或路堑，当桥上无避车台或路堑两边侧沟外无平台时，应与隧道一并考虑布置大避车洞。

(2) 小避车洞

无论在碎石道床还是整体道床的隧道内，每侧边墙上应在大避车洞之间间隔 60 m (双线隧道按 30 m) 布置一个小避车洞。如隧道邻近有农村市镇，或曲线半径小，视距较短时，小避车洞可适当加密。

隧道不同衬砌类型或不同加宽断面的衔接处，或沉降缝、T 作缝、伸缩缝处应避开设置避车洞。

2. 避车洞底部标高

当避车洞位于直线上且隧道内有人行道时，避车洞底面应与人行道顶面齐平，无人行道时，避车洞的底面应与道顶面 (或侧沟盖板顶面) 齐平；隧道内采用整体道床时，应与道床面齐平。

当避车洞位于曲线上时，因受曲线外轨超高的影响，碎石道床隧道内，在各种不同的超高值 E 时，线路内侧和外侧轨枕端头道床面（避车洞底面）低于内轨顶面的高度分别为 h_1 及 h_2。

内侧：h_1=25+0.33E（cm）

外侧：h_2=25+0.33E（cm）

式中，E——曲线外轨超高值（cm）。

25cm 为隧道内线路采用钢筋混凝土轨未加超高 R 时，内轨顶面至轨道端头道床面（避车底面）的高度。当线路为整体道床时，应根据钢轨、扣件的类型及道床结构形式、尺寸等另行确定。

为了使避车洞的位置明显，应将洞内全部及洞周边 30 cm 宽粉刷成白色。在洞的两侧各 10 m 处的边墙上标一有色箭头指向避车洞。

(二) 防排水建筑物

隧道防排水应根据"防、排、截、堵结合，因地制宜，综合治理"的原则，采取切实可靠的设计、施工措施，达到防水可靠、排水畅通、经济合理的目的。

1. 隧道防排水设施

① 防，即要求隧道衬砌结构具有一定的防水能力，能防止地下水渗入、防止地表水的下渗。隧道附近水库、池沼、溪流、井泉的水，当有可能渗入隧道，影响农田灌溉及生活用水时，应采取措施处理；混凝土衬砌抗渗等级不得低于 P6，若必要可采用防水混凝土（不小于 P8）；施工缝、变形缝应采用可靠的堵水措施；围岩破碎、含水、易坍塌地段，宜采用注浆加固围岩和防水措施；在初期支护与二次衬砌之间，宜设置防水板或设系统盲（管）沟，当隧道底部有涌水时，应采用封闭式防水板；有侵蚀性地下水时，应针对侵蚀类型，采用抗侵蚀性混凝土以及压注抗侵蚀浆液，敷设防水、防蚀层等措施；最冷月平均气温低于 -15 ℃的地区和高海拔地区，对地下水的处理应以堵为主。

② 排，即隧道应有排水设施并充分利用，以减少渗水压力和渗水量。利用盲沟、泄水管、渡槽等将衬砌背后的地下水排入隧道内，再经由洞内水沟排走，以免造成隧道病害。隧道内纵向应设排水沟，横向应设排水坡；遇围岩地下水出露处所，宜在衬砌背后设竖向盲沟或排水管（槽）、集水钻孔等予以引排，对于颗粒易流失的围岩，不宜采用集中疏导排水；根据工程地质和水文地质条件，应在衬砌外设环向盲沟、纵向盲沟和隧底排水盲沟，组成完整的排水系统，保证道床不积水；当地下水发育，含水层明显，又有长期补给来源，洞内水量较大时，可利用辅助坑道或设置泄水洞等作为截、排水设施。

③ 截，是指截断地表水和地下水流入隧道的通路。在洞口仰坡外缘 5 m 以外，设置天沟，并加以铺砌。当岩石外露，地面坡度较陡时可不设天沟。仰坡上可种植草皮、喷抹灰浆或加以铺砌；对洞顶天然沟槽加以整治，使山洪宣泄畅通；对洞顶地表的陷穴、深坑加以回填，对裂缝进行堵塞。处理隧道地表水时，要有全局观点，不应妨害当地农田水利规划，做到因地制宜，一改多利，各方满意；在地表水上游设截水导流沟，地下水上游设泄水洞，洞外井点降水或洞内井点降水。

④ 堵，即堵住地下水从衬砌背后渗入隧道内的空隙。主要有喷射混凝土和模筑混凝土衬砌堵水、防水层、压浆，即向衬砌背后压注水泥砂浆，用以充填衬砌与围岩之间的空隙，以堵住地下水的通路，并使衬砌与围岩形成整体，改善衬砌受力条件。

(三) 电力及通信设施

1. 电缆槽

穿越隧道的各种电缆，如照明、通信、信号及电力等电缆，必须有一定的保护措施，即设置电缆槽来防止潮湿、腐烂以及人为的破坏。

电缆槽用混凝土浇筑，可设在水沟同侧并与水沟并行，也可设置在水沟的异侧。槽内铺以细沙做垫层，低压电可直接放在垫层面上，高压电缆则吊在槽边预埋的托架上。槽顶设有盖板防护。盖板顶面应与避车洞底面或道床顶面齐平。当电缆槽与水沟同侧并行时，应与水沟盖板齐平。通信、信号电缆可设在一个电缆槽内，也可以分设。通信、信号电缆必须和电力电缆分槽设置。

电缆槽在转折处，应以不小于 1.2 m 的半径曲线连接，以免电缆弯曲而折断。隧道长度大于 500 m 时，需在设有电缆槽的同侧大避车洞内设置余长电缆槽；隧道长度在 500 ~ 1000 m 时，在隧道中间设置一处；1000 m 以上的隧道则每隔 500 m 增设一处。

2. 信号继电器箱和无人增音站

隧道内如需设置信号继电器时，则应在电缆槽同侧设置信号继电器箱洞，其宽度为 2 m，深度为 2 m，中心高度为 2.2 m。根据电信传输衰耗和通信设计要求，在隧道内设置无人增音站时，其位置可根据通信要求确定，亦可与大避车洞结合使用。如不能结合时，则另行修建，其尺寸同大避车洞。

电力牵引的隧道，如需设置存放维修接触网的绝缘梯车洞时，宜利用辅助坑道或进车洞修建，其间距约 500 m。

(四) 运营通风建筑物

1. 纵向式通风

纵向式通风是在通风机的作用下，使风顺着隧道轴线方向流动的通风方式。这种通风方式又以通风形式不同分为以下三种：

（1）洞口风道式通风

这种通风方式是把通风机设置在隧道高洞口端处，通风道与隧道连通。当通风机开启，把已被活塞风挤到出洞口段内的污浊空气排出洞外。与此同时，洞外新鲜空气由低洞口端随着风流带进隧道内，从而完成一次通风作业。

为防止通风机工作时，新鲜空气从高洞口吸进隧道造成空气短路，降低通风效果，需在高洞口设置一个用钢或钢木结构组成的框架式帘幕。它用轨道电路与信号系统进行连锁，当列车驶向隧道时，帘幕自动提起，在列车过后即自动落下。

由于帘幕的笨重及起落的可控性较差，近年来多采用缩小风道口断面和减小吹入风流与隧道中线的夹角、提高吹入风速等办法来取代帘幕。

（2）喷嘴式通风

对于列车运行密度大，长度不太长的道，可采用环形喷嘴式通风形式。它是在隧道洞口处的衬砌上方，设计一个汇集新鲜空气的空气室，室的尽端在衬砌周边上做成环形喷嘴通向洞内。开动通风机，洞外新鲜空气被压送到空气室，当积到一定压力时，由喷嘴以高速和极小的交角喷进隧道内，形成稳定风流。洞口可不做帘幕，新鲜空气不会从洞口溢出，反而会由于高速风流引起的负压，带进一些新鲜空气。但这种通风形式结构复杂，施工工艺要求高，维修不方便，能量损失大且效率低。

（3）竖井、斜井式通风

长大隧道纵剖面为人字坡时，污浊空气常积聚在坡顶。若在隧道施工中，为增加开挖工作面而设置竖井或斜井作为辅助坑道时，可利用这些辅助坑道作为通风道，把通风机置于竖井或斜井处，借助于通风机和竖井的换气作用，达到通风的目的。

2. 横向式通风

这种通风方式的特点是隧道内风流方向与隧道轴线方向成正交，它是隔出隧道部分断面作为沿洞身轴线的通风渠，开动通风机，把新鲜空气先送入隧道底部的压入通风渠，再经出风口沿隧道全长范围内均匀吹入隧道。而污浊空气，则经隧道顶部的吸出风渠吸出洞外。

横向式通风系统能将新鲜空气沿隧道全长范围内均匀吹入，而污浊空气就地直接被吸出，通风效果较好，在公路隧道中使用最适宜。

隧道通风的新鲜空气的风量和风压必须经过计算确定。根据计算确定的风量和风压，再选择合适的通风机。铁路隧道一般是用轴流式通风机，其特点为风量较大而风压并不高。有关计算通风机的选择可参考其他书籍。

第十章　隧道施工方法

第一节　隧道施工简述与隧道洞身的开挖方法

一、隧道施工概述

(一) 隧道施工的特点

1. 隐蔽性大

尽可能准确地掌握隧道工程范围内的岩层性质、岩体强度、完整程度、地应力场、自稳能力、地下水状态、有害气体和地温状况等资料，并要根据这些原始材料，初步选定合适的施工方法，确定相应的施工措施和配套的施工机具。

2. 作业的循环性强

一般的地下结构物都是纵长的，施工是严格地按照一定的顺序循环作业的。如钻爆法开挖就是按照"钻孔—装药—爆破—通风—出渣"的循环，一步一步地循环开挖，直到最后隧道贯通。这种循环性是地下施工最具特色的一点，也是我们组织施工的基本原则。

3. 作业空间有限

地下结构物通常都是在地下一定深度修筑的，结构物的尺寸受到极大限制，这也就决定了施工空间的几何尺寸和形状，施工是在有限的空间内进行的。特殊情况需要附加开挖竖井、斜井、横洞等辅助工程来增加工作面，加快隧道施工速度。这时，必须加强测量导线控制，确保各段工程顺利贯通。

4. 作业的综合性

地下施工由多种作业构成，开挖、支护、出渣运输、通风及除尘、防水及排水、供电、供风、供水等作业缺一不可。这就要求我们必须有良好的施工管理和施工组织经验，才能使工程施工有序快速地进行。

5. 施工过程是动态的

施工过程的力学状态是变化的，围岩的物理力学性质也是变化的。地下结构的力学状态是极为复杂的，其复杂程度直到目前还有许多不清楚的地方。从力学角度看，施工过程就是控制和调整这个力学状态变化的过程，施工技术也就是控制和调整这个力学状态的手段和方法，理解这一点是极为重要的。

6.作业环境差

地下施工的作业环境比较差，黑暗、潮湿、粉尘多，在恶劣的地质条件下，还有安全问题。因此，必须采取有效措施加以改善，如人工通风、照明、防尘、消音、隔音、排水等，使施工场地合乎施工卫生条件，并有足够的安全防护措施，以保证施工人员的身体健康，提高劳动生产率。

7.作业的风险性大

风险性与隐蔽性是相关联的，施工人员必须经常关注隧道施工的风险性。特别是在不良地质条件下，更要有风险意识和应变意识，应该对掘进工作面顶板岩石的稳定性及时进行安全评价。

8.气候影响小

隧道施工可以不受或少受昼夜更替、季节变换、气候变化等自然条件改变的影响，可以竟日终年、稳定地安排施工，但高原冻土地区施工应考虑气候的影响。混凝土在 -5 ℃以下温度会受很大影响。

(二) 隧道施工方法的选择

在隧道工程发展的历史上，矿山法一直占据着主导地位。但一个多世纪以来，又出现了其他的隧道施工方法，并得到了相当程度的发展。隧道施工方法可以归纳为矿山法、明挖法、盾构法、掘进机法、沉管法、顶进法等。

矿山法因最早应用于矿石开采而得名，它包括上面已经提到的传统方法和新奥法。由于在这种方法中，多数情况下都需要采用钻眼爆破进行开挖，故又称为钻爆法。

掘进机法包括隧道掘进机（Tunnel Boring Machine，TBM）法和盾构掘进机法。

沉管法、顶进法、明挖法则是用来修建水底隧道、地下铁道、城市市政隧道等，以及埋深很浅的山岭隧道。

施工方法的选择主要依据工程地质和水文地质条件，并结合隧道断面尺寸、长度、衬砌类型、隧道的使用功能和施工技术水平等因素综合考虑研究确定。

隧道施工技术主要研究解决上述各种隧道施工方法所需的技术方案和措施（如开挖、掘进、支护和衬砌施工方案和措施）；隧道穿越特殊地质地段（如膨胀土、黄土、溶洞、流沙、高地温、瓦斯、冻土地层等）时的施工手段；隧道施工过程中的通风、防尘、风、水、电作业等的方式方法。

隧道施工管理主要解决施工组织设计（如施工方案的选择、施工技术措施、场地布置、进度控制、材料供应、劳力及机具安排等) 和施工中的技术管理、计划管理、质量管理、经济管理、安全管理等问题。

隧道施工和工程实践有密切联系，应理论与生产实践紧密结合。必须指出的是，由于地质勘探的局限性和地质条件的复杂性及多变性，隧道施工过程中经常会遇到突然变化的地质条件、意外情况 (如塌方、涌水等)，原制订的施工方案、施工技术措施和施工进度计划等也必须随之变更。因此，必须学会结合工程实践经验、掌握综合运用这些知识的能力，以便正确处理隧道施工中遇到的各种实际问题。

(三) 新奥法施工程序和施工原则

1. 新奥法施工程序

采用新奥法施工的隧道，应视其规模、地质条件以及安全要求、施工方法，并充分利用现场监控、量测信息指导施工，严格按施工程序进行，不得有任何省略。

新奥法的特征之一是采用现场监控、量测信息指导施工，即通过对隧道施工中量测数据和对开挖面的地质观察等进行预测、预报和反馈。同时，根据已建立的量测为基准，对隧道施工方法 (包括特殊的、辅助的施工方法)、断面开挖步骤及顺序、初期支护的参数等进行合理调整，以保证施工安全、坑道围岩稳定、工程质量和支护结构的经济性等。

2. 新奥法施工基本原则

根据我国隧道采用新奥法施工的经验，隧道施工采取的基本原则可以概括为"少扰动、早喷锚、勤量测、紧封闭"十二字方针。

(1) 少扰动

具体说，是指在隧道开挖时，必须严格控制，尽量减少对围岩的扰动次数、扰动强度、扰动持续时间和扰动范围，以使开挖出的坑道符合成形的要求。因此，能采用机械开挖的就不用钻爆法开挖。采用钻爆法开挖时，必须先做钻爆设计，严格控制爆破，尽量采用大断面开挖。选择合理的循环掘进进尺，自稳性差的围岩循环掘进进尺宜用短进尺，支护应紧跟开挖面，以缩短围岩应力松弛时间及开挖面的裸露风化时间等，此称为"少扰动"。

(2) 早喷锚

早喷锚是指对开挖暴露面应及时进行地质描述并及时施作锚喷支护。经初期支护加固，使围岩变形得到有效控制而不致变形过度而坍塌失稳，以达到围岩变形适度而充分发挥围岩的自承能力。必要时，可采取超前支护辅助措施。

(3) 勤量测

在隧道施工全过程中，应对围岩周边位移进行现场监控、量测，并及时反馈修正设计参数，指导施工或改变施工方法。以规范的量测方法获得量测数据及信息，通过对施工中量测数据的分析和对开挖面的地质观察，进行预测和评价围岩与支护的稳定状态，或判断其动态发展趋势，以便根据建立的量测管理基准，及时调整隧道的施工方法（包括开挖方法、支护形式、特殊的辅助施工方法）、断面开挖步骤及顺序、初期支护设计参数等，以确保施工安全、坑道稳定以及支护衬砌结构的质量和工程造价的合理性。

（4）紧封闭

是指对易风化的自稳性较差的软弱围岩地段，应使开挖面及早施作封闭式支护（如喷射混凝土、锚喷混凝土等）防护措施，可以避免围岩因暴露时间过长而产生风化降低强度及稳定性，并可以使支护与围岩进入良好的共同作用工作状态。

二、隧道洞身的开挖方法

在隧道开挖过程中，围岩稳定与否虽然主要取决于围岩本身的工程地质条件，但无疑开挖对围岩的稳定状态有着重要影响。因此，隧道开挖的基本原则是：在保证围岩稳定或少扰动的前提下，选择恰当的开挖方法和掘进方式，并尽量提高掘进速度。即在选择开挖方式时，一方面，应考虑隧道围岩工程地质条件及其变化情况，选择能很好地适应地质条件及其变化，并能保持围岩稳定的方法和方式；另一方面，应考虑隧道范围内岩体的坚硬程度，选择能快速掘进并能减少对围岩扰动的方法和方式。

隧道施工方法的选择，主要根据工程地质及水文地质条件、施工条件、围岩类别、隧道埋置深度、隧道断面尺寸大小和长度、衬砌类型等，以施工安全为前提及以工程质量为核心，并结合隧道的使用功能、施工技术水平、施工机械装备、工期要求和经济可行性等因素综合考虑研究选用。

当因隧道施工对周围环境产生不良影响时，施工方法（包括开挖及支护）的选择还应把隧道工程的环境条件作为选择施工方法考虑的因素之一，同时应考虑围岩变化时施工方法的适应性及其变更的可能性，以免造成隧道工程失误和增加不必要的工程投资。

隧道施工中，开挖方法是影响围岩稳定的重要因素之一。因此，在选择开挖方法时，应对隧道断面大小及形状、围岩的工程地质条件、支护条件、工期要求、工区长度、机械配备能力、经济性等相关因素进行综合分析，采用恰当的开挖方法，尤其应与支护条件相适应。

隧道开挖方法实际上是指开挖成形方法。按开挖隧道的横断面分布情况，开挖方法可分为全断面开挖法、台阶开挖法、分部开挖法等。

（一）全断面开挖法

1. 施工顺序

全断面开挖法就是按照设计轮廓一次爆破成形，然后支护再修建衬砌的施工方法。

2. 适用条件

全断面法适用于双线铁路隧道的 I ～ II 级围岩，也可以用于单线铁路隧道 III 级围岩。围岩应具备从全断面开挖到初期支护前这段时间内，保持其自身稳定的条件。浅埋段、偏压段和洞口段不宜采用。但在采用超前支护等辅助工法的条件下，全断面法也可以在低级别围岩中使用。

该方法适合于大型施工机械，钻孔台车或自制作业台架及高效率装运机械设备。隧道长度或施工区段长度不宜太短，根据经验一般不应小于 1 km，否则采用大型机械化施工时其经济性较差。

为加快隧道建设，必须实现隧道施工机械化，而隧道工程新技术、新工艺的推广又为机械化施工奠定了基础。同时，机械化的发展又推动了隧道施工工艺水平的不断提高。机械设备选型时应遵循可靠性、经济性、配套性等原则。

3. 全断面开挖法施工特点

① 开挖断面与作业空间大，干扰小；

② 有条件充分使用机械，减少人力；

③ 工序少，便于施工组织与施工管理，改善劳动条件；

④ 开挖一次成形，对围岩扰动少，有利于围岩稳定。

（二）台阶法

根据台阶长度不同，划分为长台阶法、短台阶法和微台阶法三种。

施工中采用哪一种台阶法，要根据两个条件来决定：一是对初期支护形成闭合断面的时间要求，围岩越差，要求闭合时间越短；二是对上部断面施工所采用的开挖、支护、出渣等机械设备需要施工场地大小的要求。对软弱围岩，主要考虑前者，以确保施工安全；对较好围岩，主要考虑如何更好地发挥机械设备的效率，保证施工中的经济效益，因此只考虑后者。

1. 长台阶法

长台阶法开挖断面小，有利于维持开挖面的稳定，适用范围较全断面法广，一般适用 I ～ III 级围岩。在上、下两个台阶上，分别进行开挖、支护、运输、通风、排水等作业线，因此台阶长度长。但台阶长度过长，如大于 100 m 时，则增加了支护封闭时间，同时也增加了通风排烟、排水的难度，降低了施工的综合效率。因此，长台阶法一般在围岩条件相对较好、工期不受控制、无大型机械化作业时选用。

2. 短台阶法

短台阶法适用于Ⅲ~Ⅴ级围岩，台阶长度定为 10~15 m，即 1~2 倍开挖宽度，主要是考虑既要实现分台阶开挖，又要实现支护及早封闭。上台阶一般采用小药量的松动爆破，出渣采用人工或小型机械转运至下台阶。因此，台阶长度又不宜过长，如果超过 15 m，则出渣所需的时间显得过长。短台阶法可缩短支护闭合时间，改善初期支护的受力条件，有利于控制围岩变形。缺点是上部出渣对下部断面施工干扰较大，不能全部平行作业。

3. 微台阶法

微台阶法又称超短台阶法，是全断面开挖法的一种变异形式，适用于Ⅴ~Ⅵ级围岩，一般台阶长度为 3~5 m。台阶长度小于 3 m 时，无法正常进行钻眼和拱部的喷锚支护作业；台阶长度大于 5 m 时，利用爆破将石渣翻至下台阶有较大的难度，必须采用人工翻渣。微台阶法上、下断面相距较近，机械设备集中，作业时相互干扰大，生产效率低，施工速度慢。

第二节　隧道洞口段施工及预支护技术

一、洞口地段的概念

隧道施工的洞口地段，是指隧道进口（或出口）附近对隧道施工有影响的地段，该地段通常因地质地形复杂需要做特殊处理。隧道洞口工程主要包括：边、仰坡土石方开挖；边、仰坡防护；端墙、翼墙等洞门坞工；洞口排水系统；洞口检查设备安装；洞口段洞身衬砌。

隧道洞口地段，一般地质条件差，且地表水汇集，施工难度较大。施工时要结合洞外场地和相邻工程的情况，全面考虑、妥善安排、及早施工，为隧道洞身施工创造条件。

由于每座隧道的地形、地质及线路位置不同，要很明确地规定洞口段的范围是比较困难的。在一般情况下，可以将由于隧道开挖可能给上坡地表造成不良影响的洞口范围称为洞口加强段。

洞口工程中的洞门施工，一般可在进洞后做，并应做好边、仰坡防护，以减少洞门施工对洞身施工的干扰。为了有效地防止洞口地段围岩失稳，保证进出隧道的道路畅通，应及早修好隧道洞口开始一段的衬砌和洞门。

洞口地段是隧道的咽喉，该地段地形地质均对隧道施工不利。其特点为：洞口地段地层一般较破碎，多属堆积、坡积、严重风化或节理裂隙发育的松软岩层，稳定性较差；岩层层面坡度与洞门主墙开挖坡度一致时，容易产生纵向推滑力；洞口附近山体覆盖层较薄，一旦塌方可能塌穿到地表面；若隧道处于沟谷一侧或傍山时，通常会产生侧向压力。因此，该地段在开挖时宜特别谨慎小心，随挖随撑，并尽快做好衬砌。

二、洞口地段施工注意事项

(一) 洞口段施工时的注意事项

① 在场地清理做施工准备时，应先清理洞口上方及侧方有可能滑塌的表土、灌木及山坡危石等。平整洞顶地表，排除积水，整理隧道周围流水沟渠。之后，施作洞口边、仰坡顶处的天沟。

② 洞口施工宜避开雨季和融雪期。在进行洞口土石方工程时，不得采用深眼大爆破或集中药包爆破，以免影响边、仰坡的稳定。应按设计要求进行边、仰坡放线，自上而下逐段开挖，不得掏底开挖或上下重叠开挖。

③ 洞口部分圬工基础必须置于稳固的地基上。须将虚渣杂物、泥化软层和积水清除干净。对于地基强度不够时，可结合具体条件采取扩大基础、桩基、压浆加固地基等措施。

④ 洞门拱墙应与洞内相邻的拱墙衬砌同时施工连接成整体，以确保拱墙连接良好。洞门端墙的砌筑与回填应两侧同时进行，防止对衬砌产生侧压。

⑤ 洞口段洞身施工时，应根据地质条件、地表沉陷控制以及保障施工安全等因素选择开挖方法和支护方式。洞口段洞身衬砌应根据工程地质、水文地质及地形条件，至少设置不小于 5 m 长的模筑混凝土加强段，以提高圬工的整体性。

⑥ 洞门完成后，洞门以上仰坡脚受破坏处，应及时处理。如仰坡地层松软破碎，宜用浆砌片石或铺种草皮防护。

洞口段施工中最关键的工序就是进洞开挖。隧道进洞前应对边、仰坡进行妥善防护或加固，做好排水系统。

(二) 洞口的施工方法

洞口段施工方法的确定取决于诸多因素。如施工机具设备情况、工程地质、水文地质和地形条件；洞外相邻建筑的影响；隧道自身构造特点等。根据地层情况，可分为以下几种施工方法：

①洞口段围岩为Ⅲ级以下，地层条件良好时，一般可采用全断面直接开挖进洞，初始 10 ~ 20 m 区段的开挖，爆破进尺应控制在 2 ~ 3 m。施工支护，在拱部可施作局部锚杆；在墙、拱部采用素喷混凝土支护。洞口 3 ~ 5 m 区段可以挂网喷混凝土及设钢拱架予以加强。

②洞口段围岩为Ⅲ ~ Ⅳ级，地层条件较好时，宜采用正台阶法进洞（不短于20 m 区段），爆破进尺控制在 1.5 ~ 2.5 m。施工支护采用拱、墙系统锚杆和钢筋网喷射混凝土。必要时，设钢拱架加强施工支护。

③洞口段围岩为Ⅳ ~ Ⅴ级，地层条件较差时，宜采用上半断面长台阶法进洞施工。上半断面先进 50 m 左右后，拉中槽落底，在保证岩体稳定的条件下，再进行边墙扩大及底部开挖。上部开挖进尺一般控制在 1.5 m 以下，并严格控制爆破药量。施工支护采用超前锚杆与系统锚杆相结合，挂网喷射混凝土。拱部安设间距为0.5 ~ 1.0 m 的钢拱架支护，及早施作混凝土衬砌，确保其稳定和安全。

④洞口段围岩为Ⅴ级以上，地层条件差时，可采用分部开挖法和其他特殊方法进洞施工。具体方法有：开挖前应对围岩进行预加固措施，如先采用超前预注浆锚杆或采用管棚注浆法加固岩层，然后用钢架紧贴洞口开挖面进行支护，再采用短台阶或预留核心土环形开挖法等进行开挖作业；在洞身开挖中，支撑应紧跟开挖工序，随挖随支。施工支护采用网喷混凝土、系统锚杆支护；架立钢拱架的间距为 0.5 m，必要时可在开挖底面施作临时仰拱。开挖完毕后，及早施作混凝土内层衬砌。

三、隧道施工预支护（预加固）技术

隧道洞口段属于隧道施工的薄弱环节，进洞前往往需要预支护措施作为辅助施工。前面介绍的隧道开挖方法，基本上是假定开挖面（或称掌子面）岩体和开挖后的隧道围岩能够暂时稳定，不出现坍塌破坏的基本稳定岩体。但实际上这种假定只适用于稳定性较好的围岩，对于软弱破碎围岩则不然。在软弱破碎围岩中，即使是采取短进尺开挖，开挖面和开完后的隧道也不稳定。当地下水丰富时，这种情况就更为严重。在隧道工程历史中，隧道坍方的事例并不鲜见，造成了人、财、物的大量浪费。对于不稳定的岩体，掌子面前方围岩的预加固和预支护是控制和减少隧道开挖后周边收敛变形、防止坍塌的关键环节。

随着开挖技术、锚喷支护技术、地层改良技术的研究应用和发展，隧道工作者研究出了许多辅助稳定措施，从而使得现代隧道工程施工的开挖和支护变得更简捷、及时、有效，也更具有可预防性和安全性。

（一）超前锚杆

1. 构造组成

超前锚杆是指沿开挖轮廓线，以一定的外插角，向开挖面前方钻孔安装锚杆，形成对前方围岩的预锚固，在提前形成的围岩锚固圈的保护下进行开挖等作业。

2. 性能特点及适用条件

锚杆超前支护的柔性较大，整体刚度较小。它主要适用于地下水较少的破碎、软弱围岩的隧道工程中，如裂隙发育的岩体、断层破碎带、浅埋无显著偏压的隧道。采用风枪、凿岩机或专用的锚杆台车钻孔，锚固剂或砂浆锚固，其工艺简单、工效高。

3. 设计、施工要点

① 超前锚杆的长度、环向间距、外插角等参数，应视围岩地质条件、施工断面大小、开挖循环进尺和施工条件而定。一般超前长度为循环进尺的 3 ~ 5 倍，环向间距采用 0.3 ~ 1.0 m；外插角宜用 10° ~ 30°；搭接长度宜为超前长度的 40 % ~ 60 %，即大致形成双层或双排锚杆。

② 超前锚杆宜用早强砂浆全黏结式锚杆，锚杆材料可用不小于 φ 22 mm 的螺纹钢筋。

③ 超前锚杆的安装误差，一般要求孔位偏差不超过 10 cm，外插角不超过 1°~2°，锚入长度不小于设计长度的 96 %。

④ 开挖时应注意保留前方有一定长度的锚固区，以使超前锚杆的前端有一个稳定的支点。其尾端应尽可能多地与系统锚杆及钢筋网焊连。若掌子面出现滑坍现象，则应及时喷射混凝土封闭开挖面，并尽快打入下一排超前锚杆，然后才能继续开挖。

⑤ 开挖后应及时喷射混凝土，并尽快封闭环形初期支护。

⑥ 开挖过程中应密切注意观察锚杆变形及喷射混凝土层的开裂、起鼓等情况，以掌握围岩动态，及时调整开挖及支护参数。如遇地下水时，则可钻孔引排。

（二）管棚

1. 构造组成

管棚是指利用钢拱架沿开挖轮廓线以较小的外插角、向开挖面前方打入钢管构成的棚架形成对开挖面前方围岩的预支护。

采用长度小于 10 m 的钢管，称为短管棚；采用长度为 10 ~ 45 m 且较粗的钢管，称为长管棚。

2. 性能特点及适用条件

管棚因采用钢管或钢插板作纵向预支撑，又采用钢拱架作环向支撑，其整体刚度较大，对围岩变形的限制能力较强，且能提前承受早期围岩压力。因此，管棚主要适用于围岩压力来得快来得大、对围岩变形及地表下沉有较严格要求的软弱、破碎围岩隧道工程中，如土砂质地层、强膨胀性地层、强流变性地层、裂隙发育的岩体、断层破碎带、浅埋有显著偏压等围岩的隧道中。此外，采用插板封闭较为有效；在地下水较多时，可利用钢管注浆堵水和加固围岩。

短管棚一次超前量少，基本上与开挖作业交替进行，占用循环时间较多，但钻孔安装或顶入安装较容易。

长管棚一次超前量大，虽然增加了单次钻孔或打入长钢管的作业时间，但减少了安装钢管的次数，减少了与开挖作业之间的干扰。在长钢管的有效超前区段内，基本上可以进行连续开挖，也更适于采用大中型机械进行大断面开挖。

3. 施工要点

① 管棚的各项技术参数要视围岩地质条件和施工条件而定。长管棚长度不宜小于 10m ，一般为 10 ~ 45 m ；管径 70 ~ 180 mm ，孔径比管径大 20 ~ 30 mm ，环向间距 0.2 ~ 0.8 m ；外插角 1°~2° 。

② 两组管棚间的纵向搭接长度，短管棚不小于 1.5 m ，长管棚不小于 3 m ；钢拱架常采用工字钢拱架或格栅钢架。

③ 钢拱架应安装稳固，其垂直度允许误差为 ±2° ，中线及高程允许误差为 ±5cm 。

④ 钻孔平面误差不大于 15 cm ，角度误差不大于 0.5° ，钢管不得侵入开挖轮廓线。

⑤ 第一节钢管前端要加工成尖锥状，以利导向插入。要打一眼，装一管，由上而下顺序安装。

⑥ 长钢管应用 4 ~ 6 m 的管节逐段接长，打入一节，再连接后一节，连接头应采用厚壁管箍，上满丝扣，丝扣长度应小于 15 cm ；为保证受力的均匀性，钢管接头应纵向错开。

⑦ 当需增加管棚刚度时，可在安装好的钢管内注入水泥砂浆，一般在第一节管的前段管壁交错钻 10 ~ 15 mm 孔若干，以利排气和出浆，或在管内安装出气导管，浆注满后方可停止压注。

⑧ 钻孔时如出现卡钻或坍孔，应注浆后再钻，有些土质地层则可直接将钢管顶入。

(三) 超前注浆小导管

1. 构造组成

超前注浆小导管是在开挖前，沿隧道周边，向前方围岩钻孔并安装带孔小导管，或直接打入带孔小导管，并通过小导管向围岩压注起胶结作用的浆液，待浆液硬化后，坑道周围岩体就形成了有一定厚度的加固圈。在此加固圈的保护下，即可安全地进行开挖等作业。若小导管前端焊一个简易钻头，则可钻孔、插管一次完成，称为自进式注浆锚管。

2. 性能特点及适用条件

浆液被压注到岩体裂隙中并硬化后，不仅将岩石碎块胶结为整体起到了加固作用，而且填塞了裂隙，阻隔了地下水向坑道渗流的通道，起到了堵水作用。因此，超前注浆小导管不仅适用于一般软弱破碎围岩，也适用于含水的软弱破碎围岩。

3. 小导管布置和安装

①小导管钻孔安装前，应对开挖面及 5 m 范围内的坑道喷射 5 ~ 10 cm 厚的混凝土封闭。

②小导管一般采用　32 mm 的焊接管或 φ 40 mm 的无缝钢管制作，长度宜为 3 ~ 6 m，前端做成尖锥形，前段管壁上每隔 10 ~ 20 cm 交错钻眼，眼孔直径宜为 6 ~ 8 mm。

③钻孔直径应较管径大 35 mm 以上，环向间距应按地层条件而定，一般采用 35 ~ 50 cm；外插角应控制在 3° ~ 15°。

④极破碎围岩或处理坍方时，可采用双排管；地下水丰富的松软层，可采用双排以上的多排管；大断面或注浆效果差时，可采用双排管。

⑤小导管插入后应外露一定长度，以便连接注浆管，并用塑胶泥将导管周围孔隙封堵密实。

第三节　隧道的破岩掘进与出渣及运输

一、隧道的破岩掘进

（一）隧道掘进方法和钻孔机具

1. 隧道掘进方式

常用的掘进方式有三种：钻眼爆破掘进、单臂掘进机掘进和人工开挖掘进。一般山岭隧道最常用的是钻眼爆破配合人工掘进。

钻眼爆破掘进是山岭隧道工程中最常用的掘进方式，它是用钻眼装炸药爆破场道范围内的岩体。一般适用于石质隧道，较为经济和常用，但对围岩扰动大，尤其对破碎软质围岩的稳定性不利。

单臂掘进机掘进是采用装载可移动式机械臂上的切削头来破碎岩体，并挖除坑道范围内的岩体，可连续掘进，但只适用于软岩及土质隧道，对围岩扰动小，速度快，但机械和设备投资较大。

人工掘进是用十字镐、风镐等简易工具来挖除岩体。一般在不能采用爆破掘进的软弱破碎围岩和土质隧道中使用，而且人工掘进速度慢，劳动强度大，但对围岩扰动最小。

2. 钻孔机具

钻孔机具主要有钻头、风动凿岩机、液压凿岩机、凿岩台车。

(二) 爆破掘进技术

1. 爆破材料

隧道工程中使用的爆破材料有炸药、导火索、雷管、导爆索、继爆管及起爆材料等。

隧道工程常用的炸药有以下几类：

(1) 铵梯炸药

硝酸铵与梯恩梯混合组成。铵梯 50/50 可以注装，80/20 可以螺旋装，是战时大量使用的代用炸药，可代替梯恩梯装填炮弹、炸弹和地雷等。此类炸药因为含有易于吸潮结块的硝酸铵，在密封不严的情况下不宜长期贮存。

(2) 浆状炸药

浆状炸药是由可燃剂和 (或) 敏化剂分散在以硝酸铵为主的氧化剂的水溶液中，经稠化而制成的悬浮状或糊状含水炸药。

(3) 乳化炸药

乳化炸药是借助乳化剂的作用，使氧化剂盐类水溶液的微滴，均匀分散在含有分散气泡或空心玻璃微珠等多孔物质的油相连续介质中，形成一种油包水型的乳胶状炸药。

(4) 硝化甘油炸药，又称胶质炸药。

以硝化甘油和爆胶 (硝酸纤维素溶解于硝化甘油中而形成的胶体) 为原料，加入吸收剂及其他添加炸药。这类炸药爆炸性能较好，起爆感度高，传爆性能好，但由于生产的安全性较差，成本较高等问题，生产量不大，在炸药市场占有率较小，而且几乎都制成 50 mm 以下小直径的规格，在煤矿井下爆破、水下爆破使用。

2. 起爆材料

(1) 导火索与火雷管

导火索是用来传递火焰给火雷管，并使火雷管在火焰作用下传爆引发爆炸的材料。雷管号数是按其起爆能力的大小分为十个等级（号数）。号数越大起爆能力越强。隧道工程中常用的是 8 号和 6 号雷管。

(2) 电雷管

电雷管是在火雷管中加设发电火装置而成。它是用电线传输电流，使装在雷管中的电阻发热而引起雷管爆炸。

① 雷管分为即发雷管和迟发雷管两种。

② 迟发电雷管按其延期时间差又分为秒迟发雷管和毫秒迟发雷管系列。

③ 发爆电源可用交、直流照明或动力电源，也可以用各种类型的专用电起爆器。

(3) 塑料导爆管与非电雷管

塑料导爆管是用来传递微弱爆轰给非电雷管，使之爆炸的传爆材料之一。它不能直接起爆炸药，应与非电毫秒雷管配合使用。

① 塑料导爆管的优点。抗电、抗火、抗冲击性能好；起爆传爆性能稳定，扭结 180° 对折、局部断药、管端对接均能正常传爆。在运输和使用过程中抗破坏能力强、使用方便，价格便宜，且可作为非危险品运输等优点。

② 非电雷管的构造和延期时间，国产非电雷管的延期时间分为毫秒、半秒、秒迟发三个系列。

3. 炮眼布置和周边眼的控制爆破

掘进工作面的炮眼可分为掏槽眼、辅助眼和周边眼。

(1) 掏槽眼布置

作用是将开挖面上某一部位的岩石掏出一个槽，以形成新的临空面，为其他炮眼的爆破创造有利条件。

掏槽眼总的可分成斜眼掏槽和直眼掏槽两大类。

① 斜眼掏槽。斜眼掏槽的特点是掏槽眼与开挖面斜交，常用的有锥形掏槽、楔形掏槽、单向掏槽。最常用的是竖楔形掏槽。

优点：可以按岩层的实际情况选择掏槽方式和掏槽角度，容易把岩石抛出，而且所需掏槽眼的个数较少。

缺点：眼深受坑道断面尺寸的限制，也不便于多台钻机同时凿岩。

② 直眼掏槽。直眼掏槽由若干个垂直于开挖面的炮眼所组成，掏槽深度不受围岩软硬和开挖断面大小的限制，可以实现多台钻机同时作业、深眼爆破和钻眼机械

化，从而为提高掘进速度提供了有利条件。

（2）辅助眼布置

辅助眼的作用是进一步扩大掏槽体积和增大爆破量，并为周边眼创造有利的爆破条件。其布置主要是解决间距和最小抵抗线问题，可由工地经验决定。最小抵抗线为炮眼间距的 60 % ~ 80 %。

（3）周边眼布置

周边眼的作用是爆破后使坑道断面达到设计的形状和规格。周边眼原则上沿着设计轮廓均匀布置，间距和最小抵抗线应比辅助眼的小，以便爆出较为平顺的轮廓。眼口距设计轮廓线 0.1 ~ 0.2m，便于钻眼。

（4）周边眼的控制爆破

在隧道爆破施工中，首要的要求是炮眼利用率高，开挖轮廓及尺寸准确，对围岩振动小。采用光面爆破与预裂爆破技术，可以控制爆破轮廓，尽量保持围岩的稳定。

① 光面爆破。

光面爆破是指爆破后断面轮廓整齐，超挖和欠挖符合规定要求的爆破。

第一，主要标准。

a. 开挖轮廓成型规则，岩面平整；

b. 岩面上保存 50 % 以上孔痕，并无明显的爆破裂缝；

c. 爆破后围岩壁上无危石。

第二，措施。

为获得良好光面爆破效果，可采取以下措施：

a. 适当加密周边眼；

b. 合理确定爆破层厚度；

c. 合理装药；

d. 采用小直径药卷不偶合装药结构；

e. 保证光面爆破眼同时起爆；

f. 要为周边眼的光面爆破创造临空面。

② 预裂爆破。

预裂爆破实质上也是光面爆破的一种形式，其爆破原理与光面爆破原理相同。只是在爆破的顺序上，光面爆破是先引爆掏槽眼，接着引爆辅助眼，最后才引爆周边眼；而预裂爆破则是首先引爆周边眼，使沿周边眼的连心线炸出平顺的预裂面，后爆掏槽眼和辅助眼。

（5）炮眼参数。

炮眼参数包括炮眼直径、炮眼数目和炮眼长度。

① 炮眼直径。

炮眼直径对凿岩生产率、炮眼数目、单位炸药消耗量和平整度均有影响。

② 炮眼数目。

根据各炮眼平均分配炸药量的原则来计算炮眼数目 N，公式为：

$$N = \frac{qs}{\alpha \gamma}$$

此处 N 不包括未装药的空眼数。

式中：q——单位炸药消耗量，由经验决定，一般取 $q=1.2 \sim 24 \, \text{kg/m}^3$；

S——开挖断面积 m^2；

α——装药系数，指装药深度与炮眼长度的比值。

γ——每米药卷的炸药重量 kg/m。

③ 炮眼长度。

炮眼长度决定着每一掘进循环的钻眼工作量、出渣工作量、循环时间和次数以及施工组织。它对掘进速度的影响很大，对围岩的稳定性和断面超欠挖也有重大影响。

炮眼长度一般根据下列因素确定：

第一，考虑围岩的稳定性，并避免过大的超欠挖；

第二，考虑凿岩机的允许钻眼长度、操作技术条件和钻眼技术水平；

第三，考虑掘进循环安排，保证充分利用作业时间。

根据围岩性质，所拥有的掘进设备的能力，结合以往的实践经验，便可初步做出掘进循环安排，进而确定合理的炮眼长度一般为导坑宽度或高度的 0.5 倍 ~ 0.85 倍。

4. 装药及起爆

（1）装药要求

装药前要检查炮眼位置和长度是否符合设计要求，并进行清渣排水。

装药时要严格按照炮眼的设计装药量装填，可以按设计要求连续装药或间隔装药或不偶合装药，总的装药长度不宜超过炮眼深的 2/3。

靠炮眼口的剩余长度用炮泥堵塞好。

（2）装药结构方式

第一种方式是起爆药卷放在靠近眼口的第二个药卷位置，雷管聚能穴朝向眼底，称为正向起爆装药；

第二种方式是起爆药卷放在靠近眼底的第二个药卷位置，雷管聚能穴朝向眼口，称为反向起爆装药；

第三种方式是起爆药卷放在炮眼装药中部，称为双向起爆装药。

间隔装药：在药卷之间留出一定的空隙，使药量分散以使爆力沿孔长分布均匀。

不偶合装药：药卷置于炮眼孔的中央，药卷与孔壁间留有空气间隙。

（3）起爆

通用的起爆方法大致可分为两种：非电起爆法和电起爆法。非电起爆法又可分为火雷管起爆、导爆索和导爆管起爆；电起爆法是应用电雷管起爆。

① 非电起爆。

火雷管起爆是把火雷管和导火索结合在一起的一种起爆方法。用导火索的火花首先引爆火雷管，利用火雷管的爆炸能量使引爆药卷爆炸，进而使全部装药爆炸。

使用导火索起爆，器材较简单，操作容易；但不能使多个炮眼同时起爆，也不能进行准确的延期起爆，只宜用于炮眼不多的场合。

导爆索起爆是不需要采用引爆炸药的雷管，而可直接引爆炸药的一种方法，故亦称为"无雷管起爆法"。导爆索的一端直接插入孔底炸药中，另一端用火雷管引爆导爆索本身，从而传爆至炮眼引爆炸药。

塑料导爆管起爆法问世以来，已迅速取代导火索火雷管起爆法。

② 电起爆。

电雷管起爆的可靠程度与导线、电雷管、电源本身的质量以及电爆网络连接是否正确有关。

第一，导线。

要求电阻系数小，导电率高；绝缘耐压 250 V 或 500 V；有一定强度和韧性，不易断裂等。母线断面应不小于 0.75 mm²，开挖面附近的连接线直径应不小于 0.6 mm。

第二，检测仪表。

为了保证起爆线路的质量，电雷管在使用前必须经过一定的检查，包括电阻检验、安全电流试验、延期秒量试验、雷管串联试验等项。还要用线路电桥测量整个网络的总电阻是否与计算数值相符，如检测值小于计算值时，或大于计算值的 10 % 时，应找出原因，消除故障。

第三，起爆电源。

电起爆的电源，可根据网络所需准爆电流的大小，选用放炮器、干电池、蓄电池、移动式发电站、照明电力线、电力动力线等。移动式发电站、照明电力线、电力动力线是电起爆中最可靠的电源；但使用时不能将母线直接接到电力线上，必须设置爆破开关站。

（4）瞎炮的处理

在爆破过程中，炮眼装药未能起爆，称为拒爆，亦即瞎炮。预先防止瞎炮的发生有如下措施：

①选用合格的炸药和雷管以及其他起爆材料。

②清理好炮眼中的积水和残渣。

③在装药、堵塞、网络连接等各项操作中，严格按照有关操作细则进行。

④瞎炮产生后，应封锁现场，查明原因，采取相应处理措施。一般可以采用二次爆破法、炸毁法及冲洗法三种方法。

（5）人工掘进

人工掘进则是采用十字镐、风镐、铁锹等简易工具来挖除岩体，其速度较慢，劳动强度大。人工掘进多适用于不便使用机械设备的隧道，且不适合进行钻爆施工的软岩隧道，对于硬岩隧道人工掘进效率较低。

在隧道施工中，掘进方式是影响围岩稳定的又一重要因素。因此，在选择确定掘进方式时，应根据坑道范围内被挖除岩体的坚硬程度以及不同的掘进方式对围岩的扰动程度、围岩的稳定性、支护条件、机械设备能力、经济性等相关因素进行综合分析，选用恰当的掘进方式。在采用钻眼爆破方式掘进时，则尤其应当实施控制爆破，以减少爆破振动对围岩的扰动破坏和对已做支护的影响。

装渣运输是隧道作业的基本工序之一。装渣运输作业时间一般要占单循环作业时间的 40 % ~ 60 %。因此，装渣运输作业能力的强弱，决定了它在整个作业循环中所占的时间比率，进而对施工速度产生很大的影响。

二、出渣与运输

（一）装渣

1. 装渣方式

隧道施工的装渣方式有机械装渣和人力装渣两种。机械装渣速度快，可缩短作业时间，隧道施工中常用，但仍需配适当数量的人工辅助作业。人力装渣，劳动强度大，速度慢，仅在短隧道缺乏机械或断面小而无法使用机械装渣时，才考虑采用。

2. 装渣机械

装渣机械的类型很多，按其拾渣机构型式可分为挖斗式、蟹爪式、立爪式和铲斗式四种。铲斗式装渣机为间歇性装渣机，有翻斗后卸、前卸和侧卸式三个卸渣方式。隧道用蟹爪式、立爪式和挖斗式装渣机均配备有刮板或链板式转载后卸机构，是连续装渣机。

装渣机的走行方式有轨道走行、履带走行和轮胎走行三种，也有同时配备履带走行和轨道走行两套走行机构的。轨道走行式装渣机须铺设走行轨道，其工作范围受到轨道位置的限制；当工作面较宽时，可增铺轨道来满足更大的工作宽度要求。履带走行和轮胎走行的装渣机移动灵活，工作范围不受限制。但在泥土质的隧道中，有可能因洞内临时道路承载能力较低和道路泥泞而出现打滑和下陷。

装渣机的工作能力因拾渣方式、走行方式、装备功率的不同而各不相同。装渣机的选择应充分考虑上述洞内作业条件和问题，尤其应与运输车辆相匹配，以充分发挥各自的工作效能，缩短装渣的时间。隧道施工中几种常用的装渣机分述如下：

(1) 挖斗式装渣机

这种装渣机是近几年才应用于隧道工程中的装渣机。其拾渣机构为自由臂式挖斗，由于自由臂采用了电力驱动全液压控制系统，既灵活且工作臂较长，如ITC—312（H_4）型的立定工作宽度可达 3.5 m，工作长度可达轨道前方 7.11 m，且可以下挖 2.8 m 和兼作高 8.34 m 范围内工作面的清理及找顶工作，生产能力为 250 m³/h。其配备有轨道走行和履带走行两套走行机构。

(2) 铲斗式装渣机

这种装渣机多采用轮胎走行或轨道走行。轮胎走行的铲斗式装渣机多采用铰接车身，液压控制系统和燃油发动机驱动。轨道走行的铲斗式装渣机因工作效率较低，工程中已很少使用。

轮胎走行铲斗式装渣机转弯半径小，移动灵活，铲取力强，铲斗容量大，达 0.76 m³ ~ 3.8 m³，工作能力强；可侧卸也可前卸、卸渣准确，但燃油废气污染洞内空气，须配备净化器或加强隧道通风，常用于较大断面的隧道装渣作业。

(3) 蟹爪式装渣机

这种装渣机多采用履带走行，电力驱动。它是一种连续装渣机，其前方倾斜的受料盘上装有一对由曲轴带动的拨渣蟹爪。装渣时，受料盘插入岩堆，同时两个蟹爪交替将岩渣拨入受料盘，并由刮板输送机将岩渣装入机后的运输车内。

因受蟹爪拨渣限制，岩渣块度较大时，其工作效率显著降低，故主要用于块度较小的岩渣及土的装渣作业。工作能力一般在 60 m³/h ~ 80 m³/h。

(4) 立爪式装渣机

这种装渣机多采用轨道走行。装渣机前方装有一对扒渣立爪，可以将前方或左右两侧一定范围内的石渣扒入受料盘，并由刮板输送机将岩渣装入机后的运输车内。

立爪式装渣机采用电力驱动、液压控制得较好。立爪扒渣的性能较蟹爪式的好，对岩渣的块度大小适应性强。轨道走行立爪式装渣机，其工作宽度可达到 3.8 m，工作长度可达到轨端前方 3.0 m，工作能力一般在 120 m³/h ~ 180 m³/h。

(二) 运输

1. 运输方式

隧道施工的出渣、进料运输方式有轨道运输和无轨运输两种。

轨道运输是铺设小型轨道，用轨道式运输车出渣和进料。轨道运输多采用电瓶车或内燃机车牵引，斗车或梭式矿车运渣。它既可适用于小断面开挖的隧道，也适用于大断面开挖的隧道，尤其适应于 3000 m 以上的长隧道运输，是一种适应性较强的和较为经济的运输方式。

无轨运输是采用各种无轨运输车出渣和进料。其特点是机动灵活，不需要铺设轨道，能适用于弃渣场离洞口较远和道路坡度较大的场合。缺点是由于多采用燃油发动机驱动，作业时，在整个洞中沿程排出废气，污染洞内空气，故一般适用于大断面开挖和中等长度以下的隧道中。当隧道较长时，应充分考虑洞内空气污染问题，采取有效的通风措施。

2. 有轨运输的设备与运行

(1) 常用的轨道运输车辆有斗车、梭式矿车。

① 斗车。斗车结构简单，使用方便，可适用于多种条件下各种物料的装载运输。斗车容量大小可分为容量小于 3 m³ 的小型斗车和容量大于 3 m³ 的大型斗车。

小型斗车轻便灵活，满载率高，调车方便，可采用机械牵引，也可以采用人力牵引，人力操纵翻斗卸渣也很方便，它主要用作小断面坑道，如斜井平行导坑的运输车辆。大型斗车单车容量较大，较大的可达 20 m³，须用动力机车牵引，并采用驼峰机构侧卸或翻车机构卸渣，以及配套使用大型装渣机械装渣才能保证快速装运。采用大型斗车，可以减少装渣调车作业次数，缩短装渣运输作业时间，但对轨道线路条件要求较高。

② 梭式矿车。梭式矿车采用整体式车体，下设两个转向架，车箱底部设有刮板式或链式转载机构，便于将整体车厢装满和转载或向后卸渣。它对装渣机械的配套条件要求不高，能保证快速运输，但车体结构和机械系统较复杂，机械购置费和使用费较高。

梭式矿车的单车容量为 6 ~ 18 m³。可以单车使用，也可以 2 ~ 3 辆车搭接使用，以减少调车作业次数。其刮板式自动卸渣机构，可以向后 (轨道端头) 卸渣，也可以使前后转向架分别置于相邻的两股道上，实现向轨道侧面卸渣，扩大弃渣的范围。要求侧向卸渣时，轨道间距应为 2.0 ~ 2.5 m，车体与轨道的交角可达 35° ~ 40°。

(2) 牵引类型

常用的轨道运输牵引机车有电瓶车、内燃机车，主要用于坡度不大的隧道运输牵引。当采用小型斗车和坡度较缓的短隧道施工时，还可以采用人力推送。

电瓶车牵引无废气污染，但电瓶储蓄电能数量有限，一次充电后的工作时间不长，补充电时间较长，充电液须定期更换，需要建设专用的充电车间。因此，实际应用中，必要配备足够数量的电瓶车，以保证牵引能力和行车速度。

内燃机车牵引能力较大，可以随时加油不占时间，但运行时增加洞内废气污染和噪声污染，在洞内空气含氧量不足时，油料燃烧不充分，牵引能力明显降低，必须配备废气净化装置并加强通风，且其保养和维修技术要求较高。

（3）单线运输

单线轨道通过能力较低，常用于长度较长而断面较小的隧道工程中。

采用单线轨道运输时，为调车方便和提高运输能力，在整个路线上应合理布设会车道。相邻会车道的间距应根据装渣作业时间和行车速度计算确定，一般条件下应每隔300 m设一个会车道。编制和优化列车运行图，制定有效的行车作业制度，以减少避让等待时间。会车道的站线长度应能够容纳整列车，并保证正线车辆安全通过。

第四节　隧道初期支护与监控量测

一、隧道初期支护

隧道开挖后，除围岩完全能够自稳而无须支护以外，在围岩稳定能力不足时，则须加以支护才能使其进入稳定状态，称为初期支护。初期支护采用矿山法进行暗挖施工时，围岩支护一般分为初期支护和二次衬砌，二次衬砌一般是混凝土或钢筋混凝土结构。

支护结构的基本作用在于：与围岩一起组成一个有足够安全度的隧道结构体系。能承受可能出现的各种荷载，保持隧道断面的稳定，防止围岩质量的进一步恶化，确保在衬砌结构未施作前有一个安全的工作环境。任何一种类型的支护结构都应具有与上述作用相适应的构造力学特性及施工的可能性。

隧道工程中初期支护一般采用锚喷网结构形式，锚喷支护具有以下特点：

①灵活性，锚喷支护是由喷射混凝土、锚杆、钢筋网等支护部件进行适当组合的支护形式，它们既可以单独使用，也可以组合使用。其组合形式和支护参数可以根据围岩的稳定状态、施工方法和进度、隧道形状和尺寸等加以选择和调整。

②及时性，锚喷支护能在施作后迅速发挥其对围岩的支护作用。

③ 密贴性，喷射混凝土能与坑道周边的围岩全面、紧密地粘合，因而可以抵抗岩块之间沿节理的剪切和张裂。

从整体结构来看，喷射混凝土填补了洞壁的凹穴，使洞壁变得圆顺，从而减少了应力集中。

④ 深入性，锚杆能深入围岩体内部一定深度，对围岩起约束作用。

在围岩中加以锚杆，相当于在混凝土中加入钢筋形成钢筋混凝土，可以称为加筋岩石或加筋土。

⑤ 柔性，锚喷支护属于柔性支护，它可以较便利地调节围岩变形，允许围岩作有限的变形，即允许在围岩塑性区有适度的发展，以发挥围岩的自承能力。

⑥ 封闭性，喷射混凝土能全面及时地封闭围岩，这种封闭不仅阻止了洞内潮气和水对围岩的侵蚀作用，减少了膨胀性岩体的潮解软化和膨胀，而且能够及时有效地阻止围岩变形，使围岩较早地进入变形收敛状态。

(一) 初期支护的技术要求

1. 一般规定

① 隧道初期支护必须紧跟隧道开挖作业面及时施作，同时应按设计要求进行监控量测的相关作业。对位于不良地质地段的隧道，初期支护应及时封闭成环，保证施工安全。

② 隧道初期支护应采用喷锚支护，根据围岩特点、断面大小和使用条件等选择喷射混凝土、锚杆、钢筋网和钢架等单一或组合的支护形式。

③ 隧道支护施工前，应确定支护紧跟开挖的时间、距离及工序搭接要求，确定喷射混凝土前基面标准和设置喷混凝土厚度控制标志。

④ 岩爆地段隧道施工加强支护工作，支护的方法是在爆破后尽可能早地向拱部或侧壁进行喷射混凝土，再加设锚杆及钢筋网。衬砌工作要紧跟开挖工序进行，以尽可能减少岩层暴露时间，减少岩爆发生，确保人身安全。

⑤ 膨胀岩隧道的初期支护宜采用喷射混凝土、锚杆、钢筋网、钢架等，以提高初期支护的整体刚度，应优先考虑采用喷射钢纤维混凝土。

2. 工序流程

① 初期支护施工的一般工序流程为：开挖后初喷砼—系统支护施工 (锚杆、钢筋网、钢架) —复喷砼至设计厚度。

② 爆破后应首先清除浮石，然后立即进行初喷混凝土封闭围岩，以期充分发挥围岩的自稳能力。出渣结束后，再根据围岩级别施作锚杆、挂网、拱架及复喷混凝土。

③ 在富水断层破碎段，支护施作前应及时排水，以预防塌方的发生。在少量集中渗水、淋水地段，在将要通过的透水层部位，可采用排水孔法或排水管法，布置一定数量的排水孔或埋设排水管，将渗、淋水集中到排水孔内导出；也可采用金属网法，通过在钢筋网背后铺过滤层或隔水层，将其固定在围岩上，通过软管排水，随即喷射混凝土。

④ 如涌水较大，支护时对主要涌水出水口暂不进行封堵支护，待涌水减小或无水时，再进行支护或进行固结封堵，迫使水流改变流向。

（二）锚杆

1. 锚杆的支护效应

锚杆（索）是用金属或其他高抗拉性能的材料制作的一种杆状构件。使用机械装置、黏结介质，将其安设在地下工程的围岩或其他工程体中，形成能承受荷载，阻止围岩变形的锚杆支护。锚杆加固围岩可以根据不同围岩的岩层产状和稳定状况灵活进行。其作用原理如下：

（1）支承围岩

锚杆能约束围岩变形，并向围岩施加压力，使洞室附近的围岩保持三相应力状态，因而能阻止围岩强度的恶化。

（2）加固效应

按一定距离在隧道周边呈放射状布置的成组锚杆（或称系统锚杆），由于系统锚杆的加固作用，使围岩中，尤其是松动区中的节理裂隙、破裂面得以连接，因而增大了锚固区围岩的强度（C、φ 值）；锚杆对加固节理发育的岩体和围岩松动区是十分有效的，有助于裂隙岩体和松动区形成整体，成为"加固带"。

（3）悬吊作用

把隧道洞壁附近具有裂隙、解理的不稳定岩体，用锚杆固定在深层的坚固稳定的岩体上，可将不稳定岩体的自重传递给深层坚固的岩体负担，以起到悬吊作用。

（4）提高层间摩阻力，形成"组合梁"

对于水平或者缓倾斜状的围岩，用锚杆群能把数层岩层连在一起，增大层理间摩阻力，从结构力学观点看，就是形成"组合梁"效应。

2. 锚杆的分类和施工特点

锚杆的种类很多，若按其与被支护体的锚固形式来分，大致可分为端头锚固式、全长黏结式、摩擦式和混合式。

端头锚固式锚杆利用内、外锚头的锚固来限制围岩变形松动，安装容易，工艺简单，安装后即可以起到支护作用，并能对围岩施加预应力。但杆体易腐蚀，锚头易松动，影响长期锚固力，一般用于硬岩地下工程中的临时加固。在隧道工程中，其常用做局部锚杆。

全长黏结式锚杆采用水泥砂浆（或树脂）作为填充黏结料，不仅有助于锚杆的抗剪和抗拉以及防腐蚀作用，而且具有较强的长期锚固能力，有利于约束围岩位移。安装简便，在无特殊要求的各类地下工程中，可大量用于初期支护和永久支护。在隧道工程中，常用做系统锚杆和超前锚杆。

摩擦式锚杆是一种沿纵向开缝（或预变形）的钢管，装入比钢管直径小的钻孔，对孔壁施加摩擦力，从而约束孔周岩体变形。安装容易，安装后立即起作用，能及时控制围岩变形，又能与孔周变形相协调。但其管壁易锈蚀，故一般不适于做永久支护。在隧道工程中，常由于端头机械锚固容易失效，或全长黏结不便施工（不能生效），而采用全长摩擦式锚杆。

混合式锚固锚杆是端头锚固方式与全长黏结锚固方式的结合使用，它既可以施加预应力，又具有全长黏结锚杆的优点。但安装施工较复杂，一般用于大体积、大范围工程结构的加固，如高边坡大坝、大型地下洞室等。

（1）普通水泥砂浆锚杆

普通水泥砂浆锚杆是以普通水泥砂浆作为黏结剂的全长黏结式锚杆。

普通水泥砂浆锚杆的施工顺序为：施工准备—初喷砼面上标注孔位—钻孔—清孔—往孔中注入砂浆—插入杆体—固定杆体、待强—安装垫板。

（2）早强水泥浆锚杆

早强水泥砂浆锚杆的构造、设计和施工与普通水泥砂浆锚杆基本相同，所不同的是早强水泥砂浆锚杆的黏结剂是由硫铝酸盐早强水泥、砂、TI型早强剂和水组成的。因此，它具有早期强度高、承载快、不增加安装困难等优点，弥补了普通水泥砂浆锚杆早强低、承载慢的不足。尤其是在软弱、破碎、自稳时间短的围岩中显示出其一定的优越性。

另外，以快硬水泥或树脂作为黏结剂的全长黏结式锚杆，也具有以上的优点。但费用较高，在一般隧道工程中使用较少。

（3）混合式锚杆

混合式锚杆从受力上讲，是一种端部锚固方式与全场黏结锚固方式相结合的锚杆，其代表类型为中空注浆锚杆。中空注浆锚杆由中空锚杆杆体和垫板、螺母、排气管等附件组成。主要设在开挖断面的拱部及围岩较差地段的拱墙。

其施工顺序为：施工准备—布孔—钻孔、清孔—组装中空锚杆体、排气管、止浆塞—安装锚杆—连接注浆管、注浆—锚杆杆体孔口回浆—浆体待强、安装垫板螺栓。

（4）摩擦式锚杆

摩擦式锚杆主要采用的是缝管式摩擦锚杆，是由薄钢板卷成的中空有缝的杆体和托盘组成，其支护原理先进，结构简单，安装方便，锚固力大，承载及时，支护应变能力强，适用于各类围岩的支护。

3. 锚杆的布置

锚杆的布置分为局部布置和系统布置。

局部布置主要用在坚硬且裂隙发育或有潜在龟裂及解理的围岩中。重点加固不稳定块体，隧道拱顶收拉破坏区为重点加固区。

锚杆局部布置的原则为：拱腰以上部位锚杆方向应有利于锚杆的受拉；拱腰以下及边墙部位锚杆宜逆向不稳定岩块滑动方向。

在破碎和软弱的围岩中，一般采用系统布置的锚杆，对整个围岩起到加固作用。

锚杆系统布置的原则：

① 在隧道横断面上，锚杆宜垂直隧道周边轮廓布置，对水平岩层，应尽可能与层面垂直布置，或使其与层面呈斜交布置；

② 在岩面上锚杆宜成菱形排列，纵、横间距为 0.6～1.5 m，其密度为 0.6～3.6 根 /m²；

③ 为了使系统布置的锚杆形成连续均匀的压缩带，其间距不宜大于锚杆长度的 1/2，在Ⅳ、Ⅴ级围岩中，锚杆间距宜为 0.5～1.2 m，但当锚杆长度超过 2.5 m 时，若仍按间距不大于 1/2 锚杆长度的规定，则锚杆间的岩块可能因咬合和连锁不良而导致掉块坠落，为此，其间距不宜大于 1.25 m。

（三）喷射混凝土

喷射混凝土是使用混凝土喷射机，按一定的混合程序，将掺有速凝剂的细石混凝土，喷射到岩壁表面上，并迅速固结成一层支护结构，从而对围岩起到支护作用。

喷射混凝土可以作为隧道工程Ⅱ～Ⅴ类围岩中的永久性和临时性支护，也可以与各种形式的锚杆、钢纤维、钢拱架、钢筋网等构成复合式支护结构。它的灵活性也很大，可以根据需要分次追加厚度。因此，除用于地下工程外，还广泛应用于地面工程的边坡防护、加固，基坑防护，结构补强等。

1. 喷射混凝土的作用

（1）支撑围岩

由于喷层能与围岩密贴和粘贴，并给围岩表面以抗力和剪力，从而使围岩处于三向受力的有利状态，防止围岩强度恶化。此外，喷层本身的抗冲切能力可以阻止不稳定块体的滑塌。

（2）"卸载"作用

由于喷层属柔性，能有控制地使围岩在不出现有害变形的前提下，进行一定程度的变形，从而使围岩"卸载"，同时喷层中地弯曲应力减小，有利于混凝土承载力的发挥。

（3）填平补强围岩

喷射混凝土可射入围岩张开的裂隙，填充表面凹穴，使裂隙分割的岩层面粘连在一起，保护岩块间的咬合、镶嵌作用，提高其间的黏结力、摩阻力，有利于阻止围岩松动，并避免或缓和围岩应力集中。

（4）覆盖围岩表面

喷层直接粘贴岩面，形成风化和止水的保护层，并阻止节理裂隙中充填物流失。

（5）阻止围岩松动

喷层能紧跟掘进进程后及时进行支护，早期强度较高，因而能及时向围岩提供抗力，阻止围岩松动。

（6）分配外力

通过喷层把外力传给锚杆、钢拱架等，使支护结构受力均匀。

2. 喷射混凝土的特点

① 喷射混凝土具有强度增长快、黏结力强、密度大、抗渗性好的特点。它能较好地填充岩块间裂隙的凹穴，增加围岩的整体性，防止自由面的风化和松动，并与围岩共同工作。

② 与普通模筑混凝土相比，喷射混凝土施工将输送、浇注、捣固几道工序合而为一，更不需模板，因而施工快速、简捷。

③ 喷射混凝土能及早发挥承载作用。它能在 10 min 左右终凝，一般 2 h 后即具有强度，8 h 后可达 2 MPa，16 h 后达 5 MPa，1 天后可达 7 ~ 8 MPa，4 天达到 28 d 强度的 70 % 左右。

3. 喷射工艺种类

喷射混凝土的工艺流程有干喷、潮喷、湿喷和混合喷四种。主要区别是各工艺的投料程序不同，尤其是加水和速凝剂的时机不同。

（1）干喷和潮喷

干喷是将骨料、水泥和速凝剂按一定的比例干拌均匀，然后装入喷射机，用压缩空气使干骨料在软管内呈悬浮状态送到喷枪，再在喷嘴处与高压水混合，以较高速度喷射到岩面上。此法须由熟练人员操作，水灰比宜小，石子须用连续级配，粒径不得过大，水泥用量不宜太少。一般可获得 28 ~ 34 MPa 的混凝土强度和良好的黏着力。

干喷的缺点是产生的粉尘量大，回弹量大，加水是由喷嘴处的阀门控制的，水灰比的控制程度与喷射手操作的熟练程度有关。影响混凝土强度。但使用的机械较简单，机械清洗和故障处理容易。

潮喷是将骨料预加少量水，使之呈潮湿状，再加水泥拌和，从而减少上料、拌和和喷射时的粉尘。但大量的水仍是在喷头处加入和喷出的，其喷射工艺流程和使用机械同干喷工艺。施工现场较多使用的是潮喷工艺。

（2）湿喷

湿喷是将骨料、水泥和水按设计比例拌和均匀，用湿式喷射机压送到喷头处，再在喷头上添加速凝剂后喷出。

施工时宜用随拌随喷的办法，以减少稠度变化。此法的喷射速度较低，由于水灰比增大，混凝土的初期强度亦较低，但回弹情况有所改善，喷射过程中的粉尘很少，材料配合易于控制，工作效率较干喷法高。

湿喷工法对喷射机械要求较高，因为喷射的混凝土为速凝混凝土，机械清洗和故障处理较麻烦。对于喷层较厚的软岩和渗水隧道，则不易使用湿喷。

（3）混合喷射

混合喷射又称水泥裹沙造壳喷射法，是将一部分沙加第一次水拌湿，再投入全部水泥强制搅拌造壳，再加第二次水和减水剂拌和成 SEC 砂浆，将另一部分沙和石、速凝剂强制搅拌均匀，然后分别用砂浆泵和干式喷射机压送到混合管混合后喷出。

将按一定配比拌制而成的水泥裹沙砂浆和以粗骨料为主的混合料，分别用砂浆泵和喷射机输送至喷嘴附近相混合后，高速喷到受喷面上所形成的混凝土在沙子中加上适量的水，使水泥颗粒黏结在沙子表面，形成低水灰比的净浆薄壳，用以提高混凝土或砂浆强度的方法，简称 SEC 施工法。

混合喷射工艺使用的主要机械设备与干喷工艺基本相同，但混凝土的质量较干喷混凝土质量好，且粉尘和回弹率有大幅度降低。但使用机械数量较多，工艺较复杂，机械清洗和故障处理很麻烦。因此，混合喷射工艺一般只用在喷射混凝土量大和大断面隧道工程中。

另外，由于喷射工艺的不同，喷射混凝土强度也不同。干喷和潮喷混凝土强度较低，一般只能达到 C20，而混合喷射和湿喷的则可达到 C30～C35。

二、监控量测

在隧道的施工过程中，使用各种仪器设备和量测元件，对地表沉降、围岩与支护结构的变形、应力、应变进行量测，据此来判断隧道开挖对地表环境的影响范围和程度、围岩的稳定性和支护的工作状态，这种工作称为隧道的现场监控量测。

采用新奥法设计和施工的隧道，应将监控量测项目列入文件，并在施工中实施。

(一) 监控量测的一般规定

1. 监控量测的目的

监控量测应达到以下目的：

① 确保施工安全及结构的长期稳定性。

② 验证支护结构效果，确认支护参数和施工方法的合理性，为调整支护参数和施工方法提供影响。

③ 确定二次衬砌施作时间。

④ 监控工程对周围环境影响。

⑤ 积累量测数据，为信息化设计与施工提供依据。

2. 监控量测设计

监控量测设计应根据围岩条件、支护参数、施工方法、周围环境及监控量测目的进行。

3. 监控量测实施

监控量测实施细则应根据设计要求及工程特点编制，内容应包括：

① 监控量测项目。

② 人员组织。

③ 元器件及设备。

④ 监控量测断面、测点布置。监控量测频率及监控量测基准。

⑤ 数据记录格式。

⑥ 数据处理及预测方法。

⑦ 信息反馈及对策等。

4. 监控量测注意事项

监控量测工作应随施工工序及时进行，测点应及时埋设，支护后 2 h 内读取初始数据，并应依据现场情况及时调整监控项目和内容。

(二) 监控量测项目

监控量测项目可分为必测项目和选测项目。

隧道工程应将日常监控量测项目纳入必测项目。

1. 监控量测必测项目

实施必测项目时必须进行常规测量的项目，是隧道施工中对围岩、地表、支护结构的变形和稳定状态，以及周边环境动态进行的经常性观察和测量工作。这类测量通常测试方法简单、费用少、可靠性高，对检测围岩稳定、指导设计施工有着巨大的作用。

2. 监控量测选测项目

选测项目是为了满足隧道设计和施工的特殊需要，由设计文件规定的在局部地段进行的控制性量测项目。这类项目测试比较麻烦，项目较多，费用较高。因此，在必测项目不能满足要求的情况下，再考虑实施选测项目。

隧道开挖后应及时进行地质素描及数码成像，必要时应进行物理力学试验。初期支护完成后应进行喷层表面裂缝及其发展、渗水、变形观察和记录。

(三) 监控量测方法

1. 洞内、外观察

施工过程中应进行洞内、外观察。洞内观察可分开挖工作面观察和已施工地段观察两部分。开挖工作面观察应在每次开挖后进行，及时绘制开挖工作面地质素描图、数码成像，填写开挖工作面地质状况记录表，并与勘查资料进行对比。已施工地段观察，应记录喷射混凝土、锚杆、钢架变形和二次衬砌等的工作状态。

洞外观察重点应在洞口段和洞身浅埋段，并应记录地表开裂、地表变形、边坡及仰坡稳定状态、地表水渗漏情况，同时还应对地表建 (构) 筑物进行观察。

实践证明，开挖工作面的地质素描和数码成像对于判断围岩稳定性和预测开挖面前方的地质条件是十分重要的，必要时可进行物理力学试验，以获得围岩的具体力学参数，为施工阶段围岩分级和科学的信息化施工提供有效的参考依据。在进行地质素描及数码成像的时候，工作面需有良好的照明和通风条件，以保证地质素描及数码成像的效果。

2. 变形监控量测

变形监控量测可采用接触量测方法或非接触量测方法。

隧道净空变化量测可采用收敛计或全站仪进行。采用收敛计量测时，测点采用焊接或钻孔预埋；采用全站仪量测时，测点应采用膜片式回复反射器作为测点靶标，靶标黏附在预埋件上。量测方法包括自由设站和固定设站两种。拱顶下沉量测可采用精密水准仪和铟钢挂尺或全站仪进行。测点应与隧道外监控量测基准点进行联测。

地表沉降监控量测可采用精密水准仪、铟钢尺或全站仪进行。基准点应设置在地表沉降影响范围之外。测点应采用地表钻孔埋设，且四周用水泥砂浆固定。当采用常规水准测量手段出现困难时，可采用全站仪测量。

围岩内变形量测可采用多点位移计。多点位移计应钻孔埋设，并通过专用设备读数。

3.应力、应变监控量测

① 应力、应变监控量测宜采用振弦式传感器、光纤光栅传感器。

② 振弦式传感器可通过频率接收仪获得频率读数，依据频率—量测参数率定曲线换算出相应量测参量值。

③ 光纤光栅传感器可通过光纤光栅解调仪获得读数，换算出相应量测参量值。

④ 钢架应力量测可采用振弦式传感器、光纤光栅传感器。传感器成对埋设在钢架的内、外侧，并应符合下列要求：

a.采用振弦式钢筋计或应变计进行型钢应力或应变量测时，应把传感器焊接在钢架翼缘内测点位置。

b.采用振弦式钢筋计进行格栅拱架应力量测时，应将格栅主筋截断并把钢筋计焊在截断部位。

c.采用光纤光栅传感器进行型钢或格栅拱架应力量测时，应把光纤光栅传感器焊接(氩弧焊)或粘贴在相应测点位置。

d.混凝土、喷混凝土应变量测可采用振弦式传感器、光纤光栅传感器。传感器固定于混凝土结构内的相应测点位置。

第五节　隧道防排水技术

隧道和地下工程处于岩土层中，当隧道穿过或靠近含水地层，时刻受到地下水的渗透作用，如果衬砌的防排水设施不完善，地下水就会侵入隧道，发生隧道渗漏水病害。为了改善隧道渗漏水的状况，提高隧道防排水能力，各有关部门都针对本行业内隧道防水状况，提出了防排水要求。

一、隧道防排水概述

(一)隧道防排水的基本原则

隧道防排水应遵循"防、排、截、堵结合，因地制宜，综合治理"的原则，保证隧道结构物和营运设备的正常使用和行车安全。隧道防排水设计应对地表水、地下水妥善处理，洞内外应形成一个完整通畅的防排水系统。

（二）隧道防排水的基本要求

1. 高速公路、一级公路、二级公路隧道防排水要求

① 拱部、边墙、路面、设备箱洞不渗水；

② 有冻害地段的隧道衬砌背后不积水、排水沟不冻结；

③ 车行、人行横通道等服务通道拱部不滴水、边境不淌水。

2. 三级公路、四级公路隧道防排水要求

① 拱部、边墙不滴水，路面不积水，设备箱洞不渗水；

② 有冻害地段的隧道衬砌背后不积水，排水沟不冻结。

3. 其他注意事项

当采取防排水工程措施时，应注意保护自然环境。当隧道内渗漏水引起地表水减少，影响居民生产、生活用水时，应对围岩采取堵水措施，以减少地下水的渗漏。

二、公路隧道的防水工程施工技术

（一）防水板施工技术

1. 基面处理

基面处理由两部分构成，一是基面处理，二是出水点处理。处理基面时，应先做好支护找平工作，再铺设防水层。找平作业主要包括边墙补喷找平、拱部补喷找平、底部砂浆找平。若发现外露锚杆或尖锐钢筋，应立即切除，并拌和水泥砂浆进行平顺。处理出水点时，应先对支护表面的漏水问题进行处理，再铺设防水板，随后埋设工程排水管，使积水能顺利流入边沟。当然，也可实行注浆堵水，待基面达到干燥要求，再铺设防水板。

2. 铺设防水板

选择无钉铺设操作，用木楔固定边墙，每一固定点与下一固定点需保持 1.0 m 的距离。拱部的间隔距离则保持在 0.5 ~ 0.7 m 即可。完成固定作业后，从拱顶开始，逐步向拱脚铺设防水板。此时，仰拱面应在防水板的上方，这样才可有效提高防水效果。设置防水板时，应使其环向长度超过基面周长，避免紧密铺排。混凝土浇筑作业结束，检查防水板是否和支护喷射的混凝土面紧密衔接。如果与混凝土的黏连度过度紧密，可能会造成防水板胀破；反之，防水板间会发生褶皱。将防水板铺设到仰拱面时，要注意延长边墙角的防水板，以便进行边墙搭接。一般情况下，搭接长度应超过 10 cm。

3. 焊接防水板

防水板固定后，启动热焊机焊接防水板的搭接缝。若使用的是双焊缝，应保证焊缝的宽度超过 10 cm 。开展纵向接缝作业、环向接缝作业前，应去除多余搭接的材料。

(二)喷涂防水层施工技术要求

① 在水大面积渗漏处喷涂防水砂浆，防止基面继续渗漏。若流水量偏大，应先预埋引流管，再喷涂防水层，以顺利进行引流。

② 稳定喷锚支护，确保其不偏离后再喷涂防水层。除去多出的钢筋与锚杆，充分保证喷混凝土层满足平顺规定要求。

③ 防水层施工处应与开挖面保持适当距离，防止防水层遭遇开挖面爆破损害。

④ 科学合理地控制防水层的配料比例，并将配料拌和均匀。若喷涂面积较小，可直接实施人工喷涂；反之，则应用机械设备喷涂。

⑤ 喷嘴应和壁面保持 0.5 ~ 0.8 m 的距离，避免距离过远，同时，喷射压力要大于 0.3 MPa 。喷射时，应严格遵守由下而上的顺序，喷涂厚度应保持在 1 ~ 2 mm，通常喷射 3 ~ 4 次，每次的间隔时间应在 4 h 以内。

⑥ 喷涂时，应对漏水点做好及时处理，待防水层不再出现漏水问题时再喷射水泥砂浆进行防水保护。

⑦ 建设防水层时，时间间隔保持在 5 ~ 10 d。待防水层建设完成，再浇筑混凝土。在防水层喷涂过程中，要注意观察，及时补漏。

(三)衬砌缝隙防水工程施工技术

公路隧道的防水弱项是衬砌施工缝与沉降缝。若公路两侧浇筑的混凝土干固后发生收缩，应立即妥善处理，否则就会导致水渗漏。这就要求施工单位高度重视施工缝与沉降缝的处理。其中，可应用背帖式止水带等预防施工缝渗水，用中埋式橡胶止水带预防沉降缝渗水。

① 预防施工缝漏水，可采用膨胀止水条。其施工操作程序是：选择和止水条同等尺寸的塑料条，并将其固定在等待浇筑混凝土的模板上。浇筑时，预留止水条凹槽置放空地；待混凝土凝固，撤离原来的挡头板，再抽离塑料条；下一轮混凝土浇筑时，在预留凹槽内置入膨胀止水带，并保证止水带间的距离为 1 m 。

② 预防沉降缝漏水时，可采用中埋式橡胶止水带。其施工操作程序是：顺着衬砌方向设置定位卡，定位卡间的距离为 1 m 。待混凝土到另一侧时，应用钢筋卡将大半部分止水带卡紧，确保挡头板上有一半止水带；待混凝土凝固，撤离原来的挡

头板，再拉直止水带，同时应用弯曲钢筋卡将剩余的止水带卡紧；下一轮混凝土浇筑时，继续实行衬砌作业。

三、公路隧道的排水工程施工技术

(一)公路隧道排水的主要方法

① 洞内路面两旁建设矩形边沟，并使之纵坡等同于隧道纵坡。

② 在与路面距离保持一致的地方安装横向排水管，给隧道底部引流。

③ 在衬砌支护基础上，安装软式透水管，建设环向盲沟，以与防水板隔离，顺利引水到已建成的中央排水沟内。布局透水管时，应遵守设计要求，重点聚焦涌水地段、淋水地段、无仰拱段，在必要的情况下应加密布局。

(二)软式透水管施工技术

地段相异，软式透水管布设操作也相异，但也存在一致的布设作业：① 通过测量的方式找准软式透水管位置。② 先打眼，再安装，并用固定钉固定。将软式透水管布设于涌水地段时，应执行如下流程：明确软式透水管布设定位，将 250 g/m 无纺布铺排其上，再置入厚度为 0.2 mm 的塑料布，两者均保持固定。③ 选择半径为 2 mm 的固定铁丝绑扎软式透水管。

(三)中央排水沟的施工技术

一般来说，中央排水沟施工方式有以下几种：基础放样、模板施工、混凝土浇筑与养护等。施工人员需要具体针对这些施工方面进行中央排水沟的处理工作。这类排水沟的作业内容是：① 对中心排水管质量进行严格检查。隧道渗水通常是借助中央排水沟管排除的，因此施工单位应对排水管安装过程及其质量进行严格检查，防止其基座标高偏离实际，对接松散。检查时，重点查看上部渗水孔是否得到合理设置，碎石回填是否合格。② 设置中央排水沟时，明确隧道紧急停车段坡度，再与之顺接，防止出现积水。③ 排水沟作业完成，开展通水试验。具体方法有：明确标高，对井中灌水情况进行检查，发现问题及时处理。

(四)排水边沟的施工技术

应先开挖贯通再布设隧道排水边沟。作业时，施工单位应严格遵守图纸要求。边沟建设完成后，需确保其结构尺寸与设计保持一致，纵坡平顺，无排水障碍；侧面与盖板也必须平整。若作业地区属于严寒地区，则施工单位应选用防冻保温措施布设隧道排水边沟，防止水流被衬砌表面低温冻结，引发洞内路面冻害。建造地层注浆堵水工程，有利于避免水源冲击，加强裂隙封堵，降低洞内涌水量，预防地下水对路面浸泡。

（五）隧道路面排水技术

在公路隧道使用过程中，所遇到的水流会具有较大的水量和速度。面对这种情况，普通的排水方案无法将其有效地解决，必须结合隧道路面排水技术将路面上的积水及时清除。结合隧道路面排水技术，可以建设相应的急流槽，并把握好坡的高度，可以有效地将积水排出，减少水流对公路的影响。

四、公路隧道的注浆堵水工程施工技术

（一）注浆堵水的方式

①掌子面预注浆。明确隧道掘进方向，再顺着该方向钻孔和注浆。若需进行大工作量的地表钻孔作业，且钻孔较难抵达突水层，则采用掌子面预注浆方式作业。

②地表预注浆。在隧道地表钻孔并注浆，有利于形成防水渗漏的隔水帷幕。地表预注浆作业时，可同时采用多台钻机，压浆亦不用考虑洞内掘进问题。

③周边围岩预注浆。这是效率相对较高的防水方法。根据隧道建造要求：涌水易坍塌处、围岩破碎处应选用围岩预注浆方式防渗水。在富水段，除出水少的地段，其他地段均应用注浆法封堵地下水，与地下水渗漏通道相互隔离。

（二）注浆堵水的技术要求

①施工单位在注浆堵水前，必须开展试泵试验，落实注水试验，确定注浆管路。

②试验并检查注浆管路系统的整体吸水情况。此时，先确定注浆终压，再选用比之高 1.5~2 倍的注浆管进行安装，充分确保管路系统具有良好的耐压性，不渗水且正确连接；要对注浆堵水机械设备进行检查，运行前，先进行 20 min 的试运转。

③注浆时，应分清压注顺序，一般无水孔在前，有水孔在后；压注同理，内圈孔在前，外圈孔在后；拱顶在前，边墙在后。若出现串浆或是跑浆问题，则应根据实际情况确定间隔孔数，再实施灌压作业。

④压注时，施工单位应对浆液原料比例、注浆的实施压力、注浆凝胶时间进行合理控制。

⑤注浆作业结束后，检查、评价注浆效果，并及时注浆弥补不合格钻孔。

第十一章　隧道施工组织管理与运营养护管理

第一节　隧道施工组织与管理

施工组织与管理是施工过程中十分重要和复杂的工作，它的目的是要保证工程按设计要求的质量、计划规定的进度和低于设计预算或合同价格的成本，安全顺利地完成施工任务。它贯穿于工程从准备阶段、施工阶段到竣工验收阶段的全过程。隧道工程绝大部分在地下有限空间内进行，在处于复杂的工程地质和水文地质条件下，作业环境恶劣，空间狭小，工序多，相互干扰大，因此做好施工组织与管理工作尤为重要。

现代化隧道施工组织与管理应该是先进的科学技术、合理的经济手段和科学的经营管理方法三者的有机结合。其内容包括正确地选择施工方法，合理安排施工工序，有效地利用机械和设备，细致地布置施工现场，充分利用施工空间，均衡地组织地下和地面的各项施工任务，把人力、设备和资金科学地组织起来，以有序的施工组织和科学的管理手段、最少的消耗，管控施工风险，取得最大的效益。

施工组织是施工工作的中心环节，也是指导施工现场必不可少的重要文件，其内容包括施工准备、施工组织设计、施工方案、施工进度计划和施工平面图设计等。

施工管理包括施工技术管理、施工计划管理、施工质量管理、施工安全管理、施工经济管理，以及施工过程中机械、材料的管理和控制。

一、隧道施工准备

施工准备是整个工程建设的序幕和整个工程按预期开工的重要保证。施工准备一般是分阶段进行的，在开工前的准备工作比较集中，开工以后随着工程施工的进展，各种工序之前也都有相应的准备工作。由于施工准备工作又是经常性的，需要适应施工中经常变化的客观因素的影响。

隧道工程项目施工准备工作按其性质及内容包括技术准备、物质准备、劳动组织准备、施工现场准备和施工场外准备。

（一）施工技术准备

技术准备是施工准备最重要的内容。任何技术的差错或隐患都可能危及人身安全和引起质量事故，造成巨大的损失。认真做好技术准备工作，是工程顺利进行的保证，其具体有以下内容：

1. 审核设计文件

① 隧道施工前应熟悉、审查施工图纸及有关设计资料，了解设计意图，对照现场实地情况核对平、纵剖面以及地质资料是否相符。

② 审查相关设计文件及说明是否符合国家有关的技术规范，设计图纸及说明是否完整、图中的尺寸是否准确，图纸之间以及图纸与设计说明之间是否有矛盾。

③ 熟悉地质、水文等勘察资料，分析核对洞口位置、辅助坑道位置、排水系统及洞口程与相邻工程安排是否合理，对工程作业难易程度作出判断，明确工程的工期要求。

2. 调查研究，收集资料

为给编制施工组织设计提供依据，需要调查工程所在地区自然条件（地形、地质、水文、气象等）的勘察资料和施工技术资料：

（1）社会调查

了解当地政治、经济、居民情况及风俗习惯等。

（2）自然条件调查

地形情况调查包括地形地貌、河流、交通、工程区域附近建筑物的情况。地质调查包括地层构造、性质、围岩类别和抗震级别。水文地质调查包括附近河流流量、水质、最高洪水水位、枯水期水位，地下水的质量、含水层厚度、流向、流量、流速、最高及最低水位等。气象资料调查包括气温情况、季风情况、雨量、积雪、冻结深度、雨季及冬季的期限。地下障碍物调查包括各种地下管线、地下防空洞、附近建筑基础、文物等。

（3）技术经济条件调查

需要了解：工地附近可能利用的场地、需要拆迁的建筑、可以租用的民房等；当地可利用的地方材料和供应量；当地交通运输能力，以及修建为施工服务的临时运输通道、桥涵、码头等的可能性与条件；水、电及通信情况；地方工业的生产能力、质量、单价和协作的可能性，当地可能提供的劳动力的数量、来源及技术水平；生活供应、医疗卫生、文化教育、消防治安等机构的供应和支持能力。

在调查和设计文件核对完成后，应将结果及存在的问题，以书面形式呈送建设项目合同规定的相关建设管理单位。

3. 控制桩的复核和复测

应根据合同图纸和有关勘测资料，交接控制测量的基桩资料，并做好复测和核对工作，在此基础上定出各洞口的中线和标高基桩，确定工程的测量网。

4. 确定施工方案

在熟悉设计文件和现场施工调查的基础上，根据总体施工组织设计，结合项目的具体情况、工期要求、施工队伍、机械设备、施工中的现场监控量测等因素，根据调查获得的新资料情况补充和改进施工设计，正确选定施工方案，安排施工顺序，编制实施性施工组织设计。选择隧道施工方案的基本要求是：优质、高速、安全、经济、均衡生产和文明施工等。

对于长大隧道、地质复杂的隧道（如不良地质隧道、高瓦斯隧道、水底海底隧道等），应当组织专家编制、论证、审查专项施工方案，并附安全验算结果，经承包人技术负责人、监理人审查同意签字后实施，并由专职安全生产管理人员进行现场监督。

5. 编制施工图预算和施工预算

按照确定的施工方案和修改的施工图设计，根据有关的定额和标准，编制工程造价的经济文件。施工预算是按照施工图预算，根据施工组织设计和施工定额编制的用以进行施工人员、材料、机械组织和管理的文件。

（二）施工物质准备

隧道工程施工的物质准备工作，主要包括现场的基本条件和所需要的建筑材料。

1. 现场基本条件

隧道施工开工前必须准备的基本条件有：施工道路，施工所用的水、电、气、通信设施；施工现场的平整和布置；修建施工的临时用房（机械修理房、木材加工房、材料库房、炸药库房、生活用房、办公室、会计室、调度室等）；搭建工程用房（压缩空气房、配电房、水泥搅拌房、材料检测房等）。

2. 物资准备

物资准备主要有：建筑材料、构件加工设备、工程施工设备（施工机具和设备、运输车辆等）、安装设备等，应根据施工设计、施工预算和施工进度的计划，按各阶段施工需求量，计划组织货源和安排。对隧道施工中的各种材料、机械（具）需要量及其供应计划、来源、采购、运输等都要做到件件落实。特别要保证五大材（木材、钢材、水泥、油料、炸药）的需求。

（1）材料的准备

隧道施工前应做好水泥、砂石料、钢筋（材）、外加剂、防水板、透水管等各项材料的招标订购工作，并根据施工进度计划，制订材料供应计划；特别是做好隧道前期施工支护所需材料的采备工作，如水泥、中（粗）砂、小碎石、速凝剂、钢纤维、钢筋等材料，以及早强锚固药卷、钢拱架等成品、半成品等。材料采购应严格按材料招投标程序进行，选择供应能力强、质量合格、价格优惠的供应厂家。材料进场前严格进行检查验收和取样送检，杜绝不合格材料进入现场。

（2）机械设备的准备

① 隧道进洞前，二次衬砌模板台车必须进场。

② 隧道前期上场的机械设备主要有以下几种。

a. 土石方施工设备：包括挖掘机、推土机、压路机和自卸汽车等。

b. 隧道开挖及出渣运输设备：凿岩机、台车（架）、装载机、大吨位自卸汽车等。

c. 隧道支护设备：湿喷机、管棚钻机、注浆机等。

d. 混凝土施工设备：混凝土搅拌机、配料机、混凝土运输车，混凝土输送泵、捣固设备、衬砌台车（模板、拱架）等。

e. 钢筋（结构）加工设备：钢筋调直机、切断机、弯曲机、电焊机等。

f. 风、水、电供应设备：内燃空压机、电动空压机、水泵、变频高压供水装置、变压器、发电机等。

g. 相应阶段配备的检测仪器和设备。

③ 机械设备应本着性能优良、配套合理、工效高的原则配备，满足污染小、能耗低、效率高的要求，并根据施工进度计划安排，分阶段、分期组织上场，以满足施工需要。对大型机械一定要做好其运进、试运转等工作，并要做好对旧机械的维修、保养工作。

（三）施工人员准备与劳动安排

施工中可根据工程的规模、重要性等设置施工机构和配备职工。

1. 工程项目的组织机构

根据工程项目的规模、结构特点和复杂程度，按照因事设职，因职选人、合理分工、密切合作相结合的原则，组建工程项目的组织机构。应根据工程规模、工期和技术难度配备相应的管理、技术、测量、试验、环保、专职质量检查和安全管理人员。

2. 工程项目的施工队伍

施工队伍的组建应根据该工程的劳动力需要量计划，并考虑专业、工种的合理搭配，强化技术骨干的主导作用，技工、普工的比例要满足合理的劳动组织，符合流水施工组织方式的要求。

① 隧道施工的钻爆、运输、支护、模筑衬砌等作业均宜安排专业化队伍进行施工，施工前应根据施工进度计划、施工技术水平等制订详细的劳动力计划，及时组织上场，以满足施工需要。

② 对技术工人及基层管理人员，如爆破工、喷射工、电工、安全员、质检员等进行培训上岗，特别是在引进新技术实施之前，有关人员必须进行专业技术培训。

③ 应加强现场施工人员教育培训和考核工作。应当对管理人员和作业人员进行安全生产教育培训。新进人员和作业人员进入新的施工现场或者转入新的岗位前，应当对其进行安全生产培训考核。

④ 隧道施工前，应当向作业人员提供必需的安全防护用具（如安全帽、安全带、口罩、耳塞等）和安全防护服装。安全防护用具和安全防护服装的使用、采购和管理应符合相关规定。

3. 建立健全各项管理制度

建立健全工地的各项管理制度，是工程顺利进行的保证。管理制度首先有隧道施工技术各种管理规章制度，包括隧道施工技术责任制度、施工图纸审核和会审制度、施工技术交底制度、隧道测量复核制度、隧道施工试验管理制度、工程质量检查和验收制度、隧道施工现场监控量测制度、隧道施工日志制度及施工资料积累管理制度、隧道工程技术档案制度等。隧道施工安全管理规章制度也是重要的管理制度，包括安全生产责任制度、安全教育培训制度、安全事故报告制度、班前安全教育制度、临时设施检查验收制度、安全标志管理制度、安全生产检查制度、隧道洞口进出登记制度、安全风险评估制度、爆破管理制度、现场临时用电管理制度、安全生产奖惩制度等。此外，管理制度还包括工程进度控制制度、经济核算制度、材料出入库制度、文明施工管理制度、环境保护管理制度等。

施工准备的各项工作相互关联，互为补充和配合。要保证施工准备工作的质量，加快速度，应加强与业主、设计单位和当地政府协调工作，健全施工准备工作的责任和检查制度，在施工全过程中，有组织、有计划地进行。

二、隧道施工组织设计

隧道施工组织设计是施工准备工作最重要的环节，是指导现场施工全过程中各项活动的综合性技术文件。它是根据建设单位的要求、隧道工程特点、围岩条件、工期要求、周围环境、施工技术装备和施工力量等技术和经济因素编制的。通过隧道施工组织设计，确定合理的施工方案，对施工工艺、机械配备、监控量测、工序安排、劳动组织、材料供应、工程投资、场地布置等，作出合理的计划，并提出组织措施和充分预计可能出现问题的对策等，确保隧道施工有条不紊地顺利进行。

（一）隧道各阶段施工组织设计的内容

在隧道工程的设计阶段、施工准备阶段及施工阶段，都必须编制相应的施工组织设计文件。设计阶段编制的施工组织设计，称为初步施工组织设计；施工准备阶段编制的施工组织设计，称为指导性施工组织设计；施工阶段编制的施工组织设计，称为实施性施工组织设计。

1. 初步施工组织设计

对地质复杂、施工条件困难和控制总工期的重点工程，应由设计单位在隧道工程设计阶段编制初步施工组织设计，并编入相应的设计文件。它规定了整个工程项目的总规划和总决策，制订隧道施工轮廓计划，初步拟定施工方法、施工程序及施工时间，战略性地部署施工各个环节和彼此之间的协调关系，并为编制隧道工程设计概算提供依据。

（1）主要内容

① 施工组织。根据工程的难易程度，提出对设计、施工、管理、监理单位的要求。

② 工期安排。工期安排主要包括隧道主体工程，有关附属房建工程、机电设备安装工程的安排。

③ 主要施工方法。根据隧道设计对不同地质地段提出施工方法。另外，在各类围岩段施工中还需要根据开挖情况采用必要的辅助施工技术措施。

④ 施工场地及弃渣场地。根据隧道区域地形、地貌特征，选择施工场地及弃渣场地。施工场地包括临时生产、生活用房，施工便道，变电站，料库，材料场等临时用地。弃渣场地需根据开挖量（考虑松方系数）及考虑经筛选回收利用后的弃渣量和地形实际情况合理选取。

⑤ 主要机械设备及劳动工日。

（2）主要设计图表

① 隧道施工方案图。

② 沿线筑路材料供应示意图。

③ 隧道进（出）口施工场地布置图。

④ 隧道施工组织计划及施工进度图。

2. 指导性施工组织设计

施工单位在参加施工投标时，根据工程招标文件的要求，结合本单位的具体条件，应编制施工组织文件。中标以后，在施工开始之前，施工单位还必须进一步重新审查，修订或重新编制施工组织计划，这个阶段的施工组织设计称为指导性施工组织设计。

指导性施工组织设计是施工单位承包工程时，根据对设计文件的初步研究和了解，调查和复核施工现场，与建设单位、设计单位协商解决设计变更之后编制的隧道工程施工的总计划。

(1) 主要内容

① 工程概况。

② 隧道现场的地形、地貌、地质和水文地质勘探调查的资料。

③ 编制依据及编制原则。

④ 施工准备及临时设施。

⑤ 任务划分、工期及劳动力组织。

⑥ 机械配备情况。

⑦ 主要施工方案与安排。

⑧ 特殊地段施工的措施。

⑨ 施工通风与排水。

⑩ 采用新技术、新工艺。

⑪ 方针目标及技术保证措施。

⑫ 质量保证体系。

(2) 主要设计图表

① 工班劳动力组织表。

② 隧道分进度完成数量表。

③ 隧道劳动力及工日分年度需要量表。

④ 隧道分年度材料需要量表。

⑤ 隧道进、出口场地平面布置图。

⑥ 隧道施工组织设计进度图。

⑦ 隧道钻爆设计图。

⑧ 隧道施工通风与排水设计图。

⑨ 隧道施工进、出口给水管线设计图。

⑩ 隧道进、出口电力与通信线路设计图。

3. 实施性施工组织设计

实施性施工组织设计就是施工过程中编制的施工组织设计。它是施工单位在施工过程中，根据各项分部工程，各工序及施工队或班组的人力、机具等配备情况，分期、分部、分项实施的指导性施工组织设计。对于隧道工程来讲，由于众多的不可预见的因素，常常还需要根据实际情况制定特殊地段施工组织设计，如突然遇到大坍方等情况，就要制定特殊处理措施。

实施性施工组织设计的内容与指导性施工组织设计相似，主要内容及主要设计图表同指导性施工组织设计。但它更具体、更详细，一般按指导性施工组织设计所规定的施工方法、施工程序、施工工期及资源供应条件等进行编制，如果客观情况与原计划有出入时，不应机械地执行原计划，而应修订和调整原计划。实行施工组织动态管理，其目的是经济、安全、保质、保量、按期或提前完成施工任务。

(二) 隧道施工组织设计的编制

1. 编制依据

① 隧道的各种设计文件、标准图、工程数量，包括设计文件及变更设计文件、施工承包合同书、建设单位有关指标和条约等，以及有关施工会议精神或建设单位指示性施工组织设计方案及要求。

② 工期要求、劳力、材料、机械 (具)、运输等条件。

③ 现场调查资料、预先选定的施工方案。隧道施工方案一般包括辅助坑道方案、开挖方案、支撑与预加固方案、支护与衬砌方案、风水电作业方案、场地布置方案、运输方案、施工进度和劳材计划及机具设备计划等。

④ 各种定额指标，包括劳动定额、材料定额和机械定额。根据定额可计算出全部工程所需的劳动工日、材料总消耗量、机械总台班数。它是编制施工计划、经济核算的依据。

⑤ 国家及交通部门现行的隧道施工规范、验收标准，各种质量、安全规划及管理制度，包括：主要技术组织措施；采用推广新技术；提高劳动生产率，节约人力、物力，降低工程成本；检查和提高工程质量的制度；施工安全措施；开展劳动竞赛及施工奖惩制度等。

2. 编制原则

根据隧道工程的技术与经济特点，在编制时应贯彻以下原则：

① 严格遵守签订的工程施工承包合同或上级下达的施工期限，保证按期或提前完成隧道施工任务，交付使用，通车运营。

② 遵守隧道施工技术规范和操作规程，以确保隧道工程质量及施工安全。

③ 采用新技术、新工艺、新方法，不断提高机械化施工及预制装配化施工进度，降低成本和提高劳动生产率，减轻劳动强度，统筹安排施工及尽量做到均衡生产。

④ 开源节流、精打细算，充分利用现有设施，尽量减少临时工程，降低工程造价，提高投资经济效益。

⑤认真贯彻就地取材的原则，尽量利用当地资源。

⑥合理组织冬、雨季施工和隧道工程建筑材料运输、贮备工作，增加全年施工工作日，力求降低冬、雨季施工的附加费用。

⑦节约隧道施工用地，少占或不占农田，注意水土保持和重视环境保护。

⑧统筹布置隧道施工场地，既要确保施工安全，又要方便职工、劳务工的生产和生活。

3.编制隧道施工组织设计的程序

编制施工组织设计要遵守一定的程序，也要按照施工的客观规律，协调和处理好各个因素的关系，用科学的方法进行编制。一般的编制程序如下：

①施工调查和技术交底。

②分析设计资料，拟订、研究，选择施工方案和施工方法。

③编制工程施工进度图。

④计算人工、材料、机具的需要量，制订供应计划。

⑤编制临时工程、供水、供电、供热计划。

⑥工地运输组织。

⑦布置施工平面图。

⑧编制技术措施计划与计算技术经济指标。

⑨编制说明书。

应该说明的是，不同的施工组织设计阶段，编制程序是有所不同的。

（三）施工方案选择

1.施工方案的选择和依据

施工方案的选择是施工组织设计最重要的环节，是决定整个工程全局的关键。因为施工方案一经决定，则整个工程的施工进程、技术措施、人力配备、机械配置、场地布置、安全措施、资金筹措、质量标准等也随之被确定下来。施工方案的优劣，在很大程度上决定了施工能否顺利进行、能否按合同要求完成。

选择施工方案的基本原则是：安全、快速、经济、优质及均衡生产。隧道施工方案的选择是根据工程所处地理位置、工程地质和水文地质资料、开挖断面大小、衬砌类型、隧道长度、工期要求、施工技术力量、施工机械设备情况、施工中动力和原材料供应情况、工程投资与运营后的社会效益和经济效益、施工安全状况、有关污染和地面沉降等环境方面的要求和限制等因素综合研究确定的。

2.施工方案的选择内容

施工方案的选择应主要有以下11个方面：工区划分（任务分配）；队伍人员调配；

主要机械配备；材料供应计划；主要施工方法；基本施工程序；施工技术措施；施工场地布置；隧道弃渣处理；质量、安全保证措施；环境保护措施。

这里要强调的是：在软弱破碎地层，尤其是有水的松软地层条件下，要重视一些特殊技术措施的应用，如采取超前支护（对地层进行预支护）或注浆加固（对地层进行预加固）等措施，以达到稳定开挖面，防止围岩坍塌和地面沉陷的效果。对于地质条件变化较大的隧道，选用的施工方法应有较大的适应性。当需要变更施工方法时，一般选用安全度大的施工方法，并以较少影响施工进度为原则，做到因地制宜。

如果重点工程施工方案与原设计建议的施工方案有较大差异时，需提请建设、设计、监理三方共同研究确定。

工区划分（任务分配）除可以从两个洞口相向施工以外，对于长大隧道或工期很紧时，还可以采取设置辅助坑道的办法，开辟新的施工工区，增加施工工作面，加快施工速度，改善施工条件（通风、排水），缩短总工期。

三、隧道施工场地布置

隧道洞口场地一般比较狭窄，而隧道施工的机械设备和材料等又多，如果事前没有很好的规划，很容易造成相互干扰、使用不便、效率不高等不合理现象，甚至发生安全事故。为此，隧道施工场地布置应根据洞口地形特点，结合隧道工程规模大小、弃渣场地位置、水源情况及工期要求；结合劳动力安排、机械设备、材料用量、施工方法等因素，进行全面规划、统筹安排、合理布置，为安全生产、快速施工创造有利条件。

一般情况下，由于地形限制，现场很难一次布置就绪。在布置时必须有缓有急，随场地的逐步扩大和逐步改造而逐渐完善。在布置场地时，要考虑的项目很多。现将山岭隧道施工时几个主要项目的布置要求分述如下：

（一）弃渣场地及卸渣道路的布置

一个隧道工地的弃渣往往要占很大的面积，而长隧道更甚。弃渣场的用地可按松散系数 1.3 计算规划。在考虑弃渣用地时，可依次考虑下述可能性：

① 作洞外路基填方和桥头路堤填土，而运距又不致过远。

② 顺沟顺河弃渣而又不致堵塞河谷与河道。

③ 填平山坡荒地作施工场地而不致在山洪来临时被洪水冲毁，并危害下游农田。

④ 洞口均为良田而较远处有荒地可供弃渣时，应作远距离的运渣。

⑤ 隧道工地附近均为耕地，弃渣必须占用农田时，应先把种植土铲运一旁，待

工程结束后再把原种植土覆盖于弃渣场上以恢复耕种。

总之，处理弃渣有两个原则：一是变废为用，把弃渣用于路基填方或用于弃渣造田；二是变有害为无害，就是当必须占用农田时，力争把弃渣场变为耕地，以此弥补弃渣占用的耕地。

布置弃渣场地时，还应考虑弃渣对不良地质(如古滑坡地)和其他工程(如桥墩、桥台)的影响。弃渣场上卸渣线应不少于两条，有前有后，以利弃渣。

(二) 大宗材料的堆放场地和材料库的布置

大宗材料(如砂、石料、水泥、木材、钢材等)的存放地点(砂、石料堆放场地，水泥仓库，木材仓库，钢材仓库)及木材、钢材加工场地的布置，应考虑材料运进工地方便，易于卸车，靠近使用地点，注意防洪防潮或防火的要求，并应便于加工搬运和施工使用等。

① 砂石料堆放和水泥仓库均应和混凝土搅拌站布置在一起。砂石料场要充分利用地形，不一定要推平场地，但应注意供料要方便。寒冷地区冬季施工可设置地坑。如洞口处地形狭窄，则可在就近开阔处布置砂石堆放场地。水泥仓库里水泥应分类堆放，先到先用，进出方便，以确保水泥不过期硬化。另外，还要做好防洪防潮工作。

② 木材仓库和木材加工场应布置在一起，并靠近道路。充分注意防火的要求，木工车间等易燃建筑物应位于场地的下风向，并与其他建筑物保持一定的距离。

③ 钢材仓库与钢筋加工场地应布置在一起，以便于加工和工程使用。

(三) 隧道施工生产房屋和生产设施布置

生产房屋和生活设施的布置要特别注意防洪、防砸、防沉陷、防塌埋。

① 通风机房和空压机房应靠近洞口，尽量缩短管道长度，以减少管道中能量损失，尤其要尽量避免出现过多的角度弯折。

② 搅拌机应尽量靠近洞口，靠近砂、石料，且应有一定的垂直高度，便于装车运输。

③ 炸药和雷管要分别存放。其库房要选择离工地 300~400 m 以外的隐蔽地点，并安装避雷装置。

④ 隧道施工机械场所的位置，要求便道可直达，并用电用水方便。蓄水池在山上的高度要能产生足够的压力差以满足工作面用水的需要。另外，在高寒地区冬季要做好水管的防冻措施。发电机房不一定要太靠近洞口而与其他房屋争场地。如采用外来高压电线输电，变电站应设在洞口附近。当洞内输电距离太长(超过 1.3 km)

时，电压降太大，电动机械电压不足，效率低，此时应考虑高压线进洞，洞内设变电站。

⑤ 隧道工地的临时道路应充分利用原有道路。工地的主干道宜呈环状布置，次要道路可布置成枝状，应有回车的掉头场地。路面宽度双车道 6 m、单车道 3.5 m。

⑥ 行政管理和生活福利设施，应方便生产及方便工人生活。工地办公室和医疗室应靠近施工现场。行政管理办公室可位于工地出入口附近，便于有效指挥隧道施工和管理。生活福利设施要首先考虑利用永久性房屋，不足时则修建临时房屋。

(四) 隧道工地生活房屋的布置

生活用房要与洞口保留一定距离，以保证工人和其他工作人员有一个安静的休息环境，但又不宜过远，同时要注意行动方便。整个生活区要适当集中，以便于学习和管理。要妥善考虑职工室外文体活动场地的布置。生活区要靠近水源，在水源四周 50 m 以内不得设厕所、畜圈和垃圾坑等。生活区位置要特别注意防洪防水的要求，以及做好环境保护和卫生的要求。

所有库房及生活用房的布置，均应充分考虑安全因素，如应避开坡面坍滑、危岩落石及泥石流等的危害；还应考虑防潮、防水、防洪 (特别是水泥、炸药库)。

四、施工现场平面图设计步骤与要求

每个隧道工地的自然条件是千变万化各不相同的。因此在考虑隧道工地布置时，要因地制宜，对具体的情况作认真的分析，并注意做好环境保护工作。整个工地布置要尽量做到"占山不占地，占地不占田，修路又造田"，充分考虑各种因素，本着合理、实用、经济的原则，进行隧道施工设施及场地平面布置。

施工平面图设计的一般步骤是：① 决定大型机械行走线路 (施工道路的布置)；② 布置材料和构件的堆放场；③ 布置运输道路；④ 布置各种临时设施；⑤ 布置水电管网；⑥ 布置安全消防设施。

施工场地平面布置图的绘图比例视工地面积大小而定，一般为 1∶200 ~ 1∶1000。

对于其他施工方法的隧道，随着施工方法的不同，施工场地布置所考虑的问题也有所不同，如盾构法施工时，盾构的拼装、管片预制、出渣和泥浆系统等的场地布置均与竖井 (盾构拼装井) 位置有关。对于沉埋法施工的隧道，干坞的布置是场地布置的主要问题。干坞的布置既要考虑隧址的位置，又要考虑浮运管段航道的选择，还要考虑管段预制方式。

五、隧道施工进度计划

施工进度计划是控制工程施工进度和工程竣工期限等各项施工活动的依据。隧道施工进度计划，是在确定了施工方法的基础上，对工程的施工顺序、各个项目的延续时间及项目之间的搭接关系、工程开工时间、竣工时间及总工期等作出安排，在这个基础上设计和编制劳动力、材料供应、成品和半成品、机械需用量计划等。施工组织工作中的其他有关问题都要服从进度计划的要求，如计划部门提出的月、旬作业计划和平衡劳动力计划，材料部门调配材料、构件，设备部门安排施工机具的调度，财务部门的用款计划等均需以施工进度计划为基础。

（一）隧道施工作业方式

隧道施工过程一般可分为施工准备过程、基本施工过程、辅助施工过程和服务施工过程。编制施工组织设计的目的就是合理地组织、妥善地安排隧道施工的过程，快速高效地完成施工任务。隧道施工过程的组织，主要是解决"施工空间组织"和"施工时间组织"两方面的问题。隧道施工过程的空间组织，主要解决施工单位的机构组织和人员配备问题，以及具体工程项目的各种生产、生活、运输、行政管理及临时设施的空间分布问题。隧道施工过程的时间组织，主要解决工程项目的施工作业方式和施工作业工序的安排及衔接问题。

1. 顺序作业

顺序作业是指按工艺流程和施工程序安排作业，即按先后顺序进行组织施工操作。例如，隧道坑道开挖这一分项工程的施工程序是：放样、钻眼、装药、引爆、通风除尘、寻帮找顶、装渣、出渣等。顺序作业就是按此固定（取决于工艺或结构物性质）程序组织施工。有时，各工序之间也可顺序作业。例如，对地质条件好的隧道可以先开挖，进行衬砌，修路面，再安装机电设施。其缺点为：整个工期长；专业队施工不连续，形成窝工；大部分施工段（工作面）空闲，工作面未充分利用。

2. 平行作业

线形工程施工特点是作业面很长，可以根据隧道各分项工程和施工技术的需要，分为几段或几个施工点，同时按程序施工，也就是同时开工、齐头并进、同时完成。这种平行作业施工方式可缩短工期，也可充分利用工作面，但消耗的机具和劳动力过大。隧道工程虽是线形工程，但隧道施工仅有两个工作面，对于特长、长隧道，每个工作面担负的任务很重，坑道长，施工条件恶劣，进度不能加快。为了加快掘进，需设置辅助坑道，如横洞、斜井、竖井、平行导坑等，可以增加坑道开挖施工工作面和采用平行作业方式组织生产，加快施工速度及改善施工条件等。

3. 流水作业

流水作业方式是将隧道工程划分为若干个施工段或工区，某一工种的工人队（组）先在第一施工段完成第一道工序，再转移到第二施工段完成同一道工序。同样，另一工种的工人队（组）紧跟其后依次序在各施工段完成下一道工序。如此类推，像流水一样前进，直到完成全部施工任务为止。

流水作业是以施工专业化为基础的，优点是：前一工序可迅速为后一工序让出工作面，从而加快了工程进度；各队（组）在各施工段上连续均衡施工，可合理地使用劳力、材料和机具（如模板和支撑等材料能在各施工段周转使用）；各工种的工人队（组）连续进行同一种工作，可提高熟练程度，有利于保证工程质量和提高劳动生产效率。

流水作业是顺序作业和平行作业相结合的一种施工方法，它不仅保留了平行作业和顺序作业施工的优点，还消除了它们的缺点。在工序相同的多个施工段的隧道线形工程施工组织中，其优越性是显而易见的，故采用较多。

采取流水作业施工，一是要将施工对象的施工过程分解成若干道工序，确定出各工序的作业时间（简称流水节拍），最后使各工序尽量做到连续作业，使各工序的工作面不空闲，工人不窝工，达到均衡施工的目的。二是要组织施工专业队（组），其最终目的在于保证施工中的两种连续：一种连续是工人队（组）从一个施工段转移至另一个施工段，连续进行同一种工作，不发生窝工现象；另一种连续是在同一施工段上，各工种工人队（组）连续作业，不发生工作面空歇现象。如果两种连续同时满足，工人工效得到充分发挥，工作面得到充分利用，工期就得以缩短，此为最理想的流水作业，也就达到了加快施工速度的目的。

（二）隧道施工进度计划的表现形式

隧道施工进度计划一般采用隧道施工进度图来表示。隧道施工进度图有横道图、垂直图等不同表现形式。

1. 横道图

横道图，一般由两大部分组成：左面部分是以分项工程为主要内容的表格，包括相应的工程量、定额和劳动量等计量依据；右面部分是指示图表，它是由左面表格中的有关数据经计算等得到的。指示图表用横向线条形象地表示分部各项工程的施工进度，横线的长度表示隧道施工期限；横线的位置表示隧道施工过程，横线上的数字表示劳力数量；横线不同的符号表示作业队（组）或施工段；图表还表现出隧道各施工阶段的工期和总工期，并综合反映了各分部分项工程相互之间的关系。可采用资源综合平衡调整。

这种表示方法比较简单、直观、易懂、容易编制，但有以下缺点：① 分项工程（或工序）的相互关系不明确；② 施工日期和施工地点无法表示，只能用文字说明；③ 工程数量实际分布情况不具体，仅反映出平均流水速度。它适用于绘制集中性工程进度图、材料供应计划图，或作为辅助性的图示附在说明书内来向施工单位下达任务。

2. 垂直图

垂直图是用坐标图的形式绘制的，以横坐标表示隧道长度（以百米标表示里程），以纵坐标表示施工年月（日）。用各种不同的线型代表各项不同的工序。每一条斜线都反映某一工序的计划进度情况：开工计划日期和完工计划日期，某一具体日期进行到哪一里程位置上以及计划的施工速度（月进度）。各斜线的水平方向间隔表示各工序的距离，其竖直方向间隔表示各工序的拉开时间。各工序均衡推进表示在进度图上为各斜线之间相互平行。垂直图可用于隧道工程进度分析和控制。

垂直图的优点是消除了横道图的不足之处，工程项目的相互关系、施工的紧凑程度和施工速度都十分清楚，工程的分布情况和施工日期一目了然。但它仍有不足之处：① 反映不出某项工作提前（或推迟）完成对整个计划的影响程度；② 反映不出哪些工程是主要的，不能明确表达出哪些是关键工作；③ 计划安排的优劣程度很难评价，不能使用电子计算机，因而绘制和修改进度的工作量很大。

(三) 隧道施工进度计划的编制

施工进度计划是在既定施工方案的基础上，按照流水作业原理编制的。隧道施工进度计划的编制一般按以下步骤进行：① 将隧道工程分部项目的施工划分为工序；② 计算各工序的工程量；③ 计算各工序的劳动量和机械台班量；④ 计算各工序的生产周期；⑤ 安排各工序的施工进度；⑥ 检查和调整施工进度计划；⑦ 编制隧道施工资源需求量计划及其他图表；⑧ 特殊地段的施工进度图绘制。

1. 划分工序

以洞口工程为例说明划分工程工序的方法。根据洞口工程的结构特点，可将其分解成以下工序。

① 土石方工程：一般包括洞口排水系统，消除洞口上方有可能滑塌的表土、灌木及山坡危石、拉槽等。

② 洞口支挡工程：包括边坡、仰坡等。

③ 洞门工程：包括开挖进洞、基础开挖、端墙施工等。

④ 其他工程：包括绿化、洞门装饰等。

在工序项目中一般只包括现场施工工作，不包括加工场的预制工作和运输工作等。因为这些工作并不单独占用工期，即可不列入进度计划。

辅助性的工序，如测量放线、质量检查、混凝土养护等，一般不单独列项，但在安排施工进度时仍要加以考虑，为它们留出一定的时间。

2. 工程数量计算

施工进度计划工序列好以后，即可根据施工图纸及有关工程数量的计算规则，按照施工顺序的排列，分别计算各个施工过程的工程数量并填入表中。工程数量的计算单位应与相应定额的计量单位相一致。

3. 各工序的劳动量和机械台班数量计算

所谓劳动量，就是施工过程的工程量与相应的时间定额的乘积，或者是劳动力数量与生产周期的乘积，机械台数与生产周期的乘积。人工操作时叫劳动量，机械操作时又叫作业量。劳动量可按下式计算：

$$D = Q / C \text{或} D = Q \cdot S$$

式中：D——劳动量（工日或台班）；

Q——工程量；

C——产量定额；

S——时间定额。

劳动量的计量单位，对于人工为"工日"，对于机械则为"台班"。计算劳动量时，应根据现行的相应定额（施工定额或预算定额）计算。

4. 生产周期计算

由于工期要求不同和施工条件的差异，生产周期的具体计算方法有以下两种：

① 以施工单位现有的人力、机械的实际生产能力及工作面大小，来确定完成该劳动量所需的持续时间（周期）。一般按下式计算：

$$t = D / Rn$$

式中：t——生产周期，即持续天数（d）；

D——劳动量（工日或台班）；

R——每工作班人数或机械台数；

n——生产工作班制数。

② 根据规定的工期来确定施工队（班组）人数或机械台数。在某些情况下，可以根据已规定的或后续工序需要的工期，来计算在一班制、二班制或三班制条件下，完成劳动量所需作业队的人数或机械台数。一般按下式计算：

$$R = D / m$$

受施工条件或施工单位人力、设备数量的限制，从而对生产周期起控制作用的那个劳动量称为主导劳动量。一般取生产周期较长的劳动量作为主导劳动量。

在人员、机械采用二班制或三班制时将会缩短施工过程的生产周期。当主导劳动量生产周期过于突出时，就可以采用二班或三班作业缩短生产周期。

5.施工进度计划的检查与调整

施工组织设计是一个科学的有机整体，编制得正确与否直接影响工程的经济效益。施工管理的目的是使施工任务能如期完成，并在企业现有资源条件下均衡地使用人力、物力、财力，力求以最少的消耗取得最大的经济效果。因此，当施工进度计划初步完成后，应按照施工过程的连续性、协调性、均衡性及经济性等基本原则进行检查和调整。

6.资源需要量计划及其他图表的编制

（1）劳动力需要量计划

根据已确定的施工进度计划，可计算出各个施工项目每天所需的工人数，将同一时间内所有施工项目的工人数进行累加，即可绘出每日工人数随时间变化的劳动力需要量图。可编制劳动力需要量计划，附于施工进度图之后，为劳动部门提供劳动力进退时间，保证及时调配，做好平衡，以满足施工的需要。如现有劳动力不足或过多，应提出相应的解决措施，或者增开工作面，以按时或提前完成任务。

（2）主要材料计划

主要材料包括施工需要的三大材（钢材、水泥、木材）、爆破器材，以及有关临时设施和拟采取的各种施工技术措施用材，预制构件及其他半成品亦应列入主要材料计划中。材料的需要量，可按照工程量和定额规定进行计算，然后根据施工项目的施工进度编制年、季、月主要材料计划表。主要材料（包括预制构件、半成品）计划应包括材料的规格、名称、数量，材料的来源及运输方式等。材料计划是为物资部门提供采购供应，组织运输和筹建仓库及堆料场的依据。

（3）主要施工机具、设备计划

由于在确定施工方法时，已经考虑到各个施工项目应选择何种施工机具或设备。为了做好机具、设备的供应工作，应根据已确定的施工进度计划，将每个项目采用的施工机械种类，规格和需用数量，以及使用的具体日期等综合起来编制施工机具、设备计划。主要施工机具、设备需要量包括基本施工过程、辅助施工过程所需的主要机具、设备，并应考虑设备进、出厂（场）所需台班以及使用期间的检修、轮换的备用数量。

（4）临时工程计划

临时工程包括生活房屋、生产房屋、便道、电力和通信设施以及小型临时设施等。要本着实用经济的原则制订临时工程计划，做到既能满足工程需要又能节约开支。

7. 特殊地段施工进度图绘制

由于隧道内工程施工中存在很多不可预见的因素，施工中往往会出现一些特殊情况，如大涌水、大断层、瓦斯溢出等不良情况，所以应针对实际情况单独编制施工进度图。其编制方法同前，只是施工项目有所变化。

六、隧道施工风险评估与管理

隧道工程由于其建设环境（地层、周边环境、地下构筑物）复杂，而且具有非常大的不确定性，施工难度大、施工风险高，因此加大隧道工程风险管理的力度势在必行。在隧道工程建设的各个阶段实施风险管理，有利于决策科学化、减少工程事故的发生，达到控制风险、减少损失的目的。隧道施工应在传统项目管理的基础上，采用风险理论与方法，对复杂项目中潜在的风险进行辨识、分类、分析和评估，进而对各种潜在风险进行科学、合理的控制，对风险等级高的分部分项工程编制专项施工方案，以保证隧道工程建设的安全与经济。

（一）风险管理的基本概念

1. 风险

对于隧道施工，"风险"可定义为在隧道施工期间发生人员伤亡、环境破坏、财产损失、工程经济损失、工期延误等潜在的不利事件的概率（P）和后果（C）的集合，可以表征为：

$$R=f（P, C）$$

式中 R——risk，风险值；

P——probability，风险事件概率；

C——consequence，风险事故后果。

2. 风险管理的步骤

风险管理是研究风险发生规律和风险技术的一门新兴管理科学，各经济单位通过风险识别、风险估测、风险评价，并在此基础上优化组合各种风险管理技术，对风险实施有效的控制和妥善处理风险所致的后果，期望达到以最小的成本获得最大安全保障的目标。结合隧道施工的特点，风险管理为参与工程建设的各方通过风险识别、风险评价、风险处理和风险监测，力求降低风险的影响，以较低合理的成本获得最大安全保障的管理行为。隧道施工风险管理一般包括以下过程：

（1）风险识别

风险识别是风险管理的第一步，也是风险管理最重要的环节。其工作内容是通过对隧道工程项目中所面临的和潜在的风险加以全面、系统地分析、归纳和整理，对可能遇到风险的类型、生成原因及可能的影响后果作定性估计和判断。例如，施工中可能遇到的风险有突水涌泥、隧道坍方、洞口失稳、围岩变形过大和岩爆等。以突水涌泥为例，引起隧道内突水涌泥的相关因素有隧址区的地形地貌、地质构造、地层岩性、岩溶、开挖方法等，可能后果包括工程损失或人员伤亡、工期延误及可能诱发次生地质灾害等。

(2) 风险评估

风险评估是对风险因素和风险事件进行分析和等级评定。

首先是对风险因素和风险事件进行分析。其次根据相应评估方法得到的结果对风险因素和风险事件进行等级评定。在施工期间对可能发生的突发风险事件，应划分预警分级。根据突发风险事件可能造成的社会影响性、危害程度、紧急程度，以及发展势态和可控性等情况，将其分为四级：Ⅰ级 (特别严重)、Ⅱ级 (严重)、Ⅲ级 (较严重) 和Ⅳ级 (一般)，依次用红色、橙色、黄色和蓝色表示。

(3) 风险处理

风险处理，即对风险因素进行处置和应对，其内容包括风险规避、风险减轻、风险转移和风险接受四种。基本措施如下，具体工程可选择一种或多种对策来控制风险。

① 风险规避：也称风险消除，即通过采用某种方法切断风险源，不让工程风险发生，将工程风险的发生概率或损失降低到零。这是一种理想的控制手段，但应注意风险消除通常需付出一定代价，如采用放弃项目、放弃原有行动计划或改变目标的方法切断风险源，而且切断风险源后也可能带来新的风险。

② 风险减轻：通过采取措施 (如修改技术方案) 减少风险发生的概率或控制风险的损失，或者增加风险承担者，将风险各个部分分配给不同的参与方。在隧道工程中，大多数风险的处置可以采用这种方法。

③ 风险转移：也称风险分担，是指当有些风险无法回避、必须直接面对，而自身的承受能力又无法有效地承担时，采用某种方式将某些风险的后果连同对风险应对的权力和责任转移给他人。转移风险的方法很多，主要包括非保险转移和保险转移两大类。

④ 风险接受：也称风险自留，是指项目参与方自己承担风险带来的损失。风险自留可分为计划内的风险自留和计划外的风险自留。采用计划内风险自留的前提，一般是所接受的工程风险可能导致的损失比转移风险所需费用少；计划外的风险通常为未识别风险，在风险管理中应尽可能避免计划外的风险自留。

(4) 风险监测。

风险监测为风险管理过程中，对风险进行的全程动态监测。

（二）风险管理的基本原则与准则

1. 风险管理基本原则

隧道风险评估应主要对造成人员伤亡、环境破坏、财产损失、工程经济损失、工期延误等风险事件进行评估。隧道风险评估与管理目标为安全风险、环境风险、工期风险、投资风险及第三方风险等。

2. 风险管理准则

ALARP（As Low As Reasonably Practicable）准则是最常用的风险接受准则，又称最低合理可行准则，其含义是任何工程活动都具有风险，不可能通过预防措施来彻底消除风险，必须在风险水平与利益之间作出平衡。

风险分为三个区域：若风险评价所得的风险等级处在不可接受区域，须拒绝或采取强制性的措施降低风险水平；若风险等级处在可接受区，由于风险水平很低，无须采取任何对应措施；若风险等级处在合理可行的最大限度降低区，则需要考察实施各种降低风险水平措施后的效果，并进行对比分析，据此确定风险是否可以接受。

（三）隧道工程风险管理

1. 隧道工程风险管理基本要求

① 隧道应进行风险管理，且应贯穿隧道设计和施工全过程。

② 隧道风险管理应将可能发生的各类风险降至合理、可接受的水平，为实现隧道工程安全、稳定、质量、环境、工期、投资等目标提供技术保障，并以安全风险管理为重点。

③ 隧道风险管理应采取有效措施进行风险控制，并高度重视具有突发性和灾难性的风险。

④ 隧道工程风险管理应根据工程推进和环境变化，综合应用风险管理技术，对风险实施有效的管理。

⑤ 隧道设计阶段风险管理工作包括风险计划、风险识别、风险估计、风险评价和风险控制，并按可行性研究、初步设计、施工图三个阶段开展。

⑥ 隧道工程风险评估方法应根据各阶段风险特点采用定性、定性和定量相结合、定量等方法。

⑦ 各阶段风险管理完成后，均应提交风险管理报告。针对极高风险等级的工点及复杂技术工点，应编制专项风险评估报告。

2. 隧道施工风险管理内容

隧道施工阶段风险管理是根据设计阶段风险评估结果、施工地质、资源配置及实施方案进行再评估，提出相应的施工措施，注重施工管理、措施评价和落实，保证施工安全和减少损失的过程。其主要工作包括：

① 施工前应制订风险管理计划，组织设计单位进行风险的技术交底。

② 施工单位应仔细、全面地熟悉施工图纸，核对图纸与现场实际情况是否相符，提出有关风险（特别是安全风险）的质疑，由设计单位在设计技术交底时解答。

③ 在施工前制定风险管理实施细则，进行人员培训。

④ 在施工前应结合设计文件对工程影响范围内的建（构）筑物、公路、地下管线、居民生产生活用水等周边环境及地质条件进行全面核查，并形成正式报告，经监理单位审核签字确认后，报送业主备案。

⑤ 在设计阶段风险评估的基础上，结合环境和地质条件、施工工艺、设备、施工水平、经验和工程特点等，对新出现的风险进行识别，提出风险处理措施供业主决策，对已识别的风险进行监测。

⑥ 在施工现场公示识别的风险，其内容应包括风险描述、监测方案、应急预案、责任人等。

⑦ 业主负责组织评审和汇总，以会议纪要的形式形成评审意见，对极高、高度的风险分级调整，需报送主管领导。

⑧ 施工过程中风险的监测包括施工监测、工况和环境巡视、作业面状态描述、风险处置过程和发展趋势等内容；施工单位在施工过程中应将地质超前预报、监控量测纳入施工的重要工序，按照设计要求编制施工监测的实施方案，对工程自身结构及环境风险进行全面监测；提前识别和预测地质风险因素，保证施工安全。

⑨ 施工中参建单位应建立风险的预警、响应及信息报送机制。根据实时监测数据、工况、环境巡视和作业面异常状态等，确定预警级别，形成异常状况报告；对可能发生重大突发风险事件的预警状态，施工单位应立即启动相关预案，组织处理，同时第一时间报送业主、设计单位、监理单位。

⑩ 应根据预警异常状况报告，监测数据及分析成果、巡视信息，及时审核、分析并确认风险预警级别，采取有针对性的风险处理措施。其他参建单位应承担风险处理的组织、协调、监督及实施等职责。

3. 隧道施工风险管理的动态性

隧道工程施工阶段的风险管理十分重要，是风险能否得到有效控制的关键。随着隧道施工的发展，风险在不断发展变化，各项风险的概率、损失以及对于整个工程风险的权重也在不断变化。因此，在隧道施工阶段，随着工程进展采取有效的风险处理措施后，先前的风险能得到控制，但又会产生新的风险，故施工阶段应建立专门机构。以先前各阶段完成的风险管理为基础，进行风险的动态评估与管理。其主要过程为：

① 在施工过程中，应根据施工揭示地质情况对风险进行动态评估，对中度等级的风险予以监测。若采用原设计方案不能有效降低风险等级达到设计要求的水平，应及时上报业主，经业主决策后采取相应措施。

② 根据施工流程按核对表法对其他风险进行识别，结合风险评估结果，按不同的评估目标（安全、工期、投资等）确定应对措施。

③ 施工中应对风险跟踪管理、定期反馈，随时与相关单位沟通。

隧道施工风险管理的动态性是由客观因素的多变以及对地质因素了解的局限所决定的。

第二节　隧道运营管理与养护维修

一、运营隧道管理技术

(一) 隧道运营管理概述

隧道运营管理是利用运营设施对隧道日常管理和土建工程等进行养护维修的总称，其目的就是保证隧道良好的运营条件和结构物的使用功能，不断地延长隧道的使用寿命。

隧道运营管理的基本原则是确保隧道的功能和运营环境的质量，对影响隧道结构物安全性、耐久性的变异现象进行检查及调查，并采取适当的对策和措施。

铁路隧道的运营管理较为简单，因列车总是按照路局编制的运行图行驶，很有规律，照明要求也不高，除了设置机械通风的长大隧道需要控制通风设施的运转外，其他没有什么过多的管理要求。而公路隧道的运营管理则要求较高，它包括对汽车进行交通管理和对各种附属设施进行管理两个方面。公路隧道管理设施，随着隧道的重要程度不同，设置标准可以有很大的差异。广义地讲，运营通风、运营照明、监控设施及安全管理设施等均属运营管理设施范畴。这些设施的设置标准在一定程度上反映了隧道的服务水平。

虽然铁路隧道与公路隧道管理及实施上区别较大，但在土建结构的养护和维修上却是一样的，因为铁路隧道和公路隧道出现的病害性质都是相同的。从隧道及地下工程使用经验看，各国采用的运营隧道养护维修基本模式是：检查—发现变异—推定变异原因—明确变异后结构物的健全度—制定相应的整治措施—整治。也就是采用"早期发现、及时维护"的维修管理模式。铁路隧道维修管理的基本原则是"预防为主，预防和整治相结合"，隧道维修管理的要点是"预防为主、早期发现、及时维护、对症下药"。公路隧道养护维修的原则是"预防为主，防治结合"。因此，隧道的各种检查、检测监测、评估评价、养护维修和病害整治，是运营设施管理之外隧道运营管理主要的工作内容。

（二）隧道的养护

隧道养护是指为保持隧道土建结构、机电设施及其他工程设施的正常使用而进行的日常巡查、清洁维护、检查评定、保养维修等工作。隧道养护应划分隧道养护等级，并按照等级实施养护。应对隧道进行定期检查，根据检查结果对隧道技术状况进行评定，并根据隧道交通运营状况、结构和设施技术状况以及病害程度、围岩地质条件等，制订相应的养护计划和方案。

土建结构主要指隧道的各类土木建筑工程结构物，包括洞口边仰坡、洞门、衬砌、路面（轨道）、防排水设施、斜（竖）井、检修道及风道等结构物。机电设施指为隧道运行服务的相关设施，包括供配电设施、照明设施、通风设施、消防设施、监控与通信设施等。其他工程设施包括电缆沟、设备洞室、洞外联络通道、洞口限高门架、洞口环保景观设施、附属房屋设施等。

1. 隧道养护工作原则与范围

构筑物养护工作按照"预防为主，消灭超限"的原则实施，宏观上以周期控制，微观上以状态控制。养护分紧急养护和周期养护。对于检查发现的超限处所，应立即安排紧急养护，消灭超限。周期养护为预防性养护，可根据养护周期进行，也可分区段进行。

隧道养护工作的范围包括：洞口外边仰坡、洞口减光坞工结构、洞门、洞身、洞内路面、排水系统，以及通风、照明、标志、标线、监控、消防、防冻、消音等设施的检查、保养、维修和加固。

2. 隧道养护检查

隧道的养护检查分为经常检查、定期检查和特别检查。

（1）经常检查

经常检查的目的是系统地了解隧道结构的一般状态，发现病害并调查需要维修的工作量。经常检查以目测为主，每日一次，由隧道养护工区负责。

(2) 定期检查

定期检查一般分为秋季大检查和春季大检查两次，用仪器和量具量测。短、中隧道由县级公路管理机构主管工程师组织检查，长、特长隧道由地市级公路管理机构主任工程师组织检查。

① 秋季大检查。每年秋季（雨季以后）要对隧道建筑物进行一次全面、细致的检查，详细了解建筑物各部分的状态，特别是雨季前后的情况，发现病害，分析原因，提出治理方案。

② 春季大检查。针对所在地区的不同气候条件和容易发生的病害特点，进行春季设备检查。严寒地区要着重对春融病害进行检查，南方早雨地区则要进行防洪检查。

(3) 特别检查

① 对于长大的、构造复杂的、有严重病害或有继续扩展病害趋势的隧道建筑物应做特别检查，对它们要规定出专门的检查制度，并定期分析观测结果。此外，当洞内发生交通事故、起火爆炸、发生自然灾害及结构严重损坏时，应及时进行特殊检查，分工原则同定期检查。

② 隧道限界检查。这是专门针对隧道衬砌限界所进行的全面检查，对铁路隧道尤为重要。

(三) 隧道的维修

隧道建筑物维修工作按照"预防为主，防治结合，有病治病，治病根除"的原则进行，一般以整座隧道为单位进行，特长隧道可分段进行。隧道的维修分为综合维修和大修。

1. 隧道综合维修

隧道综合维修工作范围包括：整治少量的隧道漏水，修补小量衬砌圬工；隧道排水沟清理；隧道洞口边仰坡危石处理，防护设施局部整修；隧道通风、照明等设施整修；各种防护设备的砌体勾缝修补；防护墙、作业通道、救援疏散通道、安全检查设备、抗震设施等的局部整修；各种标志的增设、修理和更换等。隧道综合维修需由隧道管理单位编制隧道综合维修年度和月度计划表，报上级主管部门批准后方可执行。

2. 隧道大修

(1) 隧道大修工作范围

隧道大修按照隧道结构及设备状态劣化等级、工程性质、工程量大小和复杂程度，分为周期大修、重点大修和一般大修等。隧道大修工作范围包括：整治漏水，改善和增设排水设备；整治洞口边坡、仰坡；隧道底部病害成段整治；衬砌裂损整治。

（2）大修计划编制

隧道大修一般以每座隧道为单位，将需要进行大修的各个工程项目，均安排在同一次大修计划内。隧道管理单位应根据隧道结构及设备技术状态，每年检查后，提出次年的大修项目建议书，报送上级主管部门审核，再根据轻重缓急和投资能力，确定次年大修任务计划。对病害原因复杂的隧道大修项目，应对病害原因、程度、发展趋势和整治方案进行专家论证。

（3）大修设计文件

对每座隧道大修工程均应进行设计，编制设计文件。周期大修和一般大修可直接进行设计。重点隧道大修工程可分两阶段进行设计，即先提出初步设计和概算，经上级主管部门审查确定后，再编制技术设计。隧道大修设计文件分为说明书、设计图表和预算三部分。

（4）大修施工管理

隧道大修原则上由专业施工单位施工，零小的一般大修或周期性大修工程亦可由隧道管理单位施工。隧道大修工程，必须有批准的设计、施工文件才能施工。隧道大修工程的施工应视工程规模的大小、性质实施工程监理制度。隧道大修施工应编制年度分季、季度分月计划。隧道大修使用的主要材料应提供材质说明书和合格证，并按有关规定进行检验，检验合格并经监理或监护员审核签字确认后，才准领用和运往工地。使用代用材料时，应征得原设计单位的同意。

二、运营隧道检测监测技术

隧道衬砌状态的检测监测是检查的主要手段。加强对隧道衬砌结构的检测监测，及时采取有效整治措施，可大大提高其安全性和延长其使用寿命。传统检查方法存在效率低、危险程度高、主观性强、劳动强度大等缺点，不利于对隧道衬砌结构的安全性进行客观评估。随着隧道大规模兴建和投入运营，常规的检测监测手段已无法满足日益增长的需求。检测监测朝着无损、高效、综合、信息化方向发展，在衬砌表观检测、结构检测监测和检测监测信息系统等方面取得了一些成果。

（一）运营隧道常见缺陷与病害

隧道在修建和运营过程中，由于受到环境、有害物质的侵蚀，车辆、风、地震、疲劳、人为因素等作用，以及衬砌结构自身性能的不断退化，导致结构各部分远没有达到设计年限就产生了不同程度的缺陷和病害。这些缺陷和病害如果不能及时得到检测和维修，轻则影响行车安全和缩短隧道结构使用寿命，重则导致隧道结构破坏和坍塌。因此，为保证隧道结构的安全性、适用性和耐久性，应针对隧道常见缺陷和病害，加强对隧道结构健康状况的监测和评估，从而实施合理的养护维修工作。

衬砌缺陷包括：①衬砌及基底混凝土厚度不足；②衬砌背后空洞及隧底吊空；③衬砌混凝土强度不足；④衬砌背后及基底不密实。

运营隧道常见病害有以下几种：①隧道渗漏；②衬砌开裂；③衬砌腐蚀；④隧道冻害；⑤基底下沉及翻浆冒泥；⑥隧道底鼓；⑦通风照明不良。

(二) 运营隧道检测内容

隧道的土建结构检测分为外观检查和专项检测。外观检查是对土建结构的基本技术状况进行全面检查，初步掌握土建结构病害程度和范围，为制订专项检测和养护工作计划提供依据。专项检测是在隧道外观检查的基础上，对一些重点病害采用专门技术和检测设备进行深入而细致的检测，从而全面准确地掌握隧道的技术状况，为隧道质量评定及后期养护提供可靠的依据。

1. 外观检查

洞口检查内容为：山体有无滑坡，岩石有无崩塌征兆，边坡、碎落台、护坡有无缺口，有无冲沟、潜流涌水、沉陷、塌落等，护坡、挡土墙有无裂缝，有无断缝、倾斜、鼓肚、滑动、下沉或表面风化、泄水孔堵塞、墙后积水、周围地基错台、空隙等。洞门检查内容为：墙身有无开裂、裂缝，衬砌有无起层、剥落，结构有无倾斜、沉陷、断裂，混凝土钢筋有无外露。衬砌检查内容为：衬砌有无裂缝、剥落，衬砌表层有无起层、剥落，墙身施工缝有无裂缝、错台，有无渗漏水、钢筋是否锈蚀。路面检查内容为：路面有无塌落物、油污、滞水、结冰、堆冰等，路面有无拱起、沉陷、开裂、错台。检修道检查内容为：道路有无损坏，盖板有无缺损，栏杆有无变形、锈蚀、破损等。排水系统检查内容为：结构有无破损，中央井盖、边沟盖板等是否完好，沟管有无开裂渗水，排水沟积水井是否有堵塞、沉沙、滞水、结冰等。

外观检查方法主要采用步行和高空作业车辅助方式，配备必要的检查工具和设备，进行目测或量测检查。检查时，应尽量靠近结构，依次检查各个结构部位，注意发现异常情况和原有异常情况的发展变化并采用数码相机、钢卷尺、裂缝测宽仪、粉笔辅助标记及记录。

2. 专项检测

隧道专项检测内容及方法如表11-1所示。

从目前建成和在建隧道的病害情况看，隧道状态检测的重点是：①隧道衬砌厚度；②隧道衬砌材料缺陷，如模筑混凝土施工过程中出现蜂窝或空洞等；③隧道衬砌背后空洞，如在施工过程中由于坍方处理不当、回填不密实等原因造成衬砌与围岩接触不紧密或形成空洞等；④地下水渗漏造成对衬砌材料的物理和化学腐蚀；⑤隧道衬砌的开裂状态及其性质。其可分为衬砌表观检测和衬砌结构检测两个方面，并从中开展隧道检测。

表 11-1　隧道常见检测项目

项 目	内 容	方 法	仪 器
裂缝检测	裂缝的位置、发展方向、宽度、长度、深度、开裂范围	裂缝宽度检测：采用裂缝宽度观测仪、读教显微镜在裂缝表面进行检测。裂缝深度检测：用超声波检测仪对裂缝深度进行探查	钢尺、读数显微镜、裂缝观测仪、超声波测定仪、记号笔等
渗漏水检测	渗漏水位置、水量、浑浊度、冻结及原有防排水系统的状态，漏水的水温、pH 检测	目测及仪器检测	秒表、计量容器、pH 试纸
衬砌断面检测	内轮廓检测	断面仪检测	激光断面仪、全站仪
衬砌质量检测	衬砌厚度、强度、衬砌背后回填密实程度以及空洞或欠密实区的位置和大小	无损检测及抽芯检测	雷达、取芯设备、回弹仪、压力机
环境检测	粉尘含量	粉尘检测	粉尘检测仪
	瓦斯、CO_2 浓度	瓦斯、CO_2 浓度检测	光干涉甲烷测定器
	CO 浓度	CO 浓度检测	CO 浓度检测仪
	噪声	噪声检测	精密声级计
	照度	照度检测	照度计
	风速	风速检测	风速计
	烟雾浓度	烟雾浓度检测	光透过率仪

（三）运营隧道衬砌表观检测技术

传统的铁路隧道衬砌表观质量检测通常采用人工巡查纸质记录，随着高清相机的普及，拍照也成为数据收集的一种手段，但仍存在难于检测的项目和部位，且需花费大量时间进行数据整理和编制报告。近年来，利用具有机器视觉的高精度传感器自动记录隧道衬砌表面数据的检测技术得到了长足发展。该技术根据工作原理分为基于激光扫描和基于摄像测量两大主流。在隧道渗漏水检测上可利用红外热成像技术。同时，鉴于传统里程定位误差大，采用数据点定位信息技术可提高精度。

公路隧道也较多采用了激光断面仪检测技术进行断面检测，运用三维激光扫描技术进行隧道变形监测及质量检测，并结合隧道渗漏水要求等级的判断思想推进红外热成像技术在隧道渗漏水检测中的应用。

（四）运营隧道衬砌结构质量检测监测技术

隧道衬砌是重要的支护结构，是隧道结构内实外美的直接体现者，混凝土衬砌质量的好坏对隧道的长期稳定性、运营功能的发挥有着重要的影响。

隧道混凝土衬砌常见的质量问题包括：混凝土开裂、钢筋锈蚀、混凝土强度不够、衬砌厚度不足、衬砌表面渗漏水、衬砌背后充填不密实等。因此，必须对二衬混凝土强度、厚度及背后空洞进行检测。

1. 二衬混凝土强度检测方法

隧道衬砌的强度检测方法有钻芯法、回弹法、超声波法、超声回弹综合法。其中最直接、最可靠的方法无疑是钻芯取样法，但该法可对衬砌造成局部破损，影响隧道美观且施工不便、费用较高，因而难以大量使用、推广。回弹法测试仪器价格便宜、试验费用低、操作简单、不受构件特征限制，因此在国内外工程的质量检验等工作中得到了更广泛的应用；其缺点是只能反映混凝土表面厚度约为 3 cm 的情况，而随着龄期的增长，混凝土表面硬化，从而造成回弹值与实压强度偏差较大，在使用中有一定的局限性。超声波法利用超声波在混凝土中传播时混凝土的抗压强度与纵波的传播速度之间的函数关系测算混凝土强度值。强度测定受很多因素影响，如横向尺寸效应、温度和湿度、钢筋、骨料、水灰比、龄期、缺陷和损伤等。考虑到回弹法和超声波法的优点与不足，在混凝土强度检测时可将这两种方法结合起来，形成了超声回弹综合法。

超声回弹综合法是采用低频超声波检测仪和回弹仪，在结构或构件混凝土同一测区分别测量超声声速值及回弹值，并利用已建立的测强曲线检测衬砌混凝土强度的方法。即先对试块进行超声测试，然后进行回弹测试，最后将试块加压破坏，当取得超声声速值 v，回弹值 R 和混凝土强度 f_{cu} 之后，选择相应的数学模型来拟合它们之间的相关关系。有了测强曲线后，根据现场利用回弹仪取得的回弹值 R 和利用超声仪取得的超声声速值 v，就可得到衬砌混凝土的强度值。

2. 衬砌混凝土厚度与背后空洞检测方法

隧道衬砌混凝土厚度以及内部裂隙，空洞和背后回填密实程度是隧道施工质量检测的重要指标，它直接影响衬砌结构的承载能力和隧道的使用寿命。隧道衬砌厚度检测方法主要有钻孔取芯法、冲击—回波法、激光断面仪法、地质雷达法。

使用地质雷达检测技术，可以对隧道进行无损实时成像扫描，可用于检测钢支撑间距与数量，初期支护、二次衬砌厚度及背后空洞，混凝土不连续面等，具有快速、直观、准确的优点。每种雷达虽然外观不同，但其基本组成部分主要都是控制单元、发射天线、接收天线、笔记本电脑和专用软件。

3. 隧道衬砌结构质量检测技术新进展

针对隧道衬砌结构质量的检测监测，传统的检测法检测效率低、人工劳动强度大、工作环境危险；同时，对于隧道结构监测数据，需要通过人工定期现场收集，效率低下且反馈滞后。因此，近些年铁路隧道衬砌结构检测监测技术重点致力于发展快速无损检测和自动监测，在雷达探测技术、冲击回声技术、瞬变电磁检测技术、声波检测技术及自动监测技术方面等都有新的进展。公路隧道也针对地质雷达的探测深度与数据的精度等问题，投入了地质雷达技术的研发，以全面提升隧道衬砌检测技术水平。

（1）雷达探测技术

常规的地质雷达使用地面耦合天线以接触方式进行检测工作，存在工序复杂且危险性大等风险，促使衬砌质量检测技术正朝着机械化、快速化、非接触方向发展。轮胎式隧道衬砌质量检测车可实现对隧道拱墙衬砌和隧底结构的快速连续非接触无损检测，轮轨式衬砌质量检测车集成地质雷达、激光断面扫描仪、线阵相机和新型液压控制机械臂等系统装备，能对高铁隧道拱墙内部、隧底结构及衬砌表面状态质量进行快速检测。

（2）冲击回声技术

衬砌内部病害隐蔽，传统方法以接触网作业车作为检查平台，人工手持检查槌敲击隧道衬砌，通过人的听觉判断病害位置及范围，作业条件恶劣，检测结果因人而异。冲击回声装置使用可控的液压锤（球）保持敲击力稳定，通过与人的听觉判断功能相近的数字信号进行诊断，实现了敲击诊断机械化和自动化。该技术已经应用于新线铁路隧道提前检查工作。

（3）瞬变电磁检测技术

传统瞬变电磁法探测与解释仅依靠二维视电阻率断面图，而现在实现了隧底含水构造的三维瞬变电磁探测。

（4）声波检测技术

近几年来，以低频干耦合接触、阵列式控制、合成孔径聚焦为特征的三维超声波成像技术已在混凝土空隙定位、分层、疏松等方面获得越来越广泛应用。

(5) 自动监测技术

近几年铁路隧道监测传感器和传输技术越发先进，包括激光测距仪、阵列式位移计、光纤传感器等，已应用于部分高铁隧道和铁路盾构隧道监测。

另外，还有机械振动法 (结构动力学法、地震波反射法等)、射线技术法 (γ 射线反向射线法、中子反向散射法) 和其他电气和电子技术法 (涡流法、电势法等)、光学技术法 (红外线稳定记录法、多光谱分析法等)，有待进一步研究和应用。

(五) 运营隧道检测监测的实施

1. 隧道状态检测的测点布置原则

在进行隧道检测时，首先应根据隧道的结构特点和可能的破坏模式，确定结构的薄弱环节，以及在特殊地段隧道结构的受力或受力变化，同时要考虑监测点的优化，确定出状态检测的内容和重点。

隧道纵向测点应布置在：① 围岩变化较大处；② 水位较深处；③ 联络通道处；④ 施工条件发生较大变化处。为了全面掌握隧道情况，每隔一定距离应设监测断面。

横向测点应布置在：① 拱腰部位；② 拱顶处；③ 隧道底部。

2. 隧道检测的步骤

为满足能够长期有效地为施工和运营提供可靠的数据保障，隧道的检测可分为两个阶段实施：① 在施工阶段，埋设传感器并读取数据，据此分析隧道在施工阶段的受力变化特征；② 在隧道竣工后利用通信网络把传感器数据传至中心控制系统，通过计算和分析来确定隧道受力特点和安全性能。因此，主动监测系统的数据采集器也应满足两个阶段的需要，即在施工阶段采用人工读数，并预留通信接口，以便在运营阶段并入监测系统中，自动采集数据。

3. 隧道检测监测信息系统

隧道检测监测系统主要包括传感器系统、数据采集、通信传输设备及计算机监控中心。传感器监测的实时信号由采集装置送到监控中心，进行处理和分析，从而对结构物的状态进行评估。若出现异常，由监控中心发出预警信号，并由故障诊断模块分析查明异常原因，以便决策者对结构物的隐患及早预防和排除。该系统可实现对隧道健康状态的数字化管理。

三、运营隧道综合评价技术

(一) 铁路隧道衬砌劣化评价

隧道劣化状态综合评价多采用多源信息综合评价方法，主要有可拓学方法、模糊物元理论、层次分析法、单一因素控制法等。其中，单一因素控制法简明扼要，能抓住问题要害，操作方便，实现了隧道建筑物劣化状态的快速评定，便于推广和应用。铁科院铁建所以检测和数据监测为基础，构建了拱墙结构、隧底结构、防排水、冻害、附属设施和洞口环境等方面的评价指标体系，通过室内试验、数值模拟和现场验证等方法获得了劣化评价关键技术参数，并从对结构功能和运营安全影响的角度，将隧道劣化状态划分为 A（严重—极严重）、B（较重）、C（中等）、D（轻微）四个等级，其中 A 级又分为 AA(极严重)、A1(严重) 级。确定了隧道建筑物劣化类型、劣化状态、劣化等级等，完善了适用于铁路隧道信息化、自动化、标准化养护维修发展要求的劣化状态评定标准，为铁路隧道结构病害的整治提供了更准确的技术依据，提高了铁路养护维修效率。

我国铁路桥隧道建筑物劣化评定标准给出了铁路隧道衬砌结构裂损、渗漏水、冻害以及衬砌材料劣化的类型、劣化等级和评定方法，它适用于评定铁路隧道劣化状态，并作为采取养护措施的依据。

（二）公路隧道综合评价技术

1. 公路隧道技术状况评定流程和内容

公路隧道技术状况评定应包括隧道土建结构、机电设施、其他工程设施技术状况评定和总体技术状况评定。公路隧道技术状况评定采用分层综合评定与隧道单项控制指标相结合的方法。根据制订的隧道检查计划进行隧道现场检查（定期检查和应急检查），对各项检查指标的技术状况进行评定，并依据各检查指标的技术状况评定结果，按照相关评定模型计算隧道土建结构、机电设施、其他工程设施的技术状况，最后进行全隧总体技术状况评定。完成评定后，相关资料按规定归档。

2. 隧道总体技术状况评定方法

隧道总体技术状况评定等级应采用土建结构和机电设施两者中最差的技术状况类别作为总体技术状况的类别。公路隧道总体技术状况评定应分为 1 类、2 类、3 类、4 类和 5 类，评定类别描述及养护对策见表 11-2。

表 11-2　公路隧道总体技术状况评定类别

技术状况评定类别	评定类别描述		养护对策
	土建结构	机电设施	
1 类	完好状态；无异常情况，或异常情况轻微，对交通安全无影响	机电设施完好率高，运行正常	正常养护

续表

技术状况评定类别	评定类别描述		养护对策
	土建结构	机电设施	
2类	轻微破损；存在轻微破损，现阶段趋于稳定，对交通安全不会有影响	机电设施完好率较高，运行基本正常，部分易耗部件或损坏部件需要更换	应对结构破损部位进行监测或检查，必要时实施保养维修；机电设施进行正常养护，应对关键设备及时修复
3类	中等破损；存在破坏，发展缓慢，可能会影响行人、行车安全	机电设施尚能运行，部分设备、部件和软件需要更换或改造	应对结构破损部位进行重点监测，并对局部实施保养维修；机电设施需进行专项工程
4类	严重破损；存在较严重破坏，发展较快，已影响行人、行车安全	机电设施完好率较低，相关设施需要全面改造	应尽快实施结构病害处置措施；对机电设施应进行专项工程，并应及时实施交通管制
5类	危险状态；存在严重破坏，发展迅速，已危及行人、行车安全		应及时关闭隧道，实施病害处置，特殊情况需进行局部重建或改建

3. 土建结构技术状况评定

土建结构技术状况评定应根据定期检查的资料，综合考虑洞门、结构、路面和附属设施等方面的影响，在专项检查时，对所检项目进行技术状况评定，确定隧道的技术状况等级。

评定应先逐洞、逐段对隧道土建结构各分项技术状况进行状况值评定，在此基础上确定各分项技术状况，再进行土建结构技术状况评定。

对评定划定的各类隧道土建结构，应分别采取不同的养护措施：

①1类隧道应进行正常养护。

②2类隧道或存在评定状况值为1的分项时，应按需进行保养维修。

③3类隧道或存在评定状况值为2的分项时，应对局部实施病害处置。

④4类隧道应进行交通管制，尽快实施病害处置。

⑤5类隧道应及时关闭，然后实施病害处置。

⑥重要分项以外的其他分项评定状况值为3或4时，应尽快实施病害处置。

四、运营隧道病害整治技术

病害整治（处置）是指通过采取围岩加固、结构补强、局部更换等措施对隧道土建结构的病害进行处理或加固，恢复其使用功能。

病害处置主要技术工作程序包括检查、评定、设计、施工和验收。检查评定工作的重点是对结构各分项分段进行检查，分析病害产生原因，为处置、设计提供依据。

病害处置工程依然是一种隧道工程，鉴于隧道工程的复杂性和不可预知性，其处置依然应遵循信息化设计和动态施工的思想和原则，有必要将风险管理引入病害处置工程中，并制定专门的应急预案。

在制定处置方案和措施时，应尽量减少施工与行车的相互影响，制定可靠的安全措施和周密的交通组织设计，确保行车和施工人员的安全。

现代隧道是土建结构和机电设施的集合体，在制定处置方案和措施时，应尽量减少施工对机电设施的影响，在施工完毕后应恢复机电设施、排水设施及附属设施。

（一）衬砌渗漏水整治技术

隧道工程中渗漏水是最为常见的病害。隧道内漏水会使洞内空气潮湿，加速设备的锈蚀，引起电气设备绝缘性能降低，影响交通安全；对铁路隧道来说，隧道漏水还会降低机车黏着牵引力，缩短养护周期；在严寒地区，冬季漏水会造成结冰侵坏限界，冻坏设备。对此，必须针对不同的原因和渗漏水程度对漏水病害进行及时整治。

1. 铁路隧道渗漏水整治方法

铁路隧道依据多年工程经验，已发展为以下技术策略：针对既有隧道边墙部竖向施工缝、变形缝及其他竖向裂缝出现"淌水"等严重渗漏水病害的部位，采用凿槽引排法；针对隧道拱顶、拱腰及边墙渗漏水裂缝，采用高压灌注法；对于Ⅰ、Ⅱ、Ⅲ级围岩，裂缝宽度在 1～5 mm，且密度较小的混凝土裂缝，采用锚固灌注法；对于隧道内道床板渗水的，采用钻孔降压法，尤其对高压富水区隧道床板渗水整治效果十分明显。

（1）凿槽引排法

凿槽引排法的主要原理是根据边墙裂缝渗漏水程度、衬砌背后空洞积水以及围岩富水情况，依次在渗漏水裂缝的拱脚、边墙中部、边墙下部以不同角度钻设 1～3 排集水孔。盲管外裹无纺布，外缠细铁丝固定，管两头以麻筋、破布塞紧，沿渗水裂缝处自上而下开凿倒梯形引水槽，内置入半圆形排水管并固定，用防水砂浆填充管外槽体，用水泥基渗透结晶型防水涂料封槽，引排水流统一通过引排管进入隧道内侧沟，排出洞外。该法适用于运营隧道边墙部竖向施工缝、变形缝及其他竖向裂缝出现"淌水"等严重渗漏水病害的部位。

(2) 锚固灌注法

锚固灌注法的基本原理是在裂缝两侧倾斜钻孔至结构体厚度之 1/2 深处，孔距以 20～30 cm 为宜，钻至最高处后再一次埋设止水针头，止水针头设置完成后，以高压灌注机注入单组分油溶性聚氨酯灌浆材料直至发现发泡剂从结构表面渗出。灌注完成后，即可去除止水针头。当渗水情况依然无法改善时，再以单组分水溶性聚氨酯灌浆材料补修即可。该法适宜于隧道拱顶、拱腰及边墙渗漏水裂缝。

(3) 钻孔降压法

钻孔降压法的基本原理是通过降压孔把隧道底板下水的压力释放出来达到降压的效果，从而防止水压过大造成隧道底板渗水或湿积。该法主要适用于隧道内道床板渗水，尤其对高压富水区隧道道床板渗水整治效果十分明显。同时，通过钻孔降压亦能缓解隧道整体结构承受的水压力，对隧道上部渗漏水的整治也能起到一定效果。

2. 公路隧道渗漏水防治方法

公路运营隧道的漏水整治，除利用原有排水设施外，在不影响交通的情况下，常采取以下措施：① 完善或者补充地表和地下截水；② 在垭口和地质不利的地方采取截留和引排，使水远离隧道；③ 贯通隧道内的原有排水系统；④ 采取衬砌背面注浆，在渗漏水的衬砌处加设排水设施（如引水管、泄水管和引水渡槽等）或采取引排和注浆相结合的方法。

对渗漏水量较小的裂缝，其施工工序为凿槽—堵漏—注浆。

对渗漏水量较大的裂缝，采取凿槽引排处理。

大面积渗水段，宜采用双液注浆堵水的办法进行处理。其主要施工过程为：钻设泄水孔—钻设注浆孔—安设注浆管—压注水泥—水玻璃双液浆。压注浆时，注浆压力控制在 0.4～0.5 MPa，水泥—水玻璃双液浆的配比为水泥∶水玻璃 =1∶1（体积比），水∶水泥 =1∶1（体积比）。注浆的顺序为先拱部，后边墙，全孔一次性注浆。堵水注浆完成后，割除注浆外露部分，涂刷刮抹料与调色料。

(二) 衬砌裂损整治技术

衬砌裂损类型主要有变形、移动和开裂，衬砌开裂又分为张裂、压溃和错台。隧道衬砌裂缝产生原因具有复杂性和多样性，包括地质条件、设计因素和施工质量等方面。应该明确的是，已裂损的衬砌仍然具有相当高的承载能力，可以充分利用，多数情况下采取加固手段就可以达到稳定的效果。只有在没有加固可能的条件下或经济上不合理的情形下，或根据长远技术改造的规划要求才考虑更换衬砌。当前，国内外隧道裂缝的治理技术主要有拆除重建法、锚固注浆法、挂网喷浆法、套衬补强法、骑缝注浆法、凿槽嵌补法、直接涂抹法等。

针对施工缝等受到温度应力等较小应力作用导致开裂的普通干裂缝，整治方法主要可采用注胶粘合法进行维修，注胶材料一般选择环氧类材料；针对较小的裂纹，采用注浆或注环氧树脂进行嵌补；针对严重的交叉衬砌裂纹，采用套衬整治技术；针对由围岩压力引起的衬砌混凝土纵向张拉裂缝这种受力型干裂缝，可采用"裂缝修补＋自进式注浆锚杆＋粘贴碳纤维布"综合处理措施。衬砌的各项加固措施介绍如下：

1. 衬砌背后压浆加固

这种压浆和围岩固结压浆的目的不同，它主要是针对衬砌的外鼓、侧移而用。压浆可以增加对衬砌的约束作用，提高衬砌的刚度和稳定性。压浆一般为局部压浆，主要用在外鼓变形的部位。

2. 嵌补

对于不严重且已呈稳定的裂缝，可以进行嵌补处理。先将裂缝修凿剔深，然后在缝口用水泥砂浆、环氧树脂砂浆或环氧混凝土等材料进行嵌补。

3. 套拱

套拱加固衬砌适用于拱顶净空有富余的情况。套拱时应将拱脚与原衬砌边墙顺接。故原衬砌拱脚至拱腰处的内表面要局部凿除（或爆破）相应厚度。套拱与原衬砌间用 16～18 mm 钢筋钎钉锚接，钎钉埋入原拱 20 cm 左右，作为钢筋的生根处。套拱中的主筋也可用钢格栅来代替，格栅的榴间距为 50～80 cm，榴与榴之间用 22 mm的纵向钢筋连接，然后用 C20 的混凝土灌注，其厚度为 20～30 cm。套拱拆模后要进行压浆，以充填其背后的空隙，使新旧拱圈联成整体。

4. 嵌钢拱架

在拱顶净空无富余的情况下，可以考虑采用嵌钢拱架方法。在原衬砌上按一定间距（小于 1 m）环向凿槽，嵌入钢拱架（多为工字钢），然后灌注混凝土，成为一环形钢筋混凝土结构物，以加固原有拱圈。有时为了增强其稳定性，可沿原拱纵向凿槽，用钢筋把相邻钢拱架焊成整体后再灌注混凝土，最后也要进行压浆。由于混凝土的凿除量大，且土破坏了原拱的完整性，故采用此法时要慎重。此外，严重破损碎裂的衬砌不能采用此法。

5. 全拱更换

当拱部衬砌严重破损，用其他方法已难以保证结构的稳定或者衬砌严重侵入限界，采用其他整治措施有困难时，才考虑更换全拱。

6. 增设仰拱或水平支撑

仰拱的设置可以显著地改善衬砌结构的受力状态，当铺底上鼓、节段下沉时可增设仰拱。若原有仰拱已经破裂，说明其强度不足，可更换为钢筋混凝土仰拱。此外，一旦增置了仰拱，对于边墙或拱圈的裂缝均有抑制作用。若仅有墙脚内移而无下沉，为了减少工作量，也可考虑设置水平混凝土支撑。支撑一般截面为 40 cm × 40 cm，两端适当放大，间距 1.5 ~ 2.0 m，在公路隧道中设在路面以下，在铁路隧道中以轨枕不压支撑为准。

7. 锚喷加固

用锚喷加固取代灌注混凝土加固是行之有效的好方法，它具有施工简单、加固效果显著的优点，经大力推广，已成为病害整治的常用方法。既可将二者分开单独使用，又可锚喷联合加固，还可加入钢筋网，成为网锚喷联合加固。锚杆加固一般原拱部衬砌上设置预应力加固锚杆，锚杆应锚入围岩稳定层中，可沿内缘张裂缝的两边布置，以作局部加固，也可全断面布置加固。如还采用了衬砌背后压浆，则锚杆的设置应在压浆后两星期进行。喷射混凝土加固时先将原衬砌裂损部位凿毛、清洗，然后喷上一层 8 ~ 12 cm 厚的混凝土。为了防止裂缝收缩，提高喷层的抗冲切能力，可以在喷层中设置钢筋网，也可以采用钢纤维喷射混凝土。将锚杆加固与喷射混凝土(包括加网与不加网)加固联合应用于裂损衬砌的加固中，可以使锚杆、喷层、钢筋网三者互相发挥各自的优点，加固效果更好，加固后衬砌的承载能力甚至可以较原衬砌没裂损之前还要高。

(三) 衬砌掉块整治技术

① 衬砌小范围掉块采用"聚合物改性水泥基修补砂浆 + 挂网修补 + 玻璃纤维布"综合处理措施进行处理。对较大范围空洞掉块，采用凿除表层混凝土，重新施作二衬的方法，空洞采用压浆填充，压浆选用无收缩灌浆料。

② 由于地层压力引起的局部拱顶掉块、剥落等病害采用"内嵌格栅拱架 + 锚杆"支护系统进行加固。由于地层压力引起的大范围纵向贯通性裂缝，且衬砌背后存在空洞时，采用"内嵌 H 型钢拱架 + 锚杆"支护系统对隧道衬砌病害进行加固。由于型钢拱架刚度较大，适于承受较大地压荷载的情况。

③ 由于地层压力引起的大范围网状交叉裂缝病害采用"高强波纹板 + 锚杆"支护结构对隧道衬砌病害进行加固。波纹板是将不同材质的板面压成波纹(正弦、三角、矩形等)后，其抗弯刚度和抗压强度大幅增加，具有较强的抗震能力，而且能适应较大的沉降与变形，其建成后与隧道衬砌结构形成一种组合结构，共同受力，改善了隧道结构的受力特性。波纹板整体防护技术在结构限界、变形适应性、可维护性、环境亲和性及结构美观等方面有钢筋混凝土结构不具备的优点，尤其是在节省工期方面更具有不可替代的优势。

④ 由于混凝土养护、局部地压引起的小范围剥落病害可采用"W 钢带＋锚杆"联合支护系统对隧道衬砌病害进行加固。情况严重时，可采用"W 钢带＋钢丝网＋平钢带＋锚杆"联合支护系统，将钢带与各种锚杆共同组合成锚杆支架，通过它可以把分散的多根锚杆连接起来，形成一个整体承载结构，显著地提高锚杆的整体支护效果。在不完整顶板岩层中，其对处理不稳定围岩效果显著。同时，采用该技术加固隧道衬砌也使混凝土衬砌与钢带共同受力，从而有效地提高了衬砌结构的抗弯、抗剪性能。

（四）衬砌背后空洞整治技术

1. 轻型膨胀聚氨酯材料填充技术

轻型膨胀聚氨酯材料是一种低黏度、双组分合成的高分子，当采用高压灌注进行封堵时，树脂和催化剂掺在一起反应或遇水产生膨胀，本身反应或发泡生成多元网状密弹性体。当它被高压推挤、注入岩层或混凝土裂缝时，可沿岩层或混凝土裂缝延展直到所有裂隙充填，达到止漏目的。其成品抗压强度介于 $25 \sim 38$ MPa。材料在遇水后产生关联反应，发生膨胀，在膨胀压力的作用下产生二次渗压（膨胀倍数为 $20 \sim 25$ 倍）。高压推力与二次渗压将材料压入并充满所有缝隙，从而达到填充空洞的目的。该类轻质发泡材料适宜于隧道拱顶大面积空洞的填充。

2. 泡沫混凝土填充技术

泡沫混凝土是在普通水泥浆液中加入一定比例的发泡剂搅拌均匀，浇筑成形，常被用于隧道空洞填充、车站顶板覆盖层以及其他工程项目。泡沫混凝土的密度在 $200 \sim 1600$ kg/m² ，是普通混凝土的 $1/8 \sim 1/5$，属于轻质产品，根据不同的材料组成用量不同的气泡率，可按工程需要调整密度和强度。泡沫混凝土由于内部有无数独立的气泡，对于外力作用表现出软垫性，提高了抗震以及抗冲击性能，将压力分散至其他部位。另外，其抗裂性较好，是普通混凝土的 8 倍。其属水泥类材料，具有更好的耐久性，同时对环境无污染，且可利用粉煤灰等工业废渣，具有优越的环保特性。该技术适用于隧道衬砌背后存在的较大空洞的填充。

（五）隧道衬砌腐蚀与衬砌冻害整治技术

隧道衬砌腐蚀病害整治措施主要有：加强衬砌外的排水措施，提高衬砌的整体性和密实度，向衬砌背后压注防腐蚀浆液，对混凝土裂缝进行修补，定期检查，及时对隧道的裂缝进行修补。

对隧道衬砌渗水冻害采取的处置措施主要有裂缝注胶封闭、凿槽埋管引排、钻孔引排、电渗透系统、喷膜防水层、敷设保温板、套衬、电伴热等。对隧道路面冒水结冰主要采取凿槽重新设置保温中心水沟，并在地下集中出水点设置竖向渗井与横向渗沟的措施，以形成完善的排水系统。

针对高寒地区隧道衬砌冻胀破坏问题，采用衬砌表面喷射聚氨酯保温技术；针对隧道上部衬砌挂冰问题，可采用电伴热半管排水技术，电伴热半管集排水、保温为一体；针对高寒地区隧道水沟结冰问题，可采用"电伴热面板加热＋水沟保温"综合整治技术。

（六）基底下沉与翻浆冒泥整治技术

整治公路隧道隧底翻浆冒泥病害的方法较多，主要有隧底注浆，增设单、双侧密井暗管水沟，更换隧底，隔离处理等。针对运营铁路（普通、客货及重载）隧道底部结构下沉、隧底翻浆冒泥等病害，采用"隧底结构锚注一体化"强化技术，快速高效、不影响行车；针对隧道底部下沉，在结构受力及边界条件分析的基础上，采用"隧底抬升＋隧底注胶"技术；针对隧道底部翻浆冒泥，采用"轻型井点降水＋注浆"复合式强化技术。

1. 锚注一体化通用整治技术

注浆作为隧道最为常用的维修方法，由于其施工工艺简单、造价相对较低而饱受施工人员的青睐。但由于材料性能、施工队伍技术参差不齐，导致注浆达不到预期的效果。

针对隧道基底下沉及翻浆冒泥等情况，可采用快速高效、不影响行车的隧道基底锚注一体化通用强化技术进行隧道基底维修。该技术的基本原理是一方面采用具有憎水、速凝、高强的高分子凝胶材料对基底地下水进行排挤、填充空洞、固结虚渣；另一方面采用集锚固、注胶于一体的新型加固型锚杆将铺底结构、注胶填充层及围岩连成一体，增强隧道基底的整体性，提高隧道基底承载能力。基底锚注一体化与其他强化措施相比，施工工艺简单，在既有隧道基底强化又有病害整治中具有极强的可实施性。

2. "轻型井点降水＋注浆"复合式强化技术

"轻型井点降水＋注浆"的基本原理是一方面将井点管插入基底含水层内，井点管上部与总集水管连接，通过总集水管利用抽水设备将地下水从井点管内不断抽出，使原有地下水位降到基底仰拱或底板以下深度，保证基底干燥无水；同时，注浆填充基底空隙，提高基底的完整性，能有效提高基底承载能力。通过有针对性的降水及注浆复合式整治，能有效地控制病害的发展。该技术适宜于隧道基底翻浆冒泥整治。

3. "密井暗管降水＋注浆"复合式强化技术

"密井暗管降水＋注浆"也是一种有效的整治既有隧道基底翻浆冒泥又基底下

沉的复合式技术。暗管排水降低了基底地下水水位，改善了全隧道的疏导排水系统，从而消除了因地下水而引起的病害。注浆能起填充基底空洞、提高基底承载能力的作用。基本做法是加深两侧既有水沟至基底结构底部以下，布设排水暗管，间隔一定距离设置检查井，同时对隧道基底脱空区域进行注浆处理。

与轻型井点降水相比，密井暗管降水是线降水，降水效果较轻型井点明显，但其破坏了隧道结构的整体性，恶化了隧道上部结构受力。因此，在密井暗管法施工时，必须对隧道边墙脚进行锁脚处理，防止上部衬砌结构整体沉降。此外，密井暗管法施工工艺复杂、工程量大，在运营铁路隧道中施工难度大、工期长，特别是在高速铁路隧道病害整治中应慎重选择。

（七）隧道底鼓整治技术

隧道底鼓是软岩隧道的常见病害，它与隧道围岩性质、应力状态及维护方式密切相关。针对隧道底鼓，常采用的整治技术主要有基底换拱、底板锚固及泄压降水等方法。针对隧道道床或仰拱及填充层已发生严重的结构性破坏、隧底强度整体不足、修复难度较大的隧底上拱病害，一般可采用"纵横梁架空线路＋隧底开挖与浇筑＋回填道砟（有昨轨道）或新做承轨块（无作轨道）"的方案进行隧底病害整治，即隧道换底整治技术。

1. 基底换拱

一般产生底鼓区段，仰拱发生结构性破坏，修复的难度较大。采用仰拱拆换，拆换后需加深仰拱，增大仰拱矢跨比，增强仰拱材料设计参数，提高仰拱抵抗底部围岩隆起变形的能力。这种技术需要中断行车，对铁路运营影响较大。

2. 底板锚固

底板锚固能改善隧道基底结构受力，较好地解决隧道底鼓问题。锚杆应与注浆孔间隔布置。

3. 泄水降压或注浆堵水

针对地下水造成的底鼓，主要采用以"排"为主、以"堵"为辅的措施。"排"主要是结构外排水泄压，消除源头；"堵"是结构内、各结构层之间进行堵水，防止渗水对结构的破坏；同时，对于须进行地下水排放量控制的区域，换"排"为"堵"。通常采用的"排"措施是钻孔插管或设置泄水洞引排，"堵"措施为注浆封堵。局部地区也配合地锚，对基底进行加固。

地下水排水采用预埋管的方式，即在隧道侧沟、中心水沟中间间隔预埋排水管，对地下水进行排泄。

（八）隧道洞口危岩落石和明洞病害的整治技术

针对隧道洞口危岩落石，采用主动防护、被动防护、主动—被动联合防护技术，以及高强波纹板整体防护技术。

针对明洞病害的特殊成因，可采取下列防治措施：

① 明洞顶上应按设计要求保持足够的填土厚度和良好的排水坡。对于滑坍堆积要及时清除。

② 已经损坏和失效的排水与防水设施应及时修理与加固。顶部回填土与边坡交接处增设截水沟。在其他部位，也要从防治病害的实际需要出发，有的放矢地增设必要的排水与防水设施、建立完善的治水系统。

③ 个别段落洞身整体横向蠕动滑移时，可在明洞外侧增设抗滑挡墙，增大外侧抗滑回填土的体积，必要时设置抗滑桩加固。

④ 根据实际观测和调查，有针对性地改建洞门墙，使其形状及尺寸能适合拦挡落石和泥石流，必要时可考虑接长明洞。

⑤ 明洞边仰坡的稳定是很重要的，当发现有不稳定趋势时，应有针对性地进行加固，主要的措施有：对松散破碎的坡面喷浆固结、三合土捶面、干砌片石或浆砌片石护面，必要时采用地表锚喷加固；对容易失稳崩落的大块危石，可以采用支顶或网喷锚等加固措施，当已无加固可能时也应慎重地加以清除，但要注意防止清除一块、松动一片。

参考文献

[1] 王晶，姜琴，李双祥．路桥工程建设与公路施工管理 [M]．汕头：汕头大学出版社，2022.

[2] 杨海燕，曲建涛，张德轶．公路工程施工及成本管理研究 [M]．延吉：延边大学出版社，2022.

[3] 刘壮志．公路工程施工管理与应用探究 [M]．北京：北京工业大学出版社，2021.

[4] 林立宽．公路工程施工技术研究 [M]．长春：吉林科学技术出版社，2021.

[5] 李海贤，杨兴志，赵永钢．公路工程施工与项目管理 [M]．长春：吉林科学技术出版社，2021.

[6] 陈春玲，刘明，李冬子．公路工程建设与路桥隧道施工管理 [M]．汕头：汕头大学出版社，2021.

[7] 孙永军，林学礼，曲明．公路桥梁工程与施工管理 [M]．长春：吉林科学技术出版社，2021.

[8] 冯少杰，高辉，孙成银．公路桥梁隧道施工与工程管理 [M]．长春：吉林科学技术出版社，2021.

[9] 李燕鹰，张爱梅，钱晓明．公路桥梁工程施工与养护技术 [M]．长春：吉林科学技术出版社，2021.

[10] 王展望，张涛锋，张林．公路与桥梁工程施工及质量控制研究 [M]．西安：西安交通大学出版社，2021.

[11] 潘凯，晁新忠，陈纪州．公路工程经济及项目施工管理 [M]．北京：中国石化出版社，2021.

[12] 胡嘉．公路工程造价 [M]．北京：北京理工大学出版社，2020.

[13] 钱源．公路工程造价编制 [M]．重庆：重庆大学出版社，2020.

[14] 艾建杰．公路工程施工技术 [M]．重庆：重庆大学出版社，2020.

[15] 李海凌，黄敬林．公路工程计价与管理 [M]．北京：机械工业出版社，2020.

[16] 徐静涛．公路工程施工监理（第 2 版）[M]．北京：北京理工大学出版社，2020.

武彦芳 . 公路工程施工组织设计 [M]. 重庆：重庆大学出版社，2020.

刘勇，郑鹏，王庆 . 水利工程与公路桥梁施工管理 [M]. 长春：吉林科学技术出版社，2020.

[19] 王云江 . 公路工程 [M]. 北京：中国建材工业出版社，2020.

[20] 周俊卿，王媛，廖忠波 . 公路工程施工与技术 [M]. 长春：吉林科学技术出版社，2020.

[21] 李艳，周庆华 . 公路工程造价 [M]. 北京：人民交通出版社，2020.

[22] 任传林，王轶君，薛飞 . 公路工程施工技术 [M]. 长春：吉林科学技术出版社，2019.

[23] 王奎生，罗鸿，武文婕 . 公路工程管理 [M]. 长春：吉林科学技术出版社，2019.

[24] 郝铭 . 公路工程施工技术与质量控制 [M]. 北京：北京工业大学出版社，2019.

[25] 关凤林，薛峰 . 公路桥梁与隧道工程 [M]. 长春：吉林科学技术出版社，2019.

[26] 张少华 . 公路桥梁工程与项目管理 [M]. 北京：北京理工大学出版社，2019.

[27] 任祥，何勇成 . 公路滑坡勘察与防护工程设计 [M]. 北京：冶金工业出版社，2019.

[28] 丁雪英，陈强，白炳发 . 公路桥梁建设与工程项目管理 [M]. 长春：吉林科学技术出版社，2019.

[29] 朱红兵 . 公路工程 [M]. 武汉：武汉理工大学出版社，2019.

[30] 缪长江 . 公路工程 [M]. 北京：中国财政经济出版社，2019.

[31] 王秀敏，葛宁 . 公路工程施工组织与管理 [M]. 天津：天津大学出版社，2018.

[32] 赵金云 . 公路工程检测技术 (第 2 版) [M]. 北京：北京理工大学出版社，2018.